本专著受以下项目资助：西南财经大学“中央高校基本科研业务费专项资金”(JBK2004029)
交子金融科技创新研究院“金融科技孵化+人才培养项目”

四川省上市公司发展研究报告

（2019）

余喜生　李　辉　余炳红／主　编
黄曌洁　唐天浩　王浩铭／副主编

西南财经大学出版社
四川・成都

图书在版编目(CIP)数据

四川省上市公司发展研究报告.2019 /余喜生,李辉,余炳红主编 .—成都:
西南财经大学出版社,2020. 12
ISBN 978-7-5504-4664-9

Ⅰ.①四…　Ⅱ.①李…②余…　Ⅲ.①上市公司—企业发展—研究报告—
四川—2019　Ⅳ.①F279. 277. 1

中国版本图书馆 CIP 数据核字(2020)第 235453 号

四川省上市公司发展研究报告(2019)

余喜生　李　辉　余炳红　主　编
黄曌洁　唐天浩　王浩铭　副主编

策划编辑:何春梅
责任编辑:何春梅
封面设计:墨创文化
责任印制:朱曼丽

出版发行	西南财经大学出版社(四川省成都市光华村街 55 号)
网　　址	http://www. bookcj. com
电子邮件	bookcj@ foxmail. com
邮政编码	610074
电　　话	028-87353785
照　　排	四川胜翔数码印务设计有限公司
印　　刷	四川新财印务有限公司
成品尺寸	185mm×260mm
印　　张	17. 5
字　　数	404 千字
版　　次	2020 年 12 月第 1 版
印　　次	2020 年 12 月第 1 次印刷
书　　号	ISBN 978-7-5504-4664-9
定　　价	88. 00 元

前　言

四川省作为中国西部地区大省，在社会主义现代化建设的进程中表现出相当的实力。在 2018 年"全球金融中心指数（GFCI）"中成都位列全球第 79 位，是中西部唯一入选的城市；在 2018 年中国人民大学发布的"天府金融指数"中成都市金融中心实力排名全国第六、中西部第一；在 2019 年"天府·中国金融科技指数"中四川省排名全国第六、西部第一。四川已然成为中国西部区域的金融中心。

金融是为实体经济融资服务的学问和行业，而上市公司是一个地区实体经济的支柱，因此对四川省上市公司发展的研究至关重要。截至 2019 年 3 月底，四川省 A 股上市公司数量达 121 家，总市值达 1.5 万亿元，上市公司数量排名全国第八、中西部第一。为追求进一步的高质量发展，四川省上市公司仍有提升空间，还存在数量偏少、质量偏低、示范带动引领不强、利用并购重组和再融资不充分等短板。

国内对各地区上市公司的研究并不充分，更没有关于四川省上市公司全面详细的研究报告，本报告的研究内容有其必要性和重要性。研究团队通过查阅大量文献资料和实地走访调研，掌握了有关四川省上市公司发展状况的可靠数据，以便于研究的开展与深入进行。同时研究团队对于评价上市公司各方面发展能力的相关指标有深厚的专业知识支撑，对于指标体系的建立过程及综合评价方法有清晰的认识。

一、本研究报告的主要内容

1. 构建多因素动态赋权层次分析模型（MFDW-AHP）与上市公司发展评价指标体系

本报告第一、二章构建了对四川省上市公司综合发展水平的分析评价模型与指标体系。首先利用 K-Means 聚类方法对 72 个全国有效行业样本进行聚类分析，并得出六个产业簇：消费产业、成长产业、金融产业、周期上游产业、周期中游产业和周期下游产业。其次选取六个能力评价方向（财务质量、估值与成长能力、创值能力、创新能力、治理能力、稳定能力）构成对上市公司各项能力的综合评价体系，并以聚类得到的产业簇为基础，构建动态赋权多因素层次分析模型（MFDW-AHP）。

2. 对六大产业的发展状况进行分析阐释

本报告第三章对六大产业在各评价方向的发展水平进行逐一评估。上市公司的运营发展是一个复杂的系统问题，每一家公司个体的经济活动都必然受到其所处产业以及整体经济发展态势的影响。本报告采用至上而下（top-down）的分析策略，通过对整体经济及各宏观产业的发展水平进行评价，以勾勒出所属各产业的四川省上市公司的宏观环境，使本报告对四川省上市公司的具体评价更具现实指导意义。

3. 对四川省上市公司发展状况进行分析阐释

本报告第四章至第九章从业绩、创新能力、投融资、营运能力、薪酬分配和社会贡献六个方面对四川省上市公司的发展状况进行分析阐释。本报告从每一个能力评价方向详细分析了四川省上市公司的整体分布情况，近几年间的变化发展趋势以及分行业、分板块、分属性对比情况，并给出了分布对比结果的形成因素及相关建议。为充分利用上市公司各项指标的内在数据结构特征，各章通过熵值赋权法构建综合指标体系，计算出各项指标的权重，进而得出四川省上市公司该项能力的综合得分，并进行排名和相关因素分析。

4. 对四川省上市公司发展状况进行综合排名

本报告第十章，在对四川省上市公司的各因素进行了翔实的微观分析后，对四川省上市公司的发展情况给出综合评价。将分解的各因素合并，并利用动态赋权多因素层次分析模型（MFDW-AHP）给出川内各产业、行业、属性、板块企业综合得分的国内排名和川内排名。

二、本研究的主要创新点

1. 从“宏观产业行业到微观企业”“全国到四川”两个维度分析评价上市公司发展水平

国内现有的上市公司研究报告多为仅针对上市公司这一层面进行分析，而本报告整体采用自上而下（top-down）的分析逻辑，从宏观的产业、行业发展状况逐步分析到微观企业发展状况。上市公司的发展水平脱离不了宏观经济情况，只针对一个区域的上市公司的基本数据进行分析是无法全面认识其发展情况的。本报告首先分析了全国六大产业近年来的发展情况，并给出各产业内不同行业和企业的发展情况与排名，然后从全国上市公司的发展状况逐步分析到四川省上市公司的发展情况。对四川省上市公司的发展能力进行横纵对比，并逻辑清晰地阐述其综合发展状况，使读者能够从专业的视角考察认知四川省上市公司的综合发展水平。

2. 提出多因素动态赋权层次分析模型（MFDW-AHP）

MFDW-AHP 的核心思想是针对不同产业特征的上市公司，应以最能衡量其产业特征的评价方法去评估其发展水平，因此对不同产业簇的企业，在其不同能力评价方向上应赋予最适当的测度权重。目前国内在对上市公司发展能力的研究中普遍采用静态层次分析模型，即对不同行业的上市公司的各项指标赋予相同的评价权重。但不同行业的企业具有其不同的行业特征，在评价其发展能力时也应考虑到评价方向的多样化，如：对于成长型的科技企业更应专注到长期的战略性创新研发投资，而不应该过于计较短期盈利能力的涨落，因此其创新能力、成长潜力要比其稳定能力、抗风险能力在综合能力评价上占有更高的权重。这是由这类公司的行业特性决定的。这种“依据不同行业特征而动态赋予评分权重”的模型能够较传统模型更好地解释公司的真实发展水平，因此多因素动态赋权层次分析模型（MFDW-AHP）是本报告的一个理论创新。

3. 通过实际调研获取一手数据

本研究所使用的经济变量数据，不局限于相关数据库中提供的数据。为更深入、真实、贴切地获取本报告所需要的基本面数据，作者深入四川省上市公司进行实地调研，通过与上市公司高层互动获取更真实有效的一手数据，使得本报告得出的相关结论更贴合四川省上市公司的实际情况。

三、本研究的主要结论

1. 四川省各行业、各属性上市公司在分项能力上的表现，差异明显

在经营业绩方面，消费产业的企业表现最好，前5名公司均为国营企业；在创新研发能力方面，周期下游产业表现最突出，在前5名公司中，民营企业与国营企业均匀分布；在营运能力方面，周期中游产业表现最突出，在前5名公司中，国营企业表现相对更好；在社会贡献方面，消费产业表现最突出，前4名的公司均为酒、饮料和精制茶制造业，国营企业方面，表现相对更好。

2. 四川省上市公司发展并不平衡、马太效应较突出

截至2018年年底，四川省上市公司中市值前5的公司的总市值占四川省上市公司总市值的33.9%，根据2018年年报，利润总额排名前5的上市公司创造的利润额占所有盈利企业（101家）的45%。总体来看，四川省上市公司中头部企业经营稳定，而困难企业得不到有效帮助，例如，长城动漫、天翔环境这些企业的经营面临着较大问题且未能获得较大改善。本报告提出了完善退市机制、优胜劣汰、减少寡头垄断、逆周期补助等解决思路。

3. 四川省上市公司在投融资上面临困境

本研究发现：一方面，四川省上市公司的投资决策制度不够规范完善，投资效率低，上市公司的战略决策能力有待提高；另一方面，部分上市公司资产负债率偏

离了最优的资本结构导致资本结构不合理，四川省上市公司的外源融资占比逐年提高导致融资成本逐年增加。

4. 四川省创新环境亟待优化

本研究发现，近年来四川省上市公司的研发投入逐渐增大，自主创新能力也逐渐提高，但与东部沿海地区上市公司的创新能力相比仍存在较大差距。背后的主要原因有：企业获取政策信息的渠道不畅通；部分政策门槛过高、适用性不强；人才集聚能力不强；高学历创新人才匮乏等。

四、本研究的主要价值体现

1. 填补四川省上市公司综合能力研究的空白

目前国内对区域上市公司各项综合能力的研究匮乏，仍没有关于川内全部上市公司综合能力或专项能力的研究报告，因此本报告具有一定的开创性。本报告客观、科学、全面地评价了四川上市公司的综合能力以及各方面的专项能力，让读者能够逻辑清晰地了解川内上市公司的实际发展水平，有效填补了相关研究的空缺。

2. 为地方政府与专业人士提供参考

本报告以科学客观的视角综合评价了四川省上市公司的发展能力，能够减少四川省上市公司、监管部门和资本市场之间的信息不对称，增加川内投资市场的有效性，为地方政府与专业人士提供理论参考与现实依据。

如有读者需要“A 股上市公司综合得分及排名”资料，请发邮件联系：yuxisheng@ swufe. edu. cn。

余喜生

2020 年 12 月 1 日于成都

目　录

第一部分　A股上市公司宏观分析

第二部分　四川省上市公司微观分析

第一部分

A 股上市公司宏观分析

第一章　上市公司发展评价模型的提出

上市公司的价值评估，需要建立一个科学、易于实现的评价体系。本研究采用K-Means 聚类方法对证监会行业进行聚类分析，得出六大产业簇，并采用格兰杰因果检验对六大产业之间的相互关系进行分析；提出六因素动态赋权层次分析模型，对 A 股上市公司的财务质量、估值与成长能力、创值能力、创新能力、治理能力、稳定能力这六个方面的发展状况进行评估[1]。

第一节　六因素综合评价指标模型

由于不同的行业对于经济基本面的反映并不一致，我们将证监会 87 个二级行业依据其对经济基本面的反映特征分为六大类产业：周期上游产业、周期中游产业、周期下游产业、金融类产业、新兴成长产业和必需消费品产业。

对于周期类的产业（周期上游产业、周期中游产业、周期下游产业、金融类产业），它们的经营业绩受经济周期的影响较大。当经济上行时，央行释放流动性，银行贷款增加，金融业开始复苏，产品市场开始繁荣，周期下游、中游、上游产业依次回暖。对于这类企业而言，若财务状况不良则有可能在经济下行时破产，因此周期类企业的财务状况至关重要[2]。

对于成长类的产业，它们可能在当期的营业状况并不算良好，但是市场认为其在未来将会逐渐成长壮大，从而能够获得大量现金流，依据自由现金流（FCFF）估值模型，企业将获得较高的市场估值，上述逻辑的直接反映就是成长型企业具有较高的市盈率(PE)。企业的股利支付率并不高，其多数收益被用于企业的扩大再生产，市场对企业成长性的预期高估了企业的股价，因此企业的成长能力、创新能力至关重要[3]。

对于消费类的产业而言，这类企业的主要经营业务为必须消费品的生成与销售，其对经济周期的依附不大，这类企业多为避险选择，对于避险行业而言，企业经营的稳定性至关重要[4]。

根据以上分析，我们构建六因素综合评价指标模型，对企业价值的评估采用六大方向的指标类：财务状况指标、估值与成长能力指标、创值能力指标、公司治理指标、创新与研发指标、稳定性指标[5]，如图 1.1 所示。

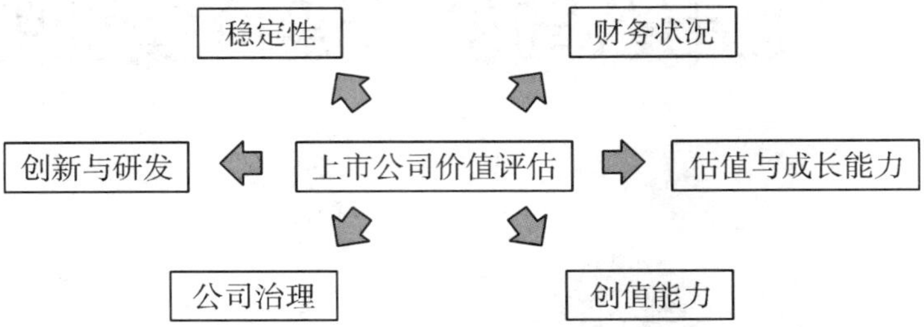

图 1.1　六因素综合评价指标模型

对于不同大类的行业，我们通过层次分析法（Analytic Hierarchy Process）为不同的指标类赋予相应的权重，例如，对于周期类的行业我们对财务状况类指标赋予更高的权重，对于成长类的行业我们对股指成长能力、创新研发能力赋予更高的权重。

第二节　样本选择和数据来源

行业聚类所选用的数据为 2014 年至 2018 年年末的证监会（二级）行业指数［去除综合行业、娱乐业、社会工作业、其他服务业、居民服务业、水利管理业、管道运输业、其他采矿业、体育业、机动车，电子产品和日用产品修理业、科技推广和应用服务业、邮政业、非金属矿采选业、房屋建筑业、（农、林、牧、渔）服务业］，总计 72 个行业指数，划分为 6 类，再将四川省上市公司所占有的 37 个行业相应地划分到 6 大类当中。数据来源于“Choice 金融终端”。

同时，考虑到会计准则的变动与指标时间序列相应于经济周期的变动（这里主要考虑基钦周期），我们选择了 2013 年至 2018 年总共 6 年的指标数据，相关数据来源于“Wind 金融终端”“东方财富 Choice 金融终端”以及“国泰安数据库”。

第三节　数据处理与检验

投资过程包括两个步骤：资产配置（asset allocation）与证券选择（security selection）。资产配置是对资产大类的选择，如，股票、债券、房地产及现金等，在获取理想回报之余，把风险减至最低。证券选择是在每一资产大类中选择特定的证券。证券分析包括对证券进行估价和决定使投资组合集中在那些最具吸引力的资产上。在证券分析中有两种投资组合战略（如图 1.2 所示）：自上而下（top-down）和自下而上（bottom-up）。本报告采用自上而下的分析方法对四川省上市公司所属行业与公司进行基本面分析。

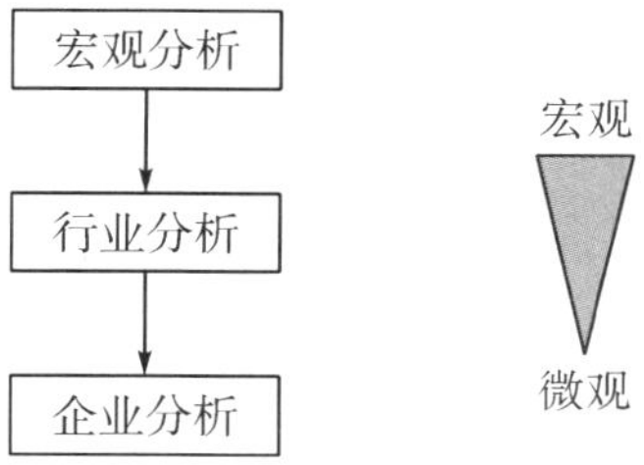

图 1.2 自上而下（top-down）投资组合战略

基本面分析主要是对公司的目前价值以及未来盈利前景等价值决定因素进行分析。公司未来前景由全球宏观经济环境、外部环境对公司所在行业的影响，公司在行业内的地位等从上至下、从宏观到微观的因素决定。

在对证券的从上至下分析中，对不同行业的聚类是至关重要的一个步骤，正确合理的聚类分析可以清晰地从定性和定量方面反映经济的运动形式与行业的相互作用逻辑，能够对不同特征的行业进行最贴切的技术分析。这一节我们对上市公司的行业进行聚类。

一、聚类算法

聚类分析是数据挖掘的重要步骤，其中最经典的聚类算法是 K-Means 聚类算法（k-means clustering algorithm）。K-Means 是由 James MacQueen 在 1967 年提出的一种聚类算法，是运用最广泛的一种聚类算法。

（一）K-Means 算法的基本步骤

1. 在空间中随机生成 k 个划分点。

2. 计算样本中每个样本与 k 个划分点的距离，并将每个样本点分配给离其最近的划分点的簇。

3. 计算各簇中样本点的中心点（均值点）。

4. 重复第 2 步与第 3 步，直至中心点不再变动。

（二）应用 K-Means 算法的注意点

1. 由于 K-Means 的算法特征，该算法只适用于类球型数据，即数据分布应服从正态分布。

2. k 值的选择是一个问题。

3. 起始的 k 个随机点的生成位置影响聚类结果，不好的随机生成位置有可能最终迭代到局部最优点，而非整体最优点。因此应该进行多次聚类，并从中选择聚类效果较好的聚类方式。这里可以用 Silhouette 系数评判聚类好坏。

4. 聚类结果对噪点敏感，K-Means 算法采用均值的方法进行迭代，因此其聚类结果对噪点（极端值）敏感。

二、数据来源与处理

采用保罗·萨缪尔森的几何布朗运动模型，假定股票价格 $S(t)$ 服从几何布朗运动：

$$\frac{dS(t)}{S(t)} = \mu dt + \sigma dB(t)$$

其中，μ 为漂移率，σ 为波动率，$B(t)$ 表示布朗运动。由此，

$$\ln\frac{S(t_2)}{S(t_1)} = \left(\mu - \frac{\sigma^2}{2}\right)(t_2 - t_1) + \sigma[B(t_2) - B(t_1)]$$

即，证券价格的同比序列 $\ln\left(\frac{S(t_2)}{S(t_1)}\right)$ 服从正态分布，其数据结构呈球形形状。

因为 K-Means 聚类算法只能对类球型分布的数据进行较好的聚类，所以我们对 Wind 中不同行业的月行业指数（价格指数）进行同比计算 $\ln\left(\frac{S(t+12)}{S(t)}\right)$，并采用其同比数据进行聚类分析。

三、聚类结果

对于这里的聚类簇，我们选用传统的定性分析行业聚类簇，将所有行业分为周期性、成长性、消费性。其中，周期性又细分为周期上游产业、周期中游产业、周期下游产业和金融业。

当经济周期上行复苏时，产品市场需求增加，银根开始放松，利率调低，贷款增加，经济增长高于物价增长。此时处于产业链下游的汽车、建筑材料、机械设备等行业将率先复苏，股市开始升温，房地产开始走出谷底。经济持续增长，经济进入繁荣期，生产资料价格上涨，下游产业的回暖带动交通、化工、钢铁等中游产业的复苏，并最终传导至上游有色金属等原材料行业，股市、房地产达到高峰。当经济进入衰退期，银根紧缩，贷款减少，银行利率调高，经济增长速度逐年回落，股市、房地产降温，企业经济效益下降，而农林、食品、医药等必需消费品行业则呈现出较好的避险能力。

综合以上对经济周期中行业轮动的过程分析，我们将证监会上市公司行业划分为六大类，分别为：周期上游产业、周期中游产业、周期下游产业、金融类产业、新兴成长产业和必需消费品产业。因此设置聚类簇数 $k=6$，并对各证监会行业月同比数据进行聚类，聚类结果如表 1.1 所示。

我们将证监会行业划分为六大类产业，不同产业对经济基本面的变化有着不同的反应，接下来我们将对聚类结果进行 Granger 因果检验，以验证聚类结果是否符合传统定性分析的结论。

表 1.1　72 个证监会行业聚类结果

聚类结果	行业	聚类结果	行业
消费	酒、饮料和精制茶制造业	周期上游	黑色金属矿采选业
	皮革、毛皮、羽毛及其制品和制鞋业		煤炭开采和洗选业
	家具制造业		有色金属矿采选业
	造纸及纸制品业		有色金属冶炼和压延加工业
	印刷和记录媒介复制业		开采辅助活动
	农业		石油加工、炼焦及核燃料加工业
	畜牧业		石油和天然气开采业
	渔业	周期中游	电力、热力生产和供应业
	住宿业		水的生产和供应业
	餐饮业		铁路运输业
	研究和试验发展		水上运输业
	卫生		航空运输业
	医药制造业		装卸搬运和运输代理业
	纺织服装、服饰业		仓储业
	公共设施管理业		道路运输业
	农副食品加工业		化学纤维制造业
	食品制造业		燃气生产和供应业
	纺织业		化学原料及化学制品制造业
	零售业		黑色金属冶炼和压延加工业
	文教、工美、体育和娱乐用品制造业		生态保护和环境治理业
	木材加工及木、竹、藤、棕、草制品业		废弃资源综合利用业
	林业		橡胶和塑料制品业
	其他制造业	周期下游	建筑装饰和其他建筑业
	批发业		汽车制造业
金融	货币金融服务		土木工程建筑业
	资本市场服务		通用设备制造业
	保险业		专业技术服务业
	其他金融业		专用设备制造业
	租赁业		仪器仪表制造业
	房地产业		非金属矿物制品业
成长	新闻和出版业		金属制品业
	广播、电视、电影和影视录音制作业		铁路、船舶、航空航天和其他运输设备制造业
	软件和信息技术服务业		
	互联网和相关服务		
	电信、广播电视和卫星传输服务		
	计算机、通信和其他电子设备制造业		
	电气机械和器材制造业		
	教育		
	文化艺术业		
	商务服务业		

注：根据 72 个证监会业 4 年的价格指数的对数同比数据进行聚类分析，聚成六类。

四、Granger 因果检验

2003 年诺贝尔经济学奖得主克莱夫·格兰杰（Clive W. J. Granger）提出了一种检验变量 x，y 之间因果关系的方法：若 x 是 y 的原因，且不存在反向因果，则 x 过去值可以预测 y 未来值，反之则不然。具体来说，第一步，我们建立时间序列模型如下：

无约束回归模型（u）

$$Y_i = \gamma + \sum_{m=1}^{p} \alpha_m Y_{t-m} + \sum_{m=1}^{q} \beta_m X_{t-m} + \varepsilon_i$$

有约束的回归模型（r）

$$Y_i = \gamma + \sum_{m=1}^{p} \alpha_m Y_{t-m} + \varepsilon_i$$

在上述模型中，γ 为常数项；p，q 表示变量 Y，X 的最大滞后期数；ε_i 表示白噪声；n 为样本容量。

第二步，用这两个回归模型的残差平方和构造 F 统计量：

$$F = \frac{(SSE_r - SSE_u)/q}{SSE_u/(n-p-q-1)} \sim F(q,\ n-p-q-1)$$

并提出假设：

$$H_0:\ \beta_1 = \beta_2 = \cdots = \beta_q = 0$$

若接受该假设，则意味着 X 过去值不能够预测 Y 未来值；若拒绝该假设，则意味着 X 过去值可以预测 Y 未来值，即 x 是 y 的格兰杰因（Granger cause）。

第三步，设定显著性水平 α，若 $F > F_\alpha(q,\ n-p-q-1)$，则 β_1，β_2，…，β_q 显著不全为零，应拒绝原假设 H_0：X 不是引起 Y 变化的 Granger 原因。

第四步，将 Y，X 位置交换，并按同样的方法检验原假设，H_0：Y 不是引起 X 变化的 Granger 原因。

若同时拒绝原假设，H_0：X 不是引起 Y 变化的 Granger 原因，和接受原假设，H_0：Y 不是引起 X 变化的 Granger 原因，则可认为 X 是引起 Y 变化的 Granger 原因。

通过对六大产业价格指数的对数同比序列进行格兰杰检验得出了 Granger 因果关系检验结果，如图 1.3 所示。

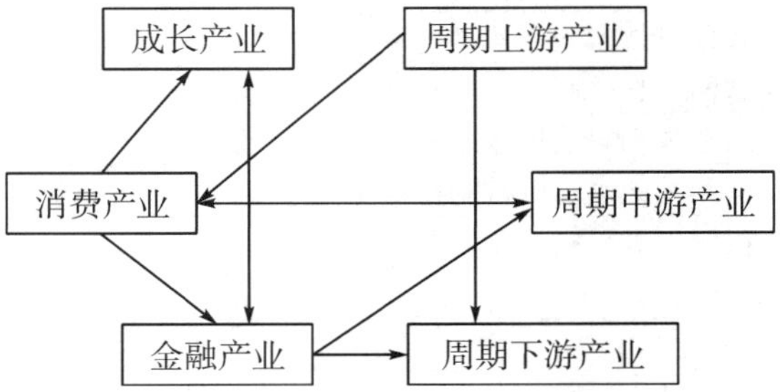

图 1.3　Granger 因果关系检验结果

从因果分析结果中可以看出，金融类产业显著为周期产业、成长产业的格兰杰原因，是市场价值传递的枢纽；而成长产业与周期产业的因果关系不大，即成长产业的兴衰与经济基本面的涨落无因果关系。格兰杰检验得到的结果可以很好地由经济、金融学理论解释，这说明我们的聚类结果具有实际意义。

第二章　A股分板块评价指标体系

在上一章我们根据行业差异将上市公司分为三大类板块：周期类、成长类、消费类（其中周期类板块包括周期上游产业、周期中游产业、周期下游产业以及大金融产业），并针对这三类板块分别设立财务指标。本章建立板块评价指标体系。周期类板块的行业财务指标主要是从资产规模、资产质量、盈利能力、业绩弹性、财务安全、战略管理、风险管理、运营效率与宏观经济走势的相关性等角度评估；成长类板块的行业主要是从成长潜力、市场预期、估值水平、增长能力、现金流久期等角度评估；消费类板块的行业主要是从避险能力、盈利能力、业绩弹性、风险管理、运营效率与宏观经济走势的相关性等角度评估[6][7]。我们先给出一般性指标定义，再结合不同行业给出特殊指标定义和行业内公司排名。

第一节　财务状况

企业财务状况是上市公司价值评估的基础，良好的财务状况是公司生存和成长的基础，我们设立多角度财务指标来综合反映企业在筹资、投资和经营全过程中的财务状况，特别突出企业现金流在企业成长和创新中的关键作用。并且我们调整改进了部分财务指标以求更好地反映以企业现金流为基准的财务情况[8]。

考虑到不同行业的差异，银行业、证券行业以及保险行业（四川省上市公司中无保险行业）的财务报表与其他行业存在显著差异，房地产行业在国民经济中处于特殊地位。故针对以上这些行业设立与其他一般性行业不同的财务指标，再根据这些指标进行定量计算，利用层次分析法来计算各种指标对于企业财务状况的影响系数[9]，并分行业对上市公司财务状况进行排名。公司财务状况评价指标见表 2.1。

表 2.1　公司财务状况评价指标

板块	备注	类别	财务状况指标
周期 成长 消费	大金融（银行业）	收入驱动力	净息差
			生息资产扩张速度
		收入结构	非利息收入占比
		资本水平	资本充足率
		资产质量	不良贷款率
			拨备覆盖率
	大金融（证券业）	规模	净资本
		盈利能力	净资产利润率
		营运能力	资产周转率
		偿债能力	杠杆率
		收入驱动力	经纪业务市场份额
			融资融券市场份额
	大金融（房地产）	财务安全性	短期风险头寸
		战略理性	财务安全底线—净借贷资产比
		营运效率	营业利润率
			存量资产周转率
	周期上游、周期中游、周期下游、成长、消费	现金流动性能力（短期偿债能力）	流动比率
			速动比率
			现金比率
			现金流量比率
		长期偿债能力	资产负债率
			现金有息债务比率
			利息保障倍数
		营运能力和财务弹性	应收账款周转率
			存货周转率
			营业周期
			全部资产现金回收率
			现金满足投资比率
			财务杠杆
			经营杠杆
			β
		盈利能力和盈利质量	销售净利率
			销售毛利率
			扣非净资产收益率
			销售现金比率
			非经常性损益占利润总额之比

一、大金融行业财务指标

（一）银行业

1. 净息差

净息差=（银行全部利息收入-银行全部利息支出）/全部生息资产

意义：反映银行净利息收入的收益率，相当于营业利润率的概念。

分析逻辑：净息差是银行放贷收益的集中表现，反映了银行综合平衡资产负债和成本收益后的定价能力，净息差越高，银行的利润率就越高，零售客户多、客户规模小以及融资期限短的银行净息差往往较高。

2. 生息资产扩张速度

生息资产扩张速度=（本年生息资产规模-上年生息资产规模）/｛上年生息资产规模｝

意义：反映作为银行利息收入重要来源的生息资产增长速度。

分析逻辑：在中间业务收入占比不高以及净息差逐年变动幅度不大的情况下，中国银行业的利润驱动主要依靠生息资产扩张，生息资产扩张速度在很大程度上决定了银行净利润的增长水平。

3. 非利息收入占比

非利息收入占比=中间业务收入/营业收入

意义：反映银行除生息资产收益以外的其他资金运用带来的收益状况。

分析逻辑：非利息收入占比越高，银行受信贷政策和利率市场化的影响就越小。

4. 资本充足率

资本充足率=（资本-资本扣除项）/风险加权资产

意义：反映商业银行在债权人和存款人的资产遭到损失前，以自有资本承担损失的程度。该指标可以抑制商业银行风险资产的过度膨胀，保护债权人和存款人利益，提高银行抵御风险的能力[10]。

分析逻辑：资本充足率是上市银行的命脉，资本充足率越高，其能够承受违约风险资产的能力就越强，资本风险也就越小。不过上市银行有降低资本充足率的动机，中国商业银行的主要利润来源是存贷差，存贷规模越大收取的息差越多，利润就越高，但这样会通过做大分母降低资本充足率。

5. 不良贷款率

不良贷款率=不良贷款余额/各项贷款×100%

意义：反映金融机构的信贷资产安全状况。

分析逻辑：不良贷款率越高，说明银行收回贷款的风险越大，银行的货款质量越差，因为每个银行不良贷款的计提标准不同，所以应关注不同时期银行不良贷款率的变化。

6. 拨备覆盖率

拨备覆盖率=贷款损失准备金余额/不良贷款余额

意义：衡量商业银行贷款损失准备金计提是否充足。

分析逻辑：该指标越高，说明不良贷款的保障越充足，因为每个银行的计提标准不同，所以应关注具体银行与自身的历史数据的比较。

（二）证券业

1. 净资本

净资本=净资产-金融资产的风险调整-其他资产的风险调整-或有负债的风险调整±中国证监会认定或核准的其他调整项目

意义：衡量证券公司资本充足和资产流动性状况的指标。

分析逻辑：一方面，净资本充足的券商可以抵御潜在的市场风险、信用风险、运营风险和结算风险等风险；另一方面，由于资本中介型创新业务非常消耗净资本，净资本的实力决定了未来券商能否抢占创新市场份额的先机。

2. 净资产利润率

净资产利润率=净利润/[（期初所有者权益合计+期末所有者权益合计）/2]×100%

意义：反映公司股东的投资报酬率。

分析逻辑：该指标是衡量上市公司盈利能力的重要指标，该比率越高，说明为股东带来的收益越高，一般有全面摊薄净资产收益率和加权平均净资产收益率两种。

3. 资产周转率

资产周转率=营业收入总额/资产平均总额×100%

意义：反映了在企业经营期间对全部资产的管理质量和利用效率。

分析逻辑：我国证券公司 ROE 的主要推动力在于高销售净利率，未来资本中介业务的发展将促进券商向提高资产周转率推动 ROE 转型，资产周转率高的券商说明闲置资产利用率较高，市场中介功能发挥得好。

4. 杠杆率（权益乘数）

杠杆率（权益乘数）=资产总额/股东权益总额

意义：衡量所有者投入企业的资本占全部资产的比重的倒数。

分析逻辑：华尔街投行的大特征就是高杠杆经营，杠杆率越高，创新业务发展得到的支持力度越大，对于传统业务的依赖就越少。

5. 经纪业务市场份额

经纪业务市场份额=券商股票和基金交易额/全行业股票和基金交易额

意义：衡量个体券商经纪业务的市场占比。

分析逻辑：券商经纪业务目前仍然在业务总收入中占比最大，在佣金率不断下滑的背景下，市场份额越大，券商经纪业务收入对总收入的贡献就越大。

6. 融资融券市场份额

融资融券市场份额=券商两融余额/全行业两融余额

意义：衡量个体券商两融业务的市场占比。

分析逻辑：融资融券市场份额越大，带来的佣金收入和息差收益越多，同时还可以为自营业务降低成本和提供更多的套期保值机会。

（三）房地产行业

1. 短期风险头寸

短期风险头寸＝1年内到期负债率+已订约但未拨备的承诺资本支出/年末总资产-现金比率-低谷中的存量资产周转率

＝[（流动负债-预收账款）/年末总资产]+已订约但未拨备的承诺资本支出/年末总资产-现金/年末总资产-低谷中的合约销售金额/年初总资产

说明：低谷中的合约销售金额由于无法从报表中获得，我们使用当年的（营业收入+年末的预收账款-年初的预收账款）来替代，而已订约但未拨备的承诺资本支出我们用（应收账款/25%）来替代，而低谷中的存量资产周转率则用2008年年初的总资产周转率来替代。

意义：短期风险头寸度量了房地产企业在危机中的抗风险能力。

分析逻辑：该指标越大，房地产企业对外部融资的需求越大，财务风险越大，该指标负值越大，说明低谷中的房地产企业可以利用与套利扩张的盈余资金就越多。当短期风险头寸大于零时，房地产企业在低谷中的现金与销售回款不足以覆盖一年内的到期负债和其他支付要求，当短期风险头寸小于零时，房地产企业可以应付所有的短期支付需求。

2. 净短期借贷空间

净短期借贷空间＝低谷存量资产周转率-日常运营支出/总资产-已订约但未拨备的承诺资本支出/总资产

净长期借贷空间＝低谷存量资产周转率-日常运营支出/总资产

净借贷资产比上限＝总借贷空间＝净短期借贷空间+净长期借贷空间

财务安全底线＝净借贷资产比上限/市场平均的权益比率+长期债券/净资产

净借贷资产比＝低谷中的存量资产周转率-已订约但未拨备的承诺支出/总资产

意义：反映房地产企业在低谷中的销售回款能够覆盖银行贷款、承诺资本支出和其他必须支出的负债上限。

分析逻辑：一般将净借贷资产比与财务安全底线相比，距离财务安全底线幅度越大，企业面临的财务困难就越小。

3. 营业利润率

营业利润率＝（营业利润+财务费用-投资收益-公允价值变动损益）/营业收入

意义：反映房地产企业获取盈利的能力和经常效率的高低。

分析逻辑：该指标越高说明房地产企业盈利能力越强。

4. 存量资产周转率

存量资产周转率＝合同销售金额/上年总资产

意义：反映房地产企业的资产周转速度。

分析逻辑：该指标越高，利润率越高，企业的扩张速度就越快。

二、周期上/中/下游行业、成长行业、消费行业财务指标

所有指标分析均需考虑不同行业和不同时期的差异，只有与同行业平均水平或者历史水平相比才能得出较为合理的结论。

1. 流动比率

流动比率=流动资产合计/流动负债合计

意义：反映企业的短期偿债能力。

分析逻辑：从理论上来讲，流动比率维持在 2∶1 是比较合理的。但是，由于行业性质不同，流动比率的实际标准也不同。所以，在分析流动比率时，只有将其与同行业平均流动比率、本企业历史的流动比率进行比较，才能得出合理的结论。

2. 速动比率

速动比率=（流动资产合计-存货）/流动负债合计

意义：更准确地反映企业的短期偿债能力，流动资产中扣除存货，是因为存货在流动资产中变现速度较慢，有些存货可能滞销，无法变现。

分析逻辑：根据经验，通常认为速动比率等于 1 比较合理。因此，在财务分析中，往往以 1 作为速动比率的比较标准，认为企业的速动比率在 1 左右比较正常，偏离太多则存在一定的问题，但是需考虑不同的行业和时期。

3. 现金比率

现金比率=货币资金/期末流动负债

意义：从公司现金及现金等价物角度来反映企业当期偿付短期负债的能力。

分析逻辑：现金比率越大，公司的货币资金越充足，充足的现金有利于保障企业短期偿债能力。

4. 现金流量比率

现金流量比率=经营活动现金净流量/期末流动负债

意义：从流量角度反映企业的偿还流动负债的能力。

分析逻辑：现金流量比率越大，表明企业经营活动产生的现金净流量越大，越能保障企业按期偿还到期债务。

5. 资产负债率

资产负债率=（负债总额/资产总额）×100%

意义：反映企业资产中债权人提供的资产比重，反映企业的举债水平及风险程度。

分析逻辑：资产负债率存在明显的行业差异，该比率越大，企业的财务风险越大，同时利用债务获取盈利的能力就越强，经营风险比较高的企业适合保持较低的资产负债率，而经营风险比较低的企业适合保持较高的资产负债率。

6. 现金有息债务比率

现金有息债务比率=经常活动产生的现金流量净额/带息债务

意义：反映企业现金流流入覆盖带息债务现金流出的能力。

分析逻辑：企业带息债务一般是指银行短期借款、长期借款，该比率越大，说明企

业长期偿债能力越强。

7. 利息保障倍数

利息保障倍数=息税前利润/利息费用

=(利润总额+财务费用)/(财务费用中的利息支出+资本化利息)

意义：反映企业经营收益相对于债务利息的倍数，衡量企业偿还借款利息的能力。

分析逻辑：利息保障倍数至少应该大于1，倍数越大说明企业偿还长期债务的能力就越强，一般选择3年或3年以上的利息保障倍数。

8. 应收账款周转率

应收账款周转率=销售收入/[(期初应收账款+期末应收账款)/2]

意义：在一定时期内（通常为一年）应收账款转化为现金的平均次数。

分析逻辑：该指标越高表明企业资产流动性越强，营运资金没有过多呆账在应收账款上。结合应收账款周转率与企业信用期限，还可以评估购买单位的信用程度以及生产企业的信用条件合适与否。分析中应注意季节性经营的企业以及大量使用分期收款结算和现金结算的企业。

9. 存货周转率

存货周转率=产品销售成本/[(期初存货+期末存货)/2]

意义：反映存货周转速度和企业变现能力。

分析逻辑：该指标越高说明存货的占用水平越低，变现速度越快，存货积压的风险就越小。分析中应注意去除不同存货计价方法所产生的影响。

10. 营业周期

营业周期=存货周转天数+应收账款周转天数

={[(期初存货+期末存货)/2] * 360}/产品销售成本+ {[(期初应收账款+期末应收账款)/2] * 360}/产品销售收入

意义：反映资金周转的快慢。

分析逻辑：该比率越小，说明企业从取得存货开始到销售有存货并收回现金的时间越短，资金周转速度越快。

11. 全部资产现金回收率

全部资产现金回收率=经营活动现金净流量/期末资产总额

意义：反映企业资产产生现金的能力。

分析逻辑：该比率越大，说明资产利用效率越高，经营管理水平越高，企业获取现金能力越强。

12. 现金满足投资比率

现金满足投资比率=近三年累计经营活动现金净流量/同期内的资本支出、存货增加、现金股利之和

注：若企业三年存货增加额小于零，则以0计。

意义：反映企业经营活动现金流量满足资本支出与存货增加和发放现金股利的能力。

分析逻辑：该比率越大越好，若大于或等于1，说明企业可以用经营获取的现金满

足企业扩充所需资金；若小于1，则说明企业来自经营活动的现金流不足以满足企业扩充所需资金，需要进行外部融资。

13. 销售净利率

销售净利率=净利润/销售收入×100%

意义：反映每一元销售收入贡献的净利润程度。

分析逻辑：该比率越大，说明企业的获利能力越强。销售净利率越低说明企业成本费用支出越高。此处销售收入是扣除了销售折扣、销售折让后的净额。

14. 销售毛利率

销售毛利率=[（销售收入-销售成本）/销售收入]×100%

意义：反映每一元销售收入扣除成本后的初始获利能力。

分析逻辑：该指标越高，表示销售成本占销售收入的比重越小。

15. 扣非净资产收益率

扣非净资产收益率=扣除非经常性损益净利润/[（期初所有者权益合计+期末所有者权益合计）/2]×100%

意义：反映公司股东的投资报酬率。

分析逻辑：该指标是衡量上市公司盈利能力的重要指标，该比率越高说明为股东带来的收益越高。这里使用扣除非经常性损益净利润能更加真实地说明企业的营业能力。

16. 销售现金比率

销售现金比率=经营活动现金净流入额/销售额

意义：反映每一元销售收入贡献的现金流入量。

分析逻辑：该比率越高，说明企业的资金利用率越高。

17. 经常性损益占利润总额之比

经常性损益占利润总额之比=（营运利润-非经常性损益）/|利润总额|

意义：反映企业日常经营活动的盈利能力。

分析逻辑：该指标越大，说明企业非经常性损益占利润总额之比越小，企业正常经营获得的收益份额越大，企业盈利能力具有可持续性。

第二节　估值与成长能力

估值有相对估值和绝对估值，我们既兼顾市盈率、市净率等相对估值指标，也考虑每股自由现金流等绝对估值指标，以便更加完整地对上市公司的估值能力进行评估[11]。在计算上，参照“加拿大皇家银行选股”模型，我们对所有上市公司设立价值指标、成长性指标两类指标，进行定量的指标计算，利用层次分析法计算各种指标对企业估值和成长性的影响系数并分行业对上市公司进行排名[12]。公司估值与成长能力评价指标见表2.2。

表 2.2　公司估值与成长能力评价指标

板块	类别	估值与成长能力指标
所有板块	价值指标	基于一致预期的市盈率
		扣除非经常性损益的市盈率
		市净率
		每股自由现金流
		市值
		重置价值
		内在价值
		必要收益率
		市场资本化率
		现金流久期
	成长性指标	营业收入增长率
		净利润增长率（EPS 增长率）
		海外业务收入比率
		资本支出增长率
		市盈率 PE
		市盈率增长率 PEG
		再投资率
		增长机会价值 PVGO
		托宾 Q
		股利增长率 g

一、价值指标

1. 基于一致预期的市盈率

基于一致预期的市盈率=股票在指定交易日期的收盘/预测每股收益

意义：以某年预测每股收益收回每股市价所需年数。

分析逻辑：预测每股收益指的是截至指定日期市场近 12 个月对该公司在未来某年预测每股收益的一致预测。该指标适合与同行业股票进行比较，得出公司是否被低估或高估。

2. 扣除非经常性损益的市盈率

扣除非经常性损益的市盈率=市值/前推 12 个月扣除非经常性损益后的净利润

意义：前推 12 个月扣除非经常性损益后的净利润算法为根据报告期“归属母公司股东的净利润”计算：

①若最新报告期是年报，则 TTM=年报；

②若最新报告期不是年报，则 TTM=本期+（上年年报-上年同期），若本期、上年

年报、上年同期存在空值，则不计算，返回空值。

分析逻辑：与对市盈率的分析逻辑相似，该指标适合与同行业股票进行比较，得出公司是否被低估或高估。

3. 市净率

市净率（PB）=（股票在指定交易日期的收盘价×截至当日公司总股本）/账面价值

意义：按照指定日期所选股票的人民币收盘价计算的公司总市值与同期公司账面净资产的比值。

分析逻辑：市净率可以用于投资分析。每股净资产是股票的账面价值，用成本计量，每股市价是这些资产的现时市场价值，是证券市场交易的结果。一般认为，市价高于账面价值时企业资产的质量较好，有发展潜力；反之则质量较差，没有发展前景。但从另一角度来说，市净率低的股票的市场估值低于其账面价值，即市场低估了公司的价值（尤其是在通货膨胀时期），因此低市净率的股票也被称为价值股。市净率侧重于对未来盈利能力的期望。

4. 每股自由现金流

每股自由现金流=企业自由现金流/总股本

企业自由现金流=EBIT+折旧和摊销-营运资本增加-资本支出

=EBIT（1-所得税率）+固定资产折旧+无形资产摊销+长期待摊费用摊销-营运资本增长-构建固定和无形资产及其他长期资产支付的现金

意义：从企业自由现金流角度能更加真实地反映企业的价值。

分析逻辑：企业自由现金流是企业的真实价值，使用企业自由现金流对企业进行价值评估在投资界盛行，每股自由现金流是股票定价之锚，该指标越高说明企业价值越大。

5. 市值

市值=股票在市场上实际的交易价格×总股本

意义：市场对公司价值所达成的共识。

分析逻辑：股票市值反映了公司预期未来现金流的贴现值，其基本前提是公司是一家可以进行持续经营的实体。股票市值一般不等于账面价值，由于账面价值使用的是历史成本，故多数时候市值高于账面价值，但有时股票市值也会低于账面价值。总的来说，账面价值主要用于会计目的，而资本市场上的投资者更为关注的则是市场价值。

6. 重置价值

$$\text{重置价值} = \sum_{i \in S} \text{资产}_i \times \text{资产}_i \text{的市场价值} - \text{负债}$$

$S = \{\text{企业的全部资产}\}$

意义：重置价值基本上代表公司的市值，尤其是在通胀期。

分析逻辑：重置价值是在相同的条件下购买或新建同样资产所支付的价格，当企业重置价值高于市场对其公司价值共识时，说明市场低估了公司价值，相较于重新复制该公司而言，购买该公司股权更划算，股价有上扬趋势；当企业重置价值低于市场对其公司价值的共识时，说明市场高估了公司价值，相较于重新复制该公司而言，购买该公司股权更不划算，该公司股权需求下降，股价有下降趋势。

7. 内在价值

内在价值=未来每股股利的现值

内在价值估算：

$$V_0 = \frac{D1}{1+k} + \frac{D2}{(1+k)^2} + \cdots + \frac{D_H + P_H}{(1+k)^H}$$

意义：公司的客观真实价值，公司市值在足够长的时间内会回归到其内在价值。

分析逻辑：公司市值最终会回归到其内在价值是基本分析的基础，基本分析的关键就是确定公司的内在价值，当公司的市值高于其内在价值时，公司股价被高估，股价未来有下降趋势，这时应该做空该公司股权；当公司市值低于该公司内在价值时，公司股价被低估，股价未来有上升趋势，这时应该做多该公司股权。

8. 必要收益率 k

必要收益率 $k = r_f + \beta[E(r_M) - r_f]$

意义：当公司股票定价准确时，即股票市值处于均衡水平时，投资者能够期望股票投资获得的收益。

分析逻辑：公司的必要收益率是指在其定价均衡时的收益率，可以用于计算公司内在价值的折现率。

9. 市场资本化率

市场资本化率$= \alpha + r_f + \beta[E(r_M) - r_f]$

意义：市场对必要收益率所达成的共识

分析逻辑：定价被低估股票的期望收益率高于必要收益率（$\alpha>0$），即当预期收益率大于必要收益率时表明股价被低估，此时股价有上扬趋势，内在价值高于市值，应增加对该股票的投资持有。定价被高估股票的期望收益率低于必要收益率，即当预期收益率小于必要收益率时表明股价被高估，此时股价有下降趋势，内在价值低于市值，应减少对该股票的投资持有。

10. 现金流久期

现金流久期：$$D = \frac{\sum_{t=1}^{T} \frac{t\mathrm{FCFE}_t}{(1+k)^t}}{\sum_{j=1}^{T} \frac{\mathrm{FCFE}_j}{(1+k)^t}}；\quad \frac{\mathrm{d}P}{P} = -D \times \frac{\mathrm{d}k}{1+k}$$

意义：以现金流计算权重的时间期望，反映了公司股价与其必要收益率的关系，服从久期法则。

分析逻辑：不同行业的股权现金流结构不尽相同，如成长性行业的现金流为近小远大，这样结构的现金流的久期较大；而消费性行业的现金流分布均匀，其现金流久期小于成长型行业；在整体经济下行的宏观趋势下，依赖经济周期的周期性行业的股权现金流呈近大远小，其久期最小；宏观经济下行，导致需求退缩，产能过剩，物价下跌，引发通缩，央行降息释放流动性并刺激经济，从而导致市场利率下行。经济衰退，社会资金脱实入虚。一方面，投资者避险情绪升温，而债券作为避险资产，将使债券市场繁荣，而股权市场萧条。另一方面，利率下行导致债券价格升高，持有期收益率升高也将导致债券市场繁荣，而股权市场萧条。萧条的股权市场缺乏流动性，股权市场大盘期望收益率 ERM 走低，依据资本资产定价模型，企业必要收益率下降。由 DDM 模型或自由现金流模型可知，企业必要收益率下降，企业估值水平将上升，此时久期较大的成长型行业以及消费型行业将获得更高的估值溢涨，这些行业的内在价值将大幅提高，并被严重低估，而周期性行业则相反。当经济周期向好时，短期内估计水平受技术限制只能维持在一定水平内，而需求却严重过剩，导致物价上涨，通货膨胀，央行需要加息来回收流动性，冷却经济，随之而来的则是利率的上行。利率上行将使企业估值水平受压，此时一方面具有高久期的成长，消费股估值水平将严重缩水，而小久期的周期性行业估值缩水并不严重；另一方面此时具有较高盈利弹性的周期性行业将随着上行的经济获得更高的收益与自由现金流，因此当经济上行时周期性行业更适合投资。

二、成长性指标

1. 营业收入增长率

营业收入增长率=过去三年营业收入增长率平均值

意义：反映营业收入的成长持续性和幅度。

分析逻辑：该指标越高，公司盈利能力越强，未来或持续高速增长的可能性越大。

2. 净利润增长率

净利润增长率=过去三年净利润增长率平均值

意义：净利润增长率反映了企业实现价值最大化的扩张速度，是综合衡量企业资产营运与管理业绩，以及成长状况和发展能力的重要指标。

分析逻辑：该指标越高，说明企业未来成长状况和发展能力越好。

3. 海外业务收入比率

海外业务收入比率=海外业务收入/营业收入

意义：海外业务收入反映了公司产品或服务在海外的销售情况，是企业“走出去”和核心竞争力的重要体现。

分析逻辑：该指标越高，说明企业产业或服务在海外受欢迎的程度越高，企业的核心竞争力越强，为企业“走出去”和开拓海外市场插上腾飞的翅膀。

4. 资本支出增长率

资本支出增长率=过去三年构建固定和无形资产及其他长期资产支付的现金增长率

意义：资本支出是企业投资强度的重要体现，虽然互联网时代倡导轻资产模式，但是这里的资产仅仅指固定资产，无形资产增长也是资本支出的重要体现。企业的成长也需要持续不断的固定资产或无形资产投资的支持。

分析逻辑：该指标越大，反映企业的再生产能力越强，未来营收和利润增长空间越大。

5. 市盈率 PE

市盈率=股票市场价格 P/每股盈余 EPS

股市（行业）平均市盈率=股市（行业）市价总值/全部（行业）上市公司盈利总和

意义：假设某上市公司的每股收益保持不变，投资者通过企业税后利润完全回收二级市场的投资成本所需的年数。

分析逻辑：市盈率作为最常见的企业财务指标，既可以反映股票价格的高低，也可以反映企业的成长能力，因为：股价=零增长公司的股价+增长机会价值，即：$P_0 = \frac{EPS_1}{k} + PVGO$，所以：$\frac{P_0}{E_1} = \frac{1}{k}\left(1 + \frac{PVGO}{\frac{E_1}{k}}\right)$。

因此，企业 PE=该企业零增长的 PE×（1+机会增长价值/该企业零增长的内在价值），当某一企业的 PE 等于其必要收益率的倒数时，说明该企业 PVGO=0，即企业已经零增长，即这样的公司是保守的，而非进取的，意味着这样的企业已经处于成熟期。

6. 市盈率增长率 PEG

PEG=市盈率/盈利增长率=（P/EPS）/（ΔEPS/EPS）=P/ΔEPS

意义：市盈率忽视了成长性企业的未来收益变换，该指标将股票当前的市盈率水平与业绩增长水平结合起来。

分析逻辑：如果公司的增长率比较高，那么投资者才愿意支付比较高的价格来购买该公司的股票，相应的市盈率也比较高。通常，高成长企业的 PEG 值应小于等于 1。从投资理念来看，成长性投资是价值投资的延伸和深化，是从“价值发现”到“价值成长”的过程。新兴市场具有明显的成长性高的特点，从长远来看，实现价值投资必须关注股票的成长性。而 PEG 指标可用于衡量企业的成长性。在选股策略上，对于成长性比较好的行业来说，仅用市盈率是难以说明其投资价值的。因为从国际市场的成熟经验来看，成长性行业的股票估值上一般有较高市盈率，只不过该市盈率应与其盈利增长相适应，所以用 PEG 来衡量行业的投资价值应该更具合理性[13]。

7. 再投资率

再投资率=投资产生的现金流出额/净利润

注：若净利润小于等于 0，则再投资率以 0 计。当净利润大于 0 时，若投资产生的现金流出额小于净利润，则再投资率按上述公式计算；若投资产生的现金流出额大于等于净利润，则再投资率以 1 计算。

意义：企业收益留存比率，为再投资资金占盈利的百分比，最高为 100%，最低为 0。

分析逻辑：当企业的再投资率较高时，说明该企业的大部分收益用于扩大再生产，行业正处于方兴未艾的起步阶段，意味着行业是成长性行业。

8. 增长机会价值 PVGO

增长机会价值=股价-零增长公司股价

$$P_0 = \frac{EPS_1}{k} + PVGO;\quad PVGO = \frac{D}{k-g} - \frac{EPS_1}{k} = \frac{EBIT*(1-b)}{k-ROE*b} - \frac{EPS_1}{k}$$

注：若年化必要收益率 k 大于 0 且小于 ROE，则 PVGO 按上述公式计算，否则均计为 0。

意义：反映公司增长与不增长之间的每股价值之差。

分析逻辑：股利既可以完全分配给股东，也可以转化为再投资资金。具体决策分两种情况：第一种情况，再投资的期望收益小于或等于必要收益率（$ROE \leqslant k$），股利零增长策略是最好的选择。将利润全部分为股利，企业仅简单再生产，股利股价不再增长（$b=0$，$g=0$），股价等于每股现有资产的价值。公司采用零股利增长策略与采用部分留存并回购该股效果一致，收益率均为 k，而当进行再投资时则会发生亏损，由于 $ROE<k$，ROE 的影响会使收益率小于 k。此时的公司营业能力已不足以支持其在实体经济市场扩大再生产，意味着行业为夕阳行业。第二种情况，再投资的期望收益大于必要收益率（$ROE>k$），减少当前股利发放，用于再投资策略，该投资机会可以获得正的净现值，股价会因反映这一预期而上涨。公司价值增加等于投资机会的净现值，该净现值被称为增长机会价值（*PVGO*）。*PVGO* 越大则说明企业进行再投资获得的价值增加越多，即企业的营业能力（*ROE*）足以支持企业进行再投资，说明行业为朝阳产业。

9. 托宾 Q

托宾 Q=市场价值/重置价值

意义：Q 值反映了企业进行扩大再生产的动机，进而间接反映出企业的生命周期。

分析逻辑：托宾的 Q 理论提供了一种有关股票价格和投资支出相互关联的理论。如果 $Q>1$，那么企业的市场价值要高于资本的重置成本，即新厂房设备的资本要低于企业的市场价值。在这种情况下，公司可发行较少的股票而买到较多的投资品，投资支出便会增加。如果 $Q<1$，那么公司的市场价值低于资本的重置成本，厂商将不会购买新的投资品。公司如果想获得资本，那么将购买其他较便宜的企业而获得旧的资本品，这样投资支出将会降低。

$Q>1$：公司的资产市值高于重置成本，故对公司具有投资激励作用。一般是具有高成长性的企业（套利）。

$Q=1$：激励作用接近于 0。

$Q<1$：公司的资产市值低于重置成本，公司无资本投资的意愿。一般是遭受激烈竞争的行业，或衰退行业。

反映在货币政策上的影响就是：当货币供应量上升时，股票价格上升，托宾的 Q 上升，企业投资扩张，从而国民收入也扩张。根据托宾 Q 理论的货币政策传导机制为：

货币供应↑ ⇒ 股票价格↑ ⇒ Q↑ ⇒ 投资支出↑ ⇒ 总产出↑

10. 股利增长率 g

股利增长率=再投资率×净资产收益率

意义：股利增长率反映股票股利的增长速度。长期下，股利增长率 g 应小于必要收益率 k。在股利增长率一定的情况下，股票价格增长率等于股利增长率。

$$P_1=\frac{D_2}{k-g}=\frac{D_1(1+g)}{k-g}=\frac{D_1}{k-g}(1+g)=P_0(1+g)$$

分析逻辑：在股利增长率一定的情况下，股价与股利都以股利增长率 g 增长，设总股本一定，则公司市值按股利增长率 g 增长，当 g 越大时，企业市值增长越快，说明企业成长能力越强。

第三节 创值能力

我们从"过去为股东创造价值"和"未来为股东创造价值"两个角度设立经济增加值（EVA）和市场附加值（MVA）两个指标来衡量上市公司的创值能力，然后利用层次分析法计算 EVA 和 MVA 因素对企业创值能力的影响系数[14][15]。公司创值能力评价指标见表 2.3。

表 2.3 公司创值能力评价指标

板块	类别	创值能力指标
所有板块	过去为股东创值	EVA
	未来为股东创值	MVA

一、过去为股东创值

1. 经济增加值 EVA

EVA=税后营业净利润-资本总成本=税后营业净利润-资本×资本成本率

税后营业净利润=净利润+（利息支出+研究开发费用调整项-非经常性损益调整项×50%）×(1-25%)

资本=所有者权益+负债合计-无息流动负债-在建工程

这套计算体系来自国资委考核标准，一是计算方法简单清晰，科目全部依据中国财务报表体系设计；二是将研发支出纳入收益，实质上是将研发支出资本化。经济增加值指标有助于引导企业更加关注价值创造，提高其可持续发展能力。

二、未来为股东创值

1. 市场附加值 MVA

MVA =公司市值-累计资本投入

=企业股票价格×流通在外股票数量-企业占用的权益资本

企业债务资本的市场价值和账面成本价值基本相同，故将 MVA 简化。

第四节　治理能力

上市公司与非上市公司相比，实现股东利益最大化的目标更为重要。根据 OECD、世界银行、南开大学公司治理研究中心与中国社会科学院公司治理研究中心的研究成果，公司治理体系通常包括董事会权利与责任、股东权利保障、利益相关者、信息披露等多维度。本书结合这些研究成果，并考虑“由于融资结构的复杂性，利益相关者参与公司治理的重要性显著增加”，相对于一般性公司，上市公司在股权结构、公司治理方面的重要性显著增加。我们引入股权结构与股东权利、董事会运作情况、内部激励、信息披露和社会责任等指标对上市公司价值进行评估[16][17]。公司治理能力评价指标见表 2.4。

表 2.4　公司治理能力评价指标

板块	类别	治理能力指标
所有板块	股权结构与股东权利	流通股份占比
		机构持股占比
		第一大股东持股占比
		现金分红比率
		年末股东权益增长
	董事会运作情况	董事会下设专业委员会情况
		会议情况
		独立董事比例
		董事长与总经理两职分离
	内部激励	股权激励比例
		高管持股比例
		高管薪酬占比
	信息披露	审计意见
		内部控制意见
	社会责任	社会贡献率
		税款上缴率
		资产纳税率

一、股权结构与股东权利

1. 流通股份占比

流通股份占比=流通中股份数量/总股本

意义：反映公司股权分散程度。

分析逻辑：该指标越高，反映公司大股东操纵公司经营的可能性就越小。

2. 机构持股占比

机构持股占比=机构持股数量/总股本

意义：反映机构投资者对公司业绩和创值能力的关注程度。

分析逻辑：机构投资者多，是对公司长期价值创造能力的肯定以及上市公司价值发现的重要渠道，能从外部促使公司内部治理水平提升。因此该指标越高，公司治理水平就会越高。

3. 第一大股东持股比例

第一大股东持股比例=第一大股东数量/总股本

意义：反映公司股权集中度。

分析逻辑：该指标越高，反映公司股权集中度越高，上市公司高管更可能通过输送公司利益来获得自身收入水平的提高，从而存在所谓的隧道效应（tunneling effect）。

4. 现金分红比率

现金分红比率=年度累计现金分红总额/归属母公司股东的净利润

意义：反映公司现金形式分配给股东的力度，是上市公司股东回报获得的重要体现。

分析逻辑：该指标越大，上市公司股东获得的现金红利就越多。

5. 年末股东权益增长

年末股东权益增长=报告期股东权益/报告期上年股东权益

意义：反映公司运用股东资本获得资本增值的能力。

分析逻辑：该指标越高，说明企业运营效率越高，对股东贡献就越大。

二、董事会运作情况

1. 董事会下设专业委员会情况

董事会下设专业委员会情况=董事会下设专业委员会数量

意义：该指标越高，说明董事会中专业治理结构越规范和专业人才队伍越齐备。

分析逻辑：各专业委员会是按照《中华人民共和国公司法》（以下简称《公司法》）的要求，规范运作，充分发挥作用，对公司的重大决策提出审议、评价和咨询意见，为董事会决策提供建议。专业委员会的设立，将对完善集团董事会运作制度、提高董事会工作效率产生积极影响。

2. 会议情况

会议情况=董事会、监事会和股东大会次数

意义：该指标反映上市公司董事会运作情况和运作效率。

分析逻辑：董事会会议是董事会履行职责、研究和决定公司重大决策事项和处理紧急事务的重要形式，《公司法》规定股份有限公司董事会每年度至少召开两次会议，董事会根据公司具体事项及时召开会议对所涉及事项进行充分讨论，有利于公司民主协商，对于公司科学决策和规范运作具有重要的意义。

3. 独立董事比例

独立董事比例=独立董事数量/董事数量

意义：反映上市公司董事会中独立董事比例。

分析逻辑：由于独立董事不像内部董事那样直接受制于控股股东和公司管理层，可以客观、公正、独立地做出有关公司决策的判断，独立董事比例越大，说明公司内部治理水平越高，从而能够为公司长期可持续发展奠定基础。

4. 董事长与总经理两职分离

董事长与总经理两职分离=虚拟变量（若不同则为1，相同则为0）

意义：说明公司董事长与总经理是否由一人兼任。

分析逻辑：董事长与总经理分别代表股东权益和经营者权益，若一人兼任可能会导致经营者为了自身利益损害股东权益；而若两职分离，则董事会可以对经理层形成制约，促使管理者为公司成长服务。

三、内部激励

1. 股权激励比例

股权激励比例=激励总数/当时总股本

意义：反映公司经营者与股东利益的一致程度。

分析逻辑：该指标越高，说明公司经营者承担的经营风险越大，则越能在经营过程中更多地关心公司的长期价值。

2. 高管持股比率

高管持股比率=董事长、董事及监事持股总量/股本总额

意义：反映公司经营者与股东利益的一致程度。

分析逻辑：该指标越高，说明管理者利益与股东利益一致程度越高，代理成本越少，公司长期增长率越高。

3. 高管薪酬占比

高管薪酬占比=上市公司高管薪酬/总薪酬

意义：激励公司经营者减少道德风险，提升与股东利益的一致程度。

分析逻辑：该指标越高，越有利于管理者提升管理水平，促进公司不断成长，从而带来更高的薪酬。

四、信息披露

1. 审计意见

审计意见分为五类：标准的无保留意见、带强调事项段的无保留意见、无法表示意见、保留意见和否定意见。

意义：反映公司信息披露的质量。

分析逻辑：审计意见质量高，说明公司管理层有效地设计、实施和维护与财务报表编制相关的内部控制，以使财务报表不存在因舞弊或错误而导致的重大错报，选择和运用了恰当的会计政策，做出了合理的会计估计。

关于五类审计意见的说明：

• 标准的无保留意见说明审计师认为被审计者编制的财务报表已按照适用的会计准则的规定编制，并在所有重大方面公允反映了被审计者的财务状况、经营成果和现金流量。

• 带强调事项段的无保留意见说明审计师认为被审计者编制的财务报表符合相关会计准则的要求，并在所有重大方面公允反映了被审计者的财务状况、经营成果和现金流量，但是存在需要说明的事项，如对持续经营能力产生重大疑虑及重大不确定事项等。

• 保留意见说明审计师认为财务报表整体是公允的，但是存在影响重大的错报。

• 否定意见说明审计师认为财务报表整体是不公允的或没有按照适用的会计准则的规定编制。

• 无法表示意见说明审计师的审计范围受到了限制，且其可能产生的影响是重大而广泛的，审计师不能获取充分的审计证据。

此处将标准无保留意见设定为1，其余则设定为0。

2. 内部控制意见

内部控制意见分为：标准无保留意见、带强调事项段的无保留意见、无法表示意见、保留意见和否定意见。

意义：进一步反映公司内控信息披露的质量。

分析逻辑：同审计意见，将标准无保留意见设定为1，其余则设定为0。

五、社会责任

1. 社会贡献率

社会贡献率=企业社会贡献总额/平均资产总额

=（支付的职工薪酬+缴纳税款+利息支出净额+应缴增值税+产品销售税金及附加+应缴所得税及其他税）/总资产平均占用额

意义：反映企业占用社会资源所产生的社会经济效益。

分析逻辑：该比率越大，公司对于职工、股东、债权人和国家的贡献度越高，社会责任履行情况就越好。

2. 税款上缴率

税款上缴率=已缴纳税款/|应缴纳税款|

=本会计期间增值税与所得税费用/（应交税费期末余额-应交税费期初余额）

意义：反映公司对于国家相关税法的遵守情况。

分析逻辑：该比率越高，说明公司对税法的遵守程度越高。

3. 资产纳税率

资产纳税率=企业纳税总额/平均资产余额

=本会计期间增值税与所得税费用/总资产期初期末平均值

意义：反映企业对国家的纳税贡献。

分析逻辑：该比率越高，说明公司对于国家的纳税贡献越大。

第五节　创新能力

创新与研发涉及上市公司多个行为维度，我们分别从创新投入、创新产出、创新效益与创新资金支持四个方面对上市公司的创新与研发行为进行捕捉。这些指标既反映了公司的物质投入也列示了无形、人力资本方面的投入；既反映了公司有形方面的创新产出，也反映了公司无形方面的创新产出。除此之外，公司的资本结构、投资人类型等方面均可能对公司的创新倾向产生影响，在综合传统评价创新能力的指标对上市公司进行评价时，我们也结合了许多新颖的企业创新理论。我们对上市公司的创新能力进行定量评估，利用层次分析法计算创新能力因素对企业价值的影响系数，从而得出了创新行为对上市公司价值增长的影响。公司创新能力评价指标见表 2.5。

表 2.5　公司创新能力评价指标

板块	类别	创新能力指标
所有板块	创新投入	研发经费投入强度
		新产品开发
		人力资本投入
		员工持股计划
		技术人员投入
		技术人员持股比例
	创新产出	专利申请数量
		无形资产
		专利授权数量
	创新效益	核心业务增长率
		劳动生产率
		市场占有率
		超额收益率
	创新资金支持	内部融资能力
		公司自由现金流增长
		现金及现金等价物增长
		政府补贴

一、创新投入

1. 研发经费投入强度

研发经费投入强度=研发经费/营业收入

意义：反映企业在报告期内内部支出和外部支出占营业收入的比重。

分析逻辑：该比率越高，说明公司在创新方面的投入力度越大。

2. 新产品开发

新产品开发=广告费/营业收入

意义：反映企业对创新产品的销售能力。

分析逻辑：该比率越高，说明企业用于推广新产品、新服务的投入越大。

3. 人力资本投入

人力资本投入=公司大专学历以上职员人数/员工总数

意义：反映企业总体人力资本水平和人才结构。

分析逻辑：该比率越高，说明公司人力资本积累程度越高。

4. 员工持股计划

员工持股计划=员工持股数量/总股本

意义：表征企业在报告期内实施的员工持股绝对量和相对水平。

分析逻辑：员工报酬水平与企业经营业绩挂钩，该比率越高，员工利益与公司利益一致化，减少信息不对称与道德风险。

5. 技术人员投入

技术人员投入=技术人员总数/员工总数

意义：在上文研发经费投入的基础上，从“人”的角度探讨公司研究技术人员投入强度。

分析逻辑：该比率越高，说明公司对研究人员的投入强度越高，可为公司创新能力的提高奠定重要基础。

6. 技术人员持股比例

技术人员持股比例=技术人员持股数量/总股本

意义：反映企业技术人员持股情况。

分析逻辑：技术人员持股比例越高，说明公司不仅通过一般薪酬来激励创新人员，还将公司未来发展与技术人员挂钩，从而达到提高公司创新能力的目的。

二、创新产出

1. 专利申请数量

专利申请数量=公司申请的发明、实用新型和外观设计三项之和

分析逻辑：上市公司申请的专利数量越多，说明上市公司研发支出逐步转化成实际成果，虽然这些技术成果与实际生产还有很大距离，但是对于公司准确把握市场前沿科技信息和消费动态具有重要意义，能为公司产品创新奠定基础。

2. 无形资产

无形资产（扣除土地使有权）= log（“无形资产”-“土地使用权净值”）

意义：该比率越高，说明企业无形资产价值越高，是企业创新能力的体现。

分析逻辑：按照我国现有会计准则中关于无形资产的确认原则，无形资产主要包括专利权、非专利技术、商标权、著作权、特许权、土地使用权等，扣除土地使用权后基本上可以廓清上市企业的创新产出水平，包括专利、非专利、特许权、商标权等。

3. 专利授权数量

专利授权数量=公司有效的发明、实用新型和外观设计三项之和

意义：该比率进一步在专利申请数量上表明公司专利申请的质量。

分析逻辑：与专利申请数量不太相同，专利授权数量则是某项专利已经被专利授权部门通过，将对公司生产经营产生影响的专利数量，是公司创新质量的重要体现。因此，专利授权数量越多，说明公司的创新能力越强。

三、创新效益

1. 核心业务增长率

核心业务增长率=(报告期年营业收入-报告期年其他业务收入)/|(基期年营业收入-基期年其他业务收入)|

意义：反映公司主营业务在报告期的增长率，说明了公司主营业务是否是构成公司收入和利润的主要来源。

分析逻辑：该指标越大，说明公司的主营业务创新能力越强，构成了公司的主要收入和利润来源。

2. 劳动生产率

劳动生产率=公司毛利率/职工总人数

意义：反映公司劳动者的单位个人产出。

分析逻辑：该指标越大，反映公司的劳动生产率较高，说明在投入一定的情况下，产出越高，公司的技术创新水平较高。

3. 市场占有率

市场占有率=公司营业收入/行业营业收入之和

意义：一方面反映报告期内公司规模在行业中的变化，另一方面说明公司产品在行业市场上的主导地位的变化。

分析逻辑：该指标越大，说明公司的规模较大和产品市场占有率越高。

4. 超额收益率

超额收益率=公司销售净利率-行业平均销售净利率

意义：从净利润角度探讨了公司净利润和行业平均利润的对比情况，是公司超额利润获取能力的重要体现。

分析逻辑：该指标越大，说明公司的超额利润较大，超越行业平均利润，反映公司的技术创新能力越强。

四、创新资金支持

1. 内部融资能力

内部融资能力=经营活动现金流量+投资活动现金流入额/投资活动现金流出额

意义：反映公司内部支持经营活动的能力。

分析逻辑：该指标越大，说明公司内部资金支持能力越强。

2. 公司自由现金流增长

公司自由现金流增长=报告期年公司自由现金流/|基期年公司自由现金流|

意义：从流量角度反映公司内部融资或内源性融资渠道的宽窄变化。

分析逻辑：该指标越高，说明公司融资能力增强速度越快，公司可用于创新的内源性资金越充足。

3. 现金及现金等价物增长

现金及现金等价物增长=报告期年上市公司现金及现金等价物/基期年上市公司现金及现金等价物

意义：从存量角度反映公司内部融资或内源性融资渠道的宽窄变化。

分析逻辑：该指标越高，说明公司创新融资渠道变宽速度越高。

4. 政府补助

政府补助=扣除税收返还后政府补助金额

意义：说明公司技术改革、研发等项目从政府获得的资助经费。

分析逻辑：我国目前主要的政府补助包括财政贴息、研究开发补贴、政策性补贴。除去税收返还后，政府补助一般用于技改贴息、研究开发和技术人员补助等，因此该比例越高就越能说明公司研发活动较为活跃，研究开发经费支持也比较充足。

第六节　稳定性能力

企业经营的稳定性对于企业的发展至关重要，一方面企业基本面的高稳定性可以使其在经济低迷时期成为优秀的避险选择，对于消费类的行业而言企业经营的稳定性是其标志性的表现；另一方面高稳定性的企业面临更小的财务风险，例如在经济基本面波动时，相同销售额的变化将使得高财务杠杆与经营杠杆的企业的每股收益波动更剧烈，在经济下行时，这样的企业将面临较大的破产风险[18][19]。公司稳定性能力评价指标见表2.6。

表 2.6　公司稳定性能力评价指标

板块	类别	稳定性能力指标
所有板块	稳定性指标	股票收益率稳定性
		盈利稳定性
		非经常性损益频率
		财务杠杆
		经营杠杆
		β

一、稳定性指标

1. 股票收益率稳定性

股票收益率稳定性=过去三年股票对数收益率的标准差（以月为单位）

意义：反映上市公司股价的离散程度。

分析逻辑：期末与期初股价之比的对数，求这些数值序列的标准差。该指标越低，说明股价的稳定性越好。

2. 盈利稳定性

盈利稳定性=过去三年净利润标准差

意义：反映公司净利润的离散程度。

分析逻辑：该指标越低，说明公司净利润的稳定性越好。

3. 非经常性损益频率

非经常性损益频率=过去三年非经常性损益标准差

意义：反映公司受到不经常发生或不正常交易事项的影响程度。

分析逻辑：该指标越大，说明公司受到的与经营业务无关系的活动的影响越大。

4. 财务杠杆 DFL

$$DFL=\frac{\text{每股盈余变动百分比}(\Delta \mathrm{EPS}/\mathrm{EPS})}{\text{利润变动百分比}(\Delta \mathrm{EBIT}/\mathrm{EBIT})}$$

意义：反映每股盈余对息税前利润的弹性。

分析逻辑：财务杠杆作用度主要取决于资本结构，当公司在资本结构中增加负债或优先股筹资比例时，固定的现金流出量就会增加，从而加大了财务杠杆作用和财务风险。一般来说，财务杠杆系数越大，每股收益因息税前利润变动而变动的幅度就越大；反之就越小。较大的财务杠杆可以为公司带来较强的每股收益扩张能力，但固定筹资费用越多，由此引发的财务风险就越大。当经济形势变化时，周期性行业由于高 DOL 的影响息税前利润变动显著，因而若周期性行业的 DFL 较大，则其每股盈余极易受经济形势的作用，波动巨大。在通货膨胀加剧时期，公司多借债可以把损失和风险转嫁给债权人；在经济繁荣时期，公司多借债可以获得额外利润。

5. 经营杠杆 DOL

$$DOL = \frac{\text{利润变动百分比}(\Delta \text{EBIT}/\text{EBIT})}{\text{销售额变动百分比}(\Delta Q/Q)} = 1 + \frac{\text{固定成本}}{\text{利润}}$$

意义：反映息税前利润对销售额的弹性。

分析逻辑：经营杠杆是指固定成本与可变成本的差异。可变成本较高的企业对经济环境的敏感性较低，因经济衰退，产量下降，成本也下降。固定成本高的企业，经营杠杆高，对经济环境的变化高度敏感。如果 DOL 大于 1，那么公司具有经营杠杆性质，为周期性企业；如果 DOL 小于 1，那么说明公司具有经营杠杆性质为消费型企业。

6. β

$$\beta_i = \frac{Cov(r_i,\ r_M)}{\sigma_M^2}$$

意义：β 度量了单只证券的风险，或证券相对于市场组合的波动性。

分析逻辑：β 衡量了单一证券波动性对市场组合波动性的贡献，也是企业特征线的斜率。当市场组合收益率波动的时候，β 值大的证券收益率波动更大。

第三章 产业宏观评价

上一章我们将价值评估指标划分为：财务状况、估值与成长能力、创值能力、治理能力、创新能力、稳定性六个大类，并建立起上市公司价值评估的指标体系。同时在前文我们通过 K-Means 聚类方法将上市公司分为六大产业：周期上游产业、周期中游产业、周期下游产业、金融类产业、消费类产业、成长类产业。本章将通过层次分析法依据各个大类以及大类内指标的相对重要程度来确定权重，并对各产业的综合表现及各因素表现进行评估与分析。

第一节 运用层次分析法计算各指标得分

层次分析法是美国运筹学家、匹茨堡大学教授萨蒂于 20 世纪 70 年代初研究如何"根据各个工业部门对国家福利的贡献大小而进行电力分配"，应用网络系统理论和多目标综合评价方法，提出的一种层次权重决策分析方法。层次分析法的具体步骤如下：

步骤一：建立层次结构模型。

步骤二：构造成对比较矩阵。

从层次结构模型的第 2 层开始，对于从属于（或影响）上一层每个因素的同一层诸因素，用成对比较法和 1-9 比较尺度构造成对比较阵，直到最下层。

在比较第 i 个元素与第 j 个元素相对上一层某个因素的重要性时，使用数量化的相对权重 a_{ij} 来描述。设共有 n 个元素参与比较，则 $A=(a_{ij})\ n\times n$ 称为成对比较矩阵。

a_{ij} 在 1-9 及其倒数中间取值。

$a_{ij}=1$，元素 i 与元素 j 对上一层次因素的重要性相同；

$a_{ij}=3$，元素 i 比元素 j 略重要；

$a_{ij}=5$，元素 i 比元素 j 重要；

$a_{ij}=7$，元素 i 比元素 j 重要得多；

$a_{ij}=9$，元素 i 比元素 j 极其重要；

$a_{ij}=2n$，$n=1$，2，3，4，元素 i 与元素 j 的重要性介于 $a_{ij}=2n-1$ 与 $a_{ij}=2n+1$ 之间；

$a_{ij}=\frac{1}{n}$，$n=1$，2，…，9 当且仅当 $a_{ij}=n$。

成对比较矩阵的特点：$a_{ij}>0$，$a_{ij}=1$，$a_{ij}=\frac{1}{a_{ji}}$（注：当 $i=j$ 时，$a_{ij}=1$）。

步骤三：计算权向量并做一致性检验。

对于每一个成对比较矩阵计算最大特征根及对应特征向量，利用一致性指标、随机一致性指标和一致性比率做一致性检验。若检验通过，特征向量（归一化后）即为权向量；若不通过，需重新构造成对比较矩阵。

步骤四：计算组合权向量并做组合一致性检验。

计算最下层对目标的组合权向量，并根据公式做组合一致性检验，若检验通过，则可按照组合权向量表示的结果进行决策，否则需要重新考虑模型或重新构造那些一致性比率较大的成对比较阵。

第二节　产业综合能力评估

通过对 A 股中 3 528 家上市公司［截至 2018 年 12 月 31 日，去除综合行业、娱乐业、社会工作业、其他服务业、居民服务业、水利管理业、管道运输业、其他采矿业、体育业、机动车，电子产品和日用产品修理业、科技推广和应用服务业、邮政业、非金属矿采选业、房屋建筑业、(农、林、牧、渔) 服务业］的指标数据进行评估，我们得出了这些企业的综合评分以及六类指标评分。

依照前文中对证监会 72 个行业聚类的结果，我们设置每家公司的产业类型，并计算产业中各企业评分的均值、中位数、标准差、偏度以及峰度，从而对各个产业进行评估分析。

在 3 528 家企业中，成长型企业有 947 家、金融类企业有 222 家、消费型企业有 785 家、周期上游企业共有 158 家、周期中游企业共有 599 家、周期下游企业共有 817 家。这些企业的综合评分分别构成了各自所属产业综合评分的样本空间，各产业综合评分的样本空间见本报告末尾的附录。对六大产业综合评分的样本空间分别计算其数据特征，结果如表 3.1 所示。

表 3.1　六大产业的企业的综合评分的数据特征

数据特征	产业					
	成长	金融	消费	周期上游	周期中游	周期下游
均值	0.015 2	−0.046 6	0.054 7	−0.053 7	0.009 0	−0.032 3
中位数	0.004 3	−0.027 9	0.018 7	−0.086 7	−0.028 0	−0.062 7
标准差	0.221 0	0.290 2	0.228 3	0.366 5	0.299 8	0.268 3
偏度	−1.267 4	−1.065 7	2.995 6	−1.923 2	−1.216 7	1.027 1
峰度	63.610 0	3.560 8	21.672 2	21.757 0	30.201 0	16.810 8

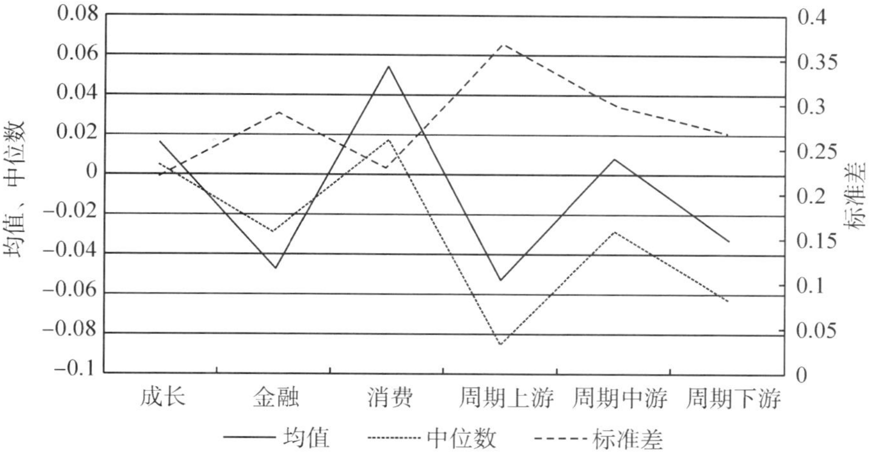

图 3.1　六大产业的企业的综合评分的均值、中位数、标准差

从图 3.1 的评估结果中可以看出，2018 年 A 股市场中消费类企业和成长类企业的综合表现最佳；而金融、周期上游、周期中游、周期下游类等较大程度上依附于经济周期的企业，其表现不好，这一实践结论在理论上可以得到很好的解释。

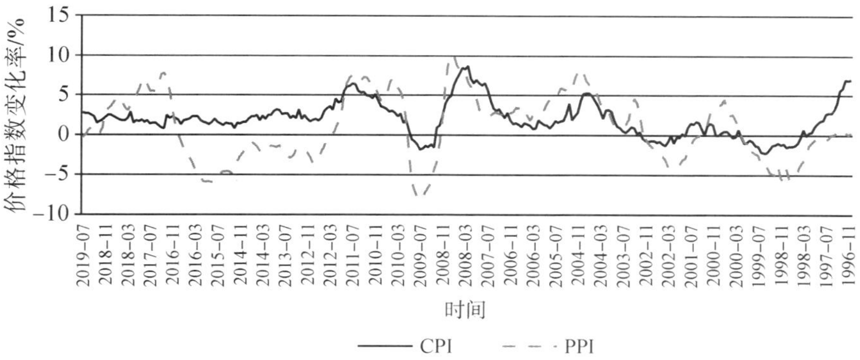

图 3.2　1997 年至 2019 年 CPI 价格指数与 PPI 价格指数走势

自 2008 年全球爆发金融危机以来，世界经济下行压力不断增大。在 2018 年，经济持续下行，在产品市场经济活动降温、需求下滑导致企业产能过剩，不足的有效需求使依赖于经济周期的企业盈利严重受损，市场对这类企业持悲观预期，股价下跌。在经济持续下行的环境下，产品市场中的供给水平高于有效需求，致使 PPI 带动 CPI 连续下滑。

从图 3.2 中可以看出，自 2008 年金融危机以后，两价格指数长期呈下降趋势，2017 年至今生产价格指数更是一路下跌，引发了通缩预期。由于费雪效应，这种通缩预期将导致利率的下滑。经济的不断下滑迫使央行实行宽松的货币政策来释放流动性，促进经济回暖，在宽松的货币政策以及持续的价格下行环境下利率不断走低。

按照股利贴现模型（Dividend Discount Model，DDM），企业未来所有股利的贴现值视为股票的内在价值，如果将企业股利现金流视为一种债券的现金流，那么对于每一种股票可以得出一个类似于债券久期概念的指标。由于不同行业的股权现金流结构不尽相同，如成长性行业的现金流为近小远大，这样结构的现金流的久期较大；而消费性行业的现金流分布均匀，其现金流久期小于成长性行业；在整体经济下行的宏观趋势下，依赖经济周期的周期性行业的股权现金流呈近大远小，其久期最小；宏观经济下行，导致市场利率下行。经济衰退，社会资金在实体经济中找不到良好的生息资产，于是资金将脱实入虚。一方面，投资者避险情绪升温，而债券作为避险资产，将使债券市场繁荣，而股权市场萧条。另一方面，利率下行导致债券价格升高，持有期收益率升高也将导致债券市场繁荣，而股权市场萧条。萧条的股权市场缺乏流动性，股权市场大盘期望收益率 ER_M走低，依据资本资产定价模型，企业必然收益率下降。由 DDM 模型可知，企业必要收益率下降，企业估值水平将上升，此时久期较大的成长性行业以及消费性行业将获得更高的估值溢涨，这些行业的内在价值将大幅提高，并被严重低估，而周期性行业则相反。

以上原因解释了“在 2018 年，消费产业和成长产业表现优异，消费产业与成长产业企业的业绩与经济周期关系不大”的原因，这一点从对聚类结果的 Granger 因果关系检验中亦可以看出。在经济下行时，虚拟经济中的大量资金将首先选择能够避险保值的金融资产，因此消费产业、成长产业和债券成为社会资金的首选，拥有大量流动性支撑的消费、成长型公司的股票自然表现得更为优秀。

从表 3.1 中可以看出，与各个产业评分的均值呈现的规律相反：成长产业、消费产业的标准差均远远小于金融、周期上游、周期中游、周期下游产业的标准差，这说明成长产业、消费产业在 2018 年中不仅表现良好，而且表现得离散程度小，而周期性的产业在 2018 年的经济环境中不仅表现不佳而且表现得离散程度巨大，这些周期性产业中的企业良莠不齐，这说明对于自上而下的投资策略（Top-Down）而言，选择成长、消费产业的股票将比选择金融、周期上游、周期中游、周期下游产业的股票面临更小的证券选择风险（Security selection risk）。

从表 3.1 中可以看出，除消费产业外其余五类产业的偏度均小于 0，这说明只有消费产业的企业经营的综合表现是正偏的，即优良表现的企业更多。而其余五个产业的企业的综合表现均负偏，即不良表现的企业更多，这也体现了消费产业在 2018 年的优秀避险能力；从表 3.1 中还可以看出，六大产业的峰度均大于 3，这说明六类产业综合评分的频数分布曲线均是顶端尖峭的，其中成长企业的峰度最大，说明该产业的优秀企业很集中，这符合成长产业作为智力密集型产业的特性。负偏、无偏、正偏分布形态如图 3.3 所示。

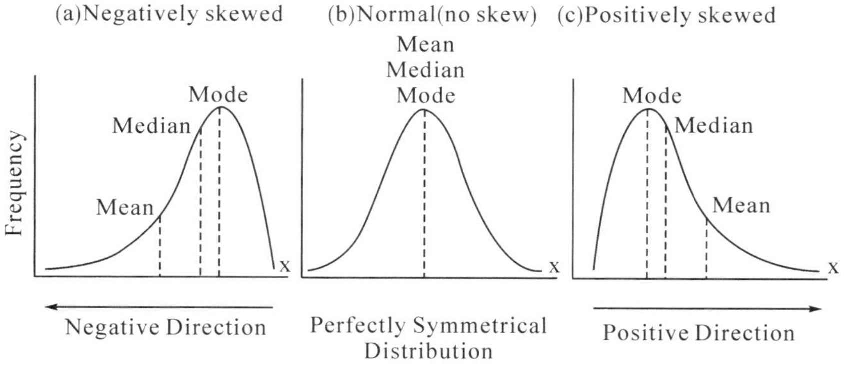

图 3.3 负偏、无偏、正偏分布形态

第三节 产业财务表现评估

财务质量是企业的命脉，财务表现的好坏对于上市企业发展而言至关重要。有良好的财务表现的上市企业，不仅在运营过程中更加从容，而且将更容易获得市场的信任，能够以更低的成本融资从而支持企业更长远的发展。

以各产业内企业的财务评分为该产业财务评分的样本空间（样本空间见本报告末尾的附录），分别计算各产业财务评分样本空间的数据特征，如表 3.2 所示。

表 3.2 六大产业的企业的财务质量评分的数据特征

数据特征	产业					
	成长	金融	消费	周期上游	周期中游	周期下游
均值	-0.022 9	-0.015 4	0.088 1	-0.062 4	0.031 8	-0.058 0
中位数	-0.109 4	0.013 6	-0.020 4	-0.133 9	-0.060 1	-0.147 2
标准差	0.433 8	0.627 8	0.592 7	0.428 4	0.531 7	0.462 0
偏度	1.598 7	-1.245 7	3.494 6	1.510 5	-1.059 2	0.975 3
峰度	8.169 8	10.108 7	24.482 5	8.740 9	40.915 5	22.229 0

我们对大多数企业（除银行、保险、证券、房地产）评价其财务状况，是从其现金流动性能力、长期偿债能力、营运能力和财务弹性、盈利能力和盈利质量四个维度来衡量的。从对产业的财务表现的评估结果中可以看出，与综合能力评估一致，消费产业的财务水平最佳，这说明在整体下行的经济环境中消费类产业具有相对较好的财务状况。而成长性产业的财务水平并不拔尖，我们猜测这可能与成长性产业的产业性质有关，成长性产业作为智力密集型产业，其最重要的企业特征往往是其成长能力与创新能力，而企业创新绝非易事。创新不是简单的专利堆砌，而是从无到有的质变过程。企业的创新

往往有长周期、高不确定性、高失败率的特点。若成长性企业为了追逐短期业绩而使得自己的现金流动性、偿债能力、营运能力、盈利能力等指标更加好看以迎合市场的胃口，那么它必将搁置其对长期发展的规划，从而降低其创新能力、成长能力。因此从某种角度来看，企业的财务指标表现水平和其成长指标、创新指标表现水平存在着一种“跷跷板”关系。这里并不是说一家企业一定顾此失彼，而是在论证在同样的管理层治理能力下不同产业的企业对其的不同定位与发展目标的取舍问题。

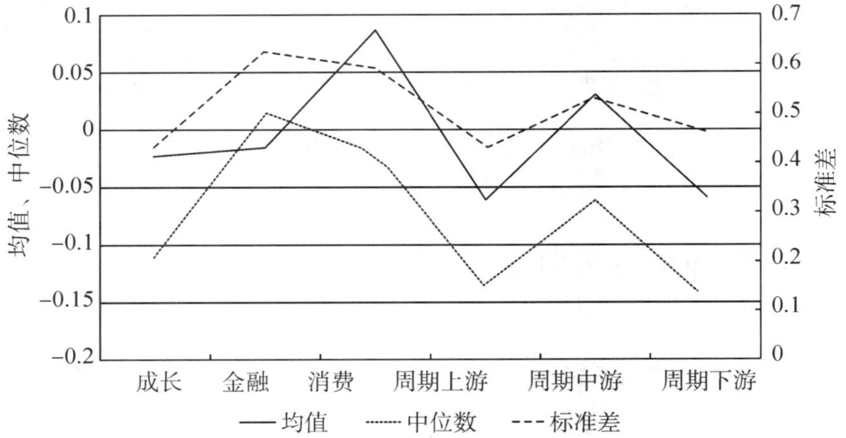

图 3.4　六大产业的企业的财务指标评分的均值、中位数、标准差

从图 3.4 中我们可以看出，周期中游产业的财务指标较高，这一结论符合我们对聚类结果的 Granger 因果关系检验。值得注意的是，周期中游产业的综合指标评分和财务指标评分均高于周期上游产业和周期下游产业。其背后的原因，我们认为有以下几点：

原因一：在经济周期理论中，存在着行业轮动现象，即行业景气先后从下游到中游再到上游逐次传导的轮动现象，三大周期产业的繁荣存在先后次序。自 2008 年全球经济爆发金融危机以后，我国开始逐年去产能、去库存。一方面 2017 年左右各大城市房地产商已经经历了充分去库存的过程，开发商现金流充裕，如图 3.5 所示，房地产商有补库存需求；另一方面中央经济工作会议中强调要对热点城市增加土地供应，2015 年至 2016 年房地产行业开发投资高速增长（如图 3.6 所示）。

房地产行业在 2015 年至 2016 年的大量投资，带动了多为应用制造业的周期下游产业。根据行业轮动理论，周期下游产业上扬的力量在 2017 年作用到了周期中游产业身上。随着房地产行业对下游产业的大量需求，这种需求逐渐传递到下游产业对中游产业的关系上。而从图 3.6 中可以看出，2018 年房地产行业的投资支出骤降，与之对应的就是下游产业面对的需求骤降，自然销售业绩惨淡，因此在 2018 年中周期中游产业的综合评分与财务评分都远高于下游与上游产业。

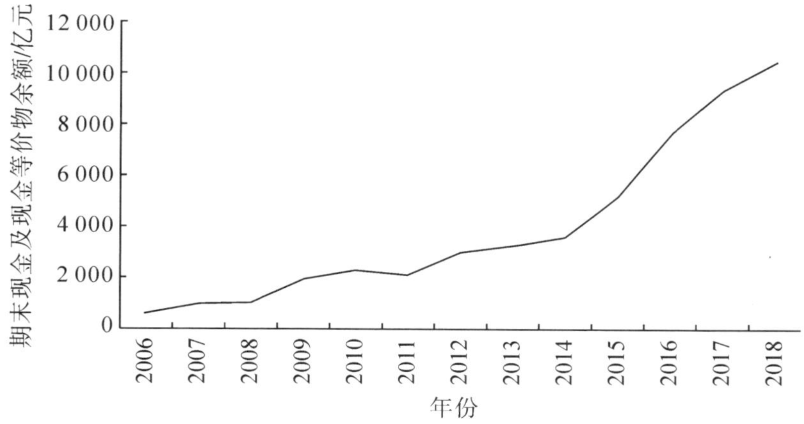

图 3.5　房地产行业期末现金及现金等价物余额

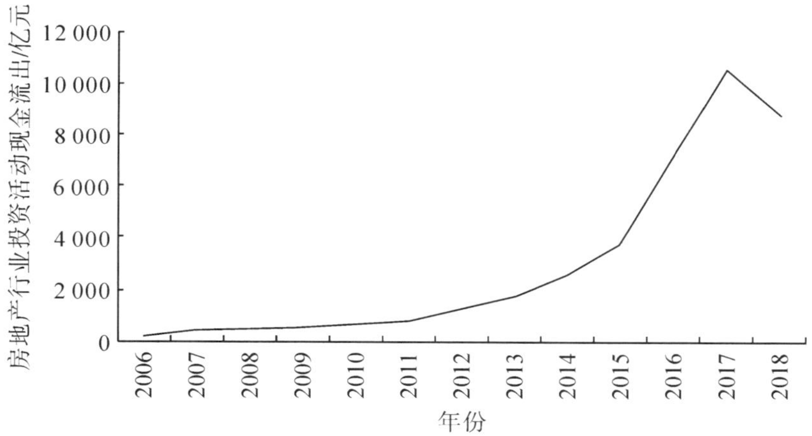

图 3.6　房地产行业投资活动现金流出小计

原因二：自 2015 年至 2017 年人民币对美元大幅贬值（见图 3.7），美元对人民币汇率从 2015 年 7 月份的 6.119 9 一路涨到 2017 年 1 月份的 6.890 9，涨幅高达 12.6%。或者说人民币较美元贬值 12.6%，如此大额的贬值导致中国商品外需增加，出口金额在美元对人民币汇率达到最高点时开始回升（见图 3.8），大量的出口带动了多为应用制造业的周期下游产业，周期下游产业对中游产业的需求同样在 2018 年达到巅峰，造成了 2018 年中游产业的崛起。

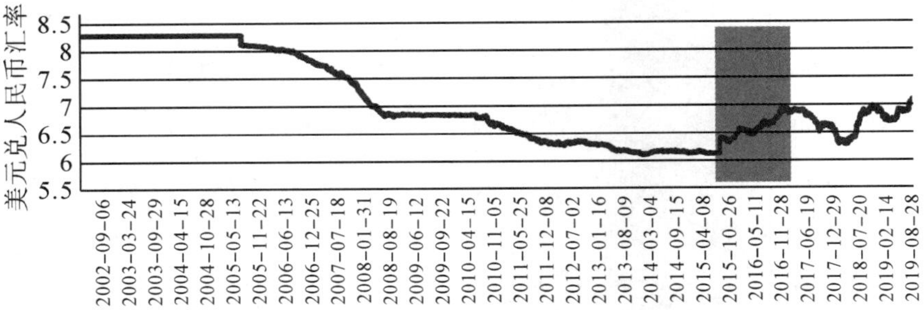

图 3.7　美元兑人民币汇率

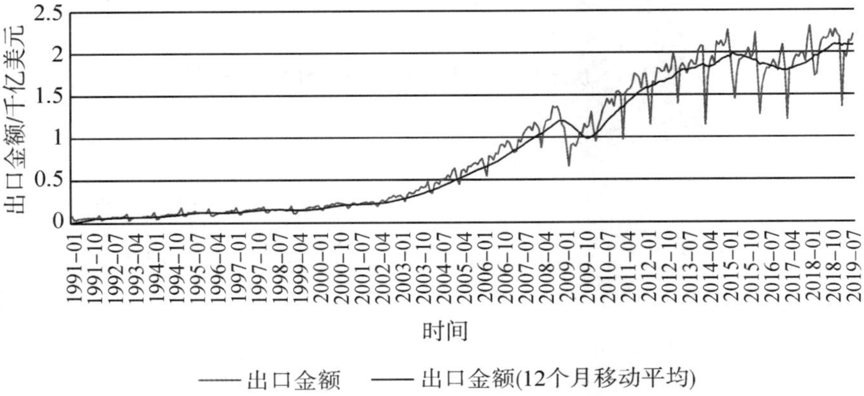

图 3.8　1991 年至 2019 年出口金额

原因三：从图 3.2 中可以看出，2016 年我国 PPI 大幅回升，同时由于此时我国市场正处于 2008 年全球金融危机后低迷的经济氛围中，央行需实行宽松的货币政策以释放流动性，央行的降息降准活动导致了名义利率的降低，上扬的大宗商品价格与工业生成价格（PPI）带动了通胀率的提升，由费雪定理可知企业的实际贷款利率必然下降。上文中提出，受房地产需求与出口商品需求增加的影响，以制造业为主的周期产业将面临大量需求，从而存在大量的融资需求以扩产能，而实际贷款利率的下滑则为周期产业的融资打开大门。从图 3.9 中可以看出从 2016 年至今各项贷款余额以增加的速度在上涨，这使得周期中游产业能够获得充分的资金进行投资，从而解释了为何周期中游产业的表现如此优秀。

我们从表 3.2 中注意到金融产业财务质量评分的中位数是六大产业中最高的，而其标准差也是最高的，其偏度则是最小的，这说明金融产业的企业财务状况分别离散程度很大，极端值过多而且严重负偏，指明在 2018 年我国金融产业的企业财务水平良莠不齐，只有约 1%的极少数企业的财务水平达到了较高的分数（见图 3.10），而其负偏的分布形态说明多数企业的财务状况不容乐观。金融产业财务指标评分的高负偏性解释了为何金融产业财务评分的中位数远远高于其平均值，以达到中值最高的水平。

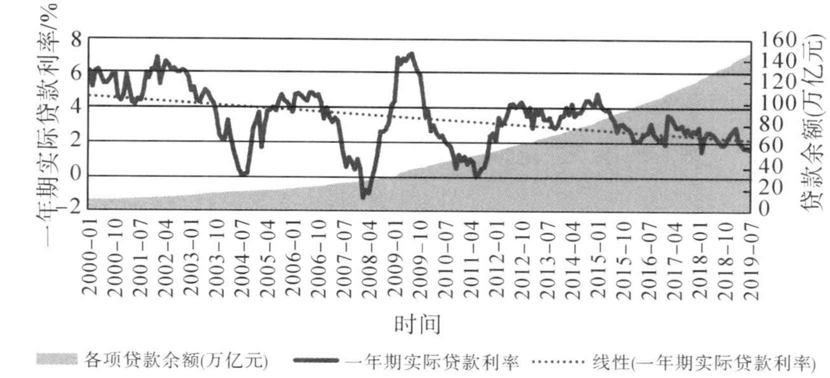

图 3.9　2000 年至 2019 年全国贷款总额情况

注：线性（一年期实际贷款利率）即为一年期实际贷款利率趋势线。

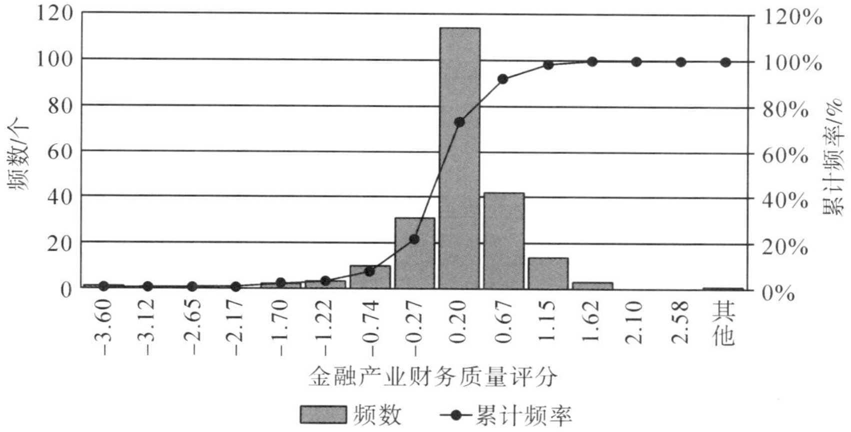

图 3.10　金融产业财务质量评分分布的直方图

第四节　产业估值与成长能力评估

股票不像债券，债权投资人只要求回收投入的本金与利息，而股权投资人若想自身的利益最大化则必须追求其所投资企业具有可持续发展的能力，我们将这种能力称为企业的估值与成长能力。

与财务质量不同，企业的估值与成长能力虽然重要，但是对于不同的产业而言其重要程度并不相同。例如，对于成长产业的企业而言估值与成长能力搭建起了市场对其预期的大部分，新兴成长企业若一味地追求短期业绩的优秀而放弃长期的发展能力，则必将在未来的竞争中死亡，对于这样的企业而言，有效的市场不会给予其青睐；而与成长产业的企业不同，消费产业的企业对于估值与成长能力便没有那么依赖，因为消费产业中多为必需消费品，其企业的销售业绩并不会对经济周期的波动产生过多的反应，因此消费产业多为经济下行时期的避险选择，对于这样的企业而言，企业稳定性能力的高低要重要于估值与成长能力的高低。

我们对六大产业中 3 528 家企业的估值与成长能力进行评分，结果见表 3.3 与图 3.11。

表 3.3　六大产业的企业的估值成长评分的数据特征

数据特征	产业					
	成长	金融	消费	周期上游	周期中游	周期下游
均值	0.026 1	−0.074 9	−0.000 5	0.009 8	−0.028 9	0.006 9
中位数	−0.011 3	−0.107 3	−0.031 7	−0.053 2	−0.047 0	−0.024 0
标准差	0.401 3	0.187 3	0.238 5	0.230 1	0.146 7	0.614 8
偏度	−3.500 0	7.100 0	2.500 0	3.400 0	3.800 0	10.400 0
峰度	176.493 7	72.461 6	52.385 7	15.596 8	53.894 6	350.222 3

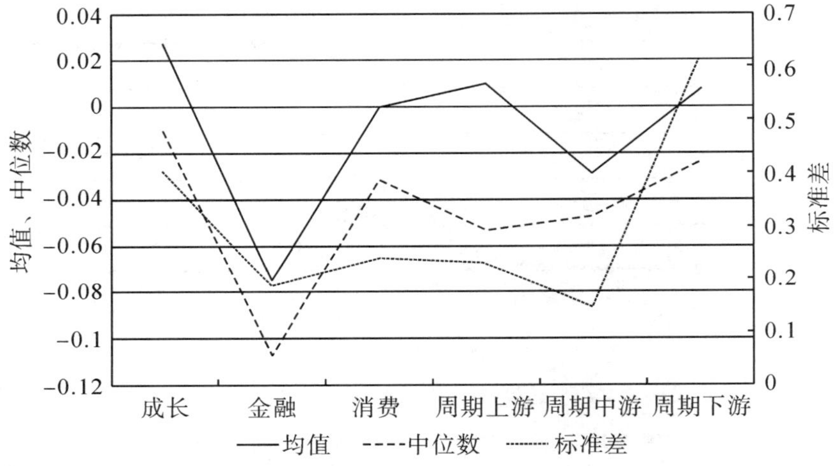

图 3.11　六大产业的企业的估值成长评分的均值、中位数、标准差

和财务质量不同，理论上估值与成长能力是一种时齐性指标，因此我们不再从经济周期的视角来分析不同产业的估值与成长能力，而是从估值与成长能力的构成指标方面来深入分析。如表 3.4 所示，企业的估值与成长能力由 15 个指标构成，我们分别计算 15 个指标的六大产业中各个企业的平均值，具体如图 3.12、图 3.13 所示。

需要指出的是，在表 3.4 中出现了三种市盈率：基于一致预期的市盈率、扣除非经常性损益的市盈率、市盈率 PE，但是它们在模型中的作用并不相同：基于一致预期的市盈率使用制定交易日的收盘比预测每股收益，是一个衡量企业未来估值水平的指标；扣除非经常性损益的市盈率使用市值比前推 12 个月扣除非经常性损益后的净利润，度量的是企业历史的稳定的估值水平；市盈率 PE 与上述两者不同，利用了市盈率的另一层意义，是衡量企业成长性的指标，度量了市场对企业的预期，市盈率高的企业将获得更高的市场预期，如上文所写，有效的市场更青睐可持续发展的企业，因此高市盈率往往意味着高成长能力。

表 3.4　价值指标与成长性指标所涉及的具体指标

价值指标	成长性指标	
基于一致预期的市盈率	营业收入增长率	市盈率增长率 PEG
扣除非经常性损益的市盈率	净利润增长率	再投资率
市净率	海外业务收入比率	增长机会价值 PVGO
每股自由现金流	资本支出增长率	托宾 Q
市场资本化率	市盈率 PE	股利增长率 g

从图 3.11 中我们可以看出，正如所料，成长企业的估值与成长能力是最高的，这正是其产业特征的体现。而与成长产业相反，金融产业的估值与成长能力最低，消费、周期上游、周期下游产业的估值与成长能力均在 0 上下浮动。这与其产业性质以及经济环境有关：上文指出过，在宏观经济下行的大环境下，产能过剩，有效需求不足导致通缩预期，央行实行宽松的货币政策以增加市场流动性，刺激经济复苏，在低迷的经济氛围中社会资本在实体经济中找不到合适的生息资产，于是大量流动性涌入虚拟经济中。一方面，投资者避险情绪升温，而债券作为避险资产，将使债券市场繁荣，而股权市场萧条；另一方面，利率下行导致债券价格升高，持有期收益率升高也将导致债券市场繁荣，而股权市场萧条。萧条的股权市场缺乏流动性，股权市场大盘期望收益率 ER_M 走低，依据资本资产定价模型（CAPM），企业必要收益率下降。由 DDM 模型可知，企业必要收益率下降，企业估值水平将上升，此时久期较大的成长性行业将获得更高的估值溢涨，这些行业的内在价值将大幅提高，并被严重低估，而周期性行业则相反。这解释了周期类产业的估值水平相对于成长性产业不突出的原因。

消费类产业多为经济低迷时期的避险产业，对其而言稳定能力比成长能力更重要；而周期上游、周期中游、周期下游产业的销售业绩随经济周期的变化而显著反应，在本就低迷的经济氛围中企业的业绩已经面临重大的压力，为了保留市场，管理层需要更专注于短期业绩的营造而非长期的成长能力的培养上，因此这四个产业的成长能力并不突出。

对于成长产业与金融产业的差异分析，我们先从估值水平入手。由图 3.12 可知，从基于一致预期的市盈率和扣除非经常性损益的市盈率来看，金融产业的基于一致预期的市盈率得分高于成长产业；而成长产业的扣除非经常性损益的市盈率高于金融产业。这说明市场对于金融产业未来的预期还是很高涨的，而历史市盈率的低得分说明市场对金融产业过去 12 个月的预期并不乐观。这一点可以利用美林投资时钟模型来解释，金融产业与周期产业类似，都是与经济周期高度相关的一个产业，当经济刚开始收缩时，金融产业业绩也相应地收缩，此时金融产业并不适合投资，因此市场对金融产业的历史态度并不好；而当经济持续下行直至谷底时，周期产业即将随经济周期上扬，金融产业开始为这些周期产业的投融资进行服务，因此金融产业将领先周期产业在未来的一段时间中快速发展，此时金融产业成为适合投资的目标产业之一，这解释了金融产业的基于一致预期的市盈率高而扣除非经常性损益后的市盈率低的原因。对于成长产业上文已经分析，在经济低迷时期，消费产业、成长产业是优秀的投资选择，而当市场对金融产业和周期下、中、上游产业看好时，预期流动性便会从消费、成长产业的市场中抽出而涌入金融和周期下、中、上游产业的市场之中，这一点可以从图 3.12 的基于一致预期的市盈率得分维度看出：周期上游>金融>周期中游>周期下游>成长>消费。消费、成长产业失去预期流动性的支撑，未来的基于一致预期的市盈率得分自然就不如历史的扣除非经常性损益的市盈率得分高了。

成长产业和金融产业的估值与成长能力评分，出现差异的另一种解释可从成长能力入手。从图 3.13 中可以看出，成长产业明显比金融产业高的评分指标有市盈率和托宾Q，这两个指标评分的差异造成了两者估值成长能力的悬殊。对于市盈率的差异上文中已经解释，接下来我们将解释托宾 Q 的差异［托宾 Q 比率（Tobin's Q Ratio），是由诺贝尔经济学奖得主詹姆斯·托宾（James Tobin）于 1969 年提出］。其计算公式为企业的市场价值比企业的重置成本，如果 Q>1，那么企业的市场价值要高于资本的重置成本，即新厂房设备的资本要低于企业的市场价值。在这种情况下，公司可发行较少的股票而买到较多的投资品，投资支出便会增加。如果 Q<1，即公司市场价值低于资本的重置成本，厂商将不会购买新的投资品。公司如果想获得资本，那么将购买其他较便宜的企业而获得旧的资本品，这样投资支出将会降低。当中央银行实行宽松的货币政策时，市场流动性大增，股市繁荣，股价上扬，企业的市场价值也随之上涨导致托宾 Q 的上升，企业家就更有动力来进行投资与扩建，上文中已经提到金融产业的扣除非经常性损益的市盈率表现不佳，说明在 2018 年中金融业的估值水平不高，低估值水平必然导致低托宾Q，成长产业的托宾 Q 值表现优于金融产业，造成了成长产业与金融产业在估值与成长能力得分的巨大差距。

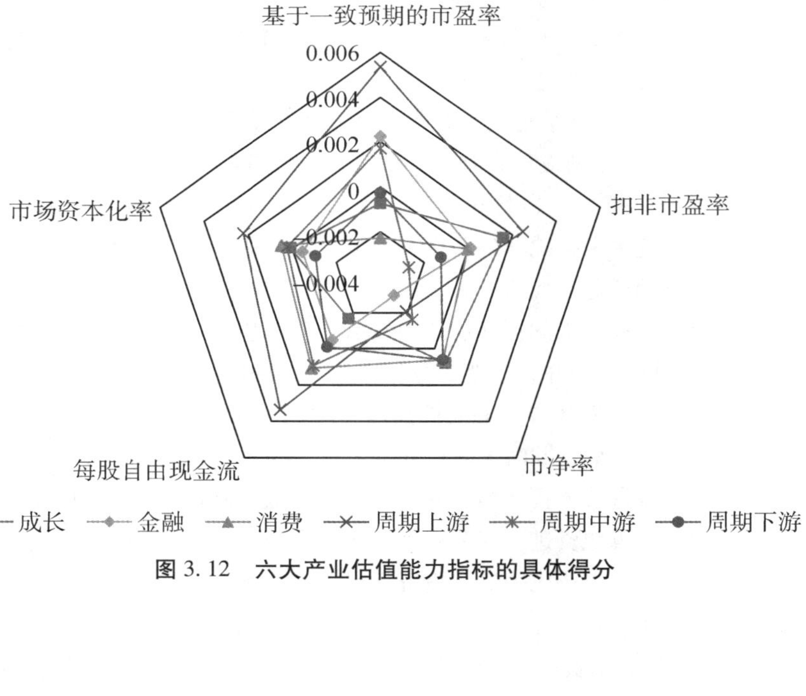

图 3.12　六大产业估值能力指标的具体得分

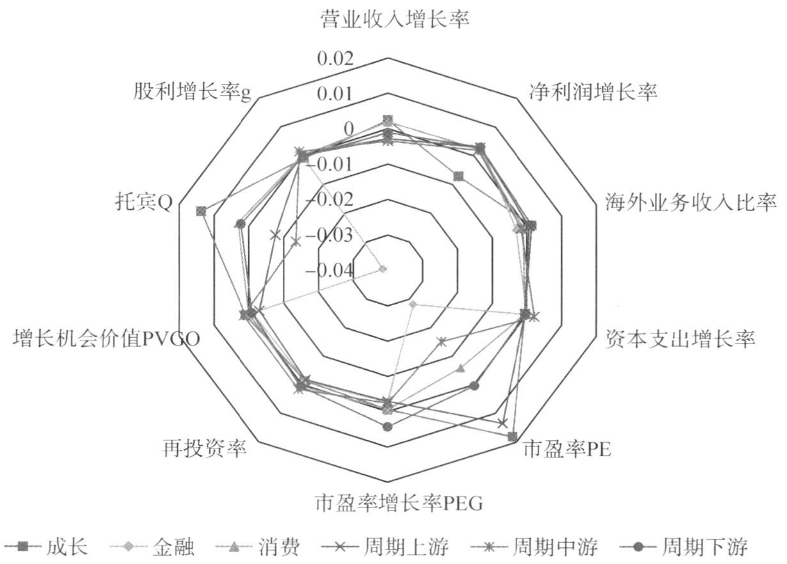

图 3.13　六大产业成长能力指标的具体得分

第五节　产业创值能力评估

企业的创值能力是一家企业重要的能力之一，代表了企业能为其股权所有人创造价值的能力通过对六大产业中各企业的创值能力指标进行评分计算，我们得出以下结果，见表 3.5 与图 3.14。

表 3.5　六大产业的企业的创值评分的数据特征

数据特征	产业					
	成长	金融	消费	周期上游	周期中游	周期下游
均值	0.024 3	−0.078 7	0.076 6	−0.242 9	−0.031 8	−0.008 5
中位数	0.062 5	0.085 2	0.080 2	0.008 7	0.056 4	0.059 9
标准差	0.478 4	2.004 8	0.374 8	1.845 2	0.627 5	0.534 3
偏度	−4.709 0	−8.090 7	−4.769 4	−9.953 4	−5.863 5	−4.755 4
峰度	106.129 2	104.651 2	188.682 3	116.149 7	85.887 2	56.085 3

从图 3.14 中我们可以看到，2018 年依然是消费产业与成长产业拥有最高的创值能力；而金融产业和周期上、中、下游产业的创值表现并不好；六大产业中的企业的创值能力评分的标准差与创值能力评分的均值相反；成长产业、消费产业的标准差最低，而金融、周期产业的标准差最大。这一结果与六大产业的综合能力评估相似，其内在原因也与我们在上文中的解释相似：自 2008 年金融危机以后，CPI、PPI 指数长期呈下降趋势，引发通缩预期。经济的下滑迫使央行实行宽松的货币政策来释放流动性，促进经济

回暖，在宽松的货币政策以及持续的价格下行环境下利率不断走低。按照 DDM 模型，成长性产业的现金流的久期较大，而消费性行业的久期小于成长性行业；在整体经济下行的宏观趋势下，依赖经济周期的周期性行业的股权现金流呈近大远小，其久期最小；宏观经济下行，导致市场利率下行。经济衰退，社会资金在实体经济中找不到良好的生息资产，于是资金将脱实入虚。投资者避险情绪升温，使债券市场繁荣，而股权市场萧条，萧条的股权市场缺乏流动性，由 CAPM 可知，企业必要收益率下降。由 DDM 模型可知，企业必要收益率下降，企业估值水平将上升，此时久期较大的成长性行业以及消费性行业将获得更高的估值溢涨，这些行业的内在价值将大幅提高，并被严重低估，而周期性行业则相反。因此，2018 年中消费产业和成长产业表现优异。在经济下行时虚拟经济中的大量资金将首先选择能够避险保值的金融资产，因此消费产业、成长产业和债券成为社会资金的首选，拥有大量流动性支撑的消费、成长型公司的股票自然表现得更为优秀。

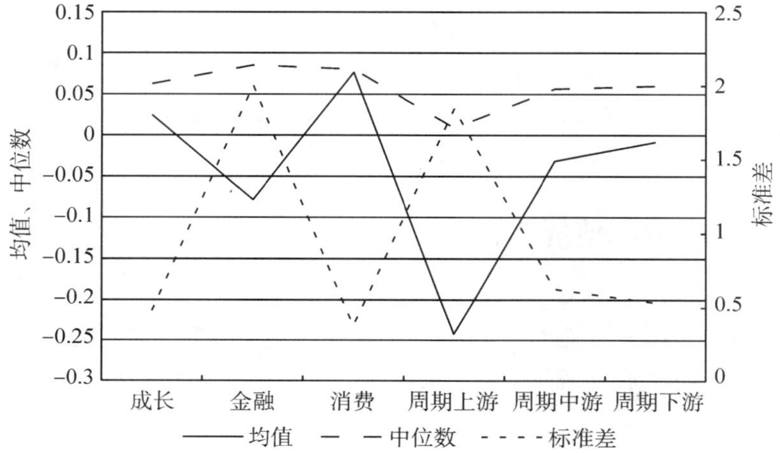

图 3.14　六大产业的企业的创值评分的均值、中位数、标准差

从图 3.14 中可以看出，与各个产业创值能力评分的均值呈现的规律相反，成长产业、消费产业的标准差均远远小于金融、周期上游、周期中游、周期下游产业的标准差。这说明成长产业、消费产业在 2018 年中不仅表现良好，而且表现得离散程度小。而周期类的产业在 2018 年的经济环境中不仅表现不佳而且表现得离散程度巨大，这些周期型产业中的企业良莠不齐。这说明对于自上而下的投资策略而言，选择成长、消费产业的股票将比选择金融、周期上游、周期中游、周期下游产业的股票面临更小的证券选择风险。

从表 3.5 中可以看出，六大行业的企业的创值能力评分分布均为负偏，这一点也可以从图 3.15 和图 3.16 中看出。并且从分布上来看，消费产业和周期下游产业基本同分布并领先于金融产业和周期中游产业，后者又领先于成长产业和周期上游产业，但是由于成长产业中企业数量庞大并大量分布于较高的分数段内，因此将成长产业的创值能力评分均值拉到了第二位。而由于周期下游产业中的企业有较多的负极端值（见表 3.6），而均值作为一种先行算法的数量特征对极端值十分敏感，因此周期下游的创值能力评分排到第三位。

表 3.6　六大产业创值能力评分分布情况

创值能力分组区间	产业					
	周期上游	周期中游	周期下游	成长	金融	消费
(-∞，-5)	1	1	2	1	1	0
[-5，-4.5)	0	0	1	0	1	0
[-4.5，-4)	0	1	1	1	0	0
[-4，-3.5)	0	0	2	1	1	0
[-3.5，-3)	0	0	0	1	2	0
[-3，-2.5)	3	3	1	0	0	1
[-2.5，-2)	2	5	1	0	4	1
[-2，-1.5)	2	3	3	2	3	0
[-1.5，-1)	3	7	6	6	7	4
[-1，-0.5)	7	23	22	16	10	9
[-0.5，0)	55	159	187	253	56	165
[0，0.5)	81	375	575	647	117	581
[0.5，1)	2	13	8	7	10	15
[1，1.5)	0	3	6	5	1	5
[1.5，2)	0	3	0	1	2	3
[2，2.5)	1	2	0	3	1	0
[2.5，3)	0	0	0	0	0	0
[3，3.5)	0	0	0	0	2	0
[3.5，4)	0	0	2	2	1	0
[4，4.5)	0	1	0	1	0	0
[4.5，5)	1	0	0	0	0	0
[5，+∞)	0	0	0	0	3	1

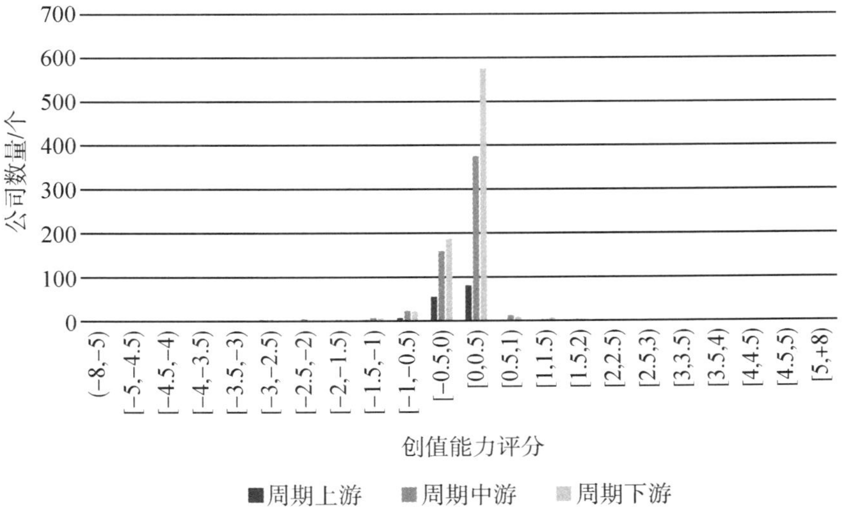

图 3.15　周期上、中、下游产业创值能力评分分布频率直方图

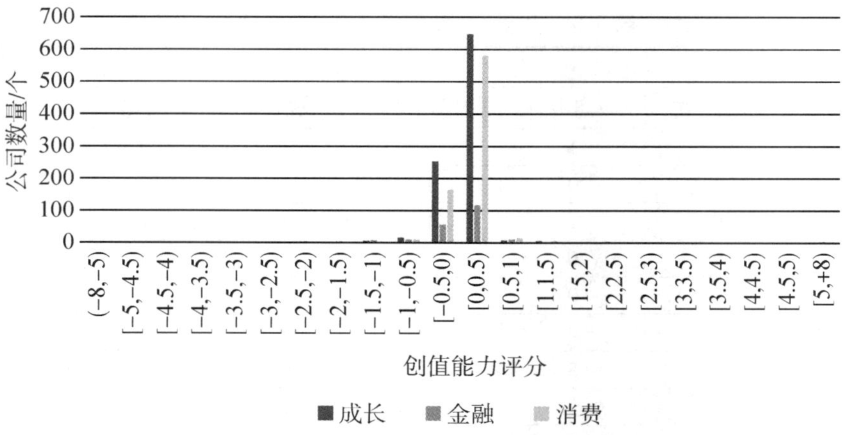

图 3.16　成长、金融、消费产业创值能力评分分布频率直方图

第六节　产业治理能力评估

上市公司与非上市公司相比，实现股东利益最大化的目标更为重要，而一家企业要实现股东利益最大化就必须依托于优秀的管理团队与科学有效的公司治理模式。

1937 年，美国经济学家科斯（Coase R. H.）在 *Economics* 杂志上发表了《企业的性质》（*The Nature of the Firm*）一文，文章指出市场经济中企业存在的基本理由在于企业内部组织的交易比通过市场进行同样的交易费用更低，即企业的组织成本与市场的交易费用的差异是企业存在的根本原因。这里的企业内部组织费用主要由两个因素构成：一是签约时双方面临的偶然因素带来的损失所引起的费用；二是契约以及监督和执行契约所花费的成本。科斯认为如果市场的交易费用大于企业的组织成本，那么企业的规模会扩大，反之企业的规模会缩小。代理理论（Agency Theory）是一种研究委托代理问题的科学，委托代理问题的理论源于博弈论和信息经济学。在经济学上委托代理关系泛指任何一种涉及非对称信息的交易，交易中有信息优势的一方为代理人，另一方为委托人，在企业中最典型的委托代理关系为企业的股权人和公司经理。委托人希望代理人和委托人的利益保持一致，但是由于代理人有信息、时间优势，而且满足利己的假设，代理人对自我利益的追求常常会造成委托人的利益损失，所以代理关系往往会产生监督成本、执行契约成本等。詹森和麦克林将代理成本分为以下几类：监督成本、契约成本、误差成本等。

上市的大型现代企业中往往存在着许多委托代理关系和信息不对称性，相关利益主体之间的利益冲突会在很大程度上折损股东利益，因此利益冲突之间的协调需要有效的制度安排。因此现代企业理论（Modern enterprise theory）特别强调制度的作用，在对现代企业理论的深入研究中，形成了很多关于企业治理制度的理论，其中最重要的有：代理成本理论、激励理论、利益者相关理论等，这些理论有助于降低企业的代理成本和组织成本，拉大企业组织成本与市场交易费用的差距，加大企业发展成长的动力，以使管理层能够更好地为股东利益服务。

根据OECD、世界银行、南开大学公司治理研究中心等的相关研究，我们主要从董事会权利与责任、股东权利保障、利益相关者、信息披露等多维度考察公司治理能力，通过对六大产业的公司治理能力评分进行计算得出治理评分的数据特征，如表3.7所示。

表3.7　六大产业的企业的治理评分的数据特征

数据特征	产业					
	成长	金融	消费	周期上游	周期中游	周期下游
均值	−0.024 85	0.127 467	0.003 309	0.039 375	0.011 752	−0.024 71
中位数	−0.061 81	0.006 506	−0.044 16	−0.076 2	−0.031 3	−0.071 8
标准差	0.362 657	0.531 642	0.421 607	0.507 638	0.342 959	0.378 215
偏度	0.272 58	2.515 152	1.879 331	4.442 183	0.648 296	0.268 744
峰度	0.140 453	10.293 82	11.142 48	34.192 11	1.592 108	6.211 689

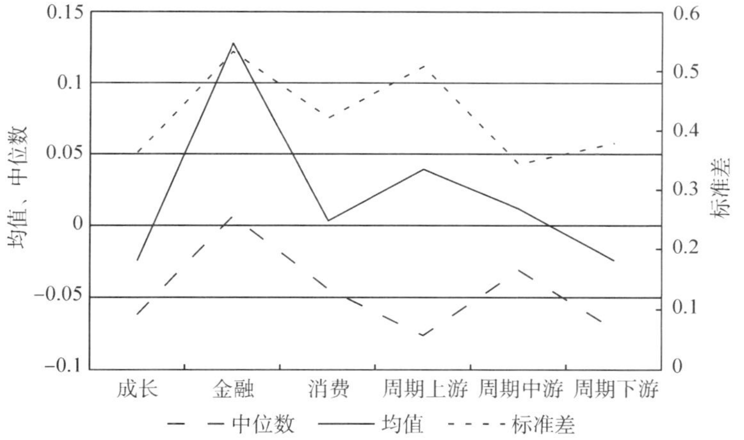

图3.17　六大产业的企业的治理评分的均值、中位数、标准差

从六大产业的企业的治理评分的均值、中位数、标准差（如图3.17所示）可以看出，金融产业和周期上游产业的公司治理能力最佳，说明这两个产业中的企业的管理者更可能和股东持有相同的利益诉求。我们从流通股份额、机构持股比、第一大股东持股比等指标刻画企业的治理模式与治理能力，从图3.18中我们可以很清晰地看出，金融产业和周期上游产业在治理水平上表现良好的原因。

从成长、金融、消费产业创值能力评分分布频率直方图（如图3.18所示）可以看出，金融产业企业治理能力可以高居首位的主要原因是企业的高管享有极其高额的报酬。在现代企业制度理论中的激励理论中，经济学家哈维兹（Hurwiez）创立的机制设计理论认为，在市场经济中每个理性经济人都会有自利的一面，其个人行为会按其自利的规则行为行动；如果有一种制度安排，使行为人追求个人利益的行为正好与企业实现集体价值最大化的目标相吻合，那么这样一种制度就是激励相容制度，金融产业给予高层超高的薪酬就是一种激励相容的手段，这种手段减少了高层的道德风险，降低了契约成本，提升了管理层与股东利益的一致程度。如此有利于管理者提高管理水平，促进公司的成长，并使管理层获得更高的薪酬。

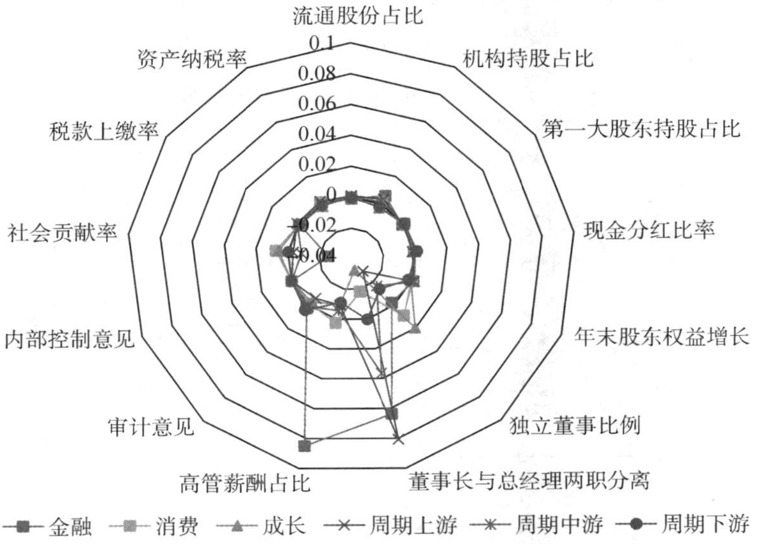

图 3.18　六大产业治理能力指标的具体得分

从图 3.18 中还可以看出，周期产业表现优于其他产业的原因，即董事长与总经理两职分离程度高。一家企业的两职是否分离，对于企业的治理能力衡量而言至关重要，因为现代企业的产权基础就是财产所有权和使用权的分离，由此产生了委托代理关系。上文中提到股东需要监督公司管理层的行为，以确保管理层不会做出损害股东利益的行为，在日本、德国的共同治理型的公司治理结构框架中监督职能由独立的监督机构专职承担，即形成了股东大会、董事会、监事会三权分立的权力格局。我国也采取了这种权力设置的框架，如《中华人民共和国公司法》第四章第四节的规定，监事会是由股东（大）会选举的监事以及由公司职工民主选举的监事组成的，对公司的业务活动进行监督和检查的法定必设和常设机构。若董事长与总经理两职合一则会增加监事会的监管难度，公司的决策权与经营权基于一人意志之上，代理理论认为董事长与总经理两职合一会增加监控难度，而且从统计学计量的角度来看两职合一与业绩是负相关的。表 3.8 是我国 A 股和美股的两职分离情况统计。

表 3.8　A 股与全部美股两权分离情况　　单位：%

股票类型	两权分离情况	
	两职分离占比	两职合一占比
A 股	70.94	29.06
全部美股	87.92	12.08

第七节　产业创新能力评估

企业的创新与研发能力对于企业的长期发展至关重要，这一点尤其是在成长产业中更为明显。在高度竞争的市场下，一个企业的创新能力决定了其获得超额利润的能力，微观经济学理论称一个存在着大量买卖者，销售产品同质化，资源自由流动，市场信息完备的市场为完全竞争市场（Perfectly Competitive Market）。在完全竞争市场中买方与卖方均不能对价格产生影响，即买卖双方均是价格的接收者，在这样的市场中所有厂商的长期利润为零。厂商向市场提供同质化商品是完全竞争市场的基本假设，但如果某厂商能够在市场中提供具有更高性价比的产品，那么很显然，他将获得一定的定价权，从而可以在该行业中获得超额利润。

为了论证创新对企业的重要性，我们首先考察了我国 72 个证监会行业的竞争程度，经济实践中常常使用赫芬达尔-赫希曼指数（Herfindahl-Hirschman Index，HHI）来度量某一行业的竞争程度。赫芬达尔-赫希曼指数的基本原理是求和某一行业中所有企业的销售份额（百分比）的平方，若某行业中共有 n 个企业，那么对这个行业计算赫芬达尔-赫希曼指数将得到一个值在 $1/n$ 到 1 之间的结果，若 $HHI=1/n$ 则说明该行业的资源平均分配在每一家企业中；若 HHI=1 则说明该行业处于完全垄断市场，HHI 越小说明市场竞争程度越高。在赫芬达尔-赫希曼指数的基础上我们设立了失衡指数，其计算公式为：失衡=（$HHI-1/n$）/（$1-1/n$），失衡指数的取值范围为 0 到 1，其有助于我们观察资源在行业中各企业的分配的不均匀程度，若失衡指数=0，则说明资源在行业中完全均匀分配，若失衡指数=1，则说明资源在行业中只集中于一家企业，即市场处于垄断状态。我国 72 个证监会行业的 HHI 与失衡情况，如表 3.9 所示。

表 3.9　证监会 72 个行业的 HHI 指数

HHI 排名	产业	所属证监会行业（新）	赫芬达尔-赫希曼指数 HHI	$1/n$	失衡
1	金融	租赁业	0.919 5	0.333 3	87.92%
2	成长	电信、广播电视和卫星传输服务	0.703 2	0.066 7	68.20%
3	消费	餐饮业	0.622 1	0.333 3	43.31%
4	消费	研究和试验发展	0.574 9	0.166 7	48.98%
5	周期中游	仓储业	0.572 1	0.111 1	51.86%
6	周期中游	铁路运输业	0.511 6	0.250 0	34.88%
7	周期上游	石油和天然气开采业	0.501 6	0.166 7	40.20%
8	周期中游	废弃资源综合利用业	0.433 2	0.200 0	29.15%
9	消费	林业	0.397 3	0.250 0	19.64%
10	消费	畜牧业	0.351 3	0.076 9	29.72%

表3.9(续)

HHI排名	产业	所属证监会行业（新）	赫芬达尔-赫希曼指数 HHI	1/n	失衡
11	消费	住宿业	0.326 4	0.166 7	19.17%
12	周期上游	黑色金属矿采选业	0.318 3	0.200 0	14.79%
13	成长	文化艺术业	0.309 3	0.111 1	22.30%
14	成长	教育	0.269 0	0.125 0	16.45%
15	周期上游	开采辅助活动	0.262 2	0.062 5	21.30%
16	周期上游	石油加工、炼焦及核燃料加工业	0.258 3	0.062 5	20.89%
17	金融	保险业	0.245 6	0.142 9	11.99%
18	金融	其他金融业	0.238 1	0.071 4	17.95%
19	周期中游	装卸搬运和运输代理业	0.234 8	0.166 7	8.17%
20	周期中游	航空运输业	0.215 3	0.083 3	14.40%
21	周期下游	铁路、船舶、航空航天和其他运输设备制造业	0.204 4	0.021 3	18.71%
22	消费	其他制造业	0.203 5	0.052 6	15.92%
23	消费	文教、工美、体育和娱乐用品制造业	0.197 1	0.071 4	13.53%
24	消费	木材加工及木、竹、藤、棕、草制品业	0.182 9	0.125 0	6.62%
25	消费	渔业	0.181 9	0.125 0	6.51%
26	周期下游	汽车制造业	0.181 1	0.007 9	17.46%
27	成长	商务服务业	0.167 3	0.020 0	15.03%
28	周期上游	煤炭开采和洗选业	0.164 2	0.038 5	13.08%
29	周期中游	水的生产和供应业	0.158 8	0.071 4	9.41%
30	周期中游	化学纤维制造业	0.154 7	0.045 5	11.44%
31	周期中游	水上运输业	0.153 8	0.037 0	12.13%
32	成长	互联网和相关服务	0.149 8	0.016 4	13.56%
33	周期下游	金属制品业	0.149 3	0.017 5	13.41%
34	消费	卫生	0.149 1	0.083 3	7.18%
35	周期上游	有色金属矿采选业	0.148 6	0.045 5	10.81%
36	消费	食品制造业	0.145 5	0.023 8	12.47%
37	周期下游	土木工程建筑业	0.142 7	0.016 4	12.85%
38	消费	农业	0.128 9	0.066 7	6.67%
39	周期中游	燃气生产和供应业	0.125 2	0.043 5	8.55%
40	消费	印刷和记录媒介复制业	0.119 4	0.076 9	4.61%
41	消费	皮革、毛皮、羽毛及其制品和制鞋业	0.115 4	0.090 9	2.69%
42	消费	酒、饮料和精制茶制造业	0.110 3	0.023 8	8.86%

表3.9(续)

HHI排名	产业	所属证监会行业（新）	赫芬达尔-赫希曼指数 HHI	1/n	失衡
43	金融	货币金融服务	0.105 9	0.034 5	7.40%
44	消费	公共设施管理业	0.095 5	0.066 7	3.09%
45	消费	造纸及纸制品业	0.091 5	0.037 0	5.66%
46	成长	广播、电视、电影和影视录音制作业	0.090 4	0.040 0	5.25%
47	周期下游	非金属矿物制品业	0.085 8	0.012 2	7.45%
48	周期上游	有色金属冶炼和压延加工业	0.085 4	0.014 9	7.15%
49	消费	农副食品加工业	0.079 3	0.020 4	6.01%
50	周期中游	黑色金属冶炼和压延加工业	0.077 9	0.032 3	4.72%
51	周期下游	建筑装饰和其他建筑业	0.076 3	0.035 7	4.21%
52	消费	家具制造业	0.073 6	0.041 7	3.33%
53	周期下游	通用设备制造业	0.072 3	0.007 8	6.50%
54	成长	新闻和出版业	0.071 0	0.043 5	2.87%
55	消费	纺织服装、服饰业	0.070 0	0.026 3	4.49%
56	金融	房地产业	0.068 2	0.008 1	6.06%
57	消费	零售业	0.066 7	0.011 6	5.57%
58	周期中游	电力、热力生产和供应业	0.065 7	0.014 3	5.22%
59	消费	批发业	0.062 7	0.012 8	5.05%
60	成长	电气机械和器材制造业	0.061 6	0.004 4	5.75%
61	周期中游	生态保护和环境治理业	0.059 9	0.027 8	3.30%
62	周期下游	仪器仪表制造业	0.055 0	0.022 7	3.30%
63	消费	纺织业	0.050 4	0.027 8	2.33%
64	周期下游	专业技术服务业	0.050 3	0.023 3	2.77%
65	周期中游	道路运输业	0.049 8	0.027 8	2.27%
66	金融	资本市场服务	0.049 5	0.022 2	2.79%
67	成长	计算机、通信和其他电子设备制造业	0.047 4	0.003 0	4.45%
68	周期中游	橡胶和塑料制品业	0.036 9	0.013 5	2.37%
69	周期下游	专用设备制造业	0.026 6	0.005 0	2.16%
70	周期中游	化学原料及化学制品制造业	0.020 4	0.004 3	1.61%
71	成长	软件和信息技术服务业	0.016 3	0.005 2	1.12%
72	消费	医药制造业	0.015 2	0.004 7	1.06%

从表3.9中可以看出，除租赁业等少数行业外多数行业的HHI低于0.5，有超过60个行业的失衡指数低于20%，因此可以认为在我国72个证监会行业中大部分行业的

资源分配是比较均衡的，多数行业处于中高度的竞争市场中，在这样的市场环境下企业的创新能力将直接作用于企业获得超额利润的能力。基于此理论，我们描绘了 3 528 家上市企业的创新能力评分与超额收益率的关系可从各行业的超额收益率与行业的创新评分和行业超额收益率与创新评分的回归分析结果中分析出，如图 3.19 和表 3.10 所示。

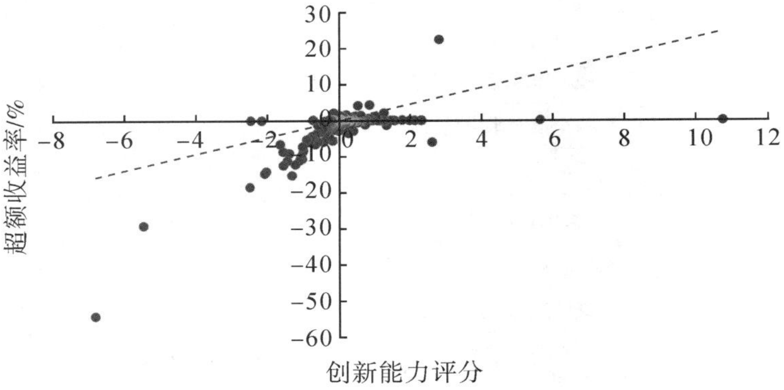

图 3.19　各行业的超额收益率与行业的创新评分

表 3.10　行业超额收益率与创新评分的回归分析结果

回归统计	
Multiple R	0.548 382
R Square	0.300 722
Adjusted R Square	0.300 524
标准误差	1.189 618
观测值	3 528

方差分析

	df	SS	MS	F	Significance F
回归分析	1	2 145.922	2 145.922	1 516.347	3.21E-276
残差	3 526	4 989.966	1.41 5192		
总计	3 527	7 135.888			

	Coefficients	标准误差	t Stat	P-value	Lower 95%	Upper 95%
Intercept	-0.10 126	0.020 029	-5.05 558	4.51E-07	-0.14 052	-0.06 199
X Variable	2.302 659	0.059 133	38.9 403	3.20E-276	2.186 721	2.418 598

其中，图 3.19 横轴是企业的创新指标评分，纵轴是企业在 2018 年获得的超额收益率。从表 3.10 中可以看出，企业的创新能力评分与获取超额收益的能力的相关系数达到 0.55，且回归 P 值达到 3.21E-276，远远小于 0.05，可以认为两者显著相关。通过计算六大产业的企业的创新指标评分的数据特征得到表 3.11、图 3.20。

表 3.11　六大产业的企业的创新评分的数据特征

数据特征	产业					
	成长	金融	消费	周期上游	周期中游	周期下游
均值	0.040 7	-0.035 3	-0.022 2	0.000 2	-0.052 8	0.014 1

表3.11(续)

数据特征	产业					
	成长	金融	消费	周期上游	周期中游	周期下游
中位数	0.006 8	−0.078 5	−0.047 3	−0.064 5	−0.054 4	−0.022 5
标准差	0.280 4	0.375 3	0.207 4	0.272 8	0.305 7	0.487 4
偏度	9.387 4	1.203 1	−1.309 3	3.038 4	−18.282 5	11.616 3
峰度	177.336 2	25.359 2	61.852 8	14.273 3	403.252 5	309.677 1

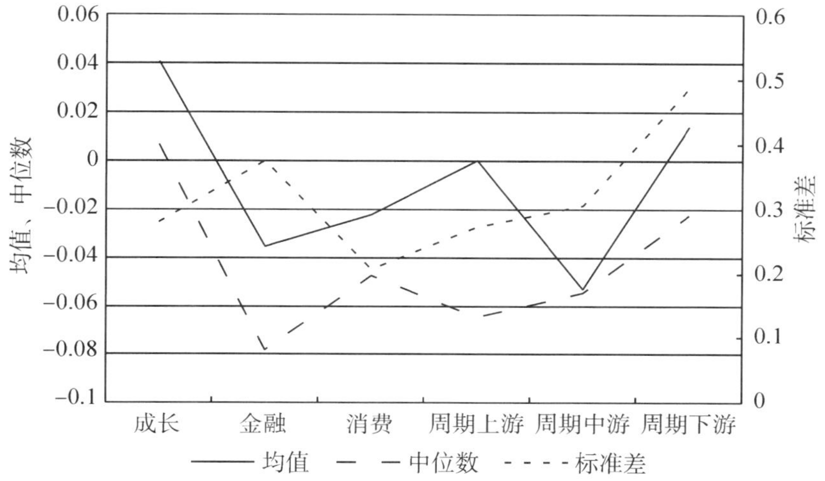

图 3.20　六大产业的企业的创新评分的均值、中位数、标准差

从图 3.20 中可以看出，成长产业的创新能力得分最高，而金融产业的创新能力得分最低。这一结果与企业的估值与成长能力的评估结果相似，这是因为企业的创新能力与成长能力往往有着较大的相关性，企业的创新往往有着长周期、高不确定性、高失败率等特点。但是一旦成功实现创新，便可以获得长期、稳定的超额收益，因此一个创新投入充足的企业必然也是一个高成长性的企业。

在上文中，我们从估值与成长能力评估的构成指标要素入手，分析了成长性产业与金融产业在估值与成长能力方面得分差异巨大的原因。这里我们将从另一个方面：企业资本结构的差异可能会影响企业的创新能力，分析成长产业与金融产业在创新能力上依然存在巨大差距的原因。上文中提到企业的债权人只要求收回本金与利息并不会过多地关注企业的长期发展，而企业的股权人则不同，企业的成长性将直接作用于其财富水平。一般而言创新能力强的企业会具备更高的成长能力，因此在控制变量的情况下一家资本结构更偏向股权的企业的创新能力一般优于资本结构偏向债权的企业。在图 3.21 中成长企业与金融产业分别分布于图表的右上与左下方，这说明成长产业的权益/负债远远大于金融产业，这解释了两者的创新能力有巨大差异的原因。各产业权益与负债情况（如表 3.12 所示）统计了我国六大产业与整体 A 股市场的债权股权分布情况。

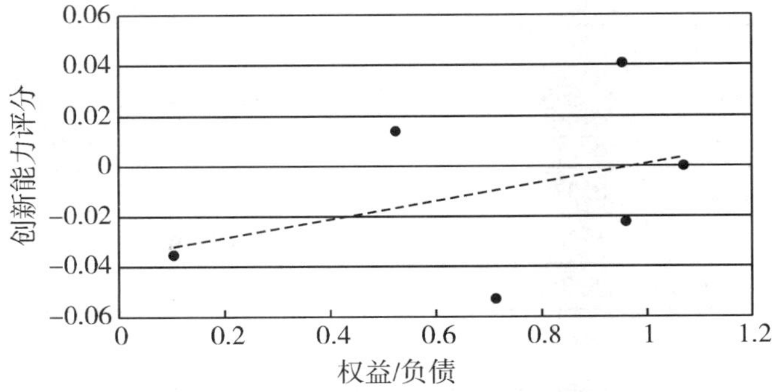

图 3.21　产业的创新评分与负债权益比的散点图

表 3.12　各产业权益与负债情况

权益与负债情况	产业					
	成长	金融	消费	周期上游	周期中游	周期下游
股东权益合计/亿元	40 082	178 939	33 476	41 282	48 551	52 426
负债合计/亿元	41 986	1 729 018	34 835	38 594	68 026	100 047
权益/负债/%	95.47	10.35	96.10	106.96	71.37	52.40
权益比率/%	48.84	9.38	49.01	51.68	41.65	34.38

第八节　产业稳定性能力评估

企业的稳定性能力主要衡量企业营运以及盈利可持续性的能力，企业的稳定性能力在经济下行时期对企业尤其重要。稳定性不良的企业，其销售业绩可能随着经济的下行而大幅下滑，从而导致 EPS 的下降，这样的企业很容易在经济衰退期破产。而稳定性良好的企业则可以作为优良的避险资产，在多数企业表现不好的环境下，这样的企业很容易吸引大量社会资本从而获得更高的估值能力。

通过对六大产业的企业的稳定性能力评分计算数据特征得到表 3.13、图 3.22。

表 3.13　六大产业的企业的稳定评分的数据特征

数据特征	产业					
	成长	金融	消费	周期上游	周期中游	周期下游
均值	−0.017 1	−0.162 7	0.057 1	−0.121 7	0.000 2	0.032 3
中位数	0.062 0	0.017 9	0.089 9	0.053 9	0.070 8	0.069 0
标准差	0.478 0	0.662 9	0.298 7	0.826 7	0.198 5	0.565 7
偏度	−20.391 7	−4.590 1	9.439 7	−8.930 6	−2.807 2	22.701 3
峰度	518.606 3	31.408 6	185.685 7	93.538 6	12.162 1	603.679 9

从图 3. 22 中可以看出，消费产业的稳定能力最好而金融产业与周期上游产业的稳定能力最低，这说明在经济下行期，消费产业的营运会最少地受到经济环境的影响，从而能保持一个较好的业绩水平，而金融产业和周期上游产业的业绩则会很明显地受到经济环境的变化的作用。上文中提到，近年来我国经济处于衰退时期，金融产业与周期上游产业的低稳定性在这样的经济环境中的业绩与财务情况必然处于劣势，这一点从产业综合能力评估与产业财务质量评估中可以看出：在综合能力评估与财务质量评估中消费产业均排名第一，这是因为其能在整体下行的经济环境中保持稳定运营，而其他产业却不能很好地保持这种稳定性，尤其是金融与周期上游产业，这两大产业在综合能力评估与财务质量评估中的表现也是倒数。从六大产业的企业的稳定评分的均值、中位数、标准差（如图 3. 23 所示）中我们看出，金融产业与周期上游产业的稳定性能力评分低的最主要原因是盈利的波动性大。

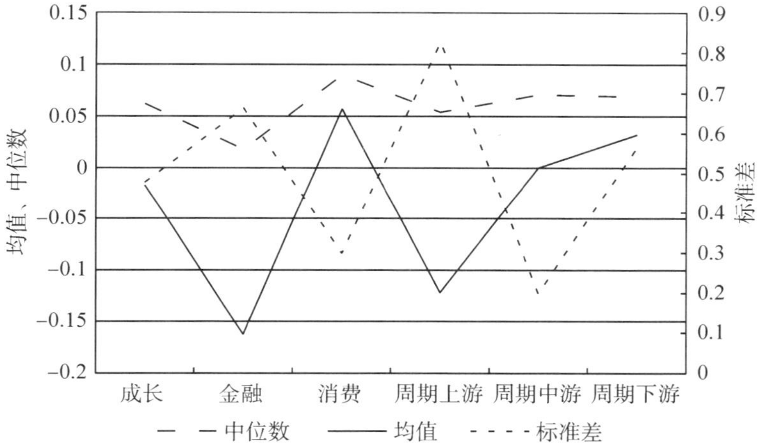

图 3. 22　六大产业的企业的稳定评分的均值、中位数、标准差

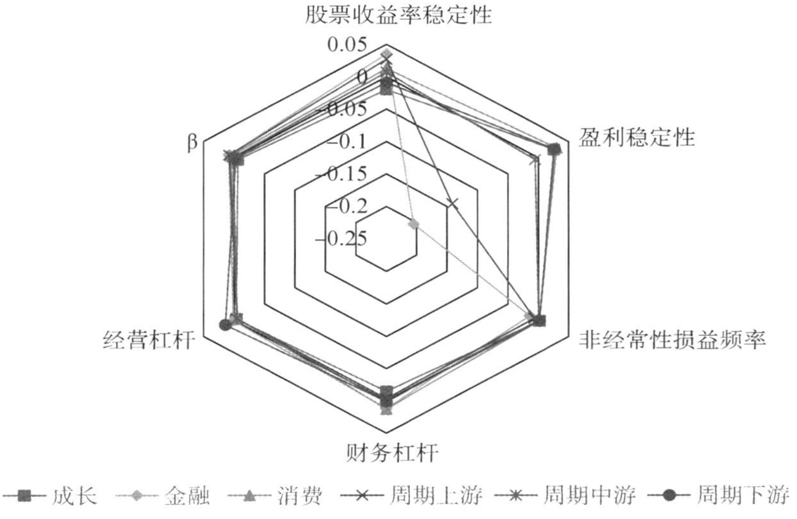

图 3. 23　六大产业稳定能力指标的具体得分

对于六大产业的盈利波动性，从营业收入方面可以看出周期上游产业的波动情况相对而言十分剧烈，尤其是在2007年到2009年与2014年到2016年之间，周期上游、中游产业的营业收入都经历了较大的波动。一方面，我国整体债务市场较股权市场更发达，这导致多数企业的财务杠杆较高；另一方面，多为资本密集型的周期上、中游产业的经营杠杆也较高，两高杠杆加之频繁波动的业绩必然导致在经济波动时期许多企业的破产。

第二部分

四川省上市公司微观分析

在第一部分中，我们利用动态赋权六因素层次分析模型以及经济周期理论，对中国全部A股的六大产业进行了详细的宏观与中观分析。本部分我们将对六因素（财务质量、成长与估值能力、创值能力、创新能力、治理能力、稳定能力）进行分解，对企业的财务质量、公司的治理能力、企业的创新能力、投融资发展能力等进行进一步分析，从更细致的视角微观分析四川省上市公司的具体表现；并在本部分的第十章中从产业、行业、企业三个视角对四川省上市公司的综合表现进行专业评估，如分析结构图所示。

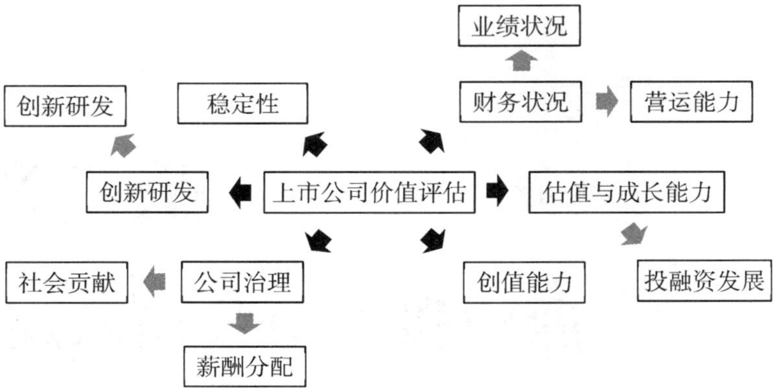

分析结构图

第四章　业绩发展报告

公司是迄今为止最为广泛的一种组织形式，股份制公司是人类组织进行生产活动的一项伟大实践成果。而公司进行经营活动的效率的高低，最为直接地反映为公司业绩的好坏[20]。上市公司作为最为优秀企业的代表，反映着整个行业的发展情况和该地区的经营水平，截至2018年年底，四川省上市公司已超过120家，它们的业绩发展情况是本章研究的重点。本章将会对各企业的经营业绩水平进行综合打分，并研究各行业、各属性上市公司之间的差距。

第一节　经营业绩评价概述

为了解四川省上市公司的业绩发展状况，本节先对上市公司经营业绩的概念进行界定，并对后文要用到的指标进行详细说明。

一、经营业绩的基本内涵

业绩，是指上市公司在一定经营期的经营效益，通常包括经营业绩和管理业绩。经营业绩反映由企业经营活动带来的整体财务状况与经营结果，以真实公允的会计报表作为主要依据，是对公司状况的静态评价；管理业绩是指由高级管理层的努力带来的结果与状况，是对管理者主观能动性的评价。

上市公司业绩多指上市公司经营管理中的经营业绩，主要包括经营效率（即投入和产出间的比例关系）和效果（上市公司目标达成程度）[21]。本研究所指的经营业绩是：在一定时期内，上市公司利用自身有限的资源，从事相关的经营活动而最终取得的经济成果，一般通过经济增加值、销售收入、营业利润等形式呈现。

二、经营业绩指标选择及测算方法指标选择

（一）指标选择

本报告中的经营业绩主要是指企业的盈利能力，本报告选取的是以盈利能力为基础的业绩评价方法，并基于杜邦分析法（如图 4.1 所示），选取了最重要的几项指标：ROE、ROA、销售净利率、EPS 进行分析，其余指标会在报告的其他章节中陆续使用到。

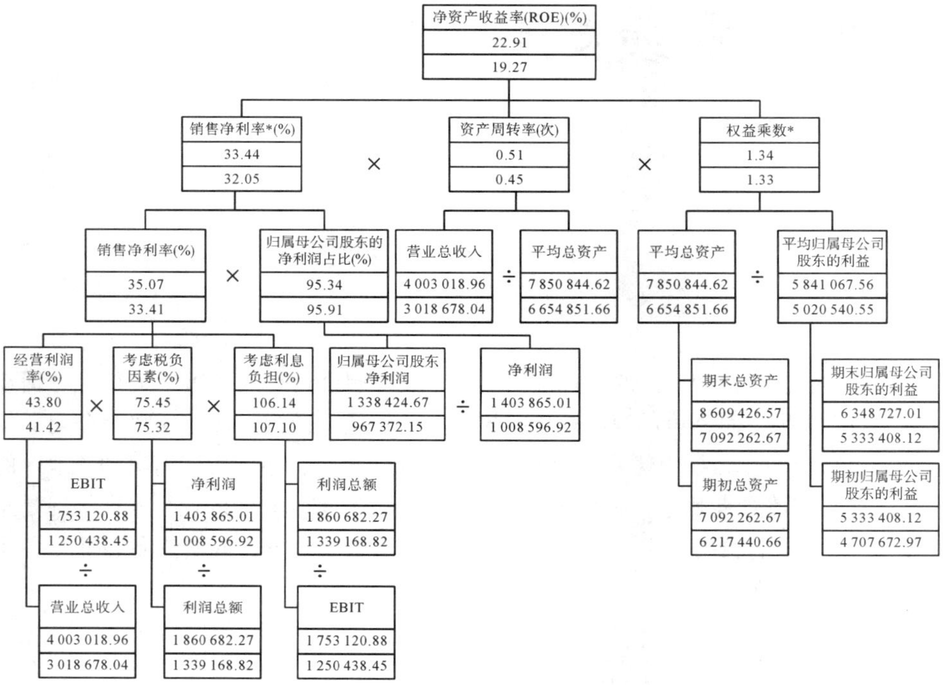

图 4.1　五粮液 2018 年报表杜邦分析（同比）

（二）指标说明

1. 净资产收益率（ROE）=（净利润/所有者权益）×100%

净资产收益率是企业净利润与所有者权益的比率，反映所有者权益所获报酬的水平。杜邦财务分析体系认为净资产收益率是所有比率中综合性最强、最有代表性的一个指标，其发明的“杜邦分析图”在规划和协调企业经营活动的过程中发挥了重要作用，成为对企业财务经营业绩进行分析的重要依据[22]。

2. 资产收益率（ROA）=（净利润/资产）×100%

资产收益率用于反映企业资产与利润之间的关系。资产收益率越高，说明企业利用全部资产的获利能力越强；资产收益率越低，说明企业利用全部资产的获利能力越弱。

3. 营业收入净利率=（净利润/营业收入）×100%

营业收入净利率用于反映企业营业收入与利润之间的关系，是反映企业获利能力的重要指标。这项指标越高，说明企业营业收入获取利润的能力越强。

4. 每股盈利（EPS）= 净利润/股本

在评价上市公司业绩时，单指标对不同行业上市公司评价的有效性不同。如营业收入净利率，金融行业等服务业上市公司的营业收入净利率往往较高，而重机械行业的营业收入净利率往往较低，这并不能准确评价不同上市公司的盈利能力。

为准确评价不同行业上市公司的业绩水平，我们选取了以上几个指标用以综合评价上市公司的业绩水平。通过不同指标的相互作用，抵消不同指标在评价不同行业上市公司业绩上的偏差，本报告选取了熵值赋权法来计算各个指标的权重。

第二节　经营业绩分析

本书选取指标的基础为杜邦分析法，具体的四个指标为：ROE、ROA、销售净利率、EPS。首先讨论 2018 年各公司该项指标的总体分布情况，然后选取 2013 年到 2018 年的数据做行业发展的趋势分析和相关性分析。在数据的处理上，为突出各公司各项指标的分布情况，我们选用了直接平均的办法；在做对行业的研究时，采用市值加权的办法。各公司的市值，使用 2019 年 7 月 19 日收盘价计算得到。采用熵值赋权法给出得分后再进行和上市年限、板块的相关性分析。在对异常值的处理上，为使得到的数据更具代表性，本研究剔除了大于或小于均值三倍标准差的数据。

一、总体情况评述

本部分主要研究 2018 年四川省上市公司在各项指标上的数据分布情况。

（一）销售净利率情况

图 4.2 展示了 2018 年四川所有上市公司的销售净利率的频数分布直方图，从 121 个样本数据来看，其中极端异常值有：川投能源 417%、宏达股份-99.35%、迅游科技-109.83%、厚普股份-130.73%、博瑞传播-154.35%、富临精工-157.48%、金亚科技-176.38%、＊ST 印纪-499.34%、天翔环境-503.00%、长城动漫-598.63%，异常值主要为异常偏低。在剔除异常值后，整体的算术平均值为 10.24%，这一数据远远高于四川省的 GDP 增量。从离散程度上来看，标准差为 14.60%，整体分布较为集中，偏度仅为-0.17，略微负偏，整体的对称性较好。总体运转情况较为良好，个别公司需要加强自身营运能力以防退市。

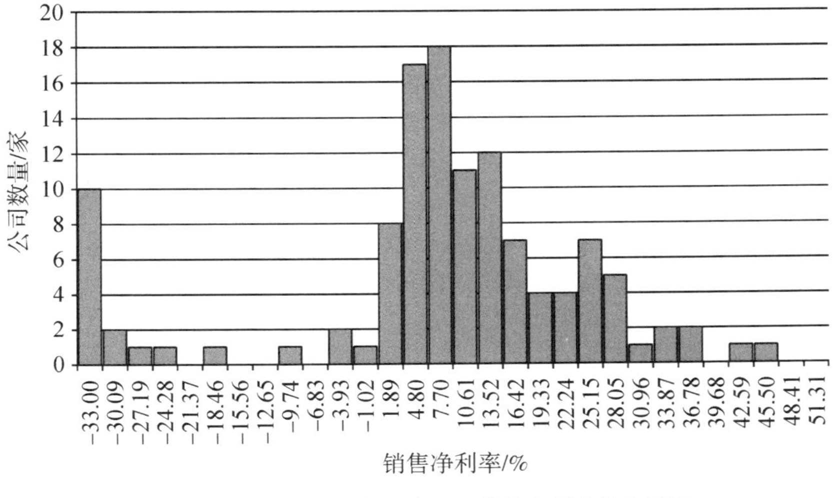

图 4.2　2018 年四川省上市公司销售净利率分布情况

（二）资产收益率（ROA）情况

图 4.3 展示了 2018 年四川所有上市公司的资产收益率（ROA）的频数分布直方图。从 121 个样本数据来看，其中严重亏损（ROA 小于 10%）的公司共有 12 家，占总体的 9.9%，表明盈利能力较差的公司占比仍然较高。所有数据的算术平均值为 2.29%，处于一个较低水平，在剔除掉严重亏损的数据后，均值上升到 5.56%，从离散程度上来看，整体标准差为 12.14%，整体分布的离散程度较小，偏度为-2.23，呈明显的负偏形态，左端的亏损公司数量及亏损程度还是较大，四川省的上市公司质量还有待提升。

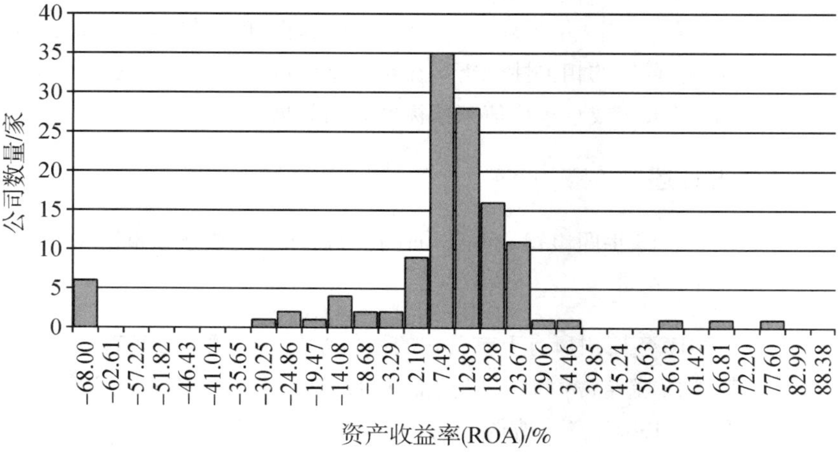

图 4.3　2018 年四川省上市公司资产收益率（ROA）分布情况

（三）净资产收益率（ROE）情况

图 4.4 展示了 2018 年四川所有上市公司的净资产收益率（ROE）的频数分布直方图。从 121 个样本数据来看，其中负极端异常值情况为华塑控股-184.14%、天翔环境-179.79%、长城动漫-173.76%。除此之外 ROE 为负的公司总计 20 家，占总数的 16.53%，这一占比远远高于 ST 板块公司数。而正的异常值同样有 3 个分别是攀钢钒钛 52.81%、四川金顶 65.51%、宜宾纸业 74.90%。剔除上述异常值之后，数据的算术平均值为 4.82%，整体情况较为良好，从离散程度上来看，整体标准差为 17.72%，整体分布的离散程度较大，偏度为-3.16，呈明显的负偏形态，而这一数据是在剔除两端异常值情况下获得的，表明除了特殊情况，亏损较大的公司数目仍然较多，四川省的上市公司质量还有待提升。

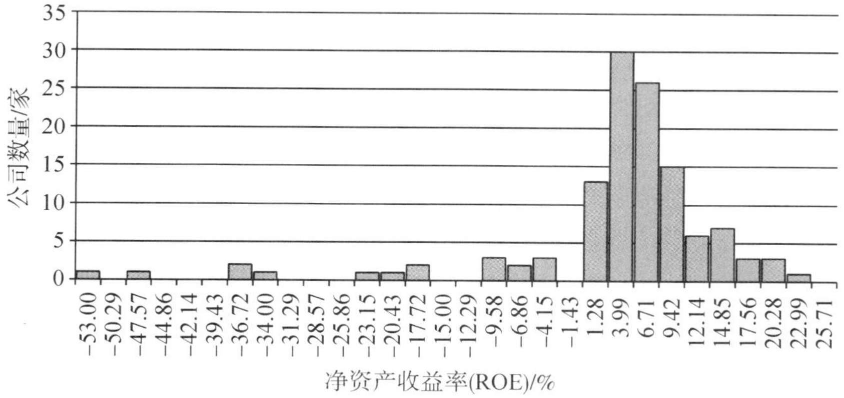

图 4.4　2018 年四川省上市公司净资产收益率（ROE）分布情况

（四）每股收益（EPS）情况

图 4.5 展示了 2018 年四川省上市公司 EPS 的频数分布直方图。最左边出现了三个明显异常值，它们分别是福临精工（-4.614 元/股）、天翔环境（-4.175 元/股）、迅游科技（-3.490 元/股）；而在最右边也出现了一个异常值为五粮液（3.474 元/股），在这些样本数据中有 19 家公司的 EPS 为负，占比 15.7%。在剔除上述异常值之后，得到整体的算术平均值为 0.316 元/股，从离散程度上来看数据的标准差为 0.586 元/股，分布较为离散，各公司之间的 EPS 相对差距还较大，从分布的形态来看偏度为 0.009，分布相对较为对称。

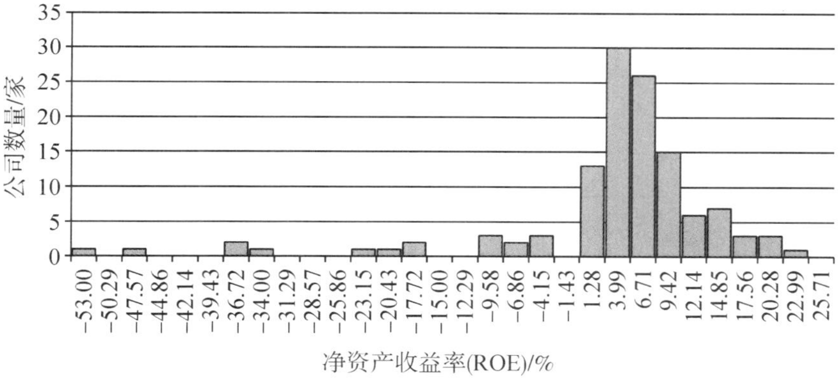

图 4.5　2018 年四川省上市公司每股收益（EPS）分布情况

注：上述数据之间由于剔除的异常值不同，不具可比性，在平均值的处理上采取的是直接平均法，可能会与后文出现较大的差距。

二、各年发展情况

在数据的选取上，剔除了极端异常值，见本章末附表 4.1；在数据的处理上，采用了加权平均的办法，权数采取的是 2019 年 7 月 19 日收盘后各公司的市值比率。

（一）销售净利率发展情况

图 4.6 展示了 2013 年到 2018 年四川省上市公司整体销售净利率的变动情况。数据显示四川省上市公司总体销售净利率水平趋于稳定在 20%左右，历史最低水平出现在 2014 年；之后稳步上升，增长速度最快出现在 2017 年，同比增长了 9.35%；在 2018 年达到历史最高，相较于 2014 年的最低点增长率 4.2 个百分点，表明四川省上市公司在近三年整体水平较好。

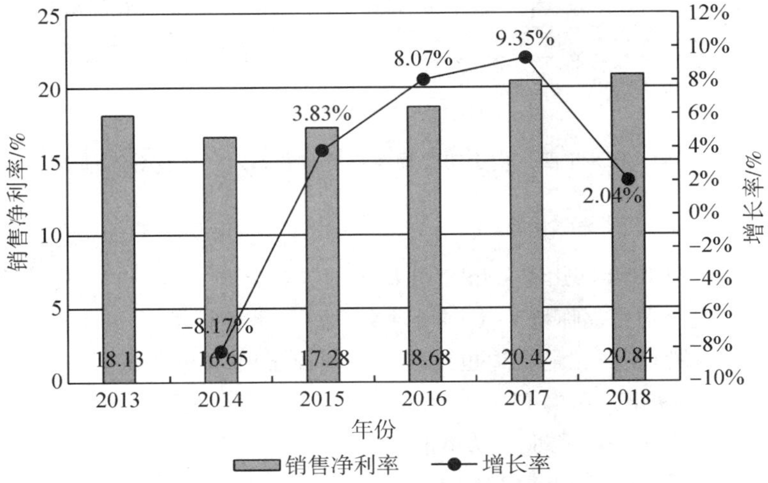

图 4.6　2013—2018 年四川省上市公司平均销售净利率及增长率情况

（二）资产收益率（ROA）发展情况

四川省上市公司的 ROA，如图 4.7 所示。从历史数据来看，2013 年为历史最高点（11.07%）；在 2014 年大幅下滑，同比减少 27.13%；2015 年与 2016 年两年整体水平波动不大，之后缓慢回升；2018 年较历史最低点已增长 1.86 个百分点。

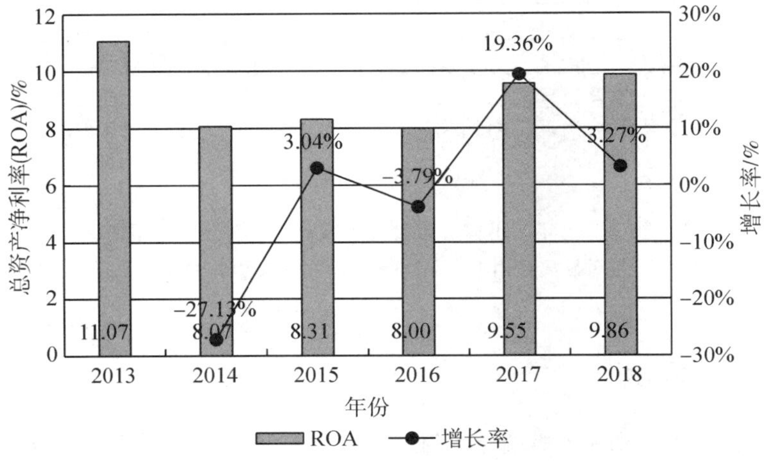

图 4.7　2013—2018 年四川省上市公司资产收益率（ROA）及增长率情况

（三）净资产收益率（ROE）发展情况

图 4.8 显示了四川省上市公司 ROE 的整体情况。从整体趋势上来看，和 ROA 基本呈同向变动，在 2014 年达到最低点后稳步上升，在 2017 年增速达到了 15.99%，2018 年相较于历史最低点累计增长了 3.64 个百分点，达到了 15.71%的水平，这一数据远远高于 2018 年中国的 GDP 增速，同样也高于四川省的 GDP 增速，表明四川省的上市公司整体盈利能力较强。

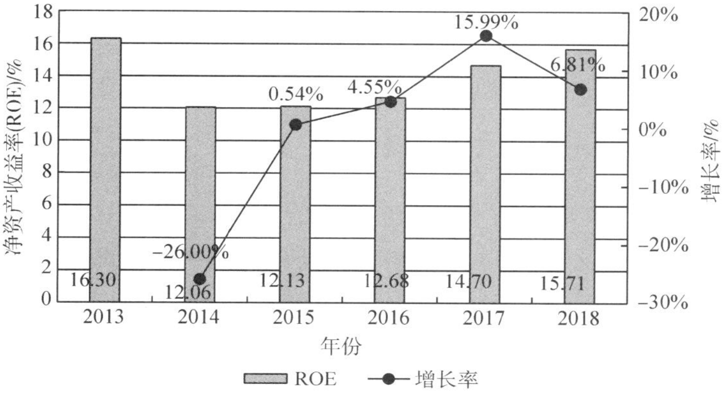

图 4.8　2013—2018 年四川省上市公司净资产收益率（ROE）及增长率情况

（四）每股收益（EPS）发展情况

图 4.9 展示了 2013 年到 2018 年四川省上市公司 EPS 的整体变动情况。数据表明历史最低点出现在 2014 年，该年市值加权平均 EPS 只有 0.76 元/股，自 2014 年之后的四年都处于上升状态，2017 年的增速最快达到了 36%，截至 2018 年年末，相较于 2014 年的最低点已增长了 94.53%，表明四川省上市公司正稳步发展。

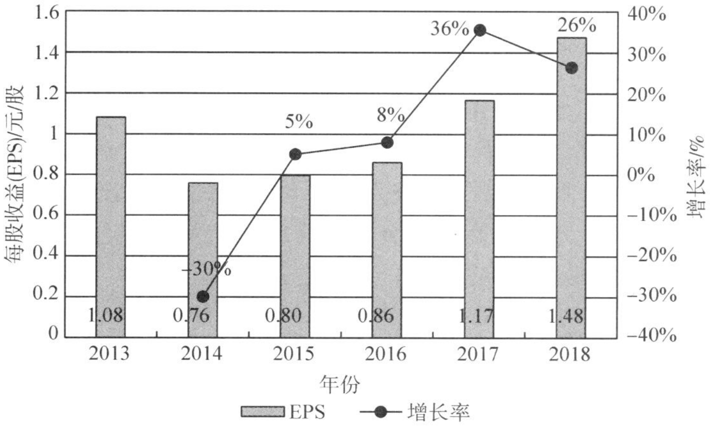

图 4.9　2013—2018 年四川省上市公司每股收益（EPS）及增长率情况

注：在数据处理上，本书去掉了排名前五和后五的异常数据，真实的总体为 111 家公司，但各年度间所剔除的公司并非完全相同，这要根据当年度数据来决定。

三、各行业发展情况

四川省上市公司截至本报告截稿日期共有121家，涉及14个门类，包括采矿业、制造业、金融业、房地产业等38个子行业（证监会2018年行业分类标准，下同）。同门类中公司数大于4家的门类有：电力、热力、燃气及水的生产和供应业、信息传输、软件和信息技术服务业、制造业。公司数为3家的有：建筑业、金融业、批发和零售业、租赁和商务服务业，后文将重点对这几个门类进行介绍。其中制造业公司数量较多，后文将会对此门类分行业进行重点分析。四川省上市公司各行业经营业绩的各指标平均水平及标准差见本章末附表4.2，各行业间经营业绩各指标的相关系数矩阵见本章末附表4.3。

（一）销售净利率

1. 总体及各门类发展情况

图4.10展示了2013年到2018年总体和前文所述各门类的销售净利率的波动情况。

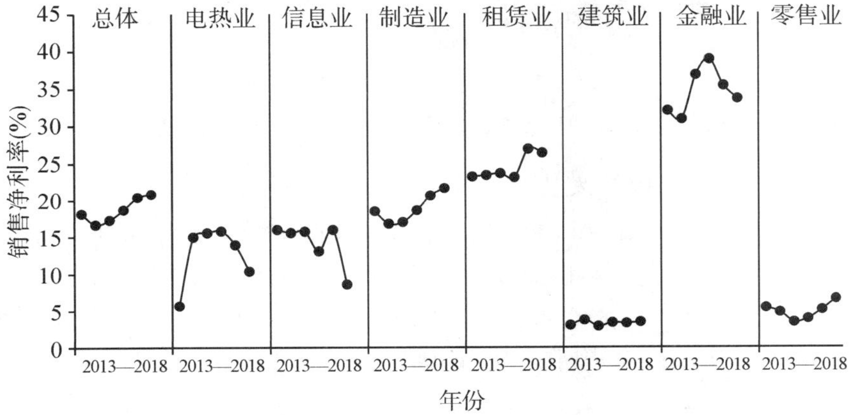

图4.10　2013—2018年四川省上市公司总体及各门类销售净利率变化情况

从趋势上来看，总体趋势为先下降后上升，制造业、批发零售业总体趋势大致相同；金融业和电力、热力、燃气及水的生产和供应业大致为先上升后下降的趋势；而信息传输、软件和信息技术服务业前几年较为稳定，近年来出现了较为严重的下滑。

从均值上看，各行业水平最高的是金融业（34.54%），其次是租赁和商务服务业（24.43%）（下文简称租赁业），分别高于总体（18.67%）15.87、5.76个百分点。水平最低的行业是建筑业（3.26%）和批发零售业（4.86%）（下文简称零售业），分别低于总体水平15.41、13.81个百分点。

从波动率（这里选取了6年数据的标准差来衡量）来看，由下表可知：波动率最大的3个行业为电力、热力、燃气及水的生产和供应业（3.97）（下文简称“电热业”）、金融业（3.02）和信息传输、软件和信息技术服务业（2.92）（下文简称“信息业”），最稳定的行业是建筑业（0.31）。

从相关性来看，由相关系数矩阵可知：制造业和总体情况相关性最显著（0.99），其次租赁业也和总体情况显著相关（0.86），信息业和总体情况显著负相关（-0.61）。除此之外，各行业间还存在金融业与批发零售业（下文简称零售业）显著负相关（-0.58）。

2. 制造业内部各行业发展情况

在本报告选取的121家公司中，制造业公司总共有80家，制造业和全省总体的相关系数为0.99，几乎是同步变动。制造业的销售净利率在2014年达到最低点后一直逐年回升，整体运行情况良好。为更好地了解制造业的发展情况，本书选取的二级行业的标准为四川省上市公司在该二级行业中有四家以上的上市公司，它们分别是化学原料及化学制品制造业（下文简称化工业）15家，计算机、通信和其他电子设备制造业（下文简称计算机业）13家，酒、饮料和精制茶制造业（下文简称制酒业）4家，汽车制造业4家，通用设备制造业（通用制造业）8家，医药制造业（制药业）5家，有色金属冶炼及压延加工业（金属加工业）4家，专用设备制造业（专用制造业）6家。

图4.11显示了四川省制造业下主要二级行业上市公司的销售净利率的波动情况。

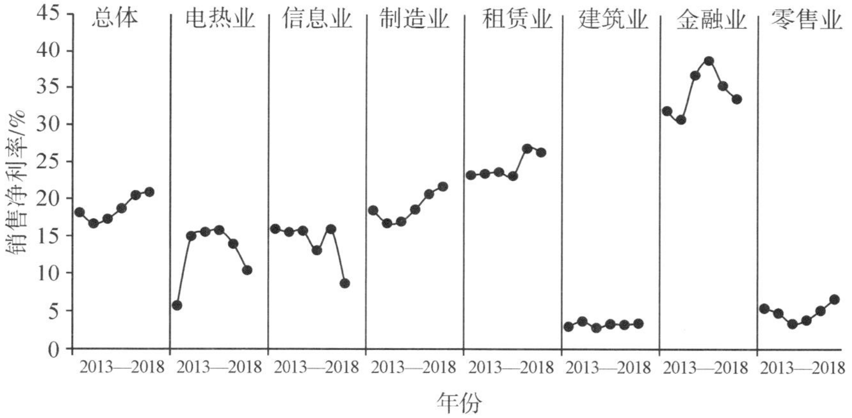

图4.11　2013—2018年四川省上市公司制造业内部各行业销售净利率变化情况

制酒业的毛利率一直稳定在30%左右并且波动较小，制酒业的四家公司分别为五粮液、泸州老窖、水井坊、舍得酒业。其中，五粮液、泸州老窖占据绝大部分市值，整个行业的净利率水平都相对较高，并且较为稳定。

化工业在报告期内，剔除了川能动力从2015年到2014年的数据，化工业共15家公司，在制造业的子行业中占比最大，除了川能动力和泸天化有一些年份经营不善导致出现了极端异常值之外，其他公司的平均净利率水平在6%左右波动，并且较为稳定。

专用制造业共有6家公司，在报告期内，整体的净利率走势大致为先波动向上，但是近年来却急速下滑，特别是在2018年还出现了厚普股份-130%的净利率的极端异常值，说明该行业在近年来的发展遇到了较大的阻力。

制药业的5家公司中，在报告期内均未出现经营不善的情况，并且其平均净利率水平仅位于制酒业之下，整体运营情况良好。

计算机行业的公司总共有 13 家，但是总市值占比比较低，全部由小市值公司构成，其中金亚科技、三泰控股在近年来屡次出现经营不善的状况，行业整体业绩不佳。

在汽车制造业的 4 家企业中，富临精工、西部资源的盈利情况都不佳，剩余两家经营尚可，整个行业的波动较大，衰退严重。

通用制造业共有 8 家公司，只有天翔电气在 2018 年出现了大幅度的业绩下滑，其余公司的平均净利率水平较低，波动也较小，行业内竞争较为剧烈，行业趋于成熟。

在金属加工业的 4 家公司中，内部差距较大，天齐锂业从 2013 年的负净利率到 2018 年爬升到 40%左右的净利率，发展较快，其他 3 家公司均出现了较为严重的经营问题。图 4.11 是在剔除较多异常值后得到的。

（二）总资产净利率（ROA）

1. 总体及各门类发展情况

图 4.12 展示了 2013 年到 2018 年总体和前文所述门类的资产收益率的波动情况。

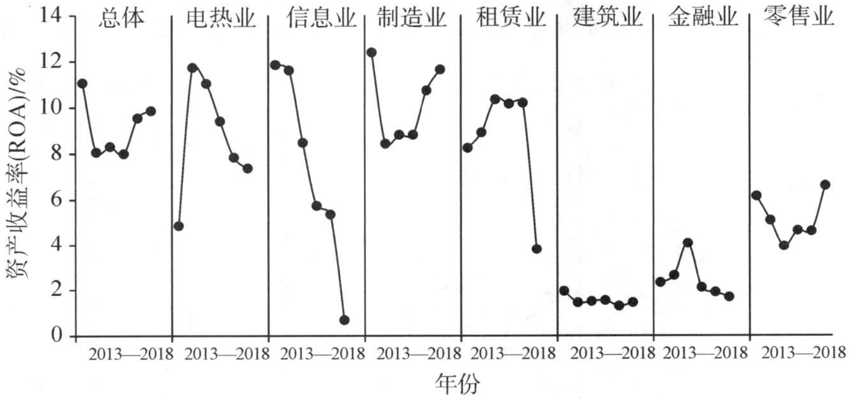

图 4.12　2013—2018 年四川省上市公司总体及各门类资产收益率（ROA）变化情况

从趋势上来看，总体趋势呈先下降后回升的状态，电热业、租赁业以及金融业出现了逆周期的特征；而制造业、零售业大致表现为顺周期性。信息业自 2014 年开始便出现了跳水式下跌，至 2018 年时，其 ROA 水平已接近于零轴。

从均值上来看，各行业水平最高的是制造业（10.13%），但也仅仅高于总体水平（9.14%）0.99 个百分点。在净利率中排行最高的金融业，其 ROA 仅仅为 2.45%，低于总体均值 6.69 个百分点，位列倒数第二，排在其后面的是建筑业（1.52%），仅仅只有总体的 16.6%。

从波动率来看，由标准差情况可知：波动率最大的行业为信息业，从 2013 年的最高点（11.85%）骤降至 2018 年的最低点（0.69%），累计减少 11.16 个百分点。电热行业的波动也较为明显，在经历了 2014 年的拉升后便逐渐下滑，至 2018 年下滑速度才放缓。建筑业总体最为稳定，无明显趋势。

从相关性来看，由相关系数矩阵可知：制造业和总体情况相关性最显著（0.98），其次是零售业（0.71），而电热业表现为和总体显著负相关（-0.94）。除此之外，各行业间还存在金融业与零售业（-0.63）、租赁业与零售业（-0.88）也表现为显著的负相关。

2. 制造业内部各行业发展情况

图 4.13 显示了四川省制造业下主要二级行业上市公司的资产收益率的波动情况。

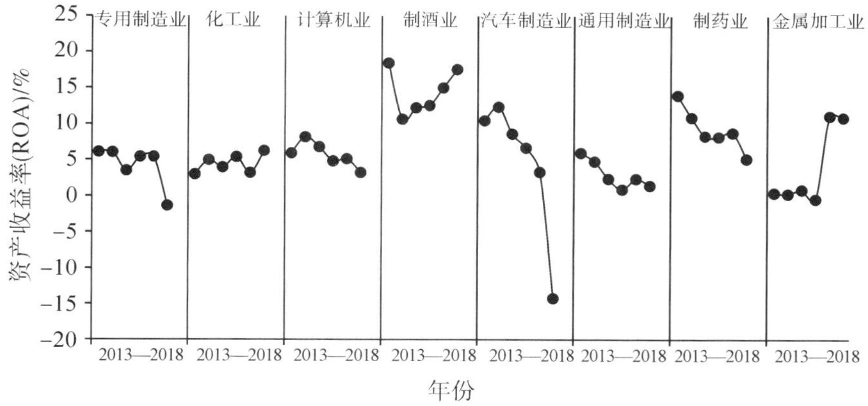

图 4.13　2013—2018 年四川省上市公司制造业内部各行业资产收益率（ROA）变化情况

制酒业的行业平均 ROA 情况表现较好，并且波动较小。在 2014 年出现了大幅下滑后缓慢回升。

化工业在报告期内，剔除了川能动力从 2015 年到 2014 年的数据，行业运行稳定，竞争充分，ROA 水平较其他行业来说较低，波动较小。

专用制造业的平均 ROA 水平在 2018 年数据已经降至 0 轴以下，表明当前行业发展不顺，未来需要找到新的突破口以重新回归正值。

制药业的 ROA 情况也在近年来出现大幅下滑，行业发展情况不佳。

计算机行业的 ROA 平均值较低，并且处于下行趋势。

汽车制造业在 2013 年时盈利能力较好，发展较快，但是近年来，由于行业内部较多公司经营不善，并且整个行业也遇到了衰退的情况下，行业平均 ROA 情况骤降至-15%以下，行业衰退情况较为严重。

金属加工业在天齐锂业的带动下，平均 ROA 急速上升，但是也仅限于该公司，另外几家公司的情况并未得到改善。

（三）净资产收益率（ROE）

1. 总体及各门类发展情况

图 4.14 展示了 2013 年到 2018 年总体和前文所述门类的净资产收益率的波动情况。

从趋势上来看，总体趋势同 ROA，此处不再赘述。

从均值上来看，各行业间的差距进一步缩小，各行业水平最高的是租赁业（15.98%），高于总体水平（13.93%）2.05 个百分点，其次是制造业（14.52%）。表现最差的行业为建筑业（8.04%），只有总体均值的 57.72%。还有一点值得关注：金融业在 ROA 排名相对较低的情况下利用金融业的高杠杆实现了 12.95%的 ROE，超越了大多数行业。

从波动率来看，ROE 的整体波动率要明显高于 ROA，波动率最大的行业为信息业，从 2013 年的最高点（18.69%）骤降至 2018 年的最低点（3.18%），累计减少 15.51 个百分点，这一数据变动还要高于 ROA 的变化。电热业、金融业的波动也比较明显，其标准差分别为 4.48%、3.96%。与 ROA 数据对比，变化最大的是建筑业和零售业，其总体波动在杠杆的加持下更为剧烈。

从相关性来看，由相关系数矩阵可知：制造业和总体情况相关性最显著（0.99），而电热业、租赁业、金融业因为和制造业的负相关程度加强导致与总体负相关性更强了。除此之外，各行业间还存在零售业与信息业、租赁业、建筑业、金融业都显著负相关。

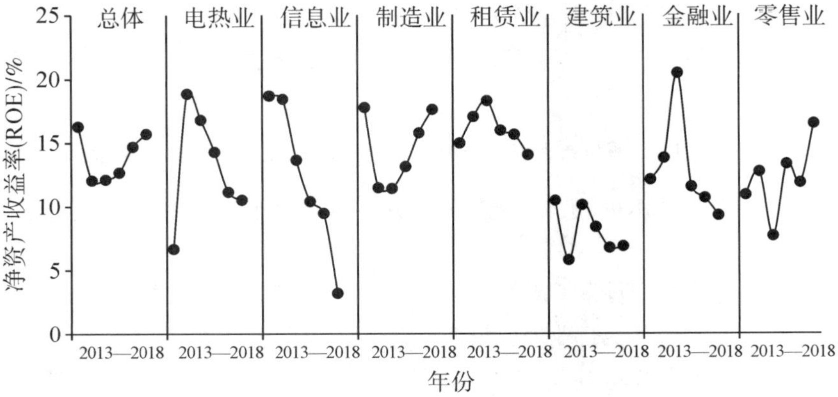

图 4.14　2013—2018 年四川省上市公司总体及各门类净资产收益率（ROE）变化情况

2. 制造业内部各行业发展情况

图 4.15 显示了四川省制造业下主要二级行业上市公司净资产收益率的波动情况。

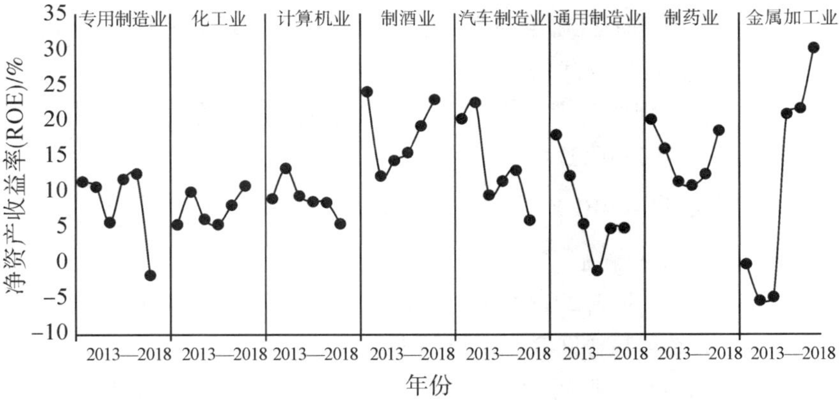

图 4.15　2013—2018 年四川省上市公司制造业内部各行业净资产收益率（ROE）变化情况

制酒业的 ROE 情况表现良好，在 2014 年出现了大幅下滑后缓慢回升到最初水平。

化工业在财务杠杆的加持下，ROE 在 7.68%的均值上下波动，波动率较 ROA 来说更大，无明显上升或下降的趋势。

专用制造业的 ROE 水平也随着 ROA 降到 0 轴以下，未来发展阻力较大。

制药业的 ROE 情况在下滑后逐步回升，整体运营情况良好。

计算机行业的 ROE 平均值较低，并且处于下行趋势。

汽车制造业 ROE 严重下滑，盈利能力较弱。通用制造业的 ROE 水平在 2016 年下滑至 0 轴以下后缓慢回升，趋向稳定。

第三节　经营业绩综合评价

一、综合指标构建

本报告选取的数据处理方法为熵值赋权法。具体方法如下：

构建的评价体系包含 m 个基层指标，拥有 n 个待评价对象，由全体原始指标值可以构成一个原始数据矩阵 $A_{m\times n}$

步骤一：

对原始数据进行正向化和无量纲化处理得到矩阵 $B_{m\times n}$

$$b_{ij}=\begin{cases}\dfrac{a_{ij}-a_{i\min}}{a_{i\max}-a_{i\min}}，正向指标；\\ 1，a_{i\max}=a_{i\min}；\\ \dfrac{a_{i\max}-a_{ij}}{a_{i\max}-a_{i\min}}，逆向指标。\end{cases}$$

a_{ij} 表示第 j 个上市公司第 i 个评价指标的原始数据；

b_{ij} 表示第 j 个上市公司第 i 个评价指标的标准化数据；

$a_{i\max}$、$ai_{\min}$ 为第 i 个评价指标在所有待评价对象中取得的最大、最小值，$1\leqslant i\leqslant m$，$1\leqslant j\leqslant n$。

步骤二：

计算每个样本指标的贡献率，得到矩阵 $C_{m\times n}$：

$$c_{ij}=b_{ij}/\sum_{j=1}^{n}b_{ij}$$

在公式中，c_{ij} 表示第 j 个上市公司对第 i 个评价指标的贡献率。

步骤三：

计算每个指标的信息熵，得到矩阵 $H_{m\times 1}$

$$h_i=-\left(\sum_{j=1}^{n}c_{ij}\ln c_{ij}\right)/\ln n$$

步骤四：

计算每个指标的权重，得到矩阵 $Wm \times 1$

$$w_i = \frac{1 - h_i}{\sum_{i=1}^{m}(1 - h_i)} = \frac{1 - h_i}{m - \sum_{i=1}^{m} h_i}$$

步骤五：

计算每个上市公司的得分，得到 $score_j$

$$score_j = \sum_{i=1}^{m} c_{ij} w_i$$

为消除各上市公司间行业、经营模式的差距，让评价体系更加客观，本报告使用熵值赋权法建立出一个综合指标。根据熵值赋权法可以计算出各个指标的权重，各项指标的权重分别为：

表 4.1　各项指标权重　　单位：%

指标	销售净利率	净资产收益率	资产收益率	EPS
权重	25.09	25.05	24.80	25.06

二、分析结果

在所有上市公司中位列前十的分别是：五粮液、川投能源、泸州老窖、攀钢钒钛、宜宾纸业、水井坊、国光股份、富森美、天齐锂业、金时科技。以制酒业为代表的大消费公司在前十中占据三席，川投能源凭借极高的净利率排到第二名。

排名后十的是深冷股份、博瑞传播、厚普股份、华塑控股、宏达股份、迅游科技、*ST 印纪、富临精工、长城动漫、天翔环境。从本章末附表 4.1 中的异常值剔除来看，这些公司通常在往年就已经出现经营不善的情况，企业的经营面临着较大的问题并且未获得较大改善。

四川省上市公司的销售净利率与 ROE 排名见本章末附表 4.4，ROA 与 EPS 排名见本章末附表 4.5，经营业绩综合得分及排名见本章末附表 4.6。

三、相关因素分析

（一）企业属性

本报告将企业分为民营企业、地方国有企业、中央国有企业、外资企业四种属性，对其排名进行平均，得到下列各属性企业的平均位次，如表 4.2 所示。

表 4.2　各属性企业的平均位次

企业属性	地方国有企业	民营企业	中央国有企业	外资企业
平均位次	57.36	64.66	57.25	25.33

外资企业虽然只有 3 家，但是却遥遥领先，国企和央企的差别不大，而民企的平均位次较国企低出 7.29 名，表明总体来说国企和央企比民企业绩要好。

进一步将这 121 家企业分为三组，由于外资企业较少，分组后不具有代表性，此处将中央国企和地方国企统称为国企和民企对比。第一组包含排名前四十的企业，第二组包含第四十一位到第八十二位的企业，第三组包含剩下的，在进行平均后得到下列数据，如表 4.3 所示。

表 4.3　国有企业和民营企业三组的平均位次

企业属性	国有企业	民营企业
第一组平均位次	18.25	20.59
第二组平均位次	61.69	59.78
第三组平均位次	97.20	103.29

从表中数据可知：在较优秀的企业里国企的平均位次高出 2 个位次；而在中等企业里，民企的平均位次要略比国企靠前；而在业绩较差的公司里民企的数据明显要落后于国企。并且在排名最靠后的 20 家企业里民企占 14 家，占比高达 70%，远高于所有民企在所有企业中的占比（60%）。

国企的整体情况要好于民营企业，经营业绩较差的民企还是占据了较大的份额，如何改善较差的民企的业绩成为一个较为重要的问题。

（二）上市年限

为找到四川省上市公司业绩与上市年限长短的关系，本报告使用了上市公司上市年份的数据，结合得到的业绩排序，使用斯皮尔曼等级相关系数得到：二者相关系数为 −0.108 6（p 值为 0.53），不显著相关，二者的散点图如图 4.16 所示。

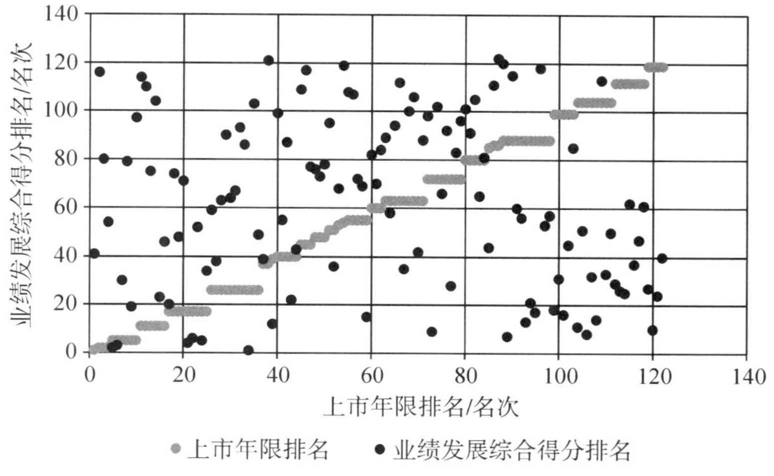

图 4.16　上市公司上市年限排名与业绩发展综合得分排名散点图

这表明，四川省上市公司上市时间的长短会略微对上市公司业绩产生负影响，但是影响不显著，传统的生命周期理论认为企业业绩会随着上市的年限增加呈下降趋势，而四川省的数据却表明，该理论在此时不适用，其原因是一个值得研究的问题。

附表 4.1 极端异常值的剔除

时间	项目	证券代码	名称	项目值	证监会行业
2018	销售净利率	000835. SZ	长城动漫	-598. 63	互联网和相关服务
2018	销售净利率	002143. SZ	*ST 印纪	-499. 34	商务服务业
2018	销售净利率	300028. SZ	金亚科技	-176. 38	计算机、通信和其他电子设备制造业
2018	销售净利率	300362. SZ	天翔环境	-503. 00	通用设备制造业
2018	销售净利率	300432. SZ	富临精工	-157. 48	汽车制造业
2018	销售净利率	300467. SZ	迅游科技	-109. 83	互联网和相关服务
2018	销售净利率	300471. SZ	厚普股份	-130. 73	专用设备制造业
2018	销售净利率	600331. SH	宏达股份	-99. 35	有色金属冶炼及压延加工
2018	销售净利率	600674. SH	川投能源	417. 52	电力、热力生产和供应业
2018	销售净利率	600880. SH	博瑞传播	-154. 35	新闻和出版业
2018	ROE	000509. SZ	华塑控股	-184. 14	橡胶和塑料制品业
2018	ROE	000835. SZ	长城动漫	-173. 76	互联网和相关服务
2018	ROE	002143. SZ	*ST 印纪	-86. 88	商务服务业
2018	ROE	300362. SZ	天翔环境	-179. 79	通用设备制造业
2018	ROE	300432. SZ	富临精工	-81. 92	汽车制造业
2018	ROE	600331. SH	宏达股份	-74. 75	有色金属冶炼及压延加工
2017	销售净利率	300028. SZ	金亚科技	-815. 64	计算机、通信和其他电子设备制造业
2017	销售净利率	600139. SH	西部资源	-222. 08	汽车制造业
2017	销售净利率	600674. SH	川投能源	412. 65	电力、热力生产和供应业
2017	ROE	000912. SZ	泸天化	-148. 00	化学原料及化学制品制造业
2017	ROE	300028. SZ	金亚科技	-70. 01	计算机、通信和其他电子设备制造业
2017	ROE	600139. SH	西部资源	-83. 87	汽车制造业
2017	ROE	600678. SH	四川金顶	188. 30	非金属矿物制品业
2016	销售净利率	000509. SZ	华塑控股	-94. 89	橡胶和塑料制品业
2016	销售净利率	000629. SZ	攀钢钒钛	-61. 92	有色金属冶炼及压延加工
2016	销售净利率	000803. SZ	金宇车城	-84. 45	电气机械及器材制造业
2016	销售净利率	002312. SZ	三泰控股	-125. 43	计算机、通信和其他电子设备制造业
2016	销售净利率	600674. SH	川投能源	354. 56	电力、热力生产和供应业
2016	ROE	000155. SZ	川能动力	121. 42	化学原料及化学制品制造业
2016	ROE	000509. SZ	华塑控股	-149. 45	橡胶和塑料制品业
2016	ROE	000629. SZ	攀钢钒钛	-101. 06	有色金属冶炼及压延加工
2016	ROE	000803. SZ	金宇车城	-68. 80	电气机械及器材制造业

表4.1(续)

时间	项目	证券代码	名称	项目值	证监会行业
2016	ROE	000912.SZ	泸天化	-148.13	化学原料及化学制品制造业
2016	ROE	600678.SH	四川金顶	-183.17	非金属矿物制品业
2015	销售净利率	000155.SZ	川能动力	-222.31	化学原料及化学制品制造业
2015	销售净利率	600603.SH	广汇物流	-616.90	综合
2015	销售净利率	600674.SH	川投能源	351.02	电力、热力生产和供应业
2015	ROE	000155.SZ	川能动力	缺失	化学原料及化学制品制造业
2015	ROE	600603.SH	广汇物流	缺失	综合
2015	ROA	000155.SZ	川能动力	-68.66	化学原料及化学制品制造业
2015	ROA	600603.SH	广汇物流	-70.53	综合
2014	销售净利率	000155.SZ	川能动力	-195.55	化学原料及化学制品制造业
2014	销售净利率	600644.SH	乐山电力	-119.39	电力、热力生产和供应业
2014	销售净利率	600674.SH	川投能源	319.27	电力、热力生产和供应业
2014	销售净利率	600678.SH	四川金顶	-69.75	非金属矿物制品业
2014	销售净利率	600779.SH	水井坊	-110.40	酒、饮料和精制茶制造业
2014	ROE	000155.SZ	川能动力	缺失	化学原料及化学制品制造业
2014	ROE	000509.SZ	华塑控股	-73.11	橡胶和塑料制品业
2014	ROE	000912.SZ	泸天化	-82.03	化学原料及化学制品制造业
2014	ROE	300022.SZ	吉峰科技	-142.23	零售业
2014	ROE	600603.SH	广汇物流	-91.98	综合
2014	ROE	600644.SH	乐山电力	-168.79	电力、热力生产和供应业
2014	ROE	600678.SH	四川金顶	-88.64	非金属矿物制品业
2014	ROA	000155.SZ	川能动力	-76.89	化学原料及化学制品制造业
2014	ROA	600644.SH	乐山电力	-64.48	电力、热力生产和供应业
2013	销售净利率	002946.SZ	新乳业	缺失	食品制造业
2013	销售净利率	600603.SH	广汇物流	266.33	综合
2013	销售净利率	600674.SH	川投能源	123.98	电力、热力生产和供应业
2013	ROE	000155.SZ	川能动力	-60.47	化学原料及化学制品制造业
2013	ROE	000509.SZ	华塑控股	缺失	橡胶和塑料制品业
2013	ROE	002946.SZ	新乳业	缺失	食品制造业
2013	ROE	600603.SH	广汇物流	缺失	综合
2013	ROA	002946.SZ	新乳业	缺失	食品制造业

附表 4.2　四川省上市公司各行业经营业绩各指标平均水平及标准差

附表 4.2.1　各门类净利率平均水平及标准差　　单位:%

门类	2013 年	2014 年	2015 年	2016 年	2017 年	2018 年	均值	标准差
电热业	5.68	14.98	15.54	15.77	13.94	10.38	12.71	3.97
信息业	15.96	15.53	15.70	13.08	15.93	8.61	14.13	2.92
制造业	18.46	16.73	16.96	18.58	20.62	21.63	18.83	1.96
租赁业	23.20	23.40	23.64	23.10	26.87	26.35	24.43	1.71
建筑业	2.99	3.69	2.84	3.34	3.25	3.44	3.26	0.31
金融业	31.95	30.80	36.76	38.82	35.35	33.58	34.54	3.02
零售业	5.41	4.77	3.40	3.86	5.12	6.61	4.86	1.15
总体	18.13	16.65	17.28	18.68	20.42	20.84	18.67	1.68

附表 4.2.2　制造业内部各行业净利率平均水平及标准差　　单位:%

证监会行业	2013 年	2014 年	2015 年	2016 年	2017 年	2018 年	均值	标准差
化工业	3.11	9.07	7.07	7.22	4.68	8.48	6.61	2.29
计算机业	7.14	9.72	9.39	9.76	9.99	3.82	8.31	2.43
制酒业	30.53	26.25	27.04	27.01	30.75	32.64	29.04	2.61
汽车制造业	9.12	14.56	8.38	9.49	16.75	9.32	11.27	3.49
通用制造业	8.25	6.81	4.03	2.28	5.52	4.89	5.30	2.10
制药业	18.89	15.58	13.12	13.73	14.94	14.28	15.09	2.05
金属加工业	−7.52	−3.26	1.12	24.50	22.24	26.14	10.54	15.37
专用制造业	13.06	14.22	10.83	18.90	14.34	5.57	12.82	4.42

附表 4.2.3　各门类 ROA 平均水平及标准差　　单位:%

门类	2013 年	2014 年	2015 年	2016 年	2017 年	2018 年	均值	标准差
电热业	4.87	11.73	11.04	9.41	7.84	7.36	8.71	2.54
信息业	11.85	11.61	8.47	5.74	5.36	0.69	7.29	4.26
制造业	12.38	8.42	8.81	8.81	10.73	11.64	10.13	1.68
租赁业	8.24	8.91	10.34	10.14	10.19	3.81	8.60	2.50
建筑业	1.94	1.44	1.50	1.53	1.29	1.44	1.52	0.22
金融业	2.31	2.62	4.07	2.10	1.89	1.67	2.45	0.86
零售业	6.14	5.09	3.93	4.64	4.61	6.59	5.17	1.01
总体	11.07	8.07	8.31	8.00	9.55	9.86	9.14	1.23

附表 4.2.4 制造业内部各行业 ROA 平均水平及标准差 单位:%

证监会行业	2013 年	2014 年	2015 年	2016 年	2017 年	2018 年	均值	标准差
化工业	2.97	4.96	3.93	5.36	3.17	6.22	4.44	1.29
计算机业	5.89	8.15	6.77	4.80	5.11	3.21	5.66	1.71
制酒业	18.43	10.64	12.24	12.55	15.00	17.53	14.40	3.12
汽车制造业	10.45	12.35	8.59	6.65	3.29	-14.25	4.51	9.71
通用制造业	5.94	4.76	2.37	0.91	2.36	1.43	2.96	1.97
制药业	13.97	10.90	8.30	8.18	8.75	5.14	9.21	2.97
金属加工业	0.43	0.29	0.88	-0.41	11.12	10.89	3.87	5.55
专用制造业	6.08	6.02	3.47	5.39	5.40	-1.37	4.16	2.87

附表 4.2.5 各门类 ROE 平均水平及标准差 单位:%

门类	2013 年	2014 年	2015 年	2016 年	2017 年	2018 年	均值	标准差
电热业	6.66	18.85	16.80	14.28	11.13	10.51	13.04	4.48
信息业	18.69	18.43	13.65	10.38	9.45	3.18	12.30	5.92
制造业	17.77	11.46	11.40	13.13	15.76	17.60	14.52	2.92
租赁业	14.96	17.03	18.28	15.95	15.63	14.03	15.98	1.51
建筑业	10.44	5.77	10.09	8.37	6.73	6.85	8.04	1.91
金融业	12.09	13.78	20.42	11.52	10.64	9.26	12.95	3.96
零售业	10.88	12.70	7.65	13.29	11.84	16.46	12.14	2.90
总体	16.30	12.06	12.13	12.68	14.70	15.71	13.93	1.88

附表 4.2.6 制造业内部各行业 ROE 平均水平及标准差 单位:%

证监会行业	2013 年	2014 年	2015 年	2016 年	2017 年	2018 年	均值	标准差
化工业	5.43	10.01	6.18	5.44	8.15	10.87	7.68	2.37
计算机业	9.05	13.30	9.43	8.63	8.50	5.51	9.07	2.50
制酒业	24.06	12.21	14.37	15.50	19.23	22.95	18.05	4.81
汽车制造业	20.21	22.52	9.52	11.47	12.99	5.98	13.78	6.37
通用制造业	17.93	12.19	5.43	-1.10	4.80	4.87	7.35	6.68
制药业	20.09	16.01	11.39	10.85	12.43	18.51	14.88	3.90
金属加工业	-0.16	-5.28	-4.78	20.85	21.64	30.09	10.39	15.56
专用制造业	11.46	10.73	5.76	11.80	12.57	-1.66	8.44	5.51

附表 4.3　四川省上市公司各行业间经营业绩各指标的相关系数矩阵

附表 4.3.1　各行业间净利率的相关系数矩阵

	电热业	信息业	制造业	租赁业	建筑业	金融业	零售业	总体
电热业	1.00							
信息业	0.11	1.00						
制造业	(0.32)	(0.65)	1.00					
租赁业	(0.04)	(0.39)	0.85	1.00				
建筑业	0.25	(0.36)	0.14	0.17	1.00			
金融业	0.54	(0.10)	0.08	(0.01)	(0.36)	1.00		
零售业	(0.66)	(0.57)	0.74	0.60	0.37	(0.58)	1.00	
总体	(0.23)	(0.61)	0.99	0.86	0.09	0.21	0.64	1.00

附表 4.3.2　各行业间 ROA 的相关系数矩阵

	电热业	信息业	制造业	租赁业	建筑业	金融业	零售业	总体
电热业	1.00							
信息业	0.14	1.00						
制造业	(0.95)	(0.22)	1.00					
租赁业	0.39	0.53	(0.57)	1.00				
建筑业	(0.57)	0.53	0.45	(0.07)	1.00			
金融业	0.56	0.48	(0.52)	0.49	0.08	1.00		
零售业	(0.67)	(0.23)	0.76	(0.88)	0.41	(0.63)	1.00	
总体	(0.94)	(0.02)	0.98	(0.46)	0.55	(0.41)	0.71	1.00

附表 4.3.3　各行业间 ROE 的相关系数矩阵

	电热业	信息业	制造业	租赁业	建筑业	金融业	零售业	总体
电热业	1.00							
信息业	0.20	1.00						
制造业	(0.95)	(0.36)	1.00					
租赁业	0.80	0.49	(0.91)	1.00				
建筑业	(0.35)	0.32	0.09	0.18	1.00			
金融业	0.57	0.45	(0.71)	0.90	0.48	1.00		
零售业	(0.22)	(0.60)	0.46	(0.77)	(0.64)	(0.85)	1.00	
总体	(0.96)	(0.27)	0.99	(0.86)	0.15	(0.63)	0.37	1.00

附表 4.4　四川省上市公司销售净利率与 ROE 排名

名称	销售净利率/%	净资产收益率/%	净利率排名	ROE 排名
川能动力	9. 62	9. 59	51	46
华塑控股	-4. 21	-184. 14	105	121
新金路	4. 97	11. 22	74	40
泸州老窖	26. 89	21. 69	13	11
汇源通信	-0. 44	-1. 23	102	103
大通燃气	-29. 54	-18. 3	109	110
兴蓉环境	24. 25	9. 82	18	45
高新发展	8. 44	6. 99	55	62
攀钢钒钛	20. 86	52. 81	23	3
贝瑞基因	18. 04	15. 59	28	25
四川美丰	8. 44	8. 1	55	57
浩物股份	12. 55	12	42	34
泰合健康	4. 92	3. 72	77	87
四川九洲	2. 39	3. 75	91	85
金宇车城	1. 31	9. 89	97	43
创维数字	4. 07	11. 43	83	38
长城动漫	-598. 63	-173. 76	121	119
五粮液	35. 07	22. 91	7	6
新希望	3. 94	8. 04	84	58
峨眉山 A	19. 47	9. 16	26	48
泸天化	7. 95	20. 86	58	13
四川双马	36. 28	21. 73	6	10
海特高新	8. 54	1. 84	54	95
*ST 印纪	-499. 34	-86. 88	119	118
*ST 集成	-30. 11	-11. 8	110	107
北化股份	5. 26	5. 31	73	77
川大智胜	15. 96	4. 13	32	83
利尔化学	16. 18	20. 87	31	12
*ST 升达	-19. 89	-11. 26	107	106
卫士通	6. 45	2. 76	67	93
川润股份	6. 72	3. 74	66	86

附表4.4(续)

名称	销售净利率/%	净资产收益率/%	净利率排名	ROE 排名
三泰控股	-30.34	-6.57	111	105
富临运业	4.37	3.43	80	88
台海核电	24.63	11.67	16	37
天原集团	0.68	3.4	101	89
科伦药业	7.75	9.87	59	44
天齐锂业	44.91	22.91	4	6
新筑股份	1.43	0.56	96	102
雅化集团	7.46	7.02	63	61
云图控股	2.14	5.69	92	72
成都路桥	0.77	0.79	100	100
华西能源	-3.97	-4.44	104	104
利君股份	23.05	5.92	20	69
红旗连锁	4.46	13.09	79	31
国光股份	27.11	26	12	5
康弘药业	23.82	18.22	19	17
久远银海	15.33	15.54	34	26
帝欧家居	8.72	17.71	53	19
富森美	51.73	16.81	3	22
华西证券	33.2	5.43	9	74
天奥电子	11.24	10.85	48	41
新乳业	4.96	18.07	75	18
金时科技	29.92	22.79	10	8
硅宝科技	7.48	8.65	61	52
吉峰科技	1.08	4.98	98	79
金亚科技	-176.38	-14.33	118	108
科新机电	1.44	1.25	95	99
振芯科技	4.53	1.8	78	96
银河磁体	26.29	12.83	15	32
依米康	2.72	4.96	90	80
天翔环境	-503	-179.79	120	120
创意信息	-26.19	-14.43	108	109
中光防雷	13.82	6.5	36	64

附表4.4(续)

名称	销售净利率/%	净资产收益率/%	净利率排名	ROE 排名
环能科技	12.27	9.06	44	49
富临精工	-157.48	-81.92	117	117
金石东方	15.79	5.78	33	71
运达科技	19.97	8.55	25	55
迈克生物	17.98	17.13	29	21
迅游科技	-109.83	-30.19	114	114
日机密封	24.26	16.1	17	24
厚普股份	-130.73	-33.18	115	115
山鼎设计	12.36	8.5	43	56
新易盛	4.19	2.86	82	92
天邑股份	5.48	11.69	72	36
达威股份	11.58	6.05	45	66
深冷股份	-33.78	-19.72	112	112
川环科技	22.47	18.42	22	16
佳发教育	33.43	17.63	8	20
中科信息	13.44	8.58	38	54
爱乐达	53.44	9.46	2	47
西菱动力	12.8	7.57	40	59
四川路桥	3.02	8.65	88	52
易见股份	6.28	11.83	68	35
明星电力	6.03	4.72	69	81
国金证券	27.17	5.27	11	78
岷江水电	9.07	8.68	52	51
浪莎股份	7.52	5.97	60	68
西部资源	-1.49	0.69	103	101
ST 正源	1.9	1.43	94	97
宏达股份	-99.35	-74.75	113	116
旭光股份	5.81	5.36	70	76
昊华科技	12.79	18.54	41	15
航发科技	-12.29	-19.07	106	111
盛和资源	4.37	5.63	80	73
通威股份	7.38	14.38	65	29

附表4.4(续)

名称	销售净利率/%	净资产收益率/%	净利率排名	ROE 排名
蓝光发展	8.1	14.68	57	28
西昌电力	7.48	5.79	61	70
大西洋	2.87	3.27	89	91
广汇物流	26.79	9.03	14	50
乐山电力	3.91	6.15	85	65
川投能源	417.52	15.09	1	27
四川金顶	7.42	65.51	64	2
舍得酒业	16.86	13.67	30	30
水井坊	20.55	33.72	24	4
宜宾纸业	13.5	74.9	37	1
鹏博士	5.49	5.42	71	75
茂业商业	9.97	22.27	49	9
四川长虹	0.79	2.49	99	94
东方电气	3.9	4.48	86	82
博瑞传播	-154.35	-26.18	116	113
广安爱众	11.39	6.97	46	63
四川成渝	15.09	5.98	35	67
东材科技	1.99	1.38	93	98
新华文轩	11.32	11.29	47	39
成都银行	40.15	16.56	5	23
千禾味业	22.53	20.26	21	14
和邦生物	4.96	3.31	75	90
尚纬股份	3.68	4.09	87	84
振静股份	9.69	7.24	50	60
华体科技	13.4	12.81	39	33
豪能股份	18.67	10.64	27	42

附表 4.5　四川省上市公司 ROA 与 EPS 排名

名称	资产收益率/%	EPS/元/股	ROA 排名	EPS 排名
川能动力	5.86	0.24	41	62
华塑控股	-19.89	-0.07	114	104
新金路	6.89	0.16	32	76
泸州老窖	16.57	2.38	6	2
汇源通信	-0.32	-0.02	103	103
大通燃气	-11.1	-0.52	110	109
兴蓉环境	5.08	0.33	50	47
高新发展	2.47	0.18	76	72
攀钢钒钛	28.32	0.36	1	45
贝瑞基因	13.04	0.76	13	22
四川美丰	5.23	0.37	49	42
浩物股份	6.73	0.18	35	72
泰合健康	2.59	0.06	72	92
四川九洲	1.74	0.09	82	86
金宇车城	0.49	0.06	99	92
创维数字	3.97	0.32	62	50
长城动漫	-37.54	-1.37	119	118
五粮液	17.88	3.47	5	1
新希望	6.02	0.4	40	38
峨眉山 A	7.49	0.4	27	38
泸天化	5.39	0.35	46	46
四川双马	13.69	0.91	11	16
海特高新	0.71	0.08	98	89
*ST 印纪	-48.53	-1.02	120	115
*ST 集成	-6.98	-0.57	108	110
北化股份	3.5	0.23	64	65
川大智胜	3.46	0.24	65	62
利尔化学	11.75	1.1	18	9
*ST 升达	-6.36	-0.24	107	108
卫士通	2.08	0.14	80	79
川润股份	2.64	0.11	71	83

附表4.5(续)

名称	资产收益率/%	EPS/元/股	ROA 排名	EPS 排名
三泰控股	-5.94	-0.16	106	107
富临运业	1.58	0.12	87	81
台海核电	4.76	0.39	57	41
天原集团	0.9	0.22	96	67
科伦药业	4.42	0.85	58	19
天齐锂业	8.98	1.93	21	3
新筑股份	0.44	0.02	100	101
雅化集团	5.04	0.19	51	71
云图控股	1.71	0.17	84	74
成都路桥	0.36	0.03	101	96
华西能源	-1	-0.12	104	106
利君股份	4.79	0.12	56	81
红旗连锁	7.07	0.24	30	62
国光股份	22.23	1.08	2	11
康弘药业	14.21	1.04	10	13
久远银海	8.14	0.69	24	28
帝欧家居	10.61	1.01	20	15
富森美	13.25	1.67	12	4
华西证券	1.74	0.33	82	47
天奥电子	8.06	1.09	25	10
新乳业	5.72	0.32	42	50
金时科技	19.62	0.54	3	33
硅宝科技	6.53	0.2	36	69
吉峰科技	1.63	0.03	85	96
金亚科技	-8.76	-0.07	109	104
科新机电	0.9	0.03	96	96
振芯科技	1.42	0.03	89	96
银河磁体	12.14	0.48	15	35
依米康	1.37	0.09	90	86
天翔环境	-34.19	-4.18	117	120
创意信息	-11.55	-0.74	111	111
中光防雷	5.37	0.31	47	54

附表4.5(续)

名称	资产收益率/%	EPS/元/股	ROA 排名	EPS 排名
环能科技	4.96	0.21	52	68
富临精工	-53.1	-4.61	121	121
金石东方	4.85	0.37	55	42
运达科技	5.62	0.23	44	65
迈克生物	11.87	0.8	16	21
迅游科技	-25.2	-3.49	116	119
日机密封	12.49	0.89	14	17
厚普股份	-19.73	-1.3	113	116
山鼎设计	6.74	0.32	34	50
新易盛	2.29	0.14	78	79
天邑股份	6.19	0.61	39	31
达威股份	5.48	0.4	45	38
深冷股份	-11.59	-0.96	112	114
川环科技	14.51	1.14	9	8
佳发教育	14.88	0.89	8	17
中科信息	6.52	0.26	37	60
爱乐达	8.6	0.58	23	32
西菱动力	5.26	0.43	48	37
四川路桥	1.52	0.32	88	50
易见股份	5.67	0.73	43	25
明星电力	3.13	0.31	68	54
国金证券	2.31	0.33	77	47
岷江水电	4.26	0.2	61	69
浪莎股份	4.32	0.3	60	56
西部资源	-0.06	0	102	102
ST 正源	1.12	0.03	92	96
宏达股份	-37.3	-1.32	118	117
旭光股份	3.59	0.11	63	83
昊华科技	11.46	0.63	19	29
航发科技	-4.97	-0.92	105	113
盛和资源	3.18	0.16	66	76
通威股份	6.34	0.52	38	34

附表4.5(续)

名称	资产收益率/%	EPS/元/股	ROA 排名	EPS 排名
蓝光发展	2.03	0.62	81	30
西昌电力	2.58	0.17	73	74
大西洋	2.56	0.07	74	90
广汇物流	4.93	0.44	53	36
乐山电力	2.68	0.15	70	78
川投能源	11.81	0.81	17	20
四川金顶	6.89	0.09	32	86
舍得酒业	7.82	1.02	26	14
水井坊	19.36	1.19	4	7
宜宾纸业	4.86	1.66	54	5
鹏博士	1.63	0.27	85	58
茂业商业	7.02	0.7	31	27
四川长虹	0.97	0.07	95	90
东方电气	1.36	0.37	91	42
博瑞传播	-22.64	-0.77	115	112
广安爱众	3.18	0.27	66	58
四川成渝	2.56	0.28	74	57
东材科技	1.06	0.05	93	94
新华文轩	7.25	0.76	29	22
成都银行	1	1.3	94	6
千禾味业	15.35	0.74	7	24
和邦生物	2.26	0.04	79	95
尚纬股份	2.86	0.11	69	83
振静股份	4.33	0.25	59	61
华体科技	8.88	0.71	22	26
豪能股份	7.44	1.08	28	11

附表 4.6　四川省上市公司经营业绩综合得分及排名

总排名	证券简称	综合得分	分行业排名		分板块排名		分属性排名	
1	五粮液	0.010 52	酒、饮料和精制茶制造业	1	主板	1	地方国企	1
2	川投能源	0.010 41	电力、热力生产和供应业	4	主板	2	地方国企	2
3	泸州老窖	0.009 97	酒、饮料和精制茶制造业	2	主板	3	地方国企	3
4	攀钢钒钛	0.009 87	有色金属冶炼及压延加工	1	主板	4	中央国企	1
5	宜宾纸业	0.009 77	造纸及纸制品业	1	主板	5	地方国企	4
6	水井坊	0.009 68	酒、饮料和精制茶制造业	3	主板	6	外资企业	1
7	国光股份	0.009 68	化学原料及化学制品制造业	1	中小板	1	民营企业	1
8	富森美	0.009 58	商务服务业	1	中小板	2	民营企业	2
9	天齐锂业	0.009 57	有色金属冶炼及压延加工	2	中小板	3	民营企业	3
10	金时科技	0.009 33	印刷和记录媒介复制业	1	中小板	4	民营企业	4
11	川环科技	0.009 32	橡胶和塑料制品业	1	创业板	1	民营企业	5
12	康弘药业	0.009 27	医药制造业	1	中小板	5	民营企业	7
13	四川双马	0.009 27	非金属矿物制品业	1	主板	7	民营企业	6
14	佳发教育	0.009 25	软件和信息技术服务业	1	创业板	2	民营企业	8
15	千禾味业	0.009 2	食品制造业	1	主板	8	民营企业	9
16	利尔化学	0.009 2	化学原料及化学制品制造业	2	中小板	6	其他企业	1
17	日机密封	0.009 12	通用设备制造业	1	创业板	3	集体企业	1
18	贝瑞基因	0.009 06	专业技术服务业	1	主板	9	民营企业	10
19	帝欧家居	0.009 06	家具制造业	1	中小板	7	民营企业	12
20	四川金顶	0.009 06	非金属矿物制品业	2	主板	10	民营企业	11

附表4.6（续）

总排名	证券简称	综合得分	分行业排名		分板块排名		分属性排名	
21	迈克生物	0.009 05	医药制造业	2	创业板	4	民营企业	13
22	昊华科技	0.008 96	化学原料及化学制品制造业	3	主板	11	中央国企	2
23	舍得酒业	0.008 95	酒、饮料和精制茶制造业	4	主板	12	民营企业	14
24	天奥电子	0.008 94	计算机、通信和其他电子设备制造业	1	中小板	8	中央国企	3
25	豪能股份	0.008 93	汽车制造业	1	主板	14	民营企业	15
26	成都银行	0.008 93	货币金融服务	1	主板	13	公众企业	1
27	银河磁体	0.008 9	计算机、通信和其他电子设备制造业	2	创业板	5	公众企业	2
28	爱乐达	0.008 87	铁路、船舶、航空航天和其他运输设备制造业	1	创业板	6	民营企业	16
29	茂业商业	0.008 85	零售业	1	主板	15	外资企业	2
30	久远银海	0.008 84	软件和信息技术服务业	2	中小板	9	其他企业	2
31	华体科技	0.008 83	电气机械及器材制造业	1	主板	16	民营企业	17
32	新华文轩	0.008 77	新闻和出版业	1	主板	17	地方国企	5
33	易见股份	0.008 69	商务服务业	2	主板	18	地方国企	6
34	科伦药业	0.008 68	医药制造业	3	中小板	10	民营企业	18
35	通威股份	0.008 66	农副食品加工业	1	主板	19	民营企业	19
36	天邑股份	0.008 65	计算机、通信和其他电子设备制造业	3	创业板	7	民营企业	20
37	峨眉山 A	0.008 63	公共设施管理业	1	主板	20	地方国企	7
38	泸天化	0.008 62	化学原料及化学制品制造业	4	主板	21	地方国企	8
39	广汇物流	0.008 58	综合	1	主板	22	民营企业	21
40	新乳业	0.008 58	食品制造业	2	中小板	11	民营企业	22
41	台海核电	0.008 57	专用设备制造业	1	中小板	12	民营企业	23

附表4.6（续）

总排名	证券简称	综合得分	分行业排名		分板块排名		分属性排名	
42	蓝光发展	0.008 55	房地产业	1	主板	23	民营企业	24
43	山鼎设计	0.008 54	专业技术服务业	2	创业板	8	民营企业	26
44	兴蓉环境	0.008 54	水的生产和供应业	1	主板	24	地方国企	9
45	红旗连锁	0.008 54	零售业	2	中小板	13	民营企业	25
46	浩物股份	0.008 52	通用设备制造业	2	主板	25	地方国企	10
47	西菱动力	0.008 52	汽车制造业	2	创业板	9	民营企业	27
48	中科信息	0.008 51	软件和信息技术服务业	3	创业板	10	中央国企	4
49	新希望	0.008 51	农副食品加工业	2	主板	26	民营企业	28
50	达威股份	0.008 5	化学原料及化学制品制造业	5	创业板	11	民营企业	29
51	运达科技	0.008 49	软件和信息技术服务业	4	创业板	12	民营企业	30
52	四川美丰	0.008 49	化学原料及化学制品制造业	6	主板	27	中央国企	5
53	新金路	0.008 48	化学原料及化学制品制造业	7	主板	29	民营企业	31
54	川能动力	0.008 48	化学原料及化学制品制造业	8	主板	28	地方国企	11
55	金石东方	0.008 47	医药制造业	4	创业板	14	民营企业	33
56	中光防雷	0.008 47	计算机、通信和其他电子设备制造业	4	创业板	13	民营企业	32
57	硅宝科技	0.008 46	化学原料及化学制品制造业	9	创业板	15	公众企业	3
58	创维数字	0.008 44	计算机、通信和其他电子设备制造业	5	主板	30	公众企业	4
59	环能科技	0.008 43	专用设备制造业	2	创业板	16	中央国企	6
60	国金证券	0.008 4	资本市场服务	1	主板	31	民营企业	34
61	华西证券	0.008 4	资本市场服务	2	中小板	14	地方国企	12
62	振静股份	0.008 4	皮革、毛皮、羽毛及其制品和制鞋业	1	主板	33	民营企业	36

附表4.6（续）

总排名	证券简称	综合得分	分行业排名		分板块排名		分属性排名	
63	浪莎股份	0.008 4	纺织服装、服饰业	1	主板	32	民营企业	35
64	利君股份	0.008 39	专用设备制造业	3	中小板	16	民营企业	38
65	雅化集团	0.008 39	化学原料及化学制品制造业	10	中小板	15	民营企业	37
66	岷江水电	0.008 39	电力、热力生产和供应业	5	主板	34	中央国企	7
67	广安爱众	0.008 36	电力、热力生产和供应业	6	主板	35	地方国企	13
68	川大智胜	0.008 35	软件和信息技术服务业	5	中小板	17	民营企业	39
69	四川成渝	0.008 35	道路运输业	1	主板	36	地方国企	14
70	明星电力	0.008 34	电力、热力生产和供应业	7	主板	37	中央国企	8
71	四川路桥	0.008 32	土木工程建筑业	1	主板	38	地方国企	15
72	北化股份	0.008 32	化学原料及化学制品制造业	11	中小板	18	中央国企	9
73	东方电气	0.008 29	通用设备制造业	3	主板	40	中央国企	10
74	高新发展	0.008 29	房屋建筑业	1	主板	39	地方国企	16
75	盛和资源	0.008 28	有色金属冶炼及压延加工	3	主板	41	中央国企	11
76	西昌电力	0.008 28	电力、热力生产和供应业	8	主板	42	中央国企	12
77	旭光股份	0.008 27	计算机、通信和其他电子设备制造业	6	主板	43	民营企业	40
78	鹏博士	0.008 27	互联网和相关服务	1	主板	44	民营企业	41
79	乐山电力	0.008 26	电力、热力生产和供应业	9	主板	45	公众企业	5
80	川润股份	0.008 23	通用设备制造业	4	中小板	19	民营企业	43
81	尚纬股份	0.008 23	电气机械及器材制造业	2	主板	46	民营企业	42
82	云图控股	0.008 22	化学原料及化学制品制造业	12	中小板	20	民营企业	44
83	卫士通	0.008 21	软件和信息技术服务业	6	中小板	21	中央国企	13

附表4.6(续)

总排名	证券简称	综合得分	分行业排名		分板块排名		分属性排名	
84	新易盛	0.008 21	计算机、通信和其他电子设备制造业	7	创业板	17	民营企业	45
85	泰合健康	0.008 2	医药制造业	5	主板	47	民营企业	46
86	大西洋	0.008 19	金属制品业	1	主板	48	地方国企	17
87	天原集团	0.008 18	化学原料及化学制品制造业	13	中小板	23	地方国企	19
88	金宇车城	0.008 18	电气机械及器材制造业	3	主板	49	地方国企	18
89	富临运业	0.008 18	道路运输业	2	中小板	22	民营企业	47
90	依米康	0.008 17	软件和信息技术服务业	7	创业板	18	民营企业	49
91	四川九洲	0.008 17	计算机、通信和其他电子设备制造业	8	主板	50	地方国企	20
92	和邦生物	0.008 17	化学原料及化学制品制造业	14	主板	51	民营企业	48
93	吉峰科技	0.008 15	零售业	3	创业板	19	民营企业	50
94	海特高新	0.008 13	铁路、船舶、航空航天和其他运输设备制造业	2	中小板	24	民营企业	51
95	振芯科技	0.008 12	计算机、通信和其他电子设备制造业	9	创业板	20	民营企业	52
96	四川长虹	0.008 11	计算机、通信和其他电子设备制造业	10	主板	52	地方国企	21
97	东材科技	0.008 1	化学原料及化学制品制造业	15	主板	53	民营企业	53
98	ST 正源	0.008 09	木材加工及木、竹、藤、棕、草制品业	1	主板	54	民营企业	54
99	科新机电	0.008 08	专用设备制造业	4	创业板	21	民营企业	55
100	成都路桥	0.008 06	土木工程建筑业	2	中小板	25	民营企业	56
101	新筑股份	0.008 05	通用设备制造业	5	中小板	26	地方国企	22
102	西部资源	0.008 02	汽车制造业	3	主板	55	民营企业	57
103	汇源通信	0.007 99	计算机、通信和其他电子设备制造业	11	主板	56	公众企业	6
104	华西能源	0.007 87	通用设备制造业	6	中小板	27	民营企业	58

附表4.6(续)

总排名	证券简称	综合得分	分行业排名		分板块排名		分属性排名	
105	三泰控股	0.007 55	计算机、通信和其他电子设备制造业	12	中小板	28	民营企业	59
106	*ST 升达	0.007 49	燃气生产和供应业	1	中小板	29	民营企业	60
107	*ST 集成	0.007 28	专用设备制造业	5	中小板	30	中央国企	14
108	航发科技	0.007 19	铁路、船舶、航空航天和其他运输设备制造业	3	主板	57	中央国企	15
109	大通燃气	0.007 09	燃气生产和供应业	2	主板	58	民营企业	61
110	创意信息	0.007 03	软件和信息技术服务业	8	创业板	22	民营企业	62
111	金亚科技	0.006 9	计算机、通信和其他电子设备制造业	13	创业板	23	民营企业	63
112	深冷股份	0.006 85	通用设备制造业	7	创业板	24	民营企业	64
113	博瑞传播	0.006 03	新闻和出版业	2	主板	59	地方国企	23
114	厚普股份	0.005 92	专用设备制造业	6	创业板	25	民营企业	65
115	华塑控股	0.005 21	橡胶和塑料制品业	2	主板	60	民营企业	66
116	宏达股份	0.004 92	有色金属冶炼及压延加工	4	主板	61	民营企业	67
117	迅游科技	0.004 9	互联网和相关服务	2	创业板	26	民营企业	68
118	*ST 印纪	0.003 1	商务服务业	3	中小板	31	民营企业	69
119	富临精工	0.002 66	汽车制造业	4	创业板	27	民营企业	70
120	长城动漫	0.002 06	互联网和相关服务	3	主板	62	民营企业	71
121	天翔环境	0.001 26	通用设备制造业	8	创业板	28	民营企业	72

第五章　创新能力发展报告

创新是引领发展的第一动力，是建设现代化经济体系的战略支撑。一个地区的企业创新能力对于本地区区域创新能力的提高具有决定性的作用，也是推动该地区经济进步的主要力量。提高区域乃至国家创新能力必须以提高企业创新能力为基础，而提高企业创新能力必须建立在对企业创新能力准确评价的基础上。上市公司是企业中的优秀成分，上市公司的创新能力基本能够反映出一个区域内企业的创新能力[23]。合理地评价四川省上市公司的创新能力，对提升企业创新、产业创新和区域创新能力具有现实指导意义。

本章从创新投入和创新产出对创新能力进行分析，分指标对上市公司进行排名；并利用熵值赋权法计算各个指标的权重，对上市公司综合指标进行排名，分行业、企业属性和板块层次分别进行排名和分析。

第一节　创新能力评价概述

本节首先基于当前的创新能力的理论研究，简述创新能力的基本内涵、已有创新能力不同维度的具体含义，并具体阐述指标的选取理由以及指标体系的设立。

一、创新能力的基本内涵

创新包含技术创新、制度创新和商业模式创新。我们主要使用其中的“技术创新能力”。技术创新是指由企业或者研发机构发起和完成的，将某种新产品或新的生产工艺引入市场。技术创新是一个长期的过程，它始于某个想法，直至产品投放市场才告一段落[24]。创新过程的每个阶段都需要知识、技能、劳作以及成员的通力合作，每一阶段都是由开发过程的技术要求及其合法性所决定的[25]。

从技术创新的整体过程来看，技术创新能力一般包括各种资源的投入能力和产出能力等，创新的资源投入为创新行为的启动、维持以及创新产出奠定了基础。创新的资源投入主要是指研发人员的投入和研发资金的投入；产出能力主要是指专利申请数量和代表企业创新盈利的能力[26]。

二、指标选择及测算方法

（一）指标选取

本研究衡量上市公司的创新能力，主要是从创新投入和创新产出两个方面入手。

我们选用研发强度和高学历员工比例作为创新投入指标。研发强度越高，说明该公司对科技投入力度大；高学历人数越多，往往整体的创新能力和素质也更高[27]。本报告选用科研人员人均创利、研发支出利润率作为创新产出指标。科研人员人均创利越多、研发支出利润率越高，说明该公司创新盈利能力越强。

（二）指标说明

1. 研发强度

$$研发强度 = \frac{研发支出}{营业收入} \times 100\%$$

2. 高学历员工比例

$$高学历员工比例 = \frac{本科及以上学历人数}{员工总数} \times 100\%$$

3. 科研人员人均创利

$$科研人员人均创利 = \frac{本期净利润}{科研人数}$$

4. 研发支出利润率

$$研发支出利润率 = \frac{净利润}{研发支出} \times 100\%$$

第二节　创新能力分析

本节从创新投入与创新产出两个维度测量四川省上市公司的创新能力。创新投入采用研发强度和高学历（本科及以上）员工比例 2 个指标来测量，其中：研发强度 =（研发支出/营业收入）×100%，高学历员工比例 =（本科及以上学历人数/员工总数）×100%。创新产出采用科研人员人均创利和研发支出利润率 2 个指标来衡量，其中：科研人员人均创利 = 本期净利润/科研人数，研发支出利润率 = 净利润/研发支出。数据来源为 Wind 数据库。

一、创新投入能力分析

本节将分别针对研发强度和高学历员工比例 2 个指标从总体、行业、板块、属性 4 个方面对四川省 121 家上市公司进行排名和分析。

（一）四川省上市公司研发强度

本章末附表 5.1 展示了四川省上市公司研发强度排名。在本报告中：川能动力、华塑控股、大通燃气、高新发展、峨眉山 A、四川双马、*ST 印纪、*ST 升达、成都路桥、红旗连锁、富森美、华西证券、吉峰科技、山鼎设计、明星电力、岷江水电、ST 正源、西昌电力、广汇物流、乐山电力、四川金顶、宜宾纸业、茂业商业、广安爱众、四川成渝、成都银行这 26 家上市公司因年报里标注“研发支出不适用”而计为 0。本部分将从总体、行业、板块、属性 4 个方面进行排名和分析。

1. 总体分析

总体看，在四川省参与排名的 121 家上市公司中，研发强度排名前十位的依次是：海特高新、振芯科技、川大智胜、博瑞传播、金亚科技、运达科技、新筑股份、久远银海、厚普股份、卫士通，其中排名第一位的海特高新的研发强度为 37.60%，排名第十位的为 12.46%，共有 12 家上市公司的研发强度超过了 10%。除了因年报里标注“研发支出不适用”而计为 0 的 26 家上市公司以外，研发强度排名后十位的上市公司是：新华文轩、水井坊、三泰控股、五粮液、兴蓉环境、易见股份、新希望、金宇车城、四川美丰、宏达股份，其中宏达股份的研发强度最低，仅为 0.01%。

2018 年四川省 121 家上市公司研发强度的算术平均数为 4.06%，超过研发强度算术平均数的有 44 家上市公司，低于平均数的有 77 家，而 121 家上市公司研发强度的中位数为 2.79%，低于研发强度平均数 1.27 个百分点，这说明高研发强度的上市公司拉高了 121 家上市公司研发强度的平均水平。在剔除 26 家研发强度为 0 的上市公司后，剩下的 95 家上市公司的研发强度的算术平均数为 5.17%，中位数为 3.76%，高于平均数的公司有 32 家，低于平均数的公司有 63 家。

图 5.1 展示了 2015—2018 年四川省上市公司研发强度及其增长率的变化趋势。从图 5.1 中可以看出，四川省上市公司研发强度在 2016 年略有下降，接下来的两年逐年上升；从增长率来看，增长率逐年上升，在 2018 年达到最大值 24.25%。

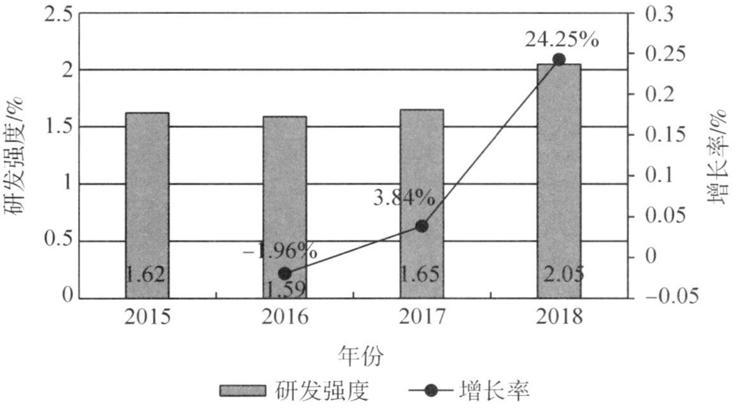

图 5.1　2015—2018 年四川省上市公司研发强度及其增长率

2. 行业分析

从行业来看，根据证监会最新行业分类，参与分析的 121 家四川省上市公司分属 13 个行业：制造业（80 家），电力、热力、燃气及水的生产和供应业（9 家），建筑业

（3家），科学研究和技术服务业（2家），信息传输、软件和信息技术服务业（11家），水利、环境和公共设施管理业（1家），租赁和商务服务业（3家），交通运输、仓储和邮政业（2家），批发和零售业（3家），金融业（3家），房地产业（1家），综合（1家），文化、体育和娱乐业（2家）。图5.2、图5.3分别展示了四川省上市公司行业分布和2018年各行业的研发强度情况。

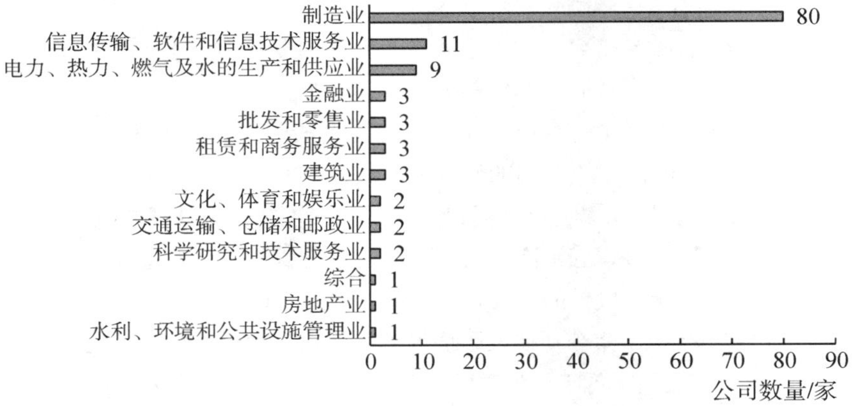

图5.2 四川省上市公司行业分布

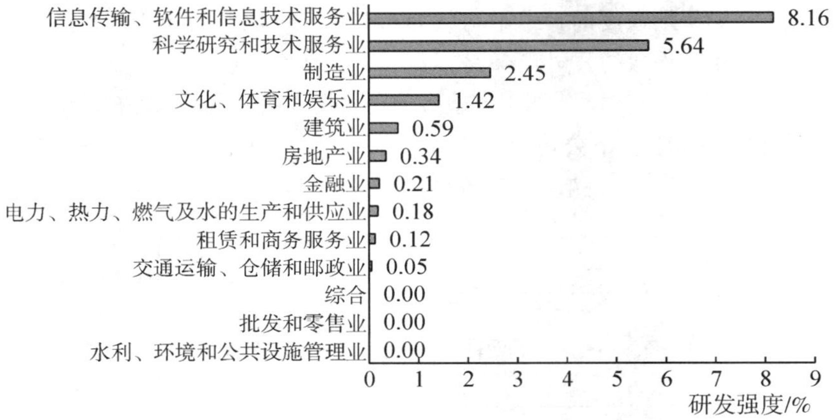

图5.3 四川省上市公司2018年各行业研发强度

从图5.2中可以看出，在四川省上市公司中制造业共有80家，远超其他行业上市公司数的总和。制造业整体的研发强度排名第三（2.45%）。制造业内公司2018年研发强度排名前五的是：海特高新（37.6%）、振芯科技（21.97%）、金亚科技（14.59%）、新筑股份（13.36%）、厚普股份（12.94%），排名后六位的是：四川双马、四川金顶、川能动力、ST正源、华塑控股和宜宾纸业，它们的研发强度均为0。

从图5.3中可以看出，2018年各行业研发强度排在第一位的是信息传输、软件和信息技术服务业，达到8.16%，明显高于其他12个行业，排在第二位的是科学研究和技术服务业（5.64%），其次制造业（2.45%）与文化、体育和娱乐业（1.42%）的研发强度超过了 1%，其余行业的研发强度均未达到 1%。排在最后的是水利、环境和公共设施管理业，批发和零售业，综合，这 3 个行业的研发强度为 0。

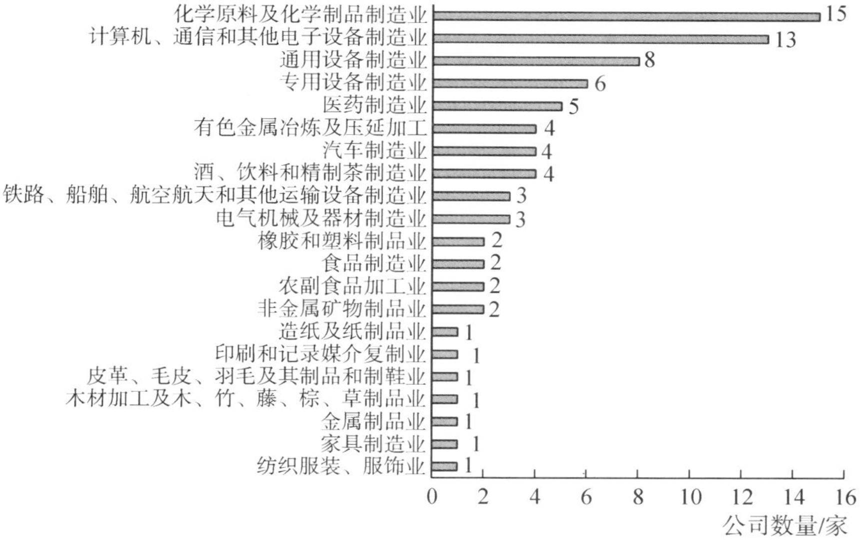

图 5.4　四川省上市公司制造业细分行业分布

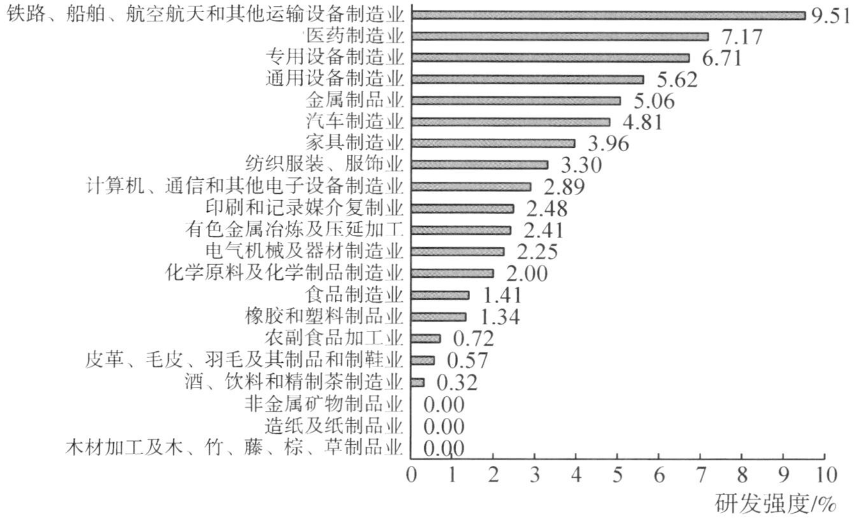

图 5.5　四川省上市公司 2018 年制造业各细分行业研发强度

从制造业来看，参与分析的四川省上市公司制造业各细分行业共有 21 家。由图 5.4 可以看出，制造业细分行业中化学原料及化学制品制造业有 15 家；计算机、通信和其他电子设备制造业有 13 家；通用设备制造业有 8 家；专用设备制造业有 6 家；医药制造业有 5 家；酒、饮料和精制茶制造业、汽车制造业、有色金属冶炼及压延加工均有 4 家；电气机械及器材制造业，铁路、船舶、航空航天和其他运输设备制造业均有 3 家；非金属矿物制品业、农副食品加工业、食品制造业、橡胶和塑料制品业均有2家；其余7个制造业的细分行业（纺织服装、服饰业，家具制造业，金属制品业，木材加工及木、竹、藤、棕、草制品业，皮革、毛皮、羽毛及其制品和制鞋业，印刷和记录媒介复制业，造纸及纸制品业）均仅有1家。

从图5.5中可以看出，2018年制造业各细分行业研发强度排在前三位的是铁路、船舶、航空航天和其他运输设备制造业（9.51%），医药制造业（7.17%），专用设备制造业（6.71%），排在后三位的是木材加工及木、竹、藤、棕、草制品业，造纸及纸制品业，非金属矿物制品业，研发强度均为0。

图5.6展示了2015—2018年四川省上市公司制造业，科学研究和技术服务业，信息传输、软件和信息技术服务业，文化、体育和娱乐业的研发强度变化趋势。图5.7展示了2015—2018年四川省上市公司电力、热力、燃气及水的生产和供应业，交通运输、仓储和邮政业，房地产业的研发强度变化趋势。其余行业（建筑业，水利、环境和公共设施管理业，租赁和商务服务业，批发和零售业，金融业，综合）因为有2年以上的研发强度为0，所以未将其纳入讨论研发强度变化趋势的范围。

从图5.6中可以看出，制造业上市公司的研发强度从2015年到2017年变化很小，2018年有明显上升（从2017年的1.99%上升到2018年的2.45%）；科学研究和技术服务业上市公司与信息传输、软件和信息技术服务业上市公司的研发强度整体呈现出明显的上升趋势；文化、体育和娱乐业上市公司的研发强度的波动不明显；电力、热力、燃气及水的生产和供应业上市公司的研发强度先上升后下降，2018年下降至和2015年相近的水平；交通运输、仓储和邮政业上市公司的研发强度呈现出明显的上升趋势；房地产业上市公司的研发强度先上升后下降然后又上升，2018年的研发强度（0.34%）达到了明显高于2015年（0.21%）的水平。

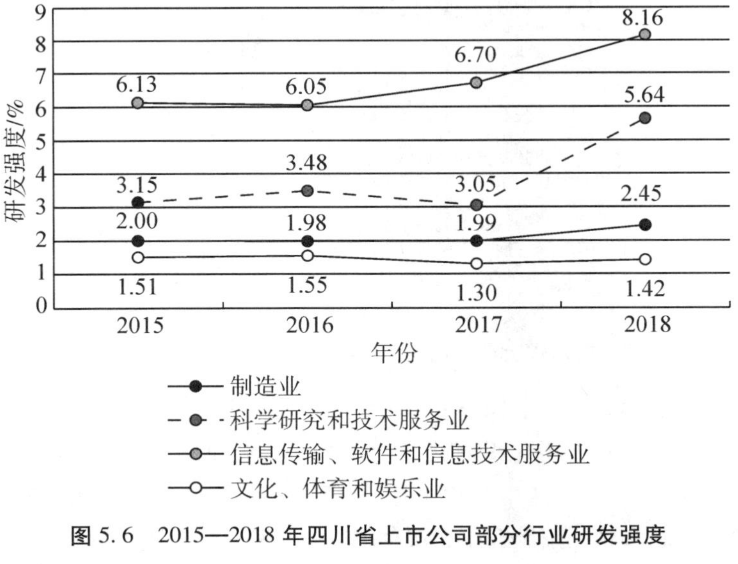

图5.6　2015—2018年四川省上市公司部分行业研发强度

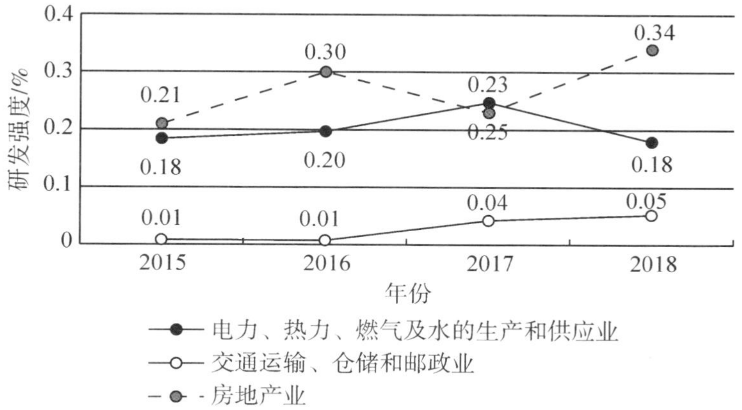

图 5.7　2015—2018 年四川省上市公司部分行业研发强度

图 5.8 展示了 2015—2018 年四川省上市公司制造业细分行业医药制造业、专用设备制造业、通用设备制造业、汽车制造业的研发强度变化趋势。图 5.9 展示了 2015—2018 年四川省上市公司制造业细分行业计算机、通信和其他电子设备制造业，有色金属冶炼及压延加工，化学原料及化学制品制造业，酒、饮料和精制茶制造业的研发强度变化趋势。其余制造业细分行业的上市公司数小于等于 3 家，未将其纳入讨论研发强度变化趋势的范围。

从图 5.8 中可以看出，医药制造业上市公司的研发强度先上升后下降，在 2017 年达到近四年的最大值 7.79%；专用制造业、计算机业、金属加工业上市公司的研发强度的变化趋势均为先下降后上升，并在 2018 年达到近四年的最大值（专用制造业 6.71%、计算机业 2.89%、金属加工业 2.41%）；通用设备制造业上市公司的研发强度逐年上升，2017 年到 2018 年大幅上升，从 3.74%上升到了 5.62%；汽车制造业和化学业上市公司的研发强度均在波动中上升；制酒业上市公司的研发强度整体波动幅度不大，先上升后下降，在 2016 年达到最大值 0.52%，在 2018 年达到最小值 0.32%。

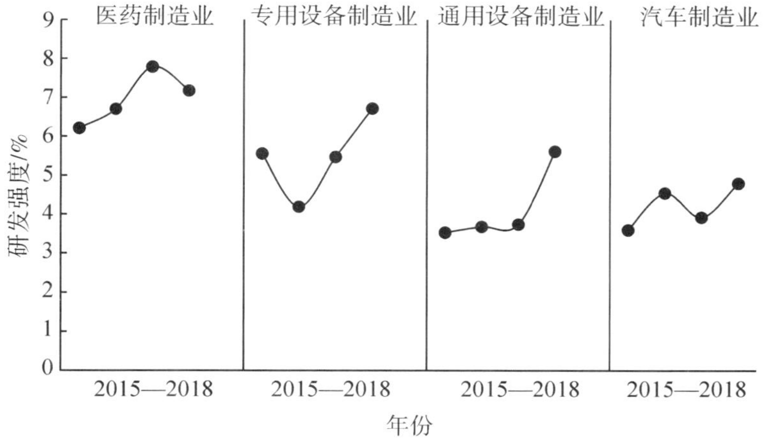

图 5.8　2015—2018 年四川省上市公司部分制造业细分行业研发强度

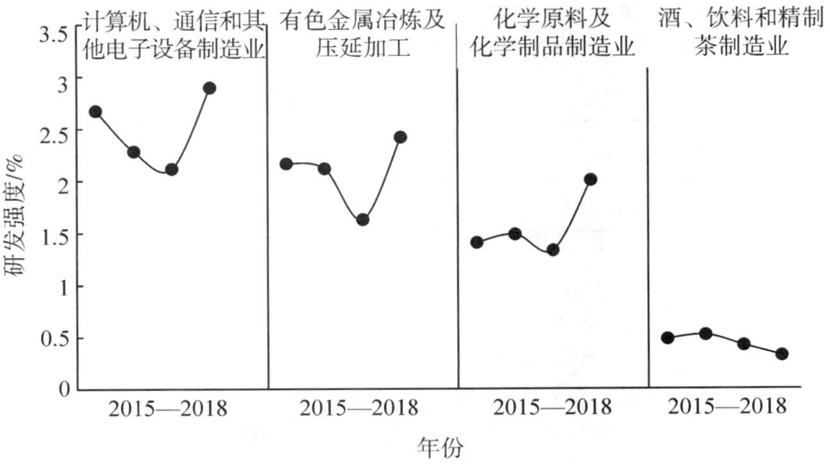

图 5.9　2015—2018 年四川省上市公司部分制造业细分行业研发强度

3. 板块分析

从板块来看，在参与分析的四川省 121 家上市公司中，主板有 62 家，中小企业板有 31 家，创业板有 28 家。图 5. 10 展示了四川省上市公司 2018 年各板块的研发强度情况，可以看出研发强度排在第一位的是创业板（5. 11%）；其次是中小企业板，其研发强度达到 3. 58%；排在最后的是主板，只有 1. 58%，与创业板和中小企业板差距较大。

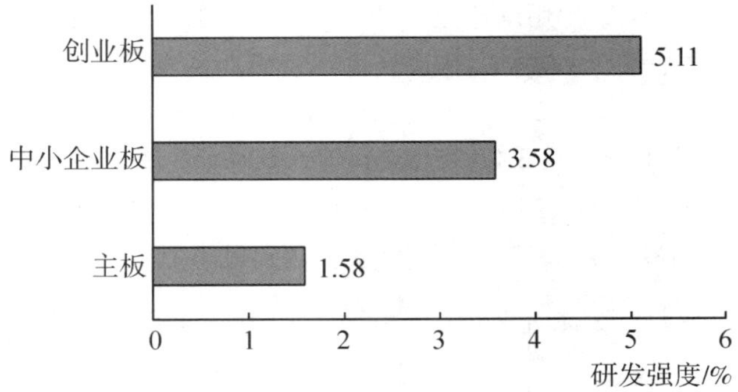

图 5. 10　四川省上市公司 2018 年各板块的研发强度

主板上市公司 2018 年研发强度排在前五位的依次是：博瑞传播、长城动漫、昊华科技、四川九洲、贝瑞基因；中小企业板上市公司 2018 年研发强度排在前五位的依次是：海特高新、川大智胜、新筑股份、久远银海、卫士通；创业板上市公司 2018 年研发强度排在前五位的依次是：振芯科技、金亚科技、运达科技、厚普股份、佳发教育。

图 5. 11 展示了 2015—2018 年四川省上市公司各板块研发强度，从图中可以看出创业板上市公司的研发强度始终高于中小企业板和主板，但中小企业板与之差距较小、主板与之差距较大。创业板和中小板的研发强度整体呈现上升趋势，而主板的研发强度先下降后上升，2018 年研发强度达到近四年的最大值（1. 58%）。

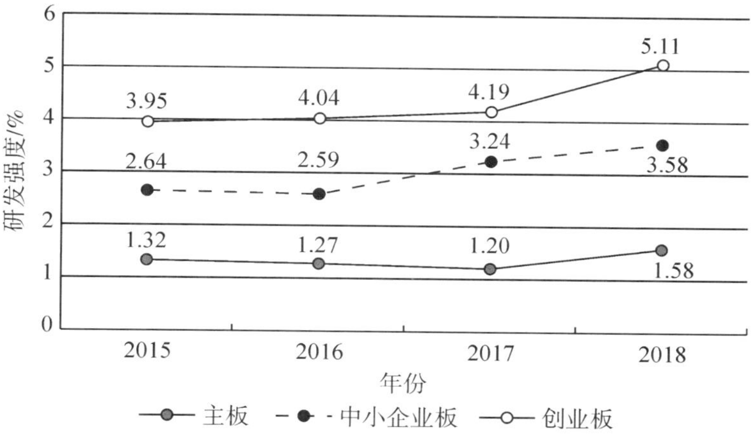

图 5.11　2015—2018 年四川省上市公司各板块研发强度

4. 属性分析

从公司属性来看，在参与分析的四川省 121 家上市公司中，民营企业有 72 家，地方国有企业有 23 家，中央国有企业有 15 家，公众企业有 6 家，其他企业有 2 家，外资企业有 2 家，集体企业有 1 家。图 5. 12 展示了四川省上市公司 2018 年各属性的研发强度，从图中可以看出，排在最前面的是其他企业（5. 69%）、集体企业（4. 92%），原因是利尔化学、久远银海、日机密封这三家上市公司的研发强度比较高；排名第三的是中央国有企业，研发强度达到了 4. 68%。民营企业、公众企业、地方国有企业的研发强度相近，都明显低于其他企业、集体企业和中央国有企业。排在最后的是外资企业，研发强度仅为 0. 05%，原因是水井坊的研发强度比较低以及茂业商业因年报里标注“研发支出不适用”而计为 0。

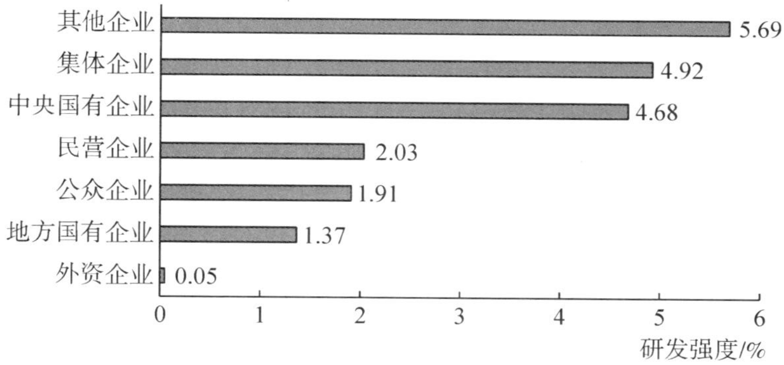

图 5. 12　四川省上市公司 2018 年各属性的研发强度

民营企业研发强度排名前五位的依次是：海特高新、振芯科技、川大智胜、金亚科技、运达科技。地方国有企业研发强度排名前五位的依次是：博瑞传播、新筑股份、四川九洲、大西洋、浩物股份。中央国有企业研发强度排名前五位的依次是：卫士通、ST 集成、昊华科技、天奥电子、东方电气。

图 5.13 展示了 2015—2018 年四川省上市公司部分属性研发强度的变化趋势。从图中可以看出，中央国有上市公司研发强度始终明显高于民营企业和地方国有企业，除 2017 年略有下降外，整体呈现上升趋势；民营上市公司研发强度逐年上升，在 2018 年达到最大值 2.03%；地方国有上市公司研发强度先下降后上升，在 2017 年达到最小值 0.95%，在 2018 年达到最大值 1.37%。

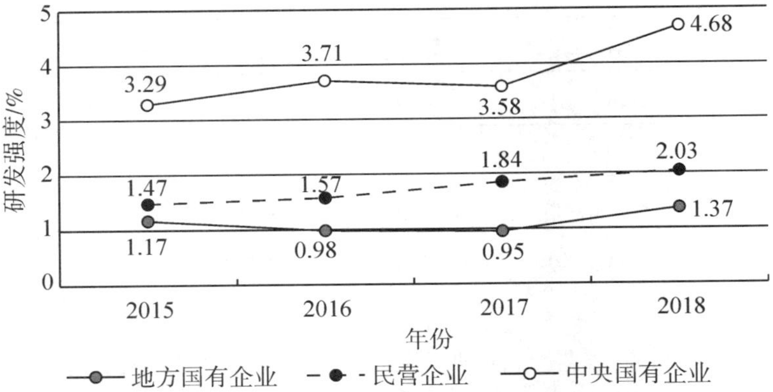

图 5.13　2015—2018 年四川省上市公司部分属性研发强度

（二）四川省上市公司高学历员工比例

本章末附表 5.2 展示了四川省上市公司高学历员工比例排名。在本部分中：华塑控股、新金路、四川美丰、五粮液、红旗连锁、富森美、华西证券、天奥电子、新乳业、金时科技、天邑股份、中科信息、爱乐达、西菱动力、岷江水电、ST 正源、成都银行、豪能股份这 18 家上市公司在 2016 年至 2018 年部分年份的年报中仅披露了专科及以上学历人数，本报告对于此类公司本科及以上学历人数采用的估计方法是：

$$\text{该公司本科及以上学历人数} = \text{该公司专科及以上学历人数} \times \frac{\text{四川省其他所有上市公司本科及以上学历人数}}{\text{四川省其他所有上市公司专科及以上学历人数}}$$

从而估计出此类上市公司本科及以上学历人数。而浪莎股份 2016 年至 2018 年的年报仅披露了其他学历的员工人数，没有本科及以上或专科及以上学历的相关数据，本报告采用其 2014 年和 2015 年本科及以上学历人数比例的平均值来代替。本部分将从总体、行业、板块、属性 4 个方面进行排名和分析。

1. 总体分析

从总体来看，在四川省参与排名的 121 家上市公司中，高学历员工比例排名前十位的依次是：国金证券、中科信息、卫士通、成都银行、山鼎设计、易见股份、华西证券、久远银海、川能动力、川大智胜，其中排名第一位的国金证券的高学历员工比例为 89.98%，排名第十位的川大智胜的高学历员工比例为 72.33%。高学历员工比例排名后十位的上市公司是：和邦生物、西菱动力、宏达股份、红旗连锁、深冷股份、银河磁体、振静股份、金时科技、千禾味业、科新机电，其中科新机电的高学历员工比例最低，仅为 0.35%。

2018 年四川省 121 家上市公司高学历员工比例的平均数为 31. 09%；超过高学历员工比例平均数的有 48 家；低于平均数的有 73 家。而 121 家上市公司高学历员工比例的中位数为 25. 74%，低于高学历员工比例平均数 5. 35 个百分点，说明高学历员工比例高的上市公司拉高了 121 家上市公司高学历员工比例的平均水平。

图 5. 14 展示了 2016—2018 年四川省上市公司高学历员工比例及其增长率的变化趋势。从图中可以看出，四川省上市公司高学历员工比例 3 年来持续上升，在 2017 年经历了一次小幅度上升之后，在 2018 年又迎来了更大幅度的上升。

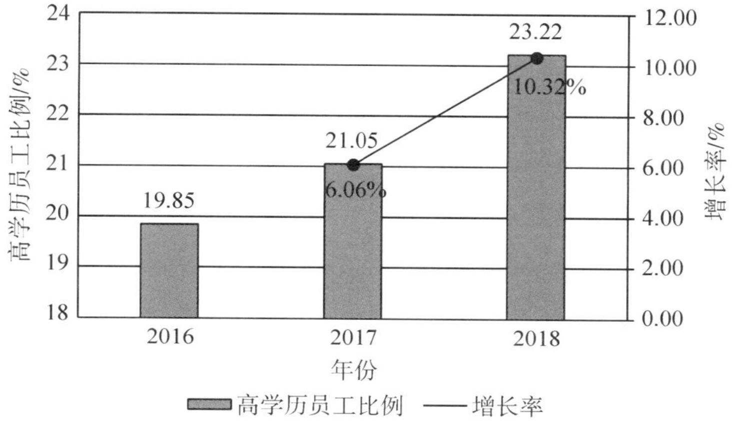

图 5. 14　2016—2018 年四川省上市公司高学历员工比例及其增长率

2. 行业分析

图 5. 15 展示了四川省上市公司 2018 年各行业的高学历员工比例情况。

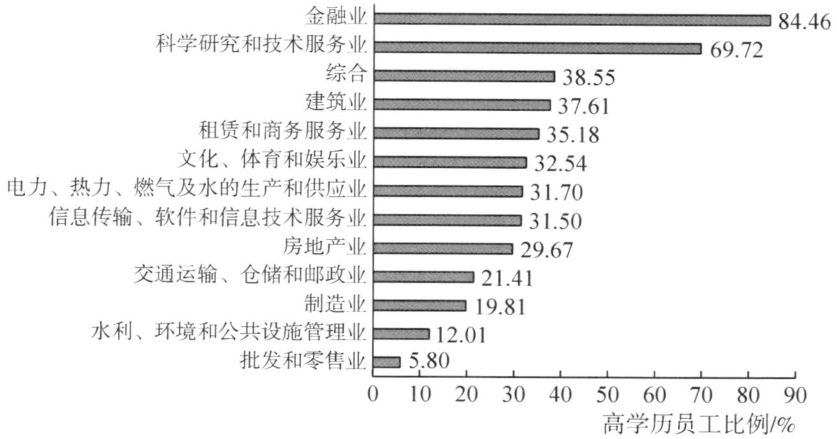

图 5. 15　四川省上市公司 2018 年各行业高学历员工比例

从图 5. 15 中可以看出，2018 年各行业高学历员工比例排在第一位的是金融业，达到 84. 46%，其次是科学研究和技术服务业（69. 72%），其余行业均小于 40%。排在最后的是批发和零售业，高学历员工比例仅为 5. 80%。

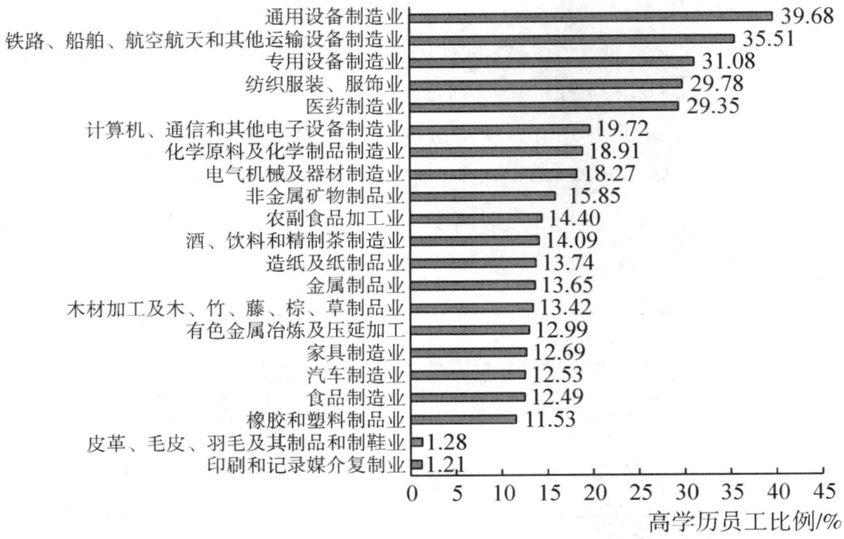

图 5.16　四川省上市公司 2018 年制造业各细分行业高学历员工比例

制造业整体的高学历员工比例排名第十一位（19.81%）。制造业内公司 2018 年高学历员工比例排名前五位的是：川能动力（75.47%）、振芯科技（67.73%）、天奥电子（62.92%）、迈克生物（57.69%）、海特高新（51.13%）。排名后五位的是：银河磁体（1.55%）、振静股份（1.28%）、金时科技（1.21%）、千禾味业（0.72%）、科新机电（0.35%）。

从制造业的细分行业来看，2018 年制造业各细分行业高学历员工比例排在前三位的是通用设备制造业（39.68%）、铁路、船舶、航空航天和其他运输设备制造业（35.51%）、专用设备制造业（31.08%），排在后三位的是橡胶和塑料制品业（11.53%）、皮革、毛皮、羽毛及其制品和制鞋业（1.28%）、印刷和记录媒介复制业（1.21%）。

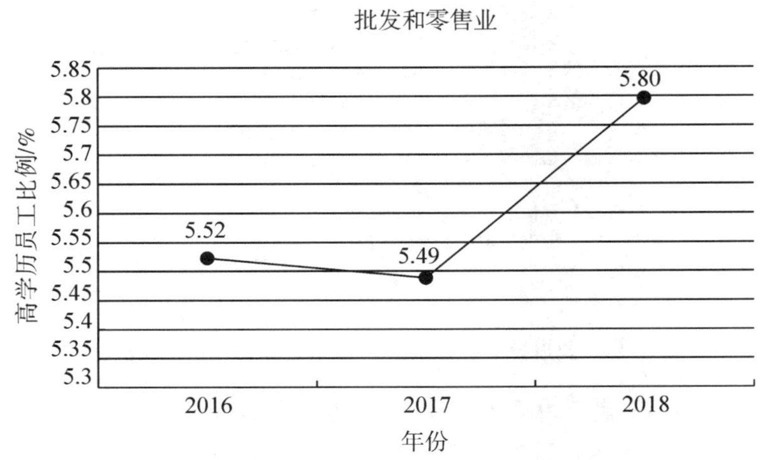

图 5.17　2016—2018 年四川省上市公司批发和零售业高学历员工比例

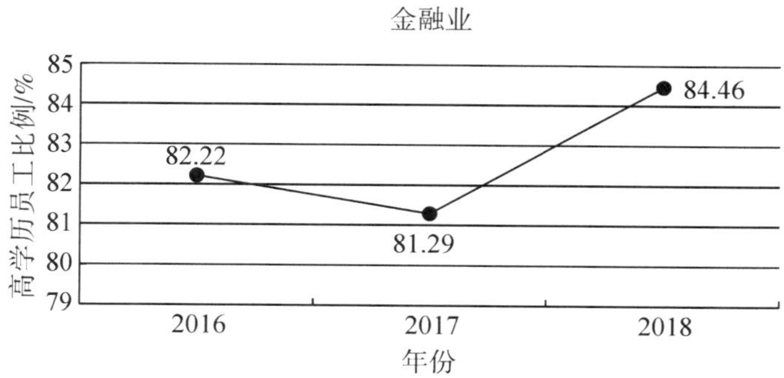

图 5. 18　2016—2018 年四川省上市公司金融业高学历员工比例

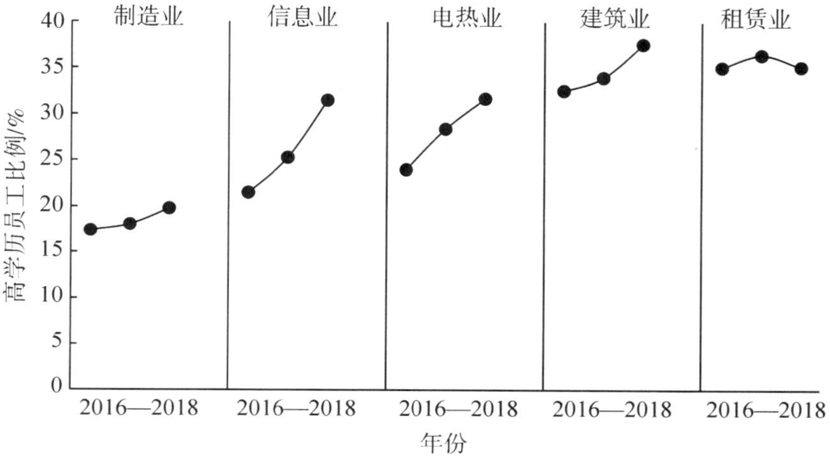

图 5. 19　2016—2018 年四川省上市公司部分行业高学历员工比例

图 5. 17 展示了 2016—2018 年四川省上市公司批发和零售业高学历员工比例的变化趋势。图 5. 18 展示了 2016—2018 年四川省上市公司金融业高学历员工比例的变化趋势。其余行业由于上市公司数量较少（小于等于两家），未将其纳入讨论高学历员工比例变化趋势的范围。图 5. 19 展示了 2016—2018 年四川省上市公司制造业、信息传输、软件和信息技术服务业、电力、热力、燃气及水的生产和供应业、建筑业、租赁和商务服务业的高学历员工比例的变化趋势。

从图 5. 19 可以看出，批发和零售业、金融业上市公司的高学历员工比例均在 2017 年小幅下降，随后在 2018 年大幅上升；制造业，信息传输、软件和信息技术服务业，电力、热力、燃气及水的生产和供应业，建筑业上市公司的高学历员工比例从 2016 年到 2018 年逐年上升；租赁和商务服务业上市公司的高学历员工比例先上升后下降，整体波动幅度较小。

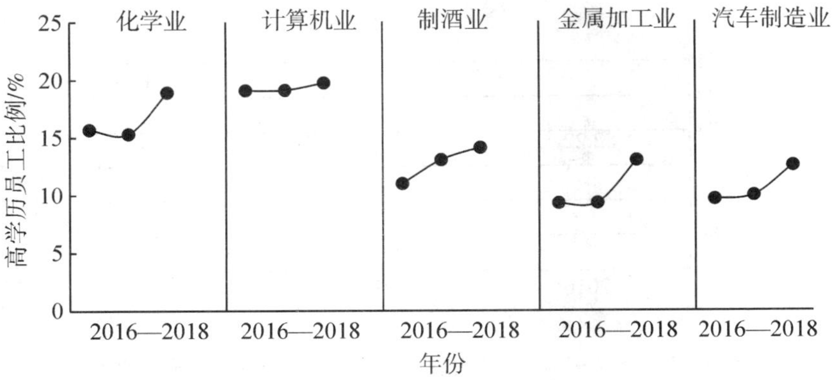

图 5.20　2016—2018 年四川省上市公司部分制造业细分行业高学历员工比例

图 5.21　2016—2018 年四川省上市公司部分制造业细分行业高学历员工比例

图 5.20 展示了 2016—2018 年四川省上市公司制造业细分行业化学原料及化学制品制造业、计算机、通信和其他电子设备制造业、酒、饮料和精制茶制造业、有色金属冶炼及压延加工、汽车制造业的高学历员工比例的变化趋势。图 5.21 展示了 2016—2018 年四川省上市公司制造业细分行业通用设备制造业、专用设备制造业、医药制造业的高学历员工比例的变化趋势。由于其余制造业细分行业的上市公司数小于等于 3 家，未将其纳入讨论高学历员工比例变化趋势的范围。

从图 5.20 可以看出，化学业上市公司高学历员工比例在 2017 年小幅下降，随后在 2018 年大幅上升；计算机业上市公司高学历员工比例基本保持稳定略有上升，整体波动幅度较小；制酒业、金属加工业、汽车制造业、通用设备制造业、专用设备制造业、医药制造业上市公司高学历员工比例从 2016 年到 2018 年逐年上升。

3. 板块分析

图 5.22 展示了四川省上市公司 2018 年各板块的高学历员工比例情况，可以看出高学历员工比例排在第一位的是创业板（28.80%），排在第二位的是中小板，其高学历员工比例为 24.39%，排在最后的是主板，其高学历员工比例为 22.35%，三个板块间的差距不是很大。

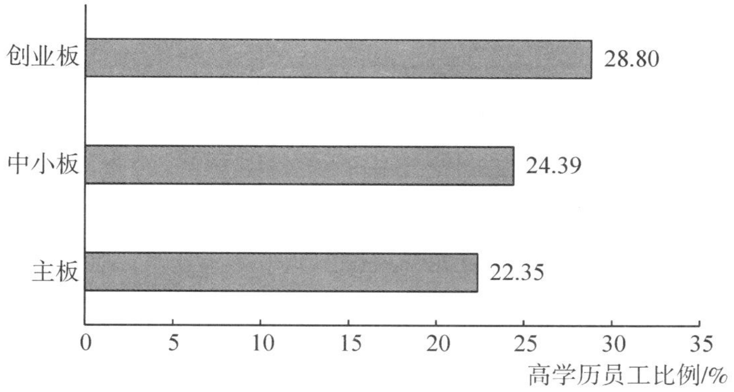

图 5.22　四川省上市公司 2018 年各板块的高学历员工比例

主板上市公司 2018 年高学历员工比例排在前五位的依次是：国金证券、成都银行、易见股份、川能动力、贝瑞基因。中小企业板上市公司 2018 年高学历员工比例排在前五位的依次是：卫士通、华西证券、久远银海、川大智胜、天奥电子。创业板上市公司 2018 年高学历员工比例排在前五位的依次是：中科信息、山鼎设计、迅游科技、振芯科技、创意信息。

图 5.23 展示了 2016—2018 年四川省上市公司各板块高学历员工比例，从图 5.23 中可以看出，创业板上市公司的高学历员工比例始终高于其他两个板块，三个板块上市公司的高学历员工比例均保持逐年上升的变化趋势。

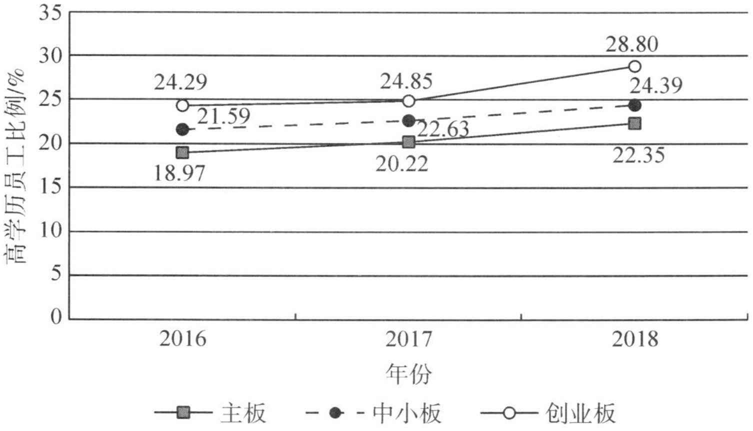

图 5.23　2016—2018 年四川省上市公司各板块高学历员工比例

4. 属性分析

图 5.24 展示了四川省上市公司 2018 年各属性的高学历员工比例，从图中可以看出，排在前三的依次是其他企业（40.46%）、公众企业（39.24%）和中央国有企业（37.91%），三者差距不大。排在最后的是民营企业，其高学历员工比例为 19.13%。

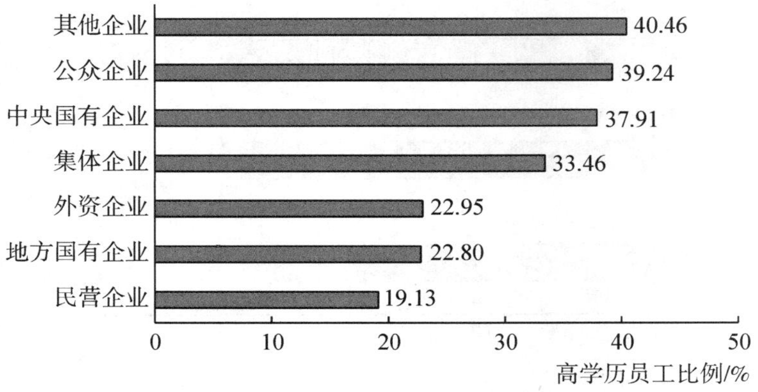

图 5.24　四川省上市公司 2018 年各属性的高学历员工比例

地方国有企业高学历员工比例排名前五位的依次是：易见股份、华西证券、川能动力、川投能源、博瑞传播。民营企业高学历员工比例排名前五位的依次是：国金证券、山鼎设计、川大智胜、迅游科技、振芯科技。中央国有企业高学历员工比例排名前五位的依次是：中科信息、卫士通、天奥电子、东方电气、＊ST 集成。

图 5.25 展示了 2016—2018 年四川省上市公司部分属性高学历员工比例的变化趋势。从图 5.25 中可以看出，中央国有上市公司高学历员工比例始终高于地方国有企业和民营企业，三个属性上市公司的高学历员工比例均保持逐年上升的变化趋势。

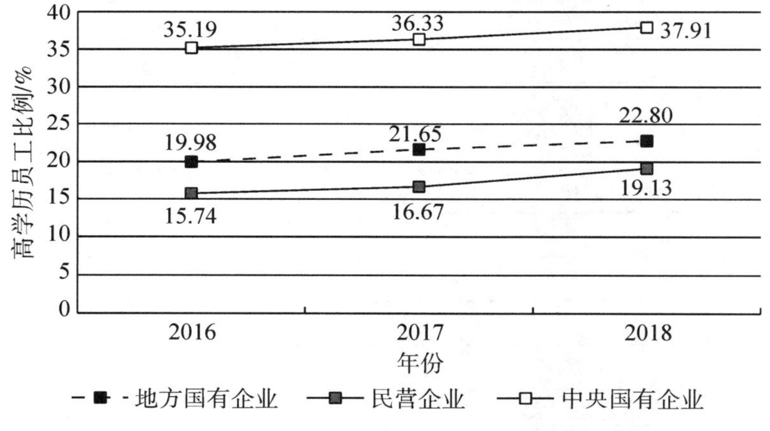

图 5.25　2016—2018 年四川省上市公司部分属性高学历员工比例

二、创新产出能力分析

本节将分别针对科研人员人均创利和研发支出利润率 2 个指标从总体、行业、板块、属性 4 个方面对四川省 121 家上市公司进行排名和分析。

（一）科研人员人均创利

本章末附表 5.3 展示了四川省上市公司科研人员人均创利排名，其中科研人员人均创利=本期净利润/科研人数。需要说明的是，对于科研人员人数为0的上市公司，本书将其科研人员人均创利当作0处理。本部分将从总体、行业、板块、属性4个方面进行排名和分析。

1. 总体分析

从总体来看，在四川省参与排名的121家上市公司中，科研人员人均创利排名前十位的上市公司依次是：川投能源、天齐锂业、水井坊、易见股份、蓝光发展、和邦生物、新华文轩、攀钢钒钛、泸州老窖、千禾味业。其中排名第一位的川投能源的科研人员人均创利为874 489.14，排名第十位的千禾味业的科研人员人均创利为72 651.21。科研人员人均创利排名后十位的上市公司是：深冷股份、金亚科技、博瑞传播、迅游科技、厚普股份、长城动漫、富临精工、宏达股份、三泰控股、天翔环境，其中天翔环境的科研人员人均创利最低，为-420 499.49。

2018年四川省121家上市公司科研人员人均创利的平均数为15 900.75，超过科研人员人均创利平均数的仅有23家上市公司，低于平均数的有98家，而121家上市公司科研人员人均创利的中位数为2 548.28，低于科研人员人均创利平均数83.97个百分点，这说明科研人员人均创利特别高的上市公司拉高了121家上市公司科研人员人均创利的平均水平。

图5.26展示了2015—2018年四川省上市公司科研人员人均创利及其增长率的变化趋势。从图中可以看出，四川省上市公司科研人员人均创利整体呈现出上升趋势，2017年达到最大值13 183.77；从增长率来看，增长率先上升后下降，同样在2017年达到最大值（38.72%）。

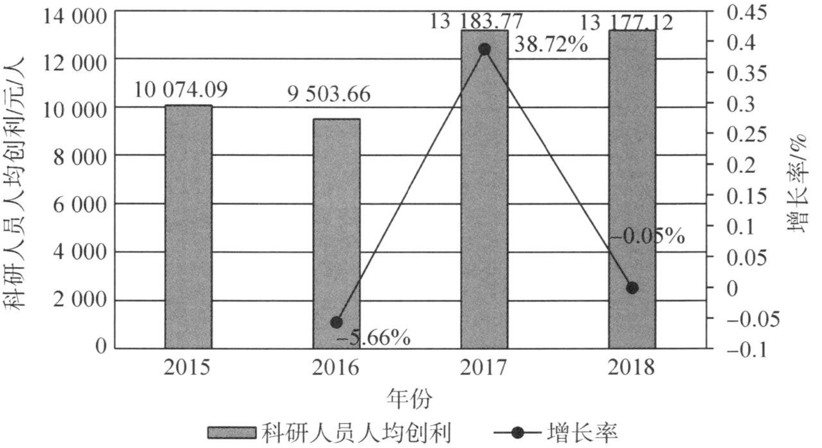

图5.26　2015—2018年四川省上市公司科研人员人均创利及其增长率

2. 行业分析

图5.27展示了四川省上市公司2018年各行业的科研人员人均创利情况。

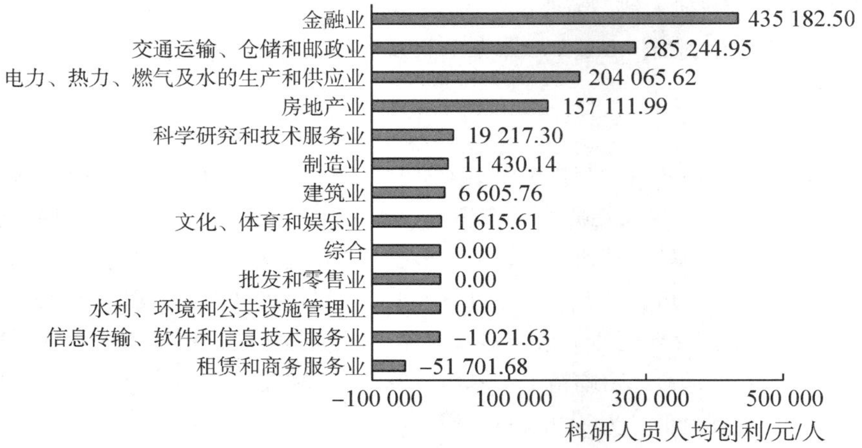

图 5.27　四川省上市公司 2018 年各行业科研人员人均创利

从图 5.27 中可以看出，2018 年各行业科研人员人均创利排在第一位的是金融业，达到 435 182.50，明显高于其他 12 个行业，排在第二位的是交通运输、仓储和邮政业（285 244.95）；其次是电力、热力、燃气及水的生产和供应业（204 065.62）与房地产业（157 111.99）的科研人员人均创利超过了 15 万元，其余行业的科研人员人均创利均未达到 2 万元。排在最后的是租赁和商务服务业，其科研人员人均创利为-51 701.68。

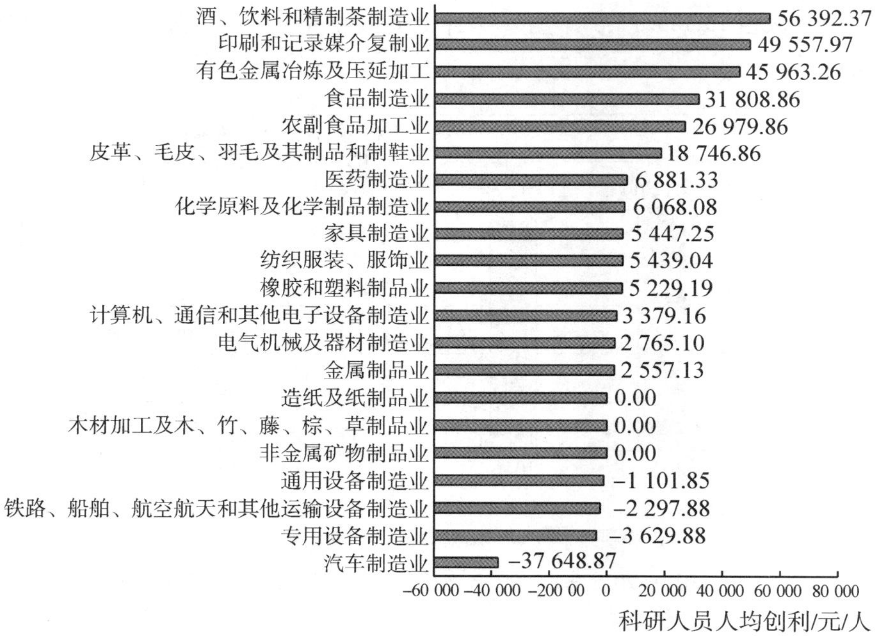

图 5.28　四川省上市公司 2018 年制造业各细分行业科研人员人均创利

制造业整体的科研人员人均创利排名第六位（11 430.14）。制造业内公司 2018 年科研人员人均创利排名前五位的是：天齐锂业（418 188.81）、水井坊（214 231.80）、和邦生物（118 820. 47）、攀钢钒钛（92 446. 36）、泸州老窖（77 687. 17），排名后五位的是：厚普股份（39 698. 44）、富临精工（−102 121. 17）、宏达股份（−129 192. 24）、三泰控股（−249 927. 54）、天翔环境（−420 499. 49）。

从制造业的细分行业来看，2018 年制造业各细分行业科研人员人均创利排在前三位的是酒、饮料和精制茶制造业（56 392. 37）、印刷和记录媒介复制业（49 557. 97）、有色金属冶炼及压延加工（45 963. 26），排在后三位的是汽车制造业（−37 648. 87）、专用设备制造业（−3 629. 88）、铁路、船舶、航空航天和其他运输设备制造业（−2 297. 88）。

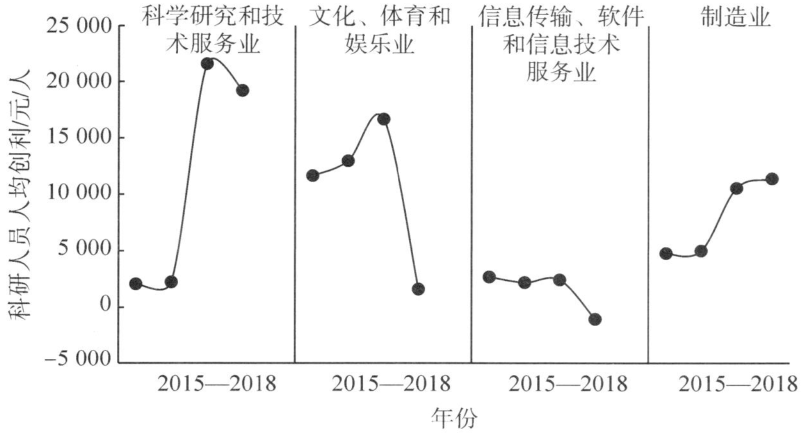

图 5. 29　2015—2018 年四川省上市公司部分行业科研人员人均创利

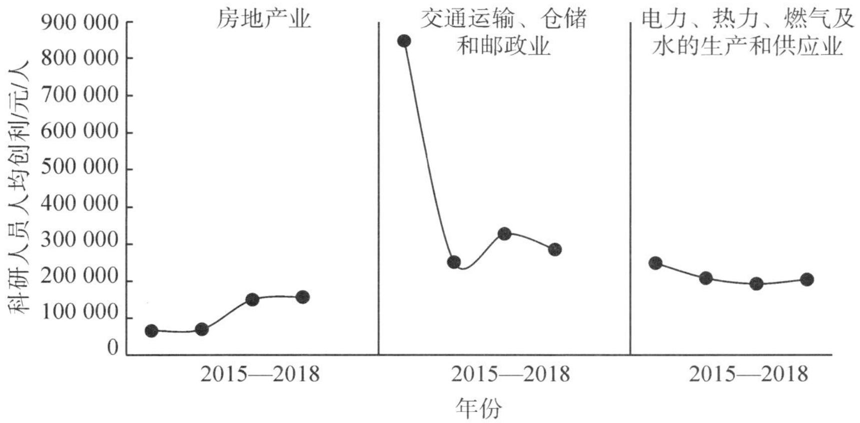

图 5. 30　2015—2018 年四川省上市公司部分行业科研人员人均创利

图 5. 29 展示了 2015—2018 年四川省上市公司科学研究和技术服务业、文化、体育和娱乐业、信息传输、软件和信息技术服务业、制造业的科研人员人均创利变化趋势。图 5. 30 展示了 2015—2018 年四川省上市公司房地产业、交通运输、仓储和邮政业、电力、热力、燃气及水的生产和供应业的科研人员人均创利变化趋势。由于其余行业（建筑业、水利、环境和公共设施管理业、租赁和商务服务业、批发和零售业、金融业、综

合）上市公司数量较少（小于等于 3 家）且有 2 年以上的科研人员人均创利为 0，未将其纳入讨论科研人员人均创利变化趋势的范围。

从图 5. 30 中可以看出，科学研究和技术服务业，文化、体育和娱乐业以及交通运输、仓储和邮政业上市公司的科研人员人均创利变化幅度很大。其中，科学研究和技术服务业上市公司的科研人员人均创利先上升后下降，在 2016 年到 2017 年出现大幅上升，由 2 235. 07 上升到 21 595. 78。其主要原因是贝瑞基因 2017 年的净利润（244 446 127. 56）相较于 2016 年（-4 185 927. 74）大幅上升，科研业上市公司的科研人员人均创利在 2018 年小幅回落。文化、体育和娱乐业上市公司的科研人员人均创利也是先上升后下降，在 2017 年到 2018 年出现大幅下降，由 2017 年的 16 684. 84 下降到 2018 年的 1 615. 61。其主要原因是博瑞传播 2018 年的净利润（-843 492 946. 12）相较于 2017 年（23 743 239. 95）大幅下降。交通运输、仓储和邮政业上市公司的科研人员人均创利在 2015 年到 2016 年出现大幅下降，由 2015 年的 847 400. 72 下降到 2016 年的 250 925. 59，其主要原因是富临运业 2016 年的净利润（98 264 657. 73）相较于 2015 年（190 739 785. 54）大幅下降，交通业上市公司之后两年的科研人员人均创利小幅上下波动。其他行业上市公司的科研人员人均创利变化幅度相对较小，其中信息传输、软件和信息技术服务业上市公司以及电力、热力、燃气及水的生产和供应业上市公司的科研人员人均创利都呈现出下降的趋势；而制造业和房地产业上市公司的科研人员人均创利都呈现出逐年上升的变化趋势。

图 5. 31 展示了 2015—2018 年四川省上市公司制造业细分行业化学原料及化学制品制造业、计算机、通信和其他电子设备制造业、通用设备制造业、医药制造业的科研人员人均创利的变化趋势。图 5. 32 展示了 2015—2018 年四川省上市公司制造业细分行业专用设备制造业、有色金属冶炼及压延加工业、汽车制造业、酒、饮料和精制茶制造业的科研人员人均创利的变化趋势。由于其余制造业细分行业的上市公司数小于等于 3 家，未将其纳入讨论科研人员人均创利变化趋势的范围。

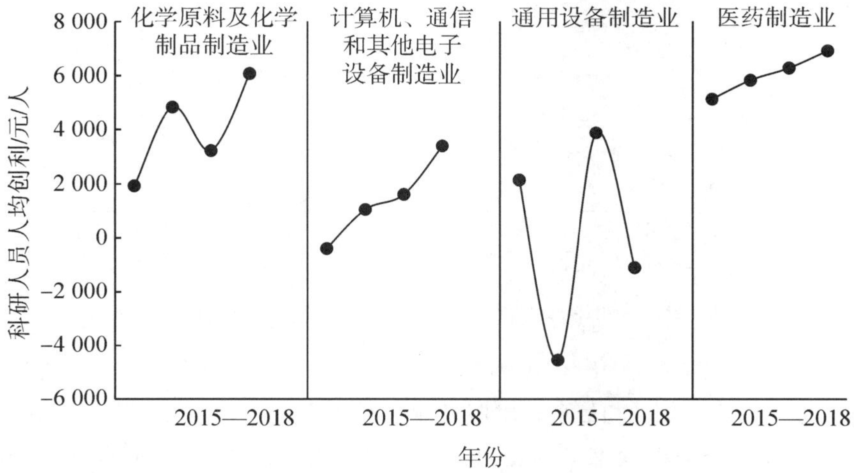

图 5. 31　2015—2018 年四川省上市公司部分制造业细分行业科研人员人均创利

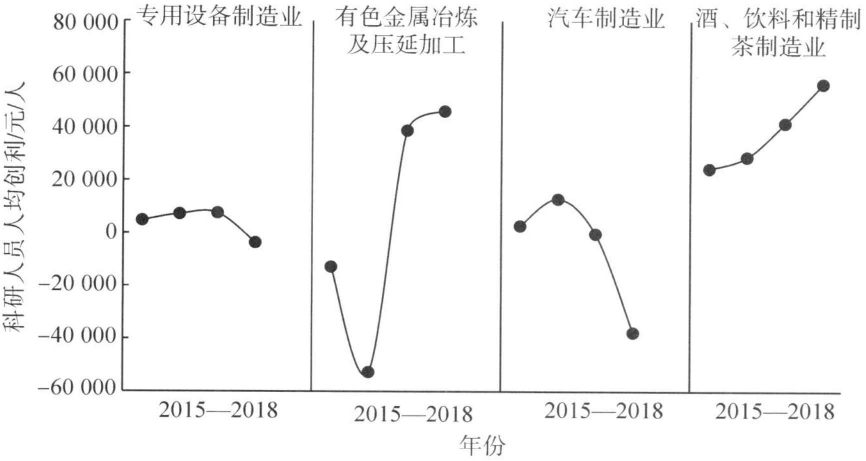

图 5.32　2015—2018 年四川省上市公司部分制造业细分行业科研人员人均创利

从图 5.32 中可以看出，化学业上市公司的科研人员人均创利在波动中上升，2018 年达到近四年的最大值 6 068.08；计算机业、医药制造业以及制酒业上市公司的科研人员人均创利逐年上升；通用设备制造业上市公司的科研人员人均创利在 2016 年大幅下降，降至近四年的最小值-4 548.39，随后在 2017 年出现大幅上升，上升至近四年的最大值 3 864.25，2018 年科研人员人均创利又下降至负值；专用设备制造业和汽车制造业上市公司的科研人员人均创利均为先上升后下降，其中专用设备制造业整体波动幅度不大，在 2017 年达到近四年的最大值 7 544.72，而汽车制造业在 2018 年出现大幅下降，由 2017 年的科研人员人均创利-209.58 下降至-37 648.87；金属加工业上市公司的科研人员人均创利先下降后上升，在 2018 年达到近四年的最大值 45 963.26。

3. 板块分析

图 5.33 展示了四川省上市公司 2018 年各板块的科研人员人均创利情况，可以看出科研人员人均创利排在第一位的是主板（21 213.68），远远高于其他两个板块。排在第二位的是中小板，其科研人员人均创利为 6 590.94，排在最后的是创业板，其科研人员人均创利为-6 764.12，与主板和中小板差距较大。

主板上市公司 2018 年科研人员人均创利排在前五位的依次是：川投能源、水井坊、易见股份、蓝光发展、和邦生物；中小企业板上市公司 2018 年科研人员人均创利排在前五位的依次是：天齐锂业、金时科技、新乳业、台海核电、康弘药业；创业板上市公司 2018 年科研人员人均创利排在前五位的依次是：银河磁体、日机密封、迈克生物、环能科技、川环科技。

图 5.34 展示了 2015—2018 年四川省上市公司各板块科研人员人均创利。从图 5.34 中可以看出主板上市公司的科研人员人均创利整体呈现上升趋势，而中小板和创业板与之相反，呈现出逐年下降的趋势。

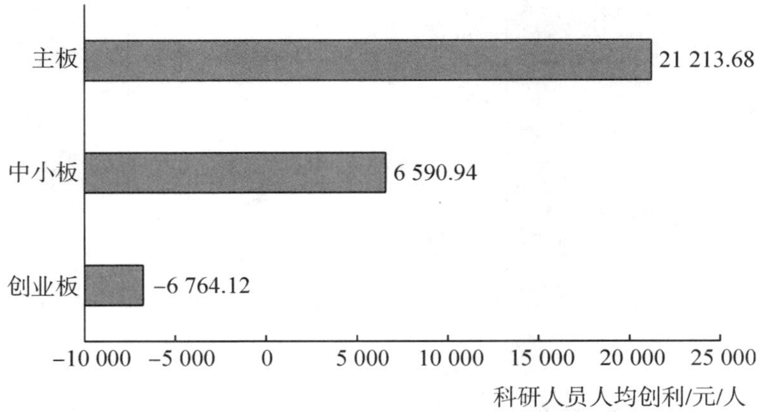

图 5.33　四川省上市公司 2018 年各板块的科研人员人均创利

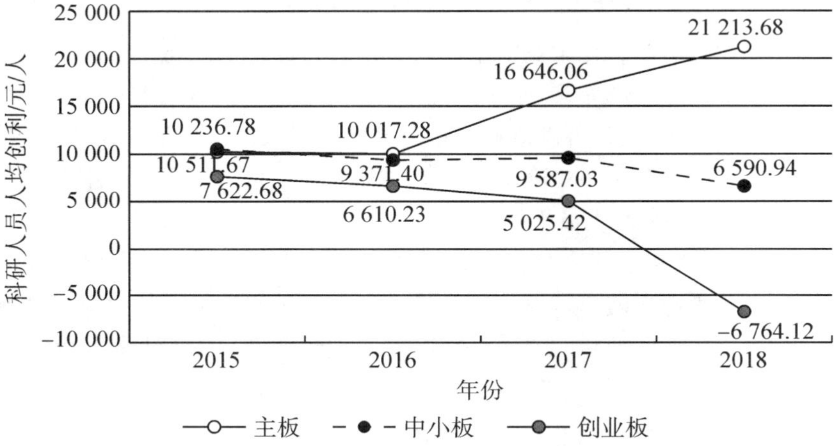

图 5.34　2015—2018 年四川省上市公司各板块科研人员人均创利

4. 属性分析

图 5.35 展示了四川省上市公司 2018 年各属性的科研人员人均创利，从图 5.35 中可以看出，排在最前面的是外资企业（697 117.68），远远高于其他属性上市公司的科研人员人均创利，主要是由于水井坊这家上市公司的科研人员人均创利远高于其他上市公司。排在第二、第三的分别是地方国有企业（33 260.40）和公众企业（32 844.90）。排在最后的是民营企业，其科研人员人均创利为 5 301.36。

地方国有企业科研人员人均创利排名前五位的依次是：川投能源、易见股份、新华文轩、泸州老窖、五粮液；民营企业科研人员人均创利排名前五位的依次是：天齐锂业、蓝光发展、和邦生物、千禾味业、国金证券；中央国有企业科研人员人均创利排名前五位的依次是：攀钢钒钛、四川美丰、盛和资源、环能科技、天奥电子。

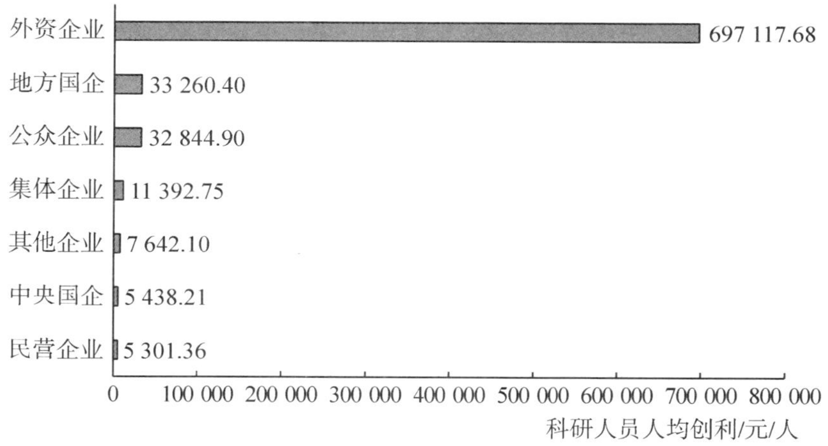

图 5.35　四川省上市公司 2018 年各属性的科研人员人均创利

图 5.36 展示了 2015—2018 年四川省上市公司部分属性科研人员人均创利的变化趋势。从图中可以看出，地方国有上市公司的科研人员人均创利始终高于民营企业和中央国有企业，且整体呈上升趋势；而民营上市公司的科研人员人均创利整体呈下降趋势，在 2018 年达到最小值 5 301.36；中央国有上市公司的科研人员人均创利先下降后上升，在 2016 年达到最小值-18 063.46，在 2018 年达到最大值 5 438.21。

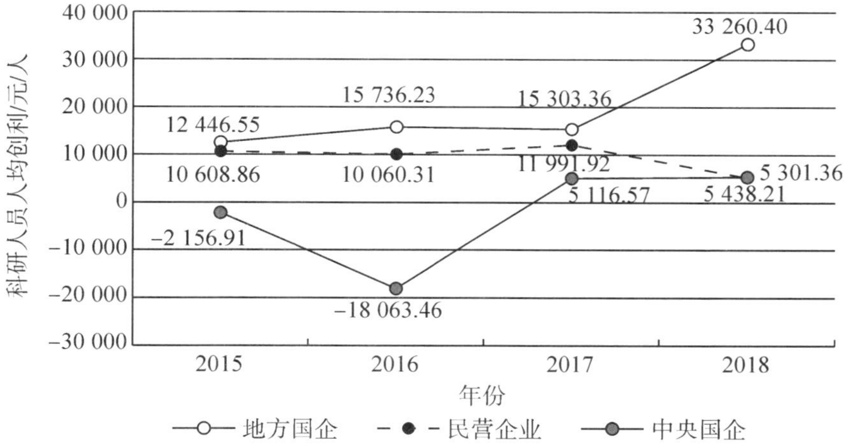

图 5.36　2015—2018 年四川省上市公司部分属性科研人员人均创利

（二）研发支出利润率

本章末附表 5.4 展示了四川省上市公司研发支出利润率排名，其中研发支出利润率＝净利润/研发支出。需要说明的是，对于年报里标注“研发支出不适用”的上市公司，本报告将其研发支出利润率当作 0 处理。本部分将从总体、行业、板块、属性 4 个方面进行排名和分析。

1. 总体分析

从总体来看，在四川省参与排名的 121 家上市公司中，研发支出利润率排名前十位的上市公司依次是：川投能源、五粮液、四川美丰、兴蓉环境、水井坊、易见股份、天齐锂业、舍得酒业、泸州老窖、新华文轩，其中排名第一位的川投能源的研发支出利润率为 191. 40，排名第十位的新华文轩的研发支出利润率为 39. 28。研发支出利润率排名后十位的上市公司是：深冷股份、博瑞传播、厚普股份、迅游科技、金亚科技、富临精工、长城动漫、三泰控股、天翔环境、宏达股份，其中宏达股份的研发支出利润率最低，为-7 749. 64。

2018 年四川省 121 家上市公司研发支出利润率的算术平均数为-59. 08，超过研发支出利润率平均数的有 118 家上市公司，低于平均数的仅有 3 家，而 121 家上市公司研发支出利润率的中位数为 1. 18，远远高于研发支出利润率的平均数。这说明研发支出利润率特别低的上市公司，明显拉低了 121 家上市公司研发支出利润率的平均水平。

图 5. 37 展示了 2015—2018 年四川省上市公司研发支出利润率及其增长率的变化趋势。从图中可以看出，除了 2017 年研发支出利润率有所上升外，四川省上市公司研发支出利润率整体上呈现出下降趋势，2017 年达到最大值 5. 64；从增长率来看，增长率先上升后下降，在 2017 年达到最大值（34. 33）。

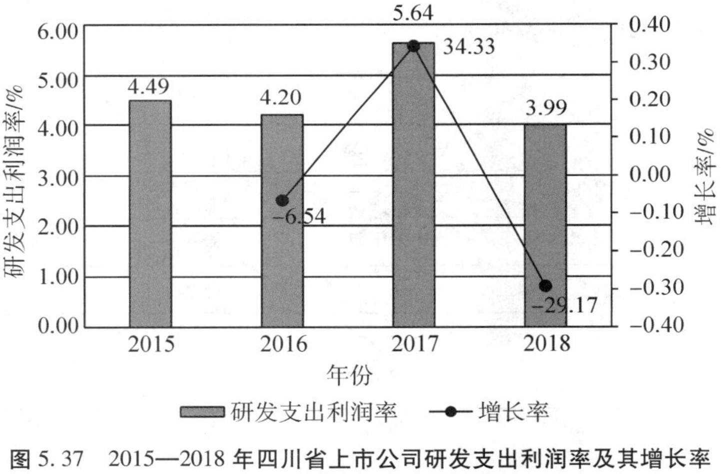

图 5. 37　2015—2018 年四川省上市公司研发支出利润率及其增长率

2. 行业分析

图 5. 38 展示了四川省上市公司 2018 年各行业的研发支出利润率情况。

从图 5. 38 中可以看出，2018 年各行业研发支出利润率排在第一位的是交通运输、仓储和邮政业，达到 258. 43，其次是电力、热力、燃气及水的生产和供应业（182. 99）与金融业（175. 26）。其余行业的研发支出利润率均小于 25。排在最后的是租赁和商务服务业，其研发支出利润率为-11. 89。

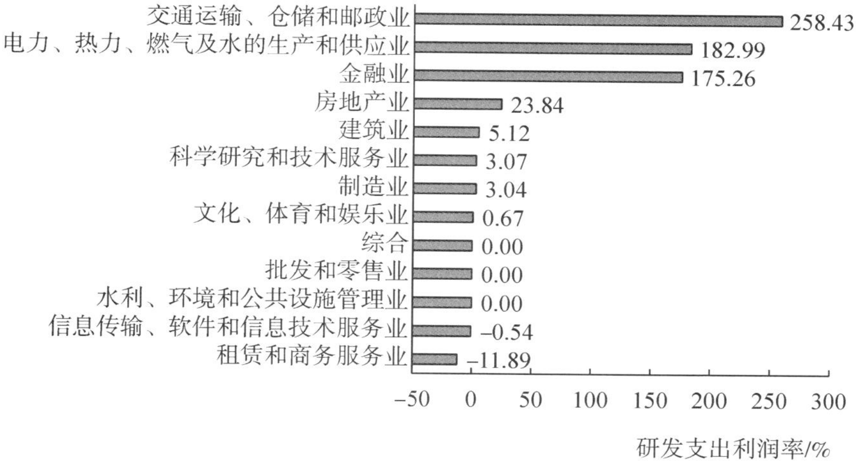

图 5.38　四川省上市公司 2018 年各行业研发支出利润率

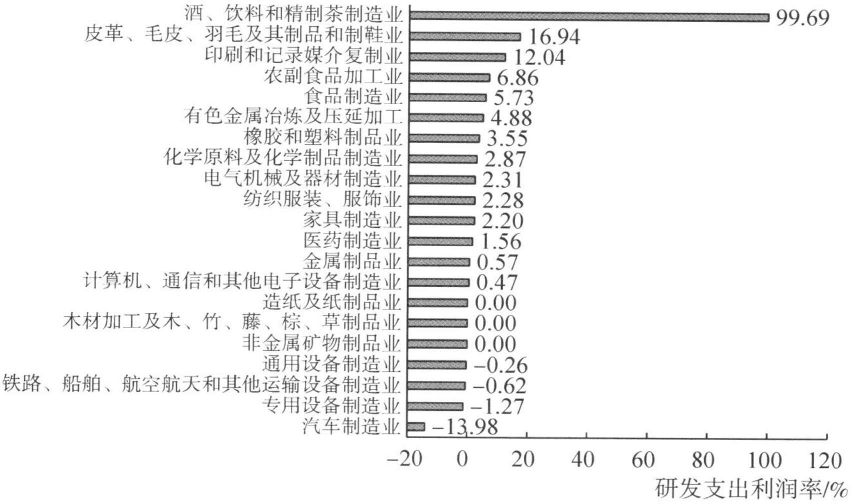

图 5.39　四川省上市公司 2018 年制造业各细分行业研发支出利润率

制造业整体的研发支出利润率排名第七位（3.04）。制造业内公司 2018 年研发支出利润率排名前五位的是：五粮液（166.96）、四川美丰（134.78）、水井坊（77.49）、天齐锂业（44.58）、舍得酒业（42.86），排名后五位的是：金亚科技（−12.09）、富临精工（−27.85）、三泰控股（−116.56）、天翔环境（−363.52）、宏达股份（−7 749.64）。

从制造业的细分行业来看，2018 年制造业各细分行业的研发支出利润率排在前三位的是酒、饮料和精制茶制造业（99.69）、皮革、毛皮、羽毛及其制品和制鞋业（16.94）、印刷和记录媒介复制业（12.04），排在后三位的是汽车制造业（−13.98）、专用设备制造业（−1.27）、铁路、船舶、航空航天和其他运输设备制造业（−0.62）。

图 5.40 展示了 2015—2018 年四川省上市公司信息传输、软件和信息技术服务业、制造业、科学研究和技术服务业、文化、体育和娱乐业的研发支出利润率变化趋势。图 5.41、图 5.42、图 5.43 分别展示了 2015—2018 年四川省上市公司交通运输、仓储和邮政业、电力、热力、燃气及水的生产和供应业、房地产业的研发支出利润率变化趋势。因其余行业（建筑业、水利、环境和公共设施管理业、租赁和商务服务业、批发和零售业、金融业、综合）上市公司数量较少（小于等于 3 家）且有 2 年以上的研发支出利润率为 0，未将其纳入讨论研发支出利润率变化趋势的范围。

从图 5.41、图 5.42、图 5.43 可以看出，科学研究和技术服务业，文化、体育和娱乐业以及交通运输、仓储和邮政业上市公司的研发支出利润率变化幅度很大。其中科学研究和技术服务业上市公司的研发支出利润率先上升后下降，在 2016 年到 2017 年出现大幅上升，由 1.11 上升到 6.58，其主要原因是贝瑞基因 2017 年的净利润相较于 2016 年大幅上升；文化、体育和娱乐业上市公司的研发支出利润率除 2016 年有所上升外，整体呈现下降趋势，在 2017 年到 2018 年出现大幅下降，由 2017 年的 8.76 下降到 2018 年的 0.67，其主要原因是博瑞传播 2018 年的净利润相较于 2017 年大幅下降；交通运输、

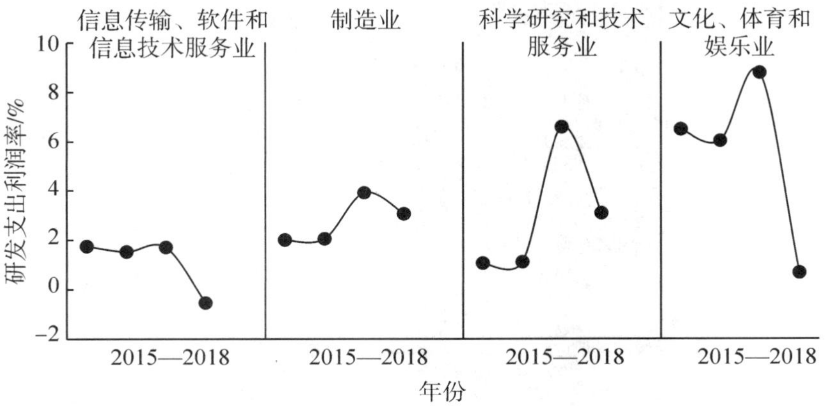

图 5.40　2015—2018 年四川省上市公司部分行业研发支出利润率

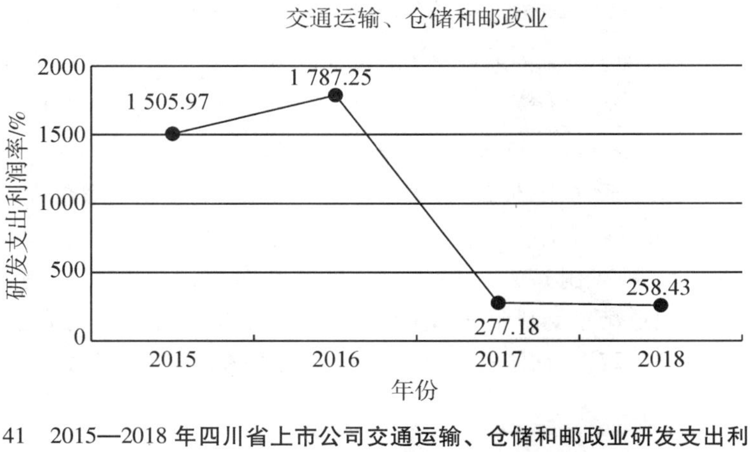

图 5.41　2015—2018 年四川省上市公司交通运输、仓储和邮政业研发支出利润率

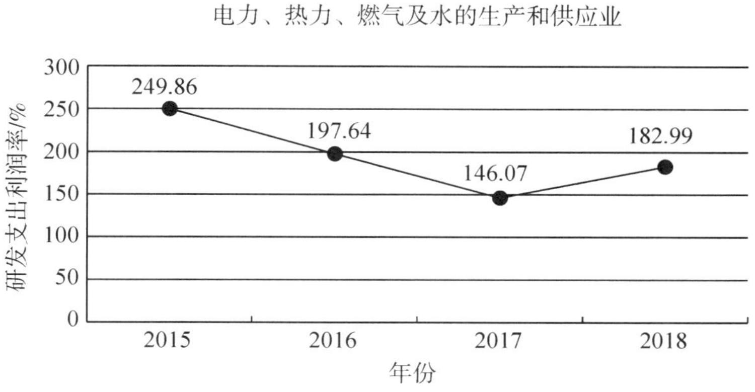

图 5.42　2015—2018 年四川省上市公司电力、热力、燃气及水的生产和供应业研发支出利润率

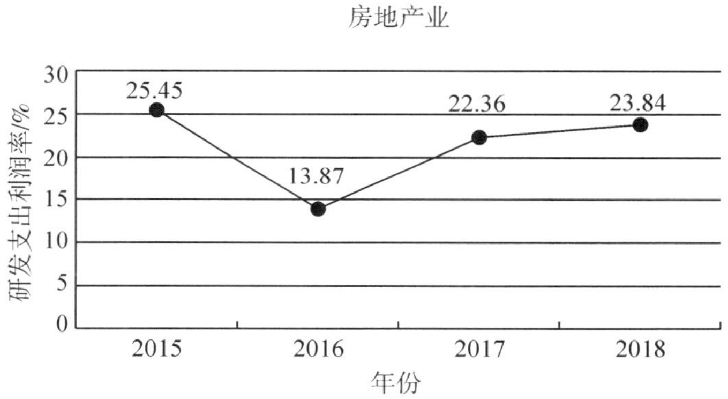

图 5.43　2015—2018 年四川省上市公司房地产业研发支出利润率

仓储和邮政业上市公司的研发支出利润率先上升后下降，在 2016 年到 2017 年出现大幅下降，由 2016 年的 1 787.25 下降到 2017 年的 277.18，其主要原因是富临运业 2017 年的研发支出（3 869 604.87）相较于 2016 年（683 597.63）大幅增加。其他行业上市公司的研发支出利润率变化幅度相对较小，其中信息传输、软件和信息技术服务业上市公司的研发支出利润率整体呈现下降趋势；制造业上市公司的研发支出利润率先上升后下降，在 2017 年达到最大值 3.91；电力、热力、燃气及水的生产和供应业以及房地产业上市公司的研发支出利润率都呈现出先下降后上升的变化趋势。

图 5.44 展示了 2015—2018 年四川省上市公司制造业细分行业化学原料及化学制品制造业、计算机、通信和其他电子设备制造业、通用设备制造业、医药制造业的研发支出利润率的变化趋势。图 5.45 展示了 2015—2018 年四川省上市公司制造业细分行业有色金属冶炼及压延加工、汽车制造业、专用设备制造业的研发支出利润率的变化趋势；图 5.46 展示了 2015—2018 年四川省上市公司制造业细分行业酒、饮料和精制茶制造业的研发支出利润率的变化趋势；由于其余制造业细分行业的上市公司数小于等于 3 家，未将其纳入讨论研发支出利润率变化趋势的范围。

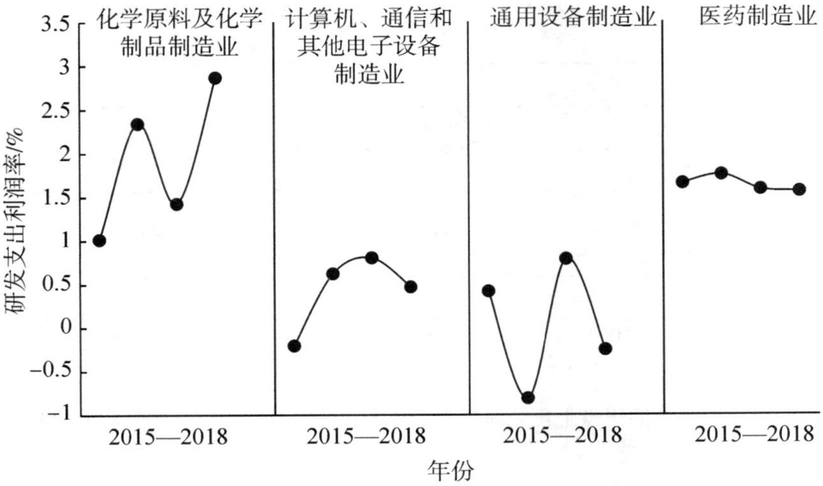

图 5.44　2015—2018 年四川省上市公司部分制造业细分行业研发支出利润率

从图 5.44、图 5.45、图 5.46 可以看出，化学业上市公司的研发支出利润率在波动中上升，2018 年达到近四年的最大值 2.87；计算机业、汽车制造业以及专用设备制造业上市公司的研发支出利润率的变化趋势均为先上升后下降；通用设备制造业上市公司的研发支出利润率上下波动，2016 年和 2018 年的研发支出利润率均为负值；医药制造业上市公司的研发支出利润率基本稳定，整体波动幅度很小；金属加工业上市公司的研发支出利润率先下降后大幅上升，随后又小幅下降，在 2016 年达到最小值-11.09，在 2017 年达到最大值 10.47；制酒业上市公司的研发支出利润率在 2016 年略有下降，随后逐年上升，在 2018 年达到近四年的最大值 99.69。

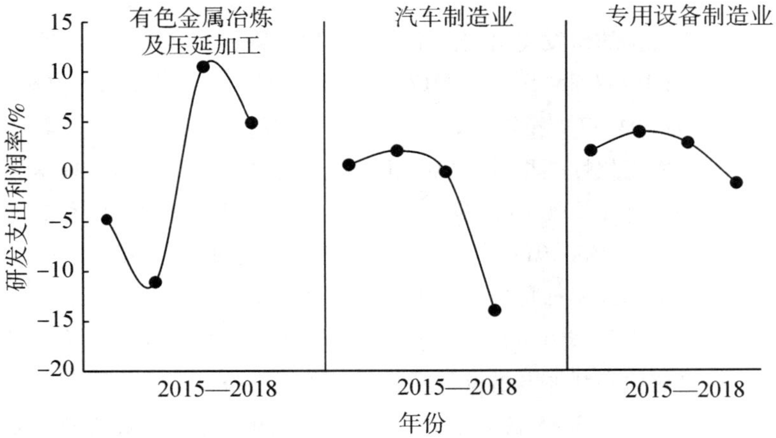

图 5.45　2015—2018 年四川省上市公司部分制造业细分行业研发支出利润率

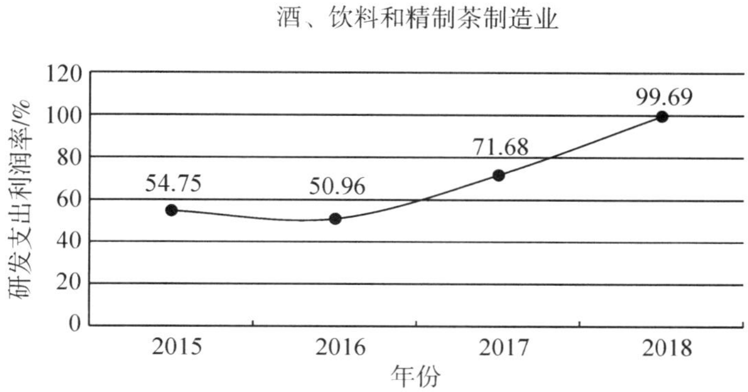

图 5.46　2015—2018 年四川省上市公司酒、饮料和精制茶制造业研发支出利润率

3. 板块分析

图 5.47 展示了四川省上市公司 2018 年各板块的研发支出利润率情况，可以看出研发支出利润率排在第一位的是主板（6.06），远远高于其他两个板块。排在第二位的是中小企业板，其研发支出利润率为 1.90，排在最后的是创业板，其研发支出利润率为 -3.09，与主板和中小板差距较大。

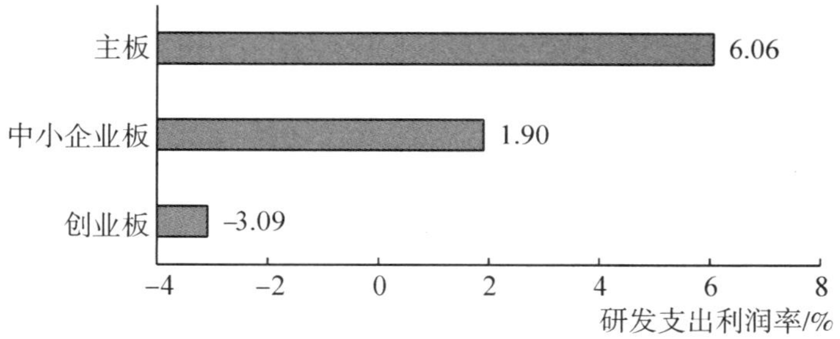

图 5.47　四川省上市公司 2018 年各板块的研发支出利润率

主板上市公司 2018 年研发支出利润率排在前五位的依次是：川投能源、五粮液、四川美丰、兴蓉环境、水井坊；中小企业板上市公司 2018 年研发支出利润率排在前五位的依次是：天齐锂业、金时科技、富临运业、利君股份、云图控股；创业板上市公司 2018 年研发支出利润率排在前五位的依次是：爱乐达、银河磁体、川环科技、金石东方、日机密封。

图 5.48 展示了 2015—2018 年四川省上市公司各板块研发支出利润率，从图中可以看出，主板上市公司的研发支出利润率始终高于其他两个板块，2016 年略有下降随后 2017 年大幅上升，上升至近四年的最大值 7.29，2018 年出现小幅下降，降至 6.06；而中小板和创业板则与之相反，呈现出逐年下降的趋势。

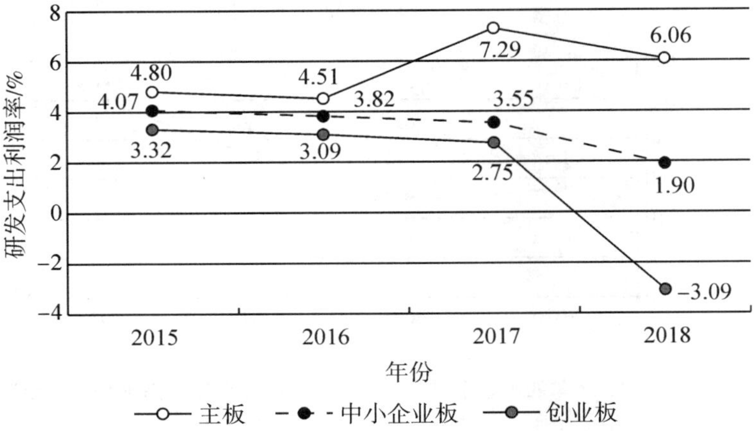

图 5.48　2015—2018 年四川省上市公司各板块研发支出利润率

4. 属性分析

图 5.49 展示了四川省上市公司 2018 年各属性的研发支出利润率，从图中可以看出，排在最前面的是外资企业（252.16），远远高于其他属性上市公司的研发支出利润率，主要是由于水井坊这家上市公司的研发支出利润率远高于其他上市公司。排在第二、第三的分别是公众企业（11.81）和地方国有企业（8.25）。排在最后的是中央国有企业，其研发支出利润率为 1.53。

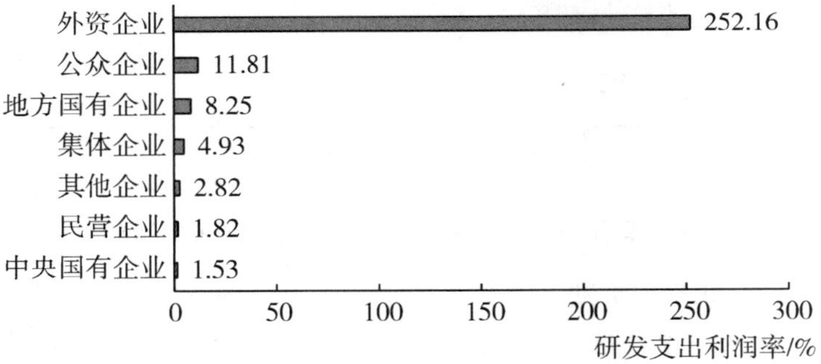

图 5.49　四川省上市公司 2018 年各属性的研发支出利润率

地方国有企业研发支出利润率排名前五位的依次是：川投能源、五粮液、兴蓉环境、易见股份、泸州老窖；民营企业研发支出利润率排名前五位的依次是：天齐锂业、舍得酒业、新希望、国金证券、蓝光发展；中央国有企业研发支出利润率排名前五位的依次是：四川美丰、攀钢钒钛、环能科技、中科信息、盛和资源。

图 5.50 展示了 2015—2018 年四川省上市公司部分属性研发支出利润率的变化趋势。从图中可以看出，地方国有上市公司的研发支出利润率始终高于民营企业和中央国有企业，研发支出利润率先上升后下降，在 2016 年达到近四年的最大值 10.73；而民营上市公司的研发支出利润率整体呈下降趋势，在 2018 年达到最小值 1.82；中央国有上市公司的研发支出利润率先下降后上升，在 2016 年达到最小值-3.40，在 2018 年达到最大值 1.53。

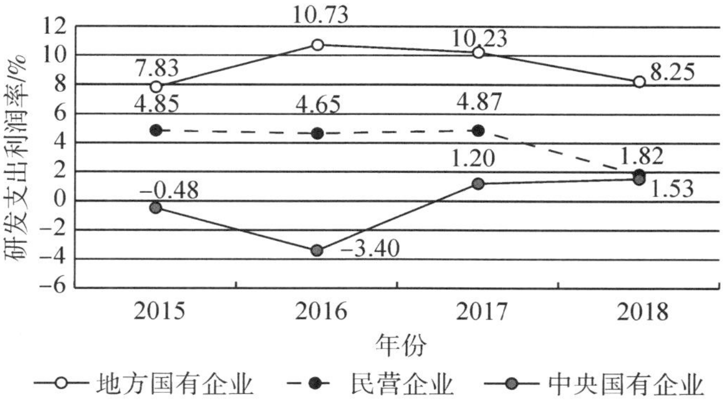

图 5.50　2015—2018 年四川省上市公司部分属性研发支出利润率

第三节　创新能力综合评价

影响一个企业技术创新能力的因素有很多，因此在利用多个指标综合评价企业的创新能力时，确定多个指标的权重是整个评价的关键。熵值赋权法能够根据客观真实的数据，运用差异驱动原理尝试求得最佳权重，力求全面真实地反映指标数据所包含的信息，因此在赋权过程具有很高的信度和效度。因此，本部分采用熵值赋权法对四川省上市公司的创新能力进行综合评价，并进行综合排名和分析。

一、综合指标构建

本部分以四川省 121 家上市公司的创新能力为研究对象，从本章第二部分确定的四个指标：研发强度、高学历员工比例、科研人员人均创利、研发支出利润率进行分析。为消除各上市公司间行业、经营模式的差距，让评价体系更加客观，本报告使用熵值赋权法建立出了一个综合指标。根据熵值赋权法可以计算出各个指标的权重，各项指标的权重分别为：

表 5.1　各项指标权重　　单位：%

指标	研发强度	高学历员工比例	科研人员人均创利	研发支出利润率
权重	23.69	26.39	22.03	27.89

二、分析结果

在所有上市公司中位列前十的分别是：东方电气、海特高新、科伦药业、昊华科技、鹏博士、川大智胜、振芯科技、卫士通、五粮液、久远银海。

排名后十的是富临运业、大通燃气、吉峰科技、宜宾纸业、ST 正源、峨眉山 A、四川金顶、振静股份、红旗连锁、宏达股份。四川省上市公司创新能力综合得分排名见本章末附表 5.5。

附表 5.1 四川省上市公司研发强度排名

总排名	证券简称	研发强度/%	分行业排名		分板块排名		分属性排名	
1	海特高新	37.60	铁路、船舶、航空航天和其他运输设备制造业	1	中小板	1	民营企业	1
2	振芯科技	21.97	计算机、通信和其他电子设备制造业	1	创业板	1	民营企业	2
3	川大智胜	20.57	软件和信息技术服务业	1	中小板	2	民营企业	3
4	博瑞传播	18.30	新闻和出版业	1	主板	1	地方国企	1
5	金亚科技	14.59	计算机、通信和其他电子设备制造业	2	创业板	2	民营企业	4
6	运达科技	14.31	软件和信息技术服务业	2	创业板	3	民营企业	5
7	新筑股份	13.36	通用设备制造业	1	中小板	3	地方国企	2
8	久远银海	13.03	软件和信息技术服务业	3	中小板	4	其他企业	1
9	厚普股份	12.94	专用设备制造业	1	创业板	4	民营企业	6
10	卫士通	12.46	软件和信息技术服务业	4	中小板	5	中央国企	1
11	康弘药业	11.96	医药制造业	1	中小板	6	民营企业	7
12	长城动漫	11.82	互联网和相关服务	1	主板	2	民营企业	8
13	佳发教育	9.81	软件和信息技术服务业	5	创业板	5	民营企业	9
14	迅游科技	9.27	互联网和相关服务	2	创业板	6	民营企业	10
15	*ST 集成	9.01	专用设备制造业	2	中小板	7	中央国企	2
16	创意信息	7.86	软件和信息技术服务业	6	创业板	7	民营企业	11
17	昊华科技	7.74	化学原料及化学制品制造业	1	主板	3	中央国企	3
18	天奥电子	7.59	计算机、通信和其他电子设备制造业	3	中小板	8	中央国企	4
19	台海核电	7.29	专用设备制造业	3	中小板	9	民营企业	12
20	中光防雷	7.14	计算机、通信和其他电子设备制造业	4	创业板	8	民营企业	13
21	新易盛	6.93	计算机、通信和其他电子设备制造业	5	创业板	9	民营企业	14
22	达威股份	6.82	化学原料及化学制品制造业	2	创业板	10	民营企业	15
23	科伦药业	6.81	医药制造业	2	中小板	10	民营企业	16
24	四川九洲	6.64	计算机、通信和其他电子设备制造业	6	主板	4	地方国企	3
25	贝瑞基因	6.49	专业技术服务业	1	主板	5	民营企业	17
26	迈克生物	6.06	医药制造业	3	创业板	11	民营企业	18
27	鹏博士	5.81	互联网和相关服务	3	主板	6	民营企业	19
28	泰合健康	5.75	医药制造业	4	主板	7	民营企业	20
29	东方电气	5.68	通用设备制造业	2	主板	8	中央国企	5
30	富临精工	5.66	汽车制造业	1	创业板	12	民营企业	21
31	爱乐达	5.63	铁路、船舶、航空航天和其他运输设备制造业	2	创业板	13	民营企业	22
32	依米康	5.25	软件和信息技术服务业	7	创业板	14	民营企业	23
33	中科信息	5.08	软件和信息技术服务业	8	创业板	15	中央国企	6
34	大西洋	5.06	金属制品业	1	主板	9	地方国企	4
35	东材科技	5.01	化学原料及化学制品制造业	3	主板	10	民营企业	24
36	日机密封	4.92	通用设备制造业	3	创业板	16	集体企业	1
37	深冷股份	4.80	通用设备制造业	4	创业板	17	民营企业	25
38	创维数字	4.79	计算机、通信和其他电子设备制造业	7	主板	11	公众企业	1
39	国光股份	4.70	化学原料及化学制品制造业	4	中小板	11	民营企业	26
40	川润股份	4.42	通用设备制造业	5	中小板	12	民营企业	27

附表5.1(续)

总排名	证券简称	研发强度/%	分行业排名		分板块排名		分属性排名	
41	西菱动力	4.41	汽车制造业	2	创业板	18	民营企业	28
42	西部资源	4.35	汽车制造业	3	主板	12	民营企业	29
43	硅宝科技	4.33	化学原料及化学制品制造业	5	创业板	19	公众企业	2
44	利尔化学	4.11	化学原料及化学制品制造业	6	中小板	13	其他企业	2
45	川环科技	3.99	橡胶和塑料制品业	1	创业板	20	民营企业	30
46	帝欧家居	3.96	家具制造业	1	中小板	14	民营企业	31
47	银河磁体	3.82	计算机、通信和其他电子设备制造业	8	创业板	21	公众企业	3
48	豪能股份	3.76	汽车制造业	4	主板	13	民营企业	32
49	航发科技	3.59	铁路、船舶、航空航天和其他运输设备制造业	3	主板	14	中央国企	7
50	北化股份	3.58	化学原料及化学制品制造业	7	中小板	15	中央国企	8
51	攀钢钒钛	3.55	有色金属冶炼及压延加工	1	主板	15	中央国企	9
52	汇源通信	3.42	计算机、通信和其他电子设备制造业	9	主板	16	公众企业	4
53	浪莎股份	3.30	纺织服装、服饰业	1	主板	17	民营企业	33
54	天邑股份	3.23	计算机、通信和其他电子设备制造业	10	创业板	22	民营企业	34
55	新金路	3.18	化学原料及化学制品制造业	8	主板	18	民营企业	35
56	华体科技	3.17	电气机械及器材制造业	1	主板	19	民营企业	36
57	浩物股份	3.14	通用设备制造业	6	主板	20	地方国企	5
58	环能科技	3.12	专用设备制造业	4	创业板	23	中央国企	10
59	科新机电	3.04	专用设备制造业	5	创业板	24	民营企业	37
60	金石东方	2.88	医药制造业	5	创业板	25	民营企业	38
61	利君股份	2.79	专用设备制造业	6	中小板	16	民营企业	39
62	尚纬股份	2.61	电气机械及器材制造业	2	主板	21	民营企业	40
63	金时科技	2.48	印刷和记录媒介复制业	1	中小板	17	民营企业	41
64	四川长虹	2.35	计算机、通信和其他电子设备制造业	11	主板	22	地方国企	6
65	华西能源	2.19	通用设备制造业	7	中小板	18	民营企业	42
66	川投能源	2.18	电力、热力生产和供应业	1	主板	23	地方国企	7
67	通威股份	2.17	农副食品加工业	1	主板	24	民营企业	43
68	雅化集团	2.15	化学原料及化学制品制造业	9	中小板	19	民营企业	44
69	盛和资源	2.09	有色金属冶炼及压延加工	2	主板	25	中央国企	11
70	旭光股份	2.08	计算机、通信和其他电子设备制造业	12	主板	26	民营企业	45
71	千禾味业	1.91	食品制造业	1	主板	27	民营企业	46
72	泸天化	1.73	化学原料及化学制品制造业	10	主板	28	地方国企	8
73	天翔环境	1.38	通用设备制造业	8	创业板	26	民营企业	47
74	和邦生物	1.36	化学原料及化学制品制造业	11	主板	29	民营企业	48
75	新乳业	1.30	食品制造业	2	中小板	20	民营企业	49
76	天齐锂业	1.01	有色金属冶炼及压延加工	3	中小板	21	民营企业	50
77	国金证券	0.99	资本市场服务	1	主板	30	民营企业	51
78	天原集团	0.97	化学原料及化学制品制造业	12	中小板	22	地方国企	9
79	泸州老窖	0.65	酒、饮料和精制茶制造业	1	主板	31	地方国企	10
80	四川路桥	0.64	土木工程建筑业	1	主板	32	地方国企	11
81	振静股份	0.57	皮革、毛皮、羽毛及其制品和制鞋业	1	主板	33	民营企业	52

附表5.1(续)

总排名	证券简称	研发强度/%	分行业排名		分板块排名		分属性排名	
82	舍得酒业	0.40	酒、饮料和精制茶制造业	2	主板	34	民营企业	53
83	富临运业	0.38	道路运输业	1	中小板	23	民营企业	54
84	云图控股	0.35	化学原料及化学制品制造业	13	中小板	24	民营企业	55
85	蓝光发展	0.34	房地产业	1	主板	35	民营企业	56
86	新华文轩	0.29	新闻和出版业	2	主板	36	地方国企	12
87	水井坊	0.27	酒、饮料和精制茶制造业	3	主板	37	外资企业	1
88	三泰控股	0.26	计算机、通信和其他电子设备制造业	13	中小板	25	民营企业	57
89	五粮液	0.21	酒、饮料和精制茶制造业	4	主板	38	地方国企	13
90	兴蓉环境	0.18	水的生产和供应业	1	主板	39	地方国企	14
91	易见股份	0.14	商务服务业	1	主板	41	地方国企	15
92	新希望	0.14	农副食品加工业	2	主板	40	民营企业	58
93	金宇车城	0.12	电气机械及器材制造业	3	主板	42	地方国企	16
94	四川美丰	0.06	化学原料及化学制品制造业	14	主板	43	中央国企	12
95	宏达股份	0.01	有色金属冶炼及压延加工	4	主板	44	民营企业	59
96	广汇物流	0.00	综合	1	主板	55	民营企业	64
97	华西证券	0.00	资本市场服务	2	中小板	31	地方国企	23
98	山鼎设计	0.00	专业技术服务业	2	创业板	28	民营企业	72
99	宜宾纸业	0.00	造纸及纸制品业	1	主板	58	地方国企	20
100	华塑控股	0.00	橡胶和塑料制品业	2	主板	46	民营企业	60
101	成都路桥	0.00	土木工程建筑业	2	中小板	28	民营企业	68
102	*ST 印纪	0.00	商务服务业	2	中小板	26	民营企业	66
103	富森美	0.00	商务服务业	3	中小板	30	民营企业	70
104	大通燃气	0.00	燃气生产和供应业	1	主板	47	民营企业	61
105	*ST 升达	0.00	燃气生产和供应业	2	中小板	27	民营企业	67
106	ST 正源	0.00	木材加工及木、竹、藤、棕、草制品业	1	主板	53	民营企业	63
107	茂业商业	0.00	零售业	1	主板	59	外资企业	2
108	红旗连锁	0.00	零售业	2	中小板	29	民营企业	69
109	吉峰科技	0.00	零售业	3	创业板	27	民营企业	71
110	成都银行	0.00	货币金融服务	1	主板	62	公众企业	6
111	川能动力	0.00	化学原料及化学制品制造业	15	主板	45	地方国企	17
112	峨眉山 A	0.00	公共设施管理业	1	主板	49	地方国企	19
113	四川双马	0.00	非金属矿物制品业	1	主板	50	民营企业	62
114	四川金顶	0.00	非金属矿物制品业	2	主板	57	民营企业	65
115	高新发展	0.00	房屋建筑业	1	主板	48	地方国企	18
116	明星电力	0.00	电力、热力生产和供应业	2	主板	51	中央国企	13
117	岷江水电	0.00	电力、热力生产和供应业	3	主板	52	中央国企	14
118	西昌电力	0.00	电力、热力生产和供应业	4	主板	54	中央国企	15
119	乐山电力	0.00	电力、热力生产和供应业	5	主板	56	公众企业	5
120	广安爱众	0.00	电力、热力生产和供应业	6	主板	60	地方国企	21
121	四川成渝	0.00	道路运输业	2	主板	61	地方国企	22
算术平均值 4.06%					中位数 2.79%			

附表 5.2 四川省上市公司高学历员工比例排名

总排名	证券简称	高学历员工比例/%	分行业排名		分板块排名		分属性排名	
1	国金证券	89.98	资本市场服务	1	主板	1	民营企业	1
2	中科信息	87.05	软件和信息技术服务业	1	创业板	1	中央国企	1
3	卫士通	84.46	软件和信息技术服务业	2	中小板	1	中央国企	2
4	成都银行	83.72	货币金融服务	1	主板	2	公众企业	1
5	山鼎设计	81.36	专业技术服务业	1	创业板	2	民营企业	2
6	易见股份	80.35	商务服务业	1	主板	3	地方国企	1
7	华西证券	80.25	资本市场服务	2	中小板	2	地方国企	2
8	久远银海	77.00	软件和信息技术服务业	3	中小板	3	其他企业	1
9	川能动力	75.47	化学原料及化学制品制造业	1	主板	4	地方国企	3
10	川大智胜	72.33	软件和信息技术服务业	4	中小板	4	民营企业	3
11	迅游科技	71.01	互联网和相关服务	1	创业板	3	民营企业	4
12	振芯科技	67.73	计算机、通信和其他电子设备制造业	1	创业板	4	民营企业	5
13	贝瑞基因	66.42	专业技术服务业	2	主板	5	民营企业	6
14	创意信息	63.65	软件和信息技术服务业	5	创业板	5	民营企业	7
15	天奥电子	62.92	计算机、通信和其他电子设备制造业	2	中小板	5	中央国企	3
16	川投能源	62.48	电力、热力生产和供应业	1	主板	6	地方国企	4
17	*ST 印纪	60.82	商务服务业	2	中小板	6	民营企业	8
18	运达科技	59.51	软件和信息技术服务业	6	创业板	6	民营企业	9
19	迈克生物	57.69	医药制造业	1	创业板	7	民营企业	10
20	佳发教育	52.09	软件和信息技术服务业	7	创业板	8	民营企业	11
21	博瑞传播	51.97	新闻和出版业	1	主板	7	地方国企	5
22	海特高新	51.13	铁路、船舶、航空航天和其他运输设备制造业	1	中小板	7	民营企业	12
23	西部资源	48.19	汽车制造业	1	主板	8	民营企业	13
24	兴蓉环境	48.00	水的生产和供应业	1	主板	9	地方国企	6
25	成都路桥	47.60	土木工程建筑业	1	中小板	8	民营企业	14
26	东方电气	46.80	通用设备制造业	1	主板	10	中央国企	4
27	泸州老窖	45.83	酒、饮料和精制茶制造业	1	主板	11	地方国企	7
28	金宇车城	45.42	电气机械及器材制造业	1	主板	12	地方国企	8
29	长城动漫	43.93	互联网和相关服务	2	主板	13	民营企业	15
30	*ST 集成	43.67	专用设备制造业	1	中小板	9	中央国企	5
31	康弘药业	42.13	医药制造业	2	中小板	10	民营企业	16
32	岷江水电	40.47	电力、热力生产和供应业	2	主板	14	中央国企	6
33	西昌电力	39.48	电力、热力生产和供应业	3	主板	15	中央国企	7
34	国光股份	38.89	化学原料及化学制品制造业	2	中小板	11	民营企业	17
35	达威股份	38.83	化学原料及化学制品制造业	3	创业板	9	民营企业	18
36	华塑控股	38.56	橡胶和塑料制品业	1	主板	16	民营企业	19
37	广汇物流	38.55	综合	1	主板	17	民营企业	20
38	四川路桥	37.21	土木工程建筑业	2	主板	18	地方国企	9
39	水井坊	37.19	酒、饮料和精制茶制造业	2	主板	19	外资企业	1
40	依米康	36.18	软件和信息技术服务业	8	创业板	10	民营企业	21

附表5.2(续)

总排名	证券简称	高学历员工比例/%	分行业排名		分板块排名		分属性排名	
41	厚普股份	36.09	专用设备制造业	2	创业板	11	民营企业	22
42	明星电力	35.60	电力、热力生产和供应业	4	主板	20	中央国企	8
43	高新发展	35.45	房屋建筑业	1	主板	21	地方国企	10
44	昊华科技	33.52	化学原料及化学制品制造业	4	主板	22	中央国企	9
45	日机密封	33.46	通用设备制造业	2	创业板	12	集体企业	1
46	华西能源	32.03	通用设备制造业	3	中小板	12	民营企业	23
47	航发科技	31.90	铁路、船舶、航空航天和其他运输设备制造业	2	主板	23	中央国企	10
48	新筑股份	31.37	通用设备制造业	4	中小板	13	地方国企	11
49	中光防雷	30.98	计算机、通信和其他电子设备制造业	3	创业板	13	民营企业	24
50	泰合健康	30.06	医药制造业	3	主板	24	民营企业	25
51	新华文轩	29.92	新闻和出版业	2	主板	25	地方国企	12
52	浪莎股份	29.78	纺织服装、服饰业	1	主板	26	民营企业	26
53	蓝光发展	29.67	房地产业	1	主板	27	民营企业	27
54	汇源通信	29.30	计算机、通信和其他电子设备制造业	4	主板	28	公众企业	2
55	*ST升达	29.29	燃气生产和供应业	1	中小板	14	民营企业	28
56	四川成渝	28.98	道路运输业	1	主板	29	地方国企	13
57	四川九洲	28.97	计算机、通信和其他电子设备制造业	5	主板	30	地方国企	14
58	环能科技	27.90	专用设备制造业	3	创业板	14	中央国企	11
59	硅宝科技	26.36	化学原料及化学制品制造业	5	创业板	15	公众企业	3
60	北化股份	26.17	化学原料及化学制品制造业	6	中小板	15	中央国企	12
61	天齐锂业	25.74	有色金属冶炼及压延加工	1	中小板	16	民营企业	29
62	台海核电	24.13	专用设备制造业	4	中小板	17	民营企业	30
63	科伦药业	23.92	医药制造业	4	中小板	18	民营企业	31
64	金亚科技	22.86	计算机、通信和其他电子设备制造业	6	创业板	16	民营企业	32
65	金石东方	22.08	医药制造业	5	创业板	17	民营企业	33
66	三泰控股	21.98	计算机、通信和其他电子设备制造业	7	中小板	19	民营企业	34
67	川润股份	20.83	通用设备制造业	5	中小板	20	民营企业	35
68	新易盛	20.54	计算机、通信和其他电子设备制造业	8	创业板	18	民营企业	36
69	东材科技	20.40	化学原料及化学制品制造业	7	主板	31	民营企业	37
70	创维数字	20.27	计算机、通信和其他电子设备制造业	9	主板	32	公众企业	4
71	通威股份	20.16	农副食品加工业	1	主板	33	民营企业	38
72	天原集团	19.94	化学原料及化学制品制造业	8	中小板	21	地方国企	15
73	富森美	19.05	商务服务业	3	中小板	22	民营企业	39
74	泸天化	18.92	化学原料及化学制品制造业	9	主板	34	地方国企	16
75	爱乐达	18.83	铁路、船舶、航空航天和其他运输设备制造业	3	创业板	19	民营企业	40
76	四川长虹	18.25	计算机、通信和其他电子设备制造业	10	主板	35	地方国企	17
77	利尔化学	18.07	化学原料及化学制品制造业	10	中小板	23	其他企业	2
78	攀钢钒钛	17.84	有色金属冶炼及压延加工	2	主板	36	中央国企	13
79	天翔环境	17.73	通用设备制造业	6	创业板	20	民营企业	41
80	广安爱众	17.61	电力、热力生产和供应业	5	主板	37	地方国企	18
81	四川双马	17.13	非金属矿物制品业	1	主板	38	民营企业	42

附表5.2(续)

总排名	证券简称	高学历员工比例/%	分行业排名		分板块排名		分属性排名	
82	富临精工	16.82	汽车制造业	2	创业板	21	民营企业	43
83	舍得酒业	16.69	酒、饮料和精制茶制造业	3	主板	39	民营企业	44
84	乐山电力	16.36	电力、热力生产和供应业	6	主板	40	公众企业	5
85	雅化集团	16.35	化学原料及化学制品制造业	11	中小板	24	民营企业	45
86	利君股份	16.28	专用设备制造业	5	中小板	25	民营企业	46
87	茂业商业	16.24	零售业	1	主板	41	外资企业	2
88	新乳业	16.13	食品制造业	1	中小板	26	民营企业	47
89	华体科技	15.78	电气机械及器材制造业	2	主板	42	民营企业	48
90	豪能股份	15.62	汽车制造业	3	主板	43	民营企业	49
91	大通燃气	14.20	燃气生产和供应业	2	主板	44	民营企业	50
92	鹏博士	14.08	互联网和相关服务	3	主板	45	民营企业	51
93	吉峰科技	13.86	零售业	2	创业板	22	民营企业	52
94	尚纬股份	13.83	电气机械及器材制造业	3	主板	46	民营企业	53
95	宜宾纸业	13.74	造纸及纸制品业	1	主板	47	地方国企	19
96	大西洋	13.65	金属制品业	1	主板	48	地方国企	20
97	ST 正源	13.42	木材加工及木、竹、藤、棕、草制品业	1	主板	49	民营企业	54
98	四川美丰	12.87	化学原料及化学制品制造业	12	主板	50	中央国企	14
99	帝欧家居	12.69	家具制造业	1	中小板	27	民营企业	55
100	新希望	12.40	农副食品加工业	2	主板	51	民营企业	56
101	峨眉山 A	12.01	公共设施管理业	1	主板	52	地方国企	21
102	四川金顶	11.70	非金属矿物制品业	2	主板	53	民营企业	57
103	天邑股份	11.49	计算机、通信和其他电子设备制造业	11	创业板	23	民营企业	58
104	旭光股份	10.99	计算机、通信和其他电子设备制造业	12	主板	54	民营企业	59
105	新金路	10.83	化学原料及化学制品制造业	13	主板	55	民营企业	60
106	川环科技	10.50	橡胶和塑料制品业	2	创业板	24	民营企业	61
107	云图控股	10.28	化学原料及化学制品制造业	14	中小板	28	民营企业	62
108	富临运业	9.67	道路运输业	2	中小板	29	民营企业	63
109	浩物股份	9.56	通用设备制造业	7	主板	56	地方国企	22
110	盛和资源	9.11	有色金属冶炼及压延加工	3	主板	57	中央国企	15
111	五粮液	8.97	酒、饮料和精制茶制造业	4	主板	58	地方国企	23
112	和邦生物	7.09	化学原料及化学制品制造业	15	主板	59	民营企业	64
113	西菱动力	4.66	汽车制造业	4	创业板	25	民营企业	65
114	宏达股份	4.26	有色金属冶炼及压延加工	4	主板	60	民营企业	66
115	红旗连锁	3.17	零售业	3	中小板	30	民营企业	67
116	深冷股份	2.22	通用设备制造业	8	创业板	26	民营企业	68
117	银河磁体	1.55	计算机、通信和其他电子设备制造业	13	创业板	27	公众企业	6
118	振静股份	1.28	皮革、毛皮、羽毛及其制品和制鞋业	1	主板	61	民营企业	69
119	金时科技	1.21	印刷和记录媒介复制业	1	中小板	31	民营企业	70
120	千禾味业	0.72	食品制造业	2	主板	62	民营企业	71
121	科新机电	0.35	专用设备制造业	6	创业板	28	民营企业	72
算术平均值　31.09%					中位数　25.74%			

附表 5.3　四川省上市公司科研人员人均创利排名

总排名	证券简称	科研人员人均创利/元/人	分行业排名		分板块排名		分属性排名	
1	川投能源	874 489.14	电力、热力生产和供应业	1	主板	1	地方国企	1
2	天齐锂业	418 188.81	有色金属冶炼及压延加工	1	中小板	1	民营企业	1
3	水井坊	214 231.80	酒、饮料和精制茶制造业	1	主板	2	外资企业	1
4	易见股份	197 956.44	商务服务业	1	主板	3	地方国企	2
5	蓝光发展	157 111.99	房地产业	1	主板	4	民营企业	2
6	和邦生物	118 820.47	化学原料及化学制品制造业	1	主板	5	民营企业	3
7	新华文轩	101 676.97	新闻和出版业	1	主板	6	地方国企	3
8	攀钢钒钛	92 446.36	有色金属冶炼及压延加工	2	主板	7	中央国企	1
9	泸州老窖	77 687.17	酒、饮料和精制茶制造业	2	主板	8	地方国企	4
10	千禾味业	72 651.21	食品制造业	1	主板	9	民营企业	4
11	国金证券	68 270.69	资本市场服务	1	主板	10	民营企业	5
12	新希望	58 610.92	农副食品加工业	1	主板	11	民营企业	6
13	五粮液	52 401.54	酒、饮料和精制茶制造业	3	主板	12	地方国企	5
14	兴蓉环境	51 495.53	水的生产和供应业	1	主板	13	地方国企	6
15	金时科技	49 557.97	印刷和记录媒介复制业	1	中小板	2	民营企业	7
16	舍得酒业	30 348.06	酒、饮料和精制茶制造业	4	主板	14	民营企业	8
17	四川美丰	22 996.27	化学原料及化学制品制造业	2	主板	15	中央国企	2
18	新乳业	20 559.93	食品制造业	2	中小板	3	民营企业	9
19	振静股份	18 746.86	皮革、毛皮、羽毛及其制品和制鞋业	1	主板	16	民营企业	10
20	台海核电	17 430.30	专用设备制造业	1	中小板	4	民营企业	11
21	贝瑞基因	17 427.09	专业技术服务业	1	主板	17	民营企业	12
22	盛和资源	17 013.27	有色金属冶炼及压延加工	3	主板	18	中央国企	3
23	康弘药业	16 051.68	医药制造业	1	中小板	5	民营企业	13
24	新金路	15 857.25	化学原料及化学制品制造业	3	主板	19	民营企业	14
25	通威股份	15 656.54	农副食品加工业	2	主板	20	民营企业	15
26	利尔化学	14 360.68	化学原料及化学制品制造业	4	中小板	6	其他企业	1
27	国光股份	14 253.11	化学原料及化学制品制造业	5	中小板	7	民营企业	16
28	银河磁体	13 704.19	计算机、通信和其他电子设备制造业	1	创业板	1	公众企业	1
29	豪能股份	12 970.47	汽车制造业	1	主板	21	民营企业	17
30	富临运业	12 695.85	道路运输业	1	中小板	8	民营企业	18
31	利君股份	12 136.77	专用设备制造业	2	中小板	9	民营企业	19
32	日机密封	11 392.75	通用设备制造业	1	创业板	2	集体企业	1
33	迈克生物	11 283.20	医药制造业	2	创业板	3	民营企业	20
34	泸天化	9 370.17	化学原料及化学制品制造业	6	主板	22	地方国企	7
35	环能科技	9 044.18	专用设备制造业	3	创业板	4	中央国企	4
36	川环科技	8 315.52	橡胶和塑料制品业	1	创业板	5	民营企业	21
37	爱乐达	7 782.45	铁路、船舶、航空航天和其他运输设备制造业	1	创业板	6	民营企业	22
38	硅宝科技	6 517.41	化学原料及化学制品制造业	7	创业板	7	公众企业	2
39	金石东方	6 467.52	医药制造业	3	创业板	8	民营企业	23
40	四川路桥	6 093.90	土木工程建筑业	1	主板	23	地方国企	8

附表5.3(续)

总排名	证券简称	科研人员人均创利/元/人	分行业排名		分板块排名		分属性排名	
41	佳发教育	5 775.75	软件和信息技术服务业	1	创业板	9	民营企业	24
42	浩物股份	5 720.70	通用设备制造业	2	主板	24	地方国企	9
43	达威股份	5 649.11	化学原料及化学制品制造业	8	创业板	10	民营企业	25
44	帝欧家居	5 447.25	家具制造业	1	中小板	10	民营企业	26
45	浪莎股份	5 439.04	纺织服装、服饰业	1	主板	25	民营企业	27
46	华体科技	5 385.36	电气机械及器材制造业	1	主板	26	民营企业	28
47	科伦药业	4 888.66	医药制造业	4	中小板	11	民营企业	29
48	天奥电子	4 453.28	计算机、通信和其他电子设备制造业	2	中小板	12	中央国企	5
49	云图控股	4 336.70	化学原料及化学制品制造业	9	中小板	13	民营企业	30
50	金宇车城	4 276.92	电气机械及器材制造业	2	主板	27	地方国企	10
51	西菱动力	3 558.72	汽车制造业	2	创业板	11	民营企业	31
52	中科信息	3 481.24	软件和信息技术服务业	2	创业板	12	中央国企	6
53	雅化集团	3 432.04	化学原料及化学制品制造业	10	中小板	14	民营企业	32
54	川润股份	3 161.92	通用设备制造业	3	中小板	15	民营企业	33
55	天邑股份	3 132.38	计算机、通信和其他电子设备制造业	3	创业板	13	民营企业	34
56	东方电气	3 085.40	通用设备制造业	4	主板	28	中央国企	7
57	旭光股份	3 059.84	计算机、通信和其他电子设备制造业	4	主板	29	民营企业	35
58	北化股份	2 787.26	化学原料及化学制品制造业	11	中小板	16	中央国企	8
59	天原集团	2 660.64	化学原料及化学制品制造业	12	中小板	17	地方国企	11
60	大西洋	2 557.13	金属制品业	1	主板	30	地方国企	12
61	中光防雷	2 548.28	计算机、通信和其他电子设备制造业	5	创业板	14	民营企业	36
62	创维数字	2 504.80	计算机、通信和其他电子设备制造业	6	主板	31	公众企业	3
63	运达科技	2 407.50	软件和信息技术服务业	3	创业板	15	民营企业	37
64	泰合健康	2 379.46	医药制造业	5	主板	32	民营企业	38
65	久远银海	2 315.21	软件和信息技术服务业	4	中小板	18	其他企业	2
66	昊华科技	2 284.79	化学原料及化学制品制造业	13	主板	33	中央国企	9
67	新易盛	1 894.50	计算机、通信和其他电子设备制造业	7	创业板	16	民营企业	39
68	尚纬股份	1 695.16	电气机械及器材制造业	3	主板	34	民营企业	40
69	海特高新	1 584.23	铁路、船舶、航空航天和其他运输设备制造业	2	中小板	19	民营企业	41
70	鹏博士	1 487.98	互联网和相关服务	1	主板	35	民营企业	42
71	卫士通	1 429.03	软件和信息技术服务业	5	中小板	20	中央国企	10
72	东材科技	1 268.42	化学原料及化学制品制造业	14	主板	36	民营企业	43
73	川大智胜	1 205.13	软件和信息技术服务业	6	中小板	21	民营企业	44
74	依米康	1 190.80	软件和信息技术服务业	7	创业板	17	民营企业	45
75	四川九洲	949.46	计算机、通信和其他电子设备制造业	8	主板	37	地方国企	13
76	新筑股份	620.44	通用设备制造业	5	中小板	22	地方国企	14
77	振芯科技	534.17	计算机、通信和其他电子设备制造业	9	创业板	18	民营企业	46
78	科新机电	371.12	专用设备制造业	4	创业板	19	民营企业	47
79	广汇物流	0.00	综合	1	主板	38	民营企业	48
80	华西证券	0.00	资本市场服务	2	中小板	23	地方国企	22
81	山鼎设计	0.00	专业技术服务业	2	创业板	20	民营企业	59

附表5.3(续)

总排名	证券简称	科研人员人均创利/元/人	分行业排名		分板块排名		分属性排名	
82	宜宾纸业	0.00	造纸及纸制品业	1	主板	39	地方国企	15
83	华塑控股	0.00	橡胶和塑料制品业	2	主板	40	民营企业	49
84	成都路桥	0.00	土木工程建筑业	2	中小板	24	民营企业	54
85	*ST 印纪	0.00	商务服务业	2	中小板	25	民营企业	55
86	富森美	0.00	商务服务业	3	中小板	26	民营企业	56
87	大通燃气	0.00	燃气生产和供应业	1	主板	41	民营企业	50
88	*ST 升达	0.00	燃气生产和供应业	2	中小板	27	民营企业	57
89	ST 正源	0.00	木材加工及木、竹、藤、棕、草制品业	1	主板	42	民营企业	51
90	茂业商业	0.00	零售业	1	主板	43	外资企业	2
91	红旗连锁	0.00	零售业	2	中小板	28	民营企业	58
92	吉峰科技	0.00	零售业	3	创业板	21	民营企业	60
93	四川长虹	0.00	计算机、通信和其他电子设备制造业	10	主板	44	地方国企	16
94	成都银行	0.00	货币金融服务	1	主板	45	公众企业	4
95	川能动力	0.00	化学原料及化学制品制造业	15	主板	46	地方国企	17
96	峨眉山 A	0.00	公共设施管理业	1	主板	47	地方国企	18
97	四川双马	0.00	非金属矿物制品业	1	主板	48	民营企业	52
98	四川金顶	0.00	非金属矿物制品业	2	主板	49	民营企业	53
99	高新发展	0.00	房屋建筑业	1	主板	50	地方国企	19
100	明星电力	0.00	电力、热力生产和供应业	2	主板	51	中央国企	11
101	岷江水电	0.00	电力、热力生产和供应业	3	主板	52	中央国企	12
102	西昌电力	0.00	电力、热力生产和供应业	4	主板	53	中央国企	13
103	乐山电力	0.00	电力、热力生产和供应业	5	主板	54	公众企业	5
104	广安爱众	0.00	电力、热力生产和供应业	6	主板	55	地方国企	20
105	四川成渝	0.00	道路运输业	2	主板	56	地方国企	21
106	汇源通信	−144.82	计算机、通信和其他电子设备制造业	11	主板	57	公众企业	6
107	西部资源	−4 549.76	汽车制造业	3	主板	58	民营企业	61
108	创意信息	−5 895.56	软件和信息技术服务业	8	创业板	22	民营企业	62
109	航发科技	−7 104.05	铁路、船舶、航空航天和其他运输设备制造业	3	主板	59	中央国企	14
110	华西能源	−7 465.10	通用设备制造业	6	中小板	29	民营企业	63
111	*ST 集成	−9 652.85	专用设备制造业	5	中小板	30	中央国企	15
112	深冷股份	−16 083.02	通用设备制造业	7	创业板	23	民营企业	64
113	金亚科技	−18 944.31	计算机、通信和其他电子设备制造业	12	创业板	24	民营企业	65
114	博瑞传播	−19 894.66	新闻和出版业	2	主板	60	地方国企	23
115	迅游科技	−36 997.77	互联网和相关服务	2	创业板	25	民营企业	66
116	厚普股份	−39 698.44	专用设备制造业	6	创业板	26	民营企业	67
117	长城动漫	−72 870.26	互联网和相关服务	3	主板	61	民营企业	68
118	富临精工	−102 121.17	汽车制造业	4	创业板	27	民营企业	69
119	宏达股份	−129 192.24	有色金属冶炼及压延加工	4	主板	62	民营企业	70
120	三泰控股	−249 927.54	计算机、通信和其他电子设备制造业	13	中小板	31	民营企业	71
121	天翔环境	−420 499.49	通用设备制造业	8	创业板	28	民营企业	72
算数平均值　15 900.75					中位数　2 548.28			

附表 5.4 四川省上市公司研发支出利润率排名

总排名	证券简称	研发支出利润率/%	分行业排名		分板块排名		分属性排名	
1	川投能源	191.40	电力、热力生产和供应业	1	主板	1	地方国企	1
2	五粮液	166.96	酒、饮料和精制茶制造业	1	主板	2	地方国企	2
3	四川美丰	134.78	化学原料及化学制品制造业	1	主板	3	中央国企	1
4	兴蓉环境	132.66	水的生产和供应业	1	主板	4	地方国企	3
5	水井坊	77.49	酒、饮料和精制茶制造业	2	主板	5	外资企业	1
6	易见股份	45.52	商务服务业	1	主板	6	地方国企	4
7	天齐锂业	44.58	有色金属冶炼及压延加工	1	中小板	1	民营企业	1
8	舍得酒业	42.86	酒、饮料和精制茶制造业	3	主板	7	民营企业	2
9	泸州老窖	41.14	酒、饮料和精制茶制造业	4	主板	8	地方国企	5
10	新华文轩	39.28	新闻和出版业	1	主板	9	地方国企	6
11	新希望	28.66	农副食品加工业	1	主板	10	民营企业	3
12	国金证券	27.49	资本市场服务	1	主板	11	民营企业	4
13	蓝光发展	23.84	房地产业	1	主板	12	民营企业	5
14	振静股份	16.94	皮革、毛皮、羽毛及其制品和制鞋业	1	主板	13	民营企业	6
15	金时科技	12.04	印刷和记录媒介复制业	1	中小板	2	民营企业	7
16	千禾味业	11.79	食品制造业	1	主板	14	民营企业	8
17	富临运业	11.50	道路运输业	1	中小板	3	民营企业	9
18	金宇车城	11.13	电气机械及器材制造业	1	主板	15	地方国企	7
19	爱乐达	9.49	铁路、船舶、航空航天和其他运输设备制造业	1	创业板	1	民营企业	10
20	利君股份	8.25	专用设备制造业	1	中小板	4	民营企业	11
21	银河磁体	6.88	计算机、通信和其他电子设备制造业	1	创业板	2	公众企业	1
22	云图控股	6.14	化学原料及化学制品制造业	2	中小板	5	民营企业	12
23	攀钢钒钛	5.88	有色金属冶炼及压延加工	2	主板	16	中央国企	2
24	国光股份	5.76	化学原料及化学制品制造业	3	中小板	6	民营企业	13
25	川环科技	5.64	橡胶和塑料制品业	1	创业板	3	民营企业	14
26	金石东方	5.49	医药制造业	1	创业板	4	民营企业	15
27	豪能股份	4.96	汽车制造业	1	主板	17	民营企业	16
28	日机密封	4.93	通用设备制造业	1	创业板	5	集体企业	1
29	四川路桥	4.73	土木工程建筑业	1	主板	18	地方国企	8
30	泸天化	4.61	化学原料及化学制品制造业	4	主板	19	地方国企	9
31	华体科技	4.23	电气机械及器材制造业	2	主板	20	民营企业	17
32	浩物股份	4.00	通用设备制造业	2	主板	21	地方国企	10
33	环能科技	3.94	专用设备制造业	2	创业板	6	中央国企	3
34	利尔化学	3.94	化学原料及化学制品制造业	5	中小板	7	其他企业	1
35	新乳业	3.82	食品制造业	2	中小板	8	民营企业	18
36	和邦生物	3.65	化学原料及化学制品制造业	6	主板	22	民营企业	19
37	雅化集团	3.48	化学原料及化学制品制造业	7	中小板	9	民营企业	20
38	佳发教育	3.41	软件和信息技术服务业	1	创业板	7	民营企业	21
39	通威股份	3.40	农副食品加工业	2	主板	23	民营企业	22
40	台海核电	3.38	专用设备制造业	3	中小板	10	民营企业	23

附表5.4(续)

总排名	证券简称	研发支出利润率/%	分行业排名		分板块排名		分属性排名	
41	迈克生物	2.97	医药制造业	2	创业板	8	民营企业	24
42	西菱动力	2.90	汽车制造业	2	创业板	9	民营企业	25
43	旭光股份	2.79	计算机、通信和其他电子设备制造业	2	主板	24	民营企业	26
44	贝瑞基因	2.78	专业技术服务业	1	主板	25	民营企业	27
45	中科信息	2.64	软件和信息技术服务业	2	创业板	10	中央国企	4
46	浪莎股份	2.28	纺织服装、服饰业	1	主板	26	民营企业	28
47	帝欧家居	2.20	家具制造业	1	中小板	11	民营企业	29
48	盛和资源	2.09	有色金属冶炼及压延加工	3	主板	27	中央国企	5
49	康弘药业	1.99	医药制造业	3	中小板	12	民营企业	30
50	中光防雷	1.94	计算机、通信和其他电子设备制造业	3	创业板	11	民营企业	31
51	硅宝科技	1.73	化学原料及化学制品制造业	8	创业板	12	公众企业	2
52	天邑股份	1.70	计算机、通信和其他电子设备制造业	4	创业板	13	民营企业	32
53	达威股份	1.70	化学原料及化学制品制造业	9	创业板	14	民营企业	33
54	昊华科技	1.65	化学原料及化学制品制造业	10	主板	28	中央国企	6
55	新金路	1.56	化学原料及化学制品制造业	11	主板	29	民营企业	34
56	川润股份	1.52	通用设备制造业	3	中小板	13	民营企业	35
57	天奥电子	1.48	计算机、通信和其他电子设备制造业	5	中小板	14	中央国企	7
58	北化股份	1.47	化学原料及化学制品制造业	12	中小板	15	中央国企	8
59	尚纬股份	1.41	电气机械及器材制造业	3	主板	30	民营企业	36
60	运达科技	1.40	软件和信息技术服务业	3	创业板	15	民营企业	37
61	久远银海	1.18	软件和信息技术服务业	4	中小板	16	其他企业	2
62	科伦药业	1.14	医药制造业	4	中小板	17	民营企业	38
63	鹏博士	0.94	互联网和相关服务	1	主板	31	民营企业	39
64	泰合健康	0.86	医药制造业	5	主板	32	民营企业	40
65	创维数字	0.85	计算机、通信和其他电子设备制造业	6	主板	33	公众企业	3
66	川大智胜	0.78	软件和信息技术服务业	5	中小板	18	民营企业	41
67	天原集团	0.70	化学原料及化学制品制造业	13	中小板	19	地方国企	11
68	东方电气	0.69	通用设备制造业	4	主板	34	中央国企	9
69	新易盛	0.60	计算机、通信和其他电子设备制造业	7	创业板	16	民营企业	42
70	大西洋	0.57	金属制品业	1	主板	35	地方国企	12
71	依米康	0.52	软件和信息技术服务业	6	创业板	17	民营企业	43
72	卫士通	0.52	软件和信息技术服务业	7	中小板	20	中央国企	10
73	科新机电	0.47	专用设备制造业	4	创业板	18	民营企业	44
74	东材科技	0.40	化学原料及化学制品制造业	14	主板	36	民营企业	45
75	四川九洲	0.36	计算机、通信和其他电子设备制造业	8	主板	37	地方国企	13
76	四川长虹	0.34	计算机、通信和其他电子设备制造业	9	主板	38	地方国企	14
77	海特高新	0.23	铁路、船舶、航空航天和其他运输设备制造业	2	中小板	21	民营企业	46
78	振芯科技	0.21	计算机、通信和其他电子设备制造业	10	创业板	19	民营企业	47
79	新筑股份	0.11	通用设备制造业	5	中小板	22	地方国企	15
80	明星电力	0.00	电力、热力生产和供应业	2	主板	39	中央国企	11
81	岷江水电	0.00	电力、热力生产和供应业	3	主板	40	中央国企	12

附表5.4(续)

总排名	证券简称	研发支出利润率/%	分行业排名		分板块排名		分属性排名	
82	西昌电力	0.00	电力、热力生产和供应业	4	主板	41	中央国企	13
83	茂业商业	0.00	零售业	3	主板	42	外资企业	2
84	广汇物流	0.00	综合	1	主板	43	民营企业	48
85	华塑控股	0.00	橡胶和塑料制品业	2	主板	44	民营企业	49
86	大通燃气	0.00	燃气生产和供应业	1	主板	45	民营企业	50
87	ST 正源	0.00	木材加工及木、竹、藤、棕、草制品业	1	主板	46	民营企业	51
88	四川双马	0.00	非金属矿物制品业	1	主板	47	民营企业	52
89	四川金顶	0.00	非金属矿物制品业	2	主板	48	民营企业	53
90	成都路桥	0.00	土木工程建筑业	2	中小板	23	民营企业	54
91	*ST 印纪	0.00	商务服务业	2	中小板	24	民营企业	55
92	富森美	0.00	商务服务业	3	中小板	25	民营企业	56
93	*ST 升达	0.00	燃气生产和供应业	2	中小板	26	民营企业	57
94	红旗连锁	0.00	零售业	1	中小板	27	民营企业	58
95	山鼎设计	0.00	专业技术服务业	2	创业板	20	民营企业	59
96	吉峰科技	0.00	零售业	2	创业板	21	民营企业	60
97	成都银行	0.00	货币金融服务	1	主板	49	公众企业	4
98	乐山电力	0.00	电力、热力生产和供应业	5	主板	50	公众企业	5
99	宜宾纸业	0.00	造纸及纸制品业	1	主板	51	地方国企	16
100	川能动力	0.00	化学原料及化学制品制造业	15	主板	52	地方国企	17
101	峨眉山 A	0.00	公共设施管理业	1	主板	53	地方国企	18
102	高新发展	0.00	房屋建筑业	1	主板	54	地方国企	19
103	广安爱众	0.00	电力、热力生产和供应业	6	主板	55	地方国企	20
104	四川成渝	0.00	道路运输业	2	主板	56	地方国企	21
105	华西证券	0.00	资本市场服务	2	中小板	28	地方国企	22
106	汇源通信	-0.13	计算机、通信和其他电子设备制造业	11	主板	57	公众企业	6
107	西部资源	-0.34	汽车制造业	3	主板	58	民营企业	61
108	华西能源	-1.82	通用设备制造业	6	中小板	29	民营企业	62
109	创意信息	-3.33	软件和信息技术服务业	8	创业板	22	民营企业	63
110	*ST 集成	-3.34	专用设备制造业	5	中小板	30	中央国企	14
111	航发科技	-3.42	铁路、船舶、航空航天和其他运输设备制造业	3	主板	59	中央国企	15
112	深冷股份	-7.03	通用设备制造业	7	创业板	23	民营企业	64
113	博瑞传播	-8.43	新闻和出版业	2	主板	60	地方国企	23
114	厚普股份	-10.10	专用设备制造业	6	创业板	24	民营企业	65
115	迅游科技	-11.85	互联网和相关服务	2	创业板	25	民营企业	66
116	金亚科技	-12.09	计算机、通信和其他电子设备制造业	12	创业板	26	民营企业	67
117	富临精工	-27.85	汽车制造业	4	创业板	27	民营企业	68
118	长城动漫	-50.65	互联网和相关服务	3	主板	61	民营企业	69
119	三泰控股	-116.56	计算机、通信和其他电子设备制造业	13	中小板	31	民营企业	70
120	天翔环境	-363.52	通用设备制造业	8	创业板	28	民营企业	71
121	宏达股份	-7 749.64	有色金属冶炼及压延加工	4	主板	62	民营企业	72
算术平均值 -59.08					中位数 1.18			

附表 5.5　四川省上市公司创新能力综合得分排名

总排名	证券简称	创新能力综合得分	分行业排名		分板块排名		分属性排名	
1	东方电气	0.029 5	通用设备制造业	1	主板	1	中央国企	1
2	海特高新	0.025 6	铁路、船舶、航空航天和其他运输设备制造业	1	中小板	1	民营企业	1
3	科伦药业	0.021 9	医药制造业	1	中小板	2	民营企业	2
4	昊华科技	0.021 6	化学原料及化学制品制造业	1	主板	2	中央国企	2
5	鹏博士	0.020 4	互联网和相关服务	1	主板	3	民营企业	3
6	川大智胜	0.019 9	软件和信息技术服务业	1	中小板	3	民营企业	4
7	振芯科技	0.019 8	计算机、通信和其他电子设备制造业	1	创业板	1	民营企业	5
8	卫士通	0.019 2	软件和信息技术服务业	2	中小板	4	中央国企	3
9	五粮液	0.018 2	酒、饮料和精制茶制造业	1	主板	4	地方国企	1
10	久远银海	0.017 3	软件和信息技术服务业	3	中小板	5	其他企业	1
11	博瑞传播	0.017 2	新闻和出版业	1	主板	5	地方国企	2
12	四川路桥	0.016 4	土木工程建筑业	1	主板	6	地方国企	3
13	运达科技	0.015 8	软件和信息技术服务业	4	创业板	2	民营企业	6
14	创意信息	0.014 6	软件和信息技术服务业	5	创业板	3	民营企业	7
15	新筑股份	0.013 5	通用设备制造业	2	中小板	6	地方国企	4
16	*ST 集成	0.013 5	专用设备制造业	1	中小板	7	中央国企	4
17	康弘药业	0.013 5	医药制造业	2	中小板	8	民营企业	8
18	创维数字	0.013 2	计算机、通信和其他电子设备制造业	2	主板	7	公众企业	1
19	迅游科技	0.013 0	互联网和相关服务	2	创业板	4	民营企业	9
20	四川九洲	0.012 9	计算机、通信和其他电子设备制造业	3	主板	8	地方国企	5
21	通威股份	0.012 1	农副食品加工业	1	主板	9	民营企业	10
22	佳发教育	0.012 0	软件和信息技术服务业	6	创业板	5	民营企业	11
23	厚普股份	0.011 8	专用设备制造业	2	创业板	6	民营企业	12
24	迈克生物	0.011 7	医药制造业	3	创业板	7	民营企业	13
25	中科信息	0.011 7	软件和信息技术服务业	7	创业板	8	中央国企	5
26	天奥电子	0.011 6	计算机、通信和其他电子设备制造业	4	中小板	9	中央国企	6
27	长城动漫	0.011 4	互联网和相关服务	3	主板	10	民营企业	14
28	金亚科技	0.011 0	计算机、通信和其他电子设备制造业	5	创业板	9	民营企业	15
29	贝瑞基因	0.011 0	专业技术服务业	1	主板	11	民营企业	16
30	国金证券	0.010 0	资本市场服务	1	主板	12	民营企业	17
31	依米康	0.009 2	软件和信息技术服务业	8	创业板	10	民营企业	18
32	中光防雷	0.009 1	计算机、通信和其他电子设备制造业	6	创业板	11	民营企业	19
33	帝欧家居	0.009 0	家具制造业	1	中小板	10	民营企业	20
34	达威股份	0.008 8	化学原料及化学制品制造业	2	创业板	12	民营企业	21
35	台海核电	0.008 6	专用设备制造业	3	中小板	11	民营企业	22
36	航发科技	0.008 6	铁路、船舶、航空航天和其他运输设备制造业	2	主板	13	中央国企	7
37	泸州老窖	0.008 4	酒、饮料和精制茶制造业	2	主板	14	地方国企	6
38	北化股份	0.008 4	化学原料及化学制品制造业	3	中小板	12	中央国企	8
39	易见股份	0.008 3	商务服务业	1	主板	15	地方国企	7
40	雅化集团	0.008 3	化学原料及化学制品制造业	4	中小板	13	民营企业	23

附表5.5(续)

总排名	证券简称	创新能力综合得分	分行业排名		分板块排名		分属性排名	
41	国光股份	0.008 3	化学原料及化学制品制造业	5	中小板	14	民营企业	24
42	成都银行	0.008 2	货币金融服务	1	主板	16	公众企业	2
43	利尔化学	0.008 1	化学原料及化学制品制造业	6	中小板	15	其他企业	2
44	川投能源	0.008 1	电力、热力生产和供应业	1	主板	17	地方国企	8
45	山鼎设计	0.008 1	专业技术服务业	2	创业板	13	民营企业	25
46	新易盛	0.008 0	计算机、通信和其他电子设备制造业	7	创业板	14	民营企业	26
47	华西证券	0.008 0	资本市场服务	2	中小板	16	地方国企	9
48	泰合健康	0.007 9	医药制造业	4	主板	18	民营企业	27
49	日机密封	0.007 9	通用设备制造业	3	创业板	15	集体企业	1
50	西部资源	0.007 8	汽车制造业	1	主板	19	民营企业	28
51	川能动力	0.007 7	化学原料及化学制品制造业	7	主板	20	地方国企	10
52	东材科技	0.007 6	化学原料及化学制品制造业	8	主板	21	民营企业	29
53	富临精工	0.007 5	汽车制造业	2	创业板	16	民营企业	30
54	天邑股份	0.007 4	计算机、通信和其他电子设备制造业	8	创业板	17	民营企业	31
55	大西洋	0.007 3	金属制品业	1	主板	22	地方国企	11
56	攀钢钒钛	0.007 2	有色金属冶炼及压延加工	1	主板	23	中央国企	9
57	兴蓉环境	0.006 9	水的生产和供应业	1	主板	24	地方国企	12
58	爱乐达	0.006 8	铁路、船舶、航空航天和其他运输设备制造业	3	创业板	18	民营企业	32
59	硅宝科技	0.006 8	化学原料及化学制品制造业	9	创业板	19	公众企业	3
60	天原集团	0.006 8	化学原料及化学制品制造业	10	中小板	17	地方国企	13
61	汇源通信	0.006 8	计算机、通信和其他电子设备制造业	9	主板	25	公众企业	4
62	华西能源	0.006 7	通用设备制造业	4	中小板	18	民营企业	33
63	川润股份	0.006 7	通用设备制造业	5	中小板	19	民营企业	34
64	环能科技	0.006 7	专用设备制造业	4	创业板	20	中央国企	10
65	*ST 印纪	0.006 6	商务服务业	2	中小板	20	民营企业	35
66	金石东方	0.006 6	医药制造业	5	创业板	21	民营企业	36
67	泸天化	0.006 6	化学原料及化学制品制造业	11	主板	26	地方国企	14
68	尚纬股份	0.006 5	电气机械及器材制造业	1	主板	27	民营企业	37
69	浪莎股份	0.006 3	纺织服装、服饰业	1	主板	28	民营企业	38
70	豪能股份	0.006 0	汽车制造业	3	主板	29	民营企业	39
71	川环科技	0.005 9	橡胶和塑料制品业	1	创业板	22	民营企业	40
72	新希望	0.005 9	农副食品加工业	2	主板	30	民营企业	41
73	西菱动力	0.005 8	汽车制造业	4	创业板	23	民营企业	42
74	华体科技	0.005 7	电气机械及器材制造业	2	主板	31	民营企业	43
75	成都路桥	0.005 7	土木工程建筑业	2	中小板	21	民营企业	44
76	金宇车城	0.005 7	电气机械及器材制造业	3	主板	32	地方国企	15
77	蓝光发展	0.005 5	房地产业	1	主板	33	民营企业	45
78	云图控股	0.005 4	化学原料及化学制品制造业	12	中小板	22	民营企业	46
79	利君股份	0.005 4	专用设备制造业	5	中小板	23	民营企业	47
80	浩物股份	0.005 3	通用设备制造业	6	主板	34	地方国企	16
81	水井坊	0.005 2	酒、饮料和精制茶制造业	3	主板	35	外资企业	1

附表5.5(续)

总排名	证券简称	创新能力综合得分	分行业排名		分板块排名		分属性排名	
82	旭光股份	0.005 2	计算机、通信和其他电子设备制造业	10	主板	36	民营企业	48
83	深冷股份	0.005 2	通用设备制造业	7	创业板	24	民营企业	49
84	岷江水电	0.005 2	电力、热力生产和供应业	2	主板	37	中央国企	11
85	西昌电力	0.005 1	电力、热力生产和供应业	3	主板	38	中央国企	12
86	新华文轩	0.005 1	新闻和出版业	2	主板	39	地方国企	17
87	华塑控股	0.005 0	橡胶和塑料制品业	2	主板	40	民营企业	50
88	广汇物流	0.005 0	综合	1	主板	41	民营企业	51
89	天齐锂业	0.005 0	有色金属冶炼及压延加工	2	中小板	24	民营企业	52
90	新金路	0.005 0	化学原料及化学制品制造业	13	主板	42	民营企业	53
91	银河磁体	0.004 9	计算机、通信和其他电子设备制造业	11	创业板	25	公众企业	6
92	盛和资源	0.004 9	有色金属冶炼及压延加工	3	主板	43	中央国企	13
93	科新机电	0.004 8	专用设备制造业	6	创业板	26	民营企业	54
94	明星电力	0.004 8	电力、热力生产和供应业	4	主板	44	中央国企	14
95	高新发展	0.004 8	房屋建筑业	1	主板	45	地方国企	18
96	新乳业	0.004 7	食品制造业	1	中小板	25	民营企业	55
97	四川长虹	0.004 7	计算机、通信和其他电子设备制造业	12	主板	46	地方国企	19
98	舍得酒业	0.004 4	酒、饮料和精制茶制造业	4	主板	47	民营企业	56
99	*ST 升达	0.004 4	燃气生产和供应业	1	中小板	26	民营企业	57
100	四川成渝	0.004 4	道路运输业	1	主板	48	地方国企	20
101	天翔环境	0.004 3	通用设备制造业	8	创业板	27	民营企业	58
102	三泰控股	0.004 0	计算机、通信和其他电子设备制造业	13	中小板	27	民营企业	59
103	四川美丰	0.003 8	化学原料及化学制品制造业	14	主板	49	中央国企	15
104	金时科技	0.003 8	印刷和记录媒介复制业	1	中小板	28	民营企业	60
105	富森美	0.003 6	商务服务业	3	中小板	29	民营企业	61
106	和邦生物	0.003 6	化学原料及化学制品制造业	15	主板	50	民营企业	62
107	广安爱众	0.003 5	电力、热力生产和供应业	5	主板	51	地方国企	21
108	四川双马	0.003 5	非金属矿物制品业	1	主板	52	民营企业	63
109	千禾味业	0.003 5	食品制造业	2	主板	53	民营企业	64
110	乐山电力	0.003 5	电力、热力生产和供应业	6	主板	54	公众企业	5
111	茂业商业	0.003 4	零售业	1	主板	55	外资企业	2
112	富临运业	0.003 4	道路运输业	2	中小板	30	民营企业	65
113	大通燃气	0.003 3	燃气生产和供应业	2	主板	56	民营企业	66
114	吉峰科技	0.003 3	零售业	2	创业板	28	民营企业	67
115	宜宾纸业	0.003 3	造纸及纸制品业	1	主板	57	地方国企	22
116	ST 正源	0.003 2	木材加工及木、竹、藤、棕、草制品业	1	主板	58	民营企业	68
117	峨眉山 A	0.003 1	公共设施管理业	1	主板	59	地方国企	23
118	四川金顶	0.003 1	非金属矿物制品业	2	主板	60	民营企业	69
119	振静股份	0.002 8	皮革、毛皮、羽毛及其制品和制鞋业	1	主板	61	民营企业	70
120	红旗连锁	0.002 5	零售业	3	中小板	31	民营企业	71
121	宏达股份	0.001 4	有色金属冶炼及压延加工	4	主板	62	民营企业	72

第六章　投融资发展报告

投资决策、融资决策和股利分配决策是公司最重要的三大决策。投资和融资分别代表了企业资本流动的不同阶段，投融资效率反映了企业资本流动的效率，在一定程度上决定了企业在市场竞争中的地位和发展前景。研究企业的投融资行为和投融资效率在成为政府、企业和投资者关注的重要主题。

投资是融资的目的，融资是投资的前提条件，企业投资行为和融资行为的研究是相互关联的。上市公司通常代表一个地区较为优质的企业群体，对上市公司投融资行为的研究是非常必要的。很多上市公司在发展过程中会通过并购重组来调整业务结构和资产结构，涉及了上市公司的投融资行为，另外，上市公司并购重组行为也是多方关注的热点。基于此，本报告研究四川省上市公司的投融资及并购重组发展情况，探究四川省上市公司的投融资规模与结构，发现四川省上市公司投融资及并购重组的特征。

第一节　投融资评价概述

为了解四川省上市公司的投融资结构和并购重组结构，本报告对上市公司投融资和并购重组等概念进行介绍，并对具体测量指标进行说明。

一、上市公司投融资概念介绍

企业投资是指企业投入财力，以期在未来获取收益的一种行为。根据投资方向，企业投资分为对内投资和对外投资两类。对内投资是企业的一种直接投资，是指把资金投放在企业内部以购置各种生产经营用资产的投资，在内容上包括流动资产、固定资产及无形资产等[28]。对外投资是指企业将一定数量的货币资金、股权、实物资产和无形资产等对外进行各种形式的投资活动，以换取另外一项资产并在未来期间获取相应收益的行为[29]。

企业融资是企业筹集资金的行为与过程，是指企业作为筹资主体，根据经营活动、投资活动和资本结构调整等需要，通过一定的金融市场和筹资渠道，采取一定的筹资方式，经济有效地筹措和集中资本的活动[30]。根据筹资范围、筹资机制和资本属性的不同，融资可以分为不同的类型。基于财务管理的分类，上市公司融资方式可以分为发行股票融资、债券融资、银行借款融资、商业信用融资和自我累计融资五种。

并购是“兼并”和“收购”的统称，重组是指通过经济、法律等手段，对企业间原有的资源要素进行分拆、整合及内部优化。上市公司的并购重组就交易形态来说，包括上市公司收购、重大资产重组、回购、合并等方式，上市公司可以通过这些形式对公司的股权结构、业务发展和资产组合产生重要影响[32]。作为上市公司并购重组的重要交易形态，重大资产重组是当前证券业务中最复杂的业务模式之一。重大资产重组是指上市公司及其控股或控制的公司在日常经营活动之外，通过购买、出售资产等方式进行资产交易达到规定比例，导致上市公司主营业务、资产发生重大改变的资产交易行为[33]。

二、投融资测量指标

（一）投资

根据投资方向，企业投资分为对内投资和对外投资两类，根据上市公司定期披露的财务报告和现有理论，选取合并报表中无形资产和固定资产、在建工程科目来衡量集团公司对内投资额；选取合并报表中长期股权投资、持有至到期投资、投资性房地产、债权投资科目作为企业对外投资额。

对于上市公司主体来说，母公司对子公司的投资也是极为重要的一部分，这里选取合并报表中的长期股权投资、其他应收款、预付款项的总和减去母公司报表中对应科目总和作为母公司对子公司的投资总额。

（二）融资

上市公司融资方式分为发行股票融资、债券融资、银行借款融资、商业信用融资和自我累计融资五种。股权融资作为上市公司的一项重要手段，也是较多公司上市的目的，其募集资金主要通过三种方式：IPO（首次公开募股）、增发和配股，债券融资通过公开或非公开发行公司债和可转债的形式募集资金，选取二者之和作为债券融资额。银行借款融资也叫金融性负债，在财务报表中体现为短期借款、一年内到期的非流动负债、应付短期负债和长期借款科目。商业信用融资即经营性负债，主要包含对产业链上下游企业的资金占用，选取报表中应付款项、预收款项、长期应付款之和作为商业信用融资额。自我累计融资是指企业自身利润累积，主要包含未分配利润、盈余公积两个科目。

年度融资规模＝本年IPO、增发、配股金额+本年度发行债券金额+（本年末银行借款-本年初银行借款）+（本年末经营性负债-本年初经营性负债）+（本年末利润留存-本年初利润留存）

（三）并购重组

上市公司的并购重组行为发生较为频繁，根据相关规定，其披露的重大资产重组事项才是投资者关注的重点，所以选取了重大资产重组的交易次数和规模作为并购重组的衡量标准。

第二节　投资规模与结构分析

上市公司投资是指其对现在所持有资金的一种运用，其目的是为了在未来一定时期内获得与风险相匹配的收益。在市场经济条件下，上市公司投资结构的合理性对公司的生存和发展十分重要。本部分首先分析四川省上市公司总体投资规模与结构，随后分别从内部投资、对外投资和对子公司投资的角度分析四川省上市公司的投资规模与结构，探讨四川省上市公司的投资特征。

一、总投资

本部分首先分析四川省上市公司近年来的总投资规模和趋势，随后基于2018年四川省上市公司的总投资规模排名探讨上市公司的投资结构。

（一）总投资的总体情况和趋势

图6.1为2013—2018年四川省上市公司总投资规模及其占资产比重的变化趋势图，从图中可以看出，总投资规模在这六年间呈稳步上升趋势，在2018年总投资额已达5 431.93亿元，6年间累计增长了97.62%，这表明上市公司的总投资额在逐年变多。从投资在总资产中的占比来看，总体趋势是逐年降低，6年间累计降低了6.23个百分点，这说明上市公司的总投资额增长相较于总资产的增长相对较慢，投资能力有待进一步加强。

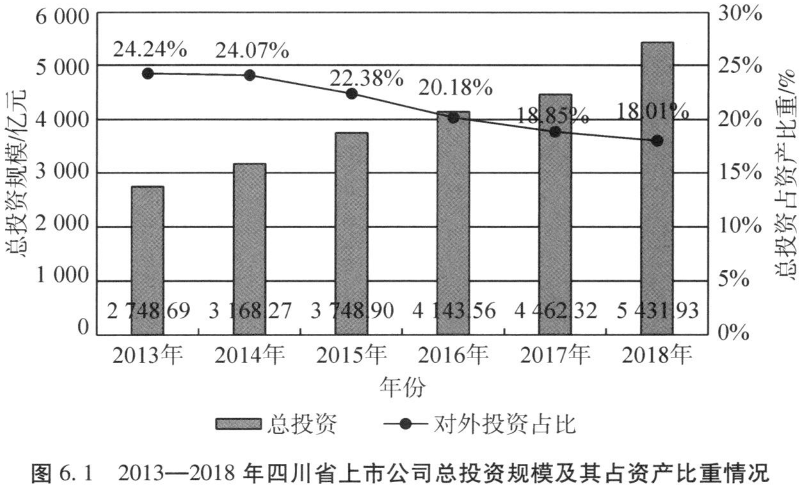

图6.1　2013—2018年四川省上市公司总投资规模及其占资产比重情况

（二）总投资的分布情况

图6.2为2018年四川省上市公司总投资额的频数分布直方图。总体来看，121家上市公司总投资额达5 431.93亿元，平均值为44.89亿元，从各公司的差异来看，总投资规模最大的企业是成都银行，投资规模达603.69亿元，其次是天齐锂业，达398.42亿

元，除去上述两家企业，总投资规模超过100亿的公司共有14家，占比为11.57%，超过平均值的企业共有26家，大多数公司的总投资额小于10亿元。从各公司投资性资产占总资产的比重来看，该项数据的总体均值为30.31%；从各公司的差异来看，总投资占资产比重最大的前三家企业是：川投能源、天齐锂业、岷江水电，占比分别为95.82%、89.26%、88.82%，这些企业比较注重对外投资，有67家公司的总投资占比大于平均值。2018年四川省上市公司总投资规模全部排名见本章末附表6.1。

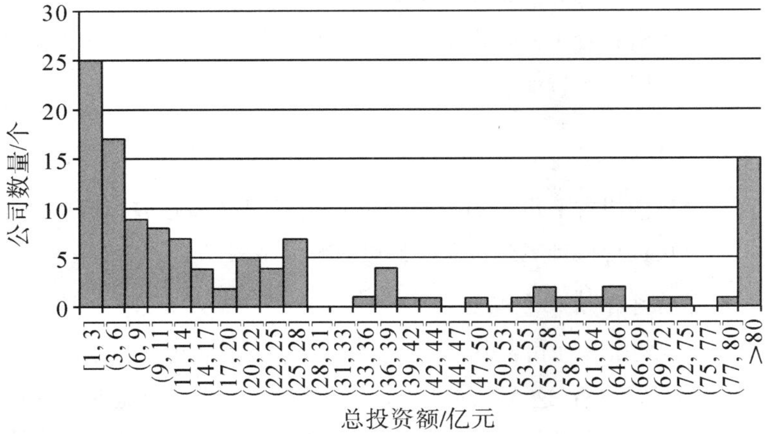

图6.2　2018年四川省上市公司总投资额分布情况

（三）各行业情况

为便于研究，这里按证监会一级行业，以及制造业内公司数大于3家的二级行业进行分类，具体见表6.1，总投资额最大的行业为金融业，平均总投资额为246.82亿元，其次是有色金属冶炼及压延加工业，投资额最低的行业为电气机械及器材制造业。从占比情况来看，投资占资产比例最大的行业是电热业，由本章末附表6.1可知，在占资产的比率排名前15的公司中有7家电热业公司。投资总额最大的金融业公司因其资产规模较大而占比排名最低。

表6.1　各行业平均投资、平均资产及投资占比情况

行业	平均投资/亿元	平均资产/亿元	投资占比/%
金融业	246.82	1 952.44	12.64
有色金属冶炼及压延加工	126.10	175.24	71.96
建筑业	124.70	318.51	39.15
电力、热力、燃气及水的生产和供应业	70.99	86.18	82.37
批发和零售业	53.10	87.17	60.92
医药制造业	39.15	86.77	45.12
酒、饮料和精制茶制造业	38.20	291.85	13.09

表6.1(续)

行业	平均投资/亿元	平均资产/亿元	投资占比/%
化学原料及化学制品制造业	32.09	57.90	55.42
通用设备制造业	31.41	154.72	20.30
铁路、船舶、航空航天和其他运输设备制造业	19.97	43.00	46.44
信息传输、软件和信息技术服务业	18.29	42.18	43.36
专用设备制造业	15.77	41.79	37.74
计算机、通信和其他电子设备制造业	15.19	77.67	19.56
租赁和商务服务业	14.77	79.21	18.65
汽车制造业	8.76	26.60	32.93
电气机械及器材制造业	4.02	14.71	27.33

（四）分属性情况

从表6.2中可以看出：不同属性的企业，其投资额差距较大。总投资额最大的企业类型为公众企业，平均投资为107.52亿元，是全体公司平均投资额的2.39倍。将国有控股和民营企业进行对比发现，地方国有企业的平均总投资额要明显高于民营企业，中央国有企业的平均总投资额要略低于民企，两家外资企业的平均投资额也相对较大。从总投资额在资产中的占比来看，占比最高的是外资企业，达到63.58%，民营企业的总投资额在资产中的占比要高出地方国有企业2.62个百分点、高出中央国有企业11.43个百分点。综合可知，地方国有企业投资额较大的主要原因是其资产规模较大，而民营企业则是通过提高投资资产在总资产中的占比来增加总投资额。

表6.2　各属性上市公司平均投资、平均资产及投资占比情况

属性	数量	平均投资/亿元	平均资产/亿元	投资占比/%
地方国有企业	23	79.32	216.57	36.63
民营企业	72	32.22	82.09	39.25
公众企业	6	107.52	844.84	12.73
中央国有企业	15	30.32	108.99	27.82
其他企业	2	20.16	42.65	47.27
集体企业	1	3.70	15.28	24.21
外资企业	2	72.04	113.30	63.58

（五）分板块情况

各板块都有自己的特点，总投资额最大的板块是沪市主板，平均总投资额为86.06亿元，深市主板和中小板的平均投资额都接近40亿元，平均总投资额最小的板块是创业板，这一结论符合各板块的基本特点，详见表6.3。

从总投资额在资产中的占比情况来看，占比最高的板块是中小板，达 46.15%，远高于平均值，占比最低的板块是创业板，这是因为创业板公司大多处于成长期，较为注重自身经营，投资活动相对较少。

表 6.3 各板块上市公司平均投资、平均资产及投资占比情况

板块	数量	平均投资/亿元	平均资产/亿元	投资占比/%
深 A	22	39.95	110.35	36.20
中小	31	39.60	85.81	46.15
创业	28	4.99	19.08	26.15
沪 A	40	79.65	307.52	25.90

二、内部投资

内部投资就是公司对自身进行的投资活动，主要体现为公司的资本性支出，在资产负债表中主要反映为固定资产；除此之外还有无形资产和在建工程。本部分会先介绍内部投资的总体情况和发展趋势，随后再分行业和分属性对内部投资拆分为固定资产、无形资产、在建工程进行结构分析。

（一）内部投资的总体情况和趋势

图 6.3 为 2013—2018 年四川省上市公司内部投资规模及其占总投资比重情况的变化趋势图。2018 年内部总投资额为 3 232.39 亿元，占总投资的 57.80%，其中固定资产为 1 850.99 亿元、在建工程为 469.61 亿元、无形资产为 911.79 亿元，分别占内部投资的 57.3%、14.5%、28.2%，平均每个公司的内部投资额为 26.71 亿元。从变化趋势来看，近年来总内部投资总体趋势呈稳步增长，除开在 2016 年出现了小幅回调，其余年份都处于增长状态，累计增长了 48.04%；从对总投资的占比情况来看，历史最高点为 2014 年，占比达 78.41%，之后逐年下降，到 2018 年达 57.80%，累计下降了 20.61%。各公司 2018 年内部投资排名见本章末附表 6.2。

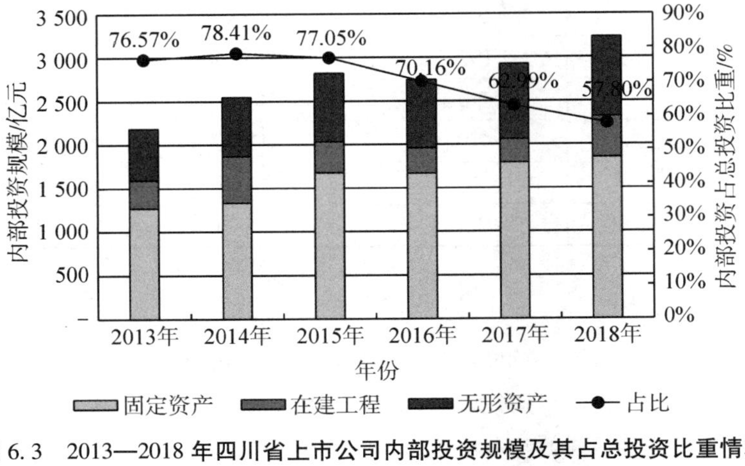

图 6.3 2013—2018 年四川省上市公司内部投资规模及其占总投资比重情况

（二）内部投资的分布情况及结构发展趋势

1. 内部投资的分布情况

图 6. 4 为 2018 年四川省上市公司内部投资额的频数分布直方图，由图可知，各公司内部投资的众数为 2. 5 左右，平均数为 26. 50 亿元。大部分公司都集中在 0~28 区间内部，内部投资额大于 60 亿元的公司一共有 14 家，内部投资排名前五的公司如表 6. 4 所示，前五名的平均内部投资为 221. 21 亿元，是总体平均值的 8. 35 倍，这也表明各公司内部投资额相差较大。内部投资额排名前五的公司如表 6. 4 所示。

表 6. 4　内部投资额排名前五的上市公司　　单位：亿元

证券代码	证券简称	固定资产	在建工程	无形资产	内部投资
600039. SH	四川路桥	23. 24	0. 12	278. 32	301. 68
600438. SH	通威股份	167. 54	82. 47	13. 94	263. 95
601107. SH	四川成渝	4. 93	0. 31	249. 38	254. 62
000598. SZ	兴蓉环境	80. 16	34. 08	41. 56	155. 80
002422. SZ	科伦药业	112. 60	8. 20	9. 21	130. 01

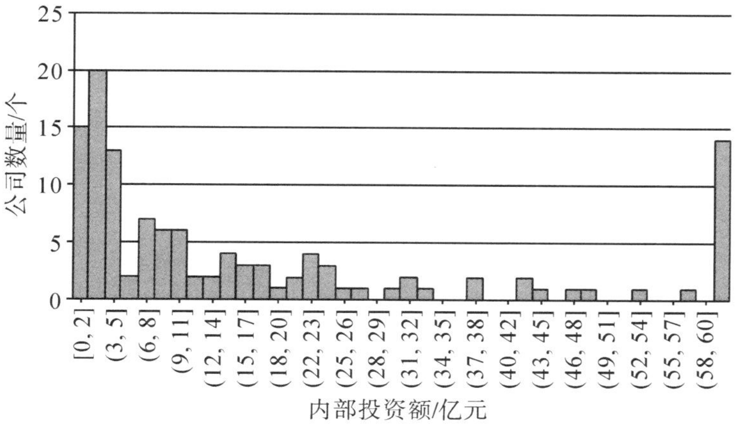

图 6. 4　2018 年四川省上市公司内部投资额分布情况

2. 内部投资的结构发展趋势

图 6. 5 是 2013—2018 年四川省上市公司内部投资各科目及其占比情况的变化图。

无形资产的定义为："企业拥有或控制的不具有实物形态且使用年限超过一年或一个经营周期的非货币性资产；它们具有优越性和独占性，可以为企业带来超额经济利益，但这种预期未来利益带有很大不确定性。"无形资产作为企业获取利润的基础，在进行生产时购置大量的无形资产是必不可少的。从图中来看：无形资产的增长基本上随着总内部投资的增长进行同程度的变化，所以无形资产所占内部投资的比例基本不变，维持在 28%左右。

根据现行的会计准则，在建工程项大部分账面价值会转入固定资产科目，所以当在建工程计提减值准备较少时，可以认为是未来的固定资产，而固定资产的取得方式主要也是自建；从数据来看，固定资产的增长相较于在建工程也有较为明显的滞后性，如2014年的在建工程项目数量为535.58，导致下一年的固定资产项增长了400亿元以上，所以将二者结合起来看会比较充分地反映企业在固定资产中的投资。

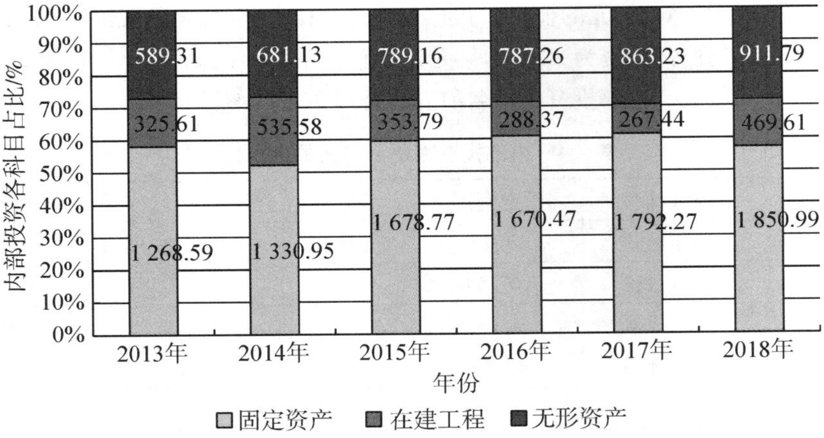

图6.5 2013—2018年四川省上市公司内部投资各科目及其占比情况

（三）分行业情况

从分行业来看，内部投资额最高的行业为建筑业，其平均内部投资额为101.32亿元，无形资产占比也最高，达到91.73%。其次是有色金属冶炼及压延加工业（41.88亿元），内部投资额最低的行业为电气机械及器材制造业，仅为3.04亿元。

表6.5 各行业上市公司平均内部投资额情况

行业	平均无形资产/亿元	平均固定资产/亿元	平均在建工程/亿元	平均内部投资/亿元	无形资产占比/%
建筑业	92.94	8.34	0.04	101.32	91.73
有色金属冶炼及压延加工	9.70	20.05	12.13	41.88	23.16
电力、热力、燃气及水的生产和供应业	5.50	26.91	6.01	38.41	14.32
医药制造业	3.14	27.05	2.81	33.00	9.51
化学原料及化学制品制造业	3.82	22.18	4.36	30.36	12.57
酒、饮料和精制茶制造业	2.12	18.58	8.69	29.39	7.23
批发和零售业	7.65	19.82	0.30	27.78	27.55
通用设备制造业	3.36	11.14	4.48	18.98	17.71
铁路、船舶、航空航天和其他运输设备制造业	1.48	14.25	1.57	17.29	8.55
信息传输、软件和信息技术服务业	1.26	10.66	3.47	15.39	8.18
专用设备制造业	1.81	11.12	2.33	15.26	11.88

表6.5(续)

行业	平均无形资产/亿元	平均固定资产/亿元	平均在建工程/亿元	平均内部投资/亿元	无形资产占比/%
计算机、通信和其他电子设备制造业	3.61	7.46	0.69	11.75	30.69
汽车制造业	1.40	4.98	0.76	7.14	19.67
金融业	0.52	5.65	—	6.17	8.48
租赁和商务服务业	4.72	1.02	0.03	5.78	81.70
电气机械及器材制造业	0.48	2.20	0.36	3.04	15.70

（四）分属性情况

各种属性的企业差距较大，见表6.6。平均内部投资额最大的企业类型为地方国有企业，为56.67亿元，明显高于其他属性上市公司的平均投资额；其次是外资企业，其平均内部投资额为36.40亿元；而排在最后的是集体企业，其平均内部投资额仅为3.68亿元。从无形资产的占比来看：占比最高的是地方国有企业，达到了49.30%，占比最低的是公众企业，仅为9.74%。

为了便于分析，此处将地方国有企业和中央国有企业归为国有控股，将民营企业、公众企业、集体企业、外资企业、其他企业归为非国有控股。从上市公司是否为国有控股来看，国有控股上市公司的平均内部投资额（43.89亿元）明显高于非国有控股上市公司的平均内部投资额（18.63亿元）。

表6.6 各属性上市公司平均内部投资额情况

属性	平均无形资产/亿元	平均固定资产/亿元	平均在建工程/亿元	平均内部投资/亿元	无形资产占比/%
国有控股	18.25	21.44	4.21	43.89	41.57
地方国企	27.94	23.59	5.14	56.67	49.30
中央国企	3.39	18.13	2.77	24.29	13.95
非国有控股	2.60	12.34	3.69	18.63	13.96
民营企业	2.57	12.56	4.03	19.16	13.43
公众企业	0.80	6.67	0.77	8.24	9.74
其他企业	2.22	12.83	4.87	19.92	11.15
集体企业	1.30	1.95	0.43	3.68	35.33
外资企业	9.99	26.07	0.34	36.40	27.43

（五）分板块情况

各板块都有自己的特点，内部投资额最大的板块是沪市主板，其平均内部投资额为43.82亿元，深市主板和中小板的平均投资额都在25亿元左右。平均内部投资额最小的板块是创业板，仅为4.02亿元，这一结论符合各板块的基本特点。

从无形资产的占比情况来看，占比最高的板块是沪市主板，达 38.85%，其次是创业板，占比达 21.97%，占比最低的板块是深市主板（13.13%）。

表 6.7 各板块上市公司平均内部投资额情况

板块	平均无形资产/亿元	平均固定资产/亿元	平均在建工程/亿元	平均内部投资/亿元	无形资产占比/%
深 A	3.73	20.09	4.56	28.38	13.13
中小	3.98	14.61	5.24	23.83	16.69
创业板	0.88	2.64	0.50	4.02	21.97
沪 A	17.02	21.98	4.81	43.82	38.85

三、外部投资

对上市公司外部投资的分析，有助于评价公司资金的风险，了解公司资产的使用方向。本部分会先介绍外部投资的总体情况和发展趋势，随后再分行业、分属性、分板块对外部投资拆分为长期股权投资、投资性房地产和可供出售金融资产进行结构分析。

（一）外部投资的总体情况和趋势

2018 年各公司外部投资排名见本章末附表 6.3。图 6.6 为 2013—2018 年四川省上市公司外部投资规模及其占总投资比重情况的变化趋势图。2018 年外部总投资额为 2 154.00 亿元，占总投资的 50.13%，其中长期股权投资为 1 079.73 亿元，投资性房地产为 228.46 亿元，可供出售金融资产为 845.81 亿元，分别占外部投资的 50.13%、10.61%、39.27%，平均每个公司的外部投资额为 17.80 亿元。从变化趋势来看，近年来总外部投资总体趋势呈逐年稳步增长，累计增长了 280.11%；从对总投资的占比情况来看，占比先下降后上升，历史最高点为 2013 年，占比达到 68.73%，历史最低点为 2016 年，占比仅为 39.82%，2018 年占比回升到 50.13%。

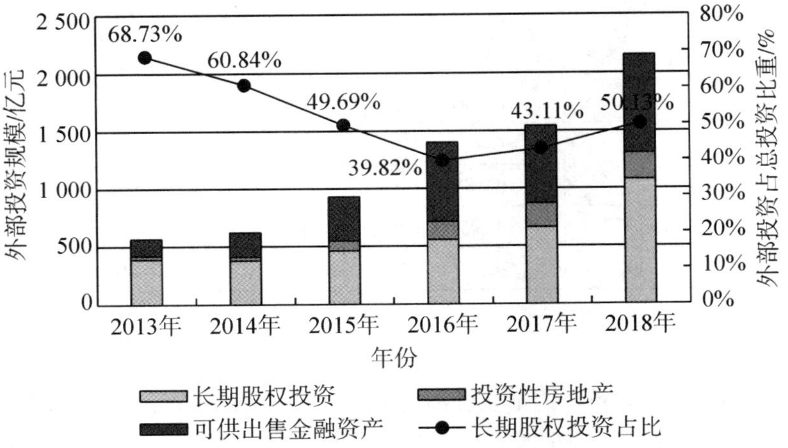

图 6.6 2013—2018 年四川省上市公司外部投资规模及其占总投资比重情况

（二）外部投资的分布情况及结构发展趋势

1. 外部投资的分布情况

图 6. 7 为 2018 年四川省上市公司外部投资额的频数分布直方图。由图可知，各公司外部投资的中位数为 0. 85 亿元，平均数为 18. 21 亿元。大部分公司（88 家）都集中在 0~10 这个区间内部，外部投资额大于 50 亿元的公司一共有 11 家，在 10 亿元到 50 亿元间的共有 10 家，另外 12 家上市公司无外部投资额。外部投资排名前五的公司如表 6. 8 所示，前五名的平均外部投资为 282. 57 亿元，是总体平均值的 15. 52 倍，这也表明各公司外部投资额相差较大。外部投资额排名前五的公司如表 6. 8 所示。

表 6. 8　外部投资额排名前五的上市公司　　单位：亿元

证券代码	证券简称	长期股权投资	投资性房地产	可供出售金融资产	总投资
601838. SH	成都银行	7. 46	—	585. 54	593. 00
002466. SZ	天齐锂业	304. 08	—	—	304. 08
600674. SH	川投能源	263. 28	—	12. 47	275. 75
000876. SZ	新希望	187. 28	0. 00	3. 19	190. 48
600466. SH	蓝光发展	48. 99	45. 84	4. 71	99. 54

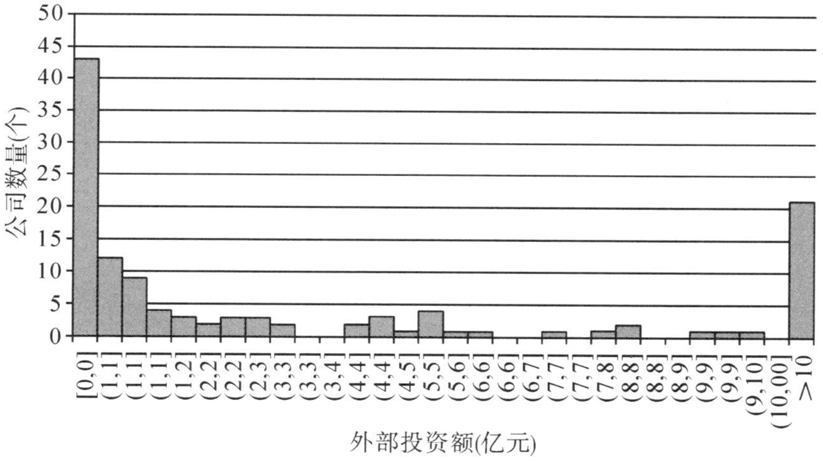

图 6. 7　2018 年四川省上市公司外部投资额分布情况

2. 外部投资的结构发展趋势

图 6. 8 为 2013—2018 年四川省上市公司外部投资各科目及其占比情况的变化图。从图中可以看出，除长期股权投资在 2014 年略有下降、可供出售金融资产在 2017 年略有下降外，其余外部投资各科目的投资额在各年份均呈现出上升趋势。从各科目占比来看，长期股权投资占比先下降后上升；而可供出售金融资产占比则与之相反，先上升后下降；投资性房地产占比变化不大，整体来看略有上升趋势。

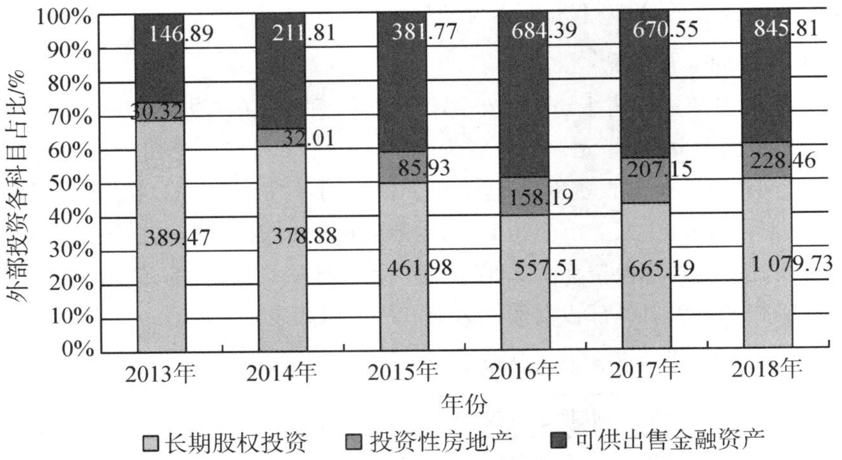

图 6.8　2013—2018 年四川省上市公司外部投资各科目及其占比情况

（三）对子公司投资

上市公司通常作为一个集团进行经营，集团一般以上市公司本体作为母公司，再通过成立各类子公司分别负责各板块业务，所以对子公司投资在一定程度上可以反映公司的发展战略以及发展趋势，关乎公司的未来。

1. 对子公司投资的总体情况和趋势

图 6.9 为 2013—2018 年四川省上市公司对子公司投资的规模及其在母公司资产中的占比的变化趋势图，对子公司投资规模在这六年间呈稳步上升趋势，在 2018 年对子公司投资额已达 3 246.69 亿元，6 年间累计增长了 112.93%，这表明上市公司对子公司的投资额在逐年变多。从在母公司资产中的占比来看，总体趋势是先上升后下降，占比在 2016 年达到最大值 26.43%。

图 6.9　2013—2018 年四川省上市公司对子公司投资额及其占比情况

需要指出的是，因 002935. SZ 天奥电子、300696. SZ 爱乐达未公布母公司数据而将其剔除，四川省上市公司对子公司投资排名见本章末附表 6.4。

2. 分属性情况

从表 6.9 中可以看出，各种属性的企业对子公司投资额差距较大。平均对子公司投资额最大的企业类型为地方国有企业，为 42.49 亿元，明显高于其他属性上市公司的平均投资额；其次是中央国有企业，平均对子公司投资额为 37.44 亿元；而排在最后的是集体企业，平均对子公司投资额仅为 5.73 亿元。从平均占比来看：占比最高的是中央国有企业，达到了 53.94%，占比最低的是公众企业，仅为 1.10%。从上市公司是否为国有控股来看，国有控股上市公司的平均对子公司投资额（40.58 亿元）明显高于非国有控股上市公司的平均对子公司投资额（21.28 亿元）。

表 6.9　各属性上市公司平均对子公司投资情况

属性	数量/家	平均对子公司投资/亿元	平均占比/%
国有控股	37	40.58	42.04
中央国有企业	14	37.44	53.94
地方国有企业	23	42.49	34.79
非国有控股	82	21.28	41.57
民营企业	71	22.74	45.08
外资企业	2	24.98	49.96
公众企业	6	9.19	1.10
其他企业	2	9.77	30.34
集体企业	1	5.73	40.93

第三节　融资规模与结构分析

本报告将公司的融资分为五个大类：以 IPO、增发和配股为主要形式的股权融资；以发行公司债、可转债为主的债权融资；向银行进行的短期借款或长期借款；在经营活动中产生的经营性负债，主要会计科目为应付款项、预收款项、长期应付款；自身利润的积累[31]。前两种也可归结为通过金融市场直接融资，第三种为间接融资。本部分将先讨论总体融资情况的结构和发展趋势，再对五个部分分别论述。

下文中的年度融资规模=本年 IPO、增发、配股金额+本年度发行债券金额+（本年末银行借款-本年初银行借款）+（本年末经营性负债-本年初经营性负债）+（本年末利润留存-本年初利润留存）。

一、总融资

（一）总融资的总体情况和趋势

图 6.10 为 2013—2018 年四川省上市公司年度融资规模的变化趋势图。由图 6.10 可

知，各年融资情况总体表现为逐年增长，在2016年出现了银行借款项为负的情况，导致该年的总融资额出现了下降。2018年总融资额为1 582.83亿元，其中银行借款为565.36亿元，占比为35.7%；利润留存为327.05亿元，占比为20.7%。

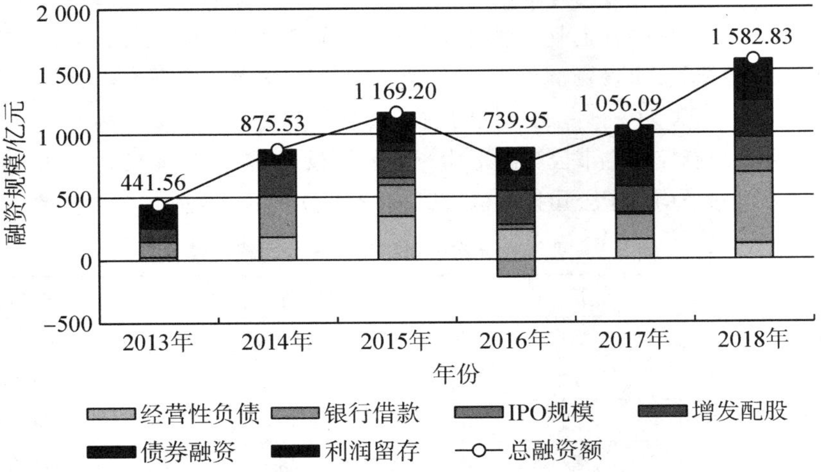

图6.10　2013—2018年四川省上市公司年度融资规模情况

由于在2018年各企业的IPO时间不全，下文的总融资额中并未加入IPO情况，对于IPO将会在后文中单独论述。2018年平均总融资额为12.3亿元，较2017年增加了43%，增速降低了5个百分点。从极端情况来看：2018年融资额超过100亿元的公司共有6家，融资额为负的公司有30家，其中东方电气因减少了342亿元的经营性负债而导致总融资额为-307亿元。

2018年总融资额排名前五位的公司如表6.10所示，融资总额排名前五位的公司，其平均总融资额为215.30亿元，是所有公司的总额的17.5倍。而这五家公司的融资总额和为1 076.5亿元，是所有公司融资总额的72.3%。这表明2018年的融资总额非常集中，其中蓝光发展的总融资额最高，为441.97亿元，其次是天齐锂业，其融资额为280.32亿元。这五家公司的融资渠道主要为向银行借款，占比为42.24%，其次是经营性负债的增加，占比为31.5%，他们都未使用配发和配股这种方式融资。四川省上市公司融资额排名见本章末附表6.5。

表6.10　平均总融资额排名前五的上市公司　　单位：亿元

证券简称	经营性负债	银行借款	增发配股	利润留存	债券融资	总融资额
蓝光发展	209.72	146.41	—	16.43	69.4	441.97
天齐锂业	3.34	254.26	—	19.72	3	280.32
成都银行	0.00	—	—	28.29	112	140.29
四川路桥	66.93	31.79	—	9.91	0	108.64
通威股份	59.14	22.30	—	13.84	10	105.28

（二）分行业情况

从行业来看，平均总融资额最大的行业为农副食品加工业，其平均总融资额为87.48亿元，其次是有色金属冶炼及压延加工业（68.54亿元）。铁路、船舶、航空航天和其他运输设备制造业，文化、体育和娱乐业，专用设备制造业，非金属矿物制品业，租赁和商务服务业，通用设备制造业这六个行业的平均总融资额为负值，其中总融资额最低的行业为通用设备制造业，为-34.85亿元。

表6.11　分行业上市公司平均总融资情况　　单位：亿元

行业	平均经营性负债	平均银行借款	平均总融资
农副食品加工业	35.03	36.99	87.48
有色金属冶炼及压延加工	-3.62	60.46	68.54
金融业	—	0.15	64.43
建筑业	23.81	11.17	38.53
酒、饮料和精制茶制造业	5.17	0.05	31.72
橡胶和塑料制品业	-0.37	—	29.66
电力、热力、燃气及水的生产和供应业	1.05	4.14	11.63
医药制造业	0.61	1.14	10.71
汽车制造业	-1.33	-1.75	10.14
交通运输、仓储和邮政业	-1.05	5.39	7.09
计算机、通信和其他电子设备制造业	3.37	0.81	4.87
化学原料及化学制品制造业	0.79	-0.58	3.66
食品制造业	0.24	-0.92	3.30
批发和零售业	1.58	-0.31	3.19
电气机械及器材制造业	0.90	0.85	2.16
科学研究和技术服务业	0.04	-0.21	1.23
印刷和记录媒介复制业	0.01	-0.14	1.02
信息传输、软件和信息技术服务业	-0.67	1.71	1.00
铁路、船舶、航空航天和其他运输设备制造业	0.47	-0.15	-0.35
文化、体育和娱乐业	0.43	-0.01	-0.53
专用设备制造业	-0.61	-0.17	-1.34
非金属矿物制品业	-2.42	-4.67	-4.13
租赁和商务服务业	1.46	-5.04	-7.44
通用设备制造业	-40.82	2.87	-34.85

（三）分属性情况

由表6.12可知，各种属性的企业差距较大，平均融资额最大的企业类型为公众企业，为 25.26 亿元，明显高于其他属性上市公司的平均融资额；其次是地方国有企业，其平均融资额为 17.22 亿元；而排在最后的是中央国有企业，其平均融资额仅为-16.43 亿元。从上市公司是否为国有控股来看，非国有控股上市公司的平均融资额（16.14 亿元）明显高于国有控股上市公司的平均融资额（3.94 亿元）。

表 6.12 分属性上市公司平均总融资情况 单位：亿元

属性	数量	平均经营性负债	平均银行借款	平均总融资
国有控股	38	-5.15	1.45	3.94
地方国有企业	23	6.47	2.01	17.22
中央国有企业	15	-22.97	0.59	-16.43
非国有控股	83	3.80	6.15	16.14
民营企业	72	4.16	7.07	16.05
公众企业	6	1.09	0.08	25.26
其他企业	2	1.37	0.06	8.96
集体企业	1	0.63	1.49	3.56
外资企业	2	3.06	-0.52	5.28

（四）分板块情况

各板块都有自己的特点，平均总融资额最大的板块是沪市主板，其平均总融资额为 19.73 亿元，其次是中小板（14.09 亿元）。平均总融资额最小的板块是创业板，仅为 2.06 亿元，这一结论符合各板块的基本特点。

表 6.13 分板块上市公司平均总融资情况 单位：亿元

板块	数量	平均经营性负债	平均银行借款	平均总融资
深 A	22	0.91	0.55	9.33
中小	31	1.28	9.09	14.09
创业板	28	0.32	0.96	2.06
沪 A	40	1.28	6.12	19.73

二、IPO 和增发配股

图 6.11 为 2013—2018 年四川省 IPO 公司数和 IPO 金额情况的变化趋势图。在 2018 年年末前 IPO 的企业中，共有 107 家企业进行 IPO 融资。单次融资金额最高的公司是科伦药业，IPO 金额达 50.02 亿元；其次是华西证券，为 49.67 亿元。分析 2008 年到 2018 年 11 年间四川省 IPO 总金额和公司数的情况，由图 6.11 可知，在 2013 年无公司进行 IPO，在 2015 年 IPO 的公司最多，共有 13 家公司，融资总额为 58.35 亿元，融资额最大的年份为 2010 年，该年度共有 10 家公司 IPO，总融资额为 123.05 亿元。到 2018 年虽然 IPO 公司数目较少，但是平均募集金额较高，总募集额处于历史较高水平。

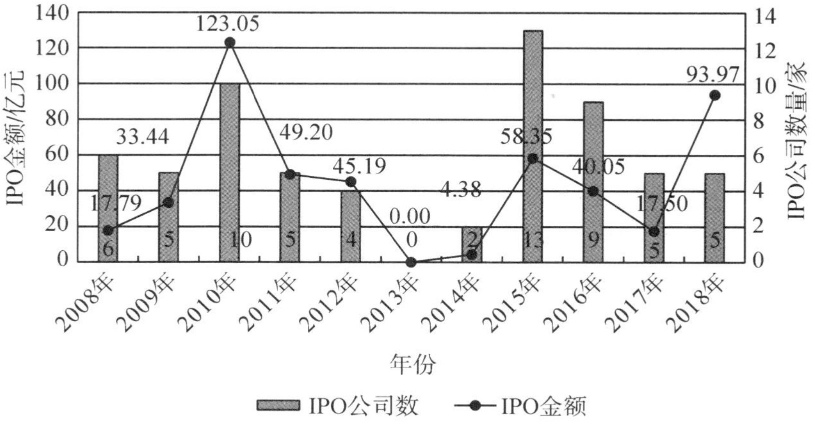

图 6.11　2013—2018 年四川省 IPO 公司数和 IPO 金额情况

2013 年到 2018 年增发次数共 72 次，累计金额 1 203.38 亿元，单次融资金额最高的是 2016 年茂业商业的增发额，为 85.6 亿元，2013 年到 2018 年的各年增发金额、增发公司数如图 6.12 所示。

图 6.12　2013—2018 年四川省上市公司融资额和融资次数情况

配股融资各公司使用较少，一共四次，总计 47.74 亿元。四次配股融资的具体情况如表 6.14 所示。

表 6.14　四次配股融资情况

公司名称	兴蓉环境	利尔化学	三泰控股	天齐锂业
年份	2013 年	2016 年	2014 年	2017 年
金额/亿元	18.165 3	5.896 6	7.345 4	16.335 2

三、四川省上市公司投融资相关性分析

经计算，四川省上市公司的投资额和融资额两者的相关系数为 0.45，可以看出二者呈正相关关系，但相关性并不显著，二者的散点图如图 6.13 所示。

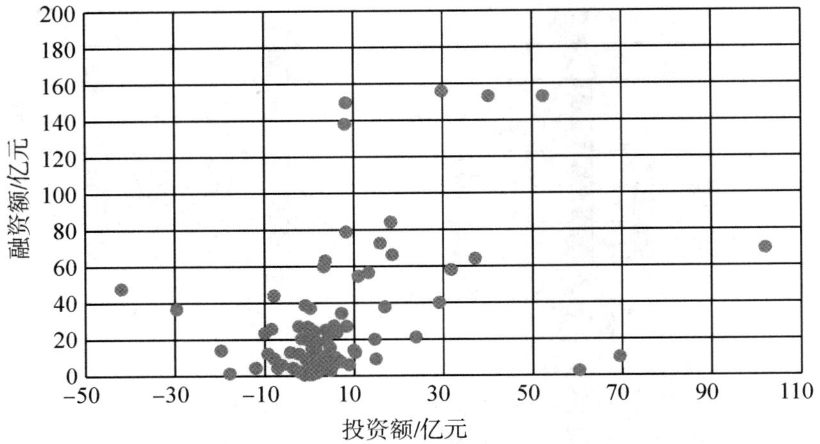

图 6.13　四川省上市公司投资额和融资额的散点图

第四节　并购重组规模与结构分析

为调整优化产业结构，重新配置资源，扩大经营规模，实现规模经济，四川省上市公司近年来进行了大量并购重组活动，并存在很多重大资产重组活动。本节主要对四川省上市公司并购重组及重大资产重组的规模与结构进行分析。

一、总体情况

并购和资产重组是指两个以上的公司合并、组建新公司或相互参股。它往往同广义的兼并和收购是同一意义，泛指在市场机制作用下，企业为了获得其他企业的控制权而进行的产权交易活动，具体可分为资产薄利、资产置换、吸收合并、债务重组、要约收购和股权转让等类型[34]。它可以重新对资源进行分配，促进企业扩张，实现规模经济，近年来四川省上市公司的并购重组活动逐渐频繁，本部分数据来源于国泰安 CSMAR 数据库。根据公司首次公告日期对时间进行划分，将对四川省上市公司参与进行的资产重组和并购行为进行分析。

2013 年年初到 2018 年年底，四川省上市公司参与的资产重组事件共计 2 190 次，总计金额达 3 861.68 亿元，其中被标记为重大资产重组事件的有 101 次，后文会详细分析。将上市公司在事件中的地位划分为：作为买方、卖方、标的方、其他（其他包括作为原债权人、作为原债务人、既是买方又是标的方、既是卖方又是标的方）。其中各年情况如表 6.15、图 6.14 所示。

表 6.15　2013—2018 年四川省上市公司参与资产重组情况

参与情况	买方	卖方	标的方	其他
事件次数/次	331	225	1 433	201
金额/亿元	2 138.19	428.29	951.21	343.99

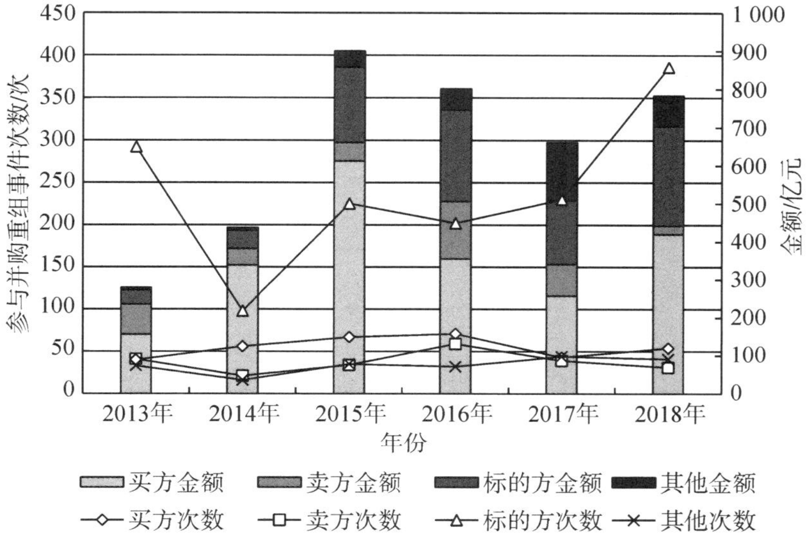

图 6.14　2013—2018 年四川省上市公司参与并购重组事件次数和金额情况

由图 6.14 可知：从次数来看（堆积面积图），最低点为 2014 年，总计 191 次。2015 年到 2017 年三年内较为稳定，2018 年出现了激增，主要是由作为标的方的参与次数变多所致，相较于 2017 年增加了 68%。从交易金额来看（柱状堆积图），从 2013 年到 2015 年总金额增长了 222.4%，之后各年都有所下降，直到 2018 年总规模又有所膨胀，和前面有所不同的是，总金额中占比较大的部分是作为买方进行的资产重组。

二、重大资产重组

图 6.15 为 2013—2018 年四川省上市公司重大资产重组事件次数和金额情况的变化图。由图可知，2013 年到 2018 年重大资产重组事件共有 101 起，其中 75 起重组成功，26 起重组失败。总计交易金额为 1 813.16 亿元，单次金额最大的是天齐锂业（002466.SZ），原因是其在 2018 年 5 月 18 日的并购事件中，买方出价金额高达 259.27 亿元。重大资产重组事件在数量上总体呈先增长，到 2015 年后逐年下降。从金额上来看，2018 年出现了小幅反弹，是由天齐锂业的并购事件金额较大引起的。

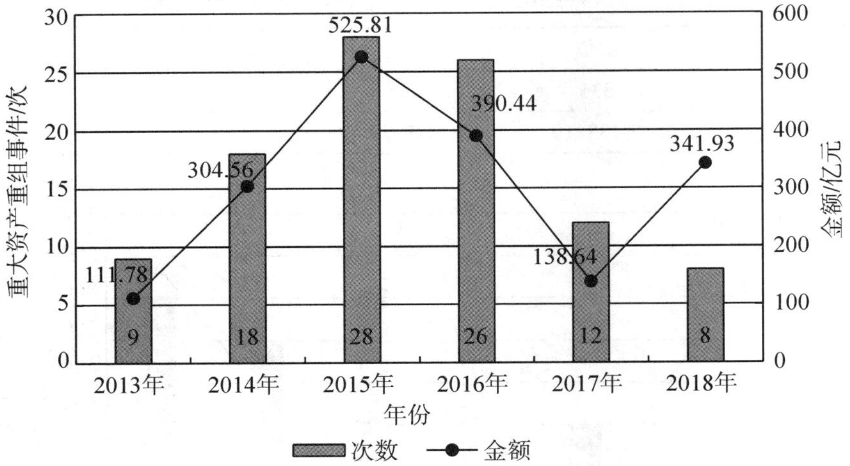

图 6.15　2013—2018 年四川省上市公司重大资产重组事件次数和金额情况

附表 6.1　四川省上市公司总投资排名

证券代码	证券简称	总投资/亿元	属性	上市板块	资产总计/亿元	投资占比/%	排名
601838. SH	成都银行	603. 69	公众企业	沪 A	4 922. 85	12. 26	1
002466. SZ	天齐锂业	398. 42	民营企业	中小	446. 34	89. 26	2
600039. SH	四川路桥	368. 00	地方国有企业	沪 A	860. 94	42. 74	3
000876. SZ	新希望	317. 14	民营企业	深 A	479. 44	66. 15	4
600674. SH	川投能源	307. 03	地方国有企业	沪 A	320. 44	95. 82	5
600438. SH	通威股份	269. 19	民营企业	沪 A	384. 84	69. 95	6
601107. SH	四川成渝	265. 00	地方国有企业	沪 A	362. 04	73. 20	7
000598. SZ	兴蓉环境	155. 80	地方国有企业	深 A	209. 22	74. 47	8
002422. SZ	科伦药业	153. 07	民营企业	中小	293. 61	52. 13	9
600839. SH	四川长虹	152. 91	地方国有企业	沪 A	715. 05	21. 38	10
600804. SH	鹏博士	149. 68	民营企业	沪 A	228. 85	65. 41	11
600875. SH	东方电气	143. 64	中央国有企业	沪 A	913. 23	15. 73	12
600828. SH	茂业商业	137. 98	外资企业	沪 A	194. 62	70. 90	13
600466. SH	蓝光发展	131. 73	民营企业	沪 A	1 508. 81	8. 73	14
002386. SZ	天原集团	84. 18	地方国有企业	中小	139. 80	60. 21	15
603077. SH	和邦生物	78. 89	民营企业	沪 A	132. 87	59. 37	16
002926. SZ	华西证券	72. 63	地方国有企业	中小	467. 81	15. 53	17
000858. SZ	五粮液	69. 45	地方国有企业	深 A	860. 94	8. 07	18
000568. SZ	泸州老窖	66. 28	地方国有企业	深 A	226. 05	29. 32	19
600109. SH	国金证券	64. 13	民营企业	沪 A	466. 67	13. 74	20

附表6.1(续)

证券代码	证券简称	总投资/亿元	属性	上市板块	资产总计/亿元	投资占比/%	排名
600979. SH	广安爱众	63. 15	地方国有企业	沪 A	79. 49	79. 45	21
002630. SZ	华西能源	59. 82	民营企业	中小	146. 91	40. 72	22
600603. SH	广汇物流	57. 97	民营企业	沪 A	131. 65	44. 03	23
000629. SZ	攀钢钒钛	56. 46	中央国有企业	深 A	118. 66	47. 58	24
002539. SZ	云图控股	54. 54	民营企业	中小	103. 72	52. 58	25
000912. SZ	泸天化	47. 84	地方国有企业	深 A	70. 44	67. 91	26
002190. SZ	*ST 集成	44. 02	中央国有企业	中小	93. 03	47. 32	27
600378. SH	昊华科技	40. 00	中央国有企业	沪 A	82. 76	48. 34	28
002818. SZ	富森美	38. 71	民营企业	中小	57. 80	66. 97	29
002258. SZ	利尔化学	37. 68	其他企业	中小	65. 73	57. 33	30
002023. SZ	海特高新	37. 13	民营企业	中小	61. 93	59. 96	31
600331. SH	宏达股份	36. 70	民营企业	沪 A	48. 04	76. 39	32
000155. SZ	川能动力	34. 34	地方国有企业	深 A	72. 29	47. 50	33
600321. SH	ST 正源	27. 50	民营企业	沪 A	34. 78	79. 07	34
601811. SH	新华文轩	27. 19	地方国有企业	沪 A	132. 88	20. 46	35
000731. SZ	四川美丰	27. 15	中央国有企业	深 A	41. 49	65. 44	36
002946. SZ	新乳业	26. 82	民营企业	中小	42. 41	63. 25	37
002366. SZ	台海核电	26. 20	民营企业	中小	71. 36	36. 71	38
000935. SZ	四川双马	25. 83	民营企业	深 A	41. 72	61. 92	39
600644. SH	乐山电力	25. 27	公众企业	沪 A	33. 51	75. 41	40
600101. SH	明星电力	24. 32	中央国有企业	沪 A	31. 61	76. 95	41
002497. SZ	雅化集团	23. 99	民营企业	中小	47. 40	50. 60	42
600505. SH	西昌电力	23. 74	中央国有企业	沪 A	30. 35	78. 23	43
600793. SH	宜宾纸业	23. 54	地方国有企业	沪 A	36. 46	64. 57	44
600131. SH	岷江水电	21. 30	中央国有企业	沪 A	23. 98	88. 82	45
002798. SZ	帝欧家居	21. 13	民营企业	中小	58. 21	36. 30	46
600391. SH	航发科技	20. 40	中央国有企业	沪 A	58. 79	34. 70	47
002480. SZ	新筑股份	20. 01	地方国有企业	中小	70. 71	28. 30	48
002357. SZ	富临运业	19. 94	民营企业	中小	26. 12	76. 36	49
002697. SZ	红旗连锁	19. 14	民营企业	中小	47. 94	39. 92	50
601208. SH	东材科技	19. 09	民营企业	沪 A	31. 78	60. 07	51
000888. SZ	峨眉山 A	16. 86	地方国有企业	深 A	28. 75	58. 65	52
002268. SZ	卫士通	15. 69	中央国有企业	中小	62. 20	25. 23	53
600558. SH	大西洋	15. 10	地方国有企业	沪 A	29. 19	51. 74	54
300434. SZ	金石东方	14. 88	民营企业	创业	31. 91	46. 64	55

附表6.1(续)

证券代码	证券简称	总投资/亿元	属性	上市板块	资产总计/亿元	投资占比/%	排名
300463.SZ	迈克生物	14.07	民营企业	创业	45.56	30.88	56
300432.SZ	富临精工	14.07	民营企业	创业	32.61	43.13	57
002246.SZ	北化股份	13.08	中央国有企业	中小	36.20	36.13	58
300362.SZ	天翔环境	12.95	民营企业	创业	51.05	25.37	59
600392.SH	盛和资源	12.81	中央国有企业	沪A	87.91	14.57	60
600880.SH	博瑞传播	12.17	地方国有企业	沪A	32.18	37.83	61
002312.SZ	三泰控股	12.01	民营企业	中小	35.51	33.82	62
002773.SZ	康弘药业	11.24	民营企业	中小	51.95	21.64	63
600702.SH	舍得酒业	10.99	民营企业	沪A	48.42	22.70	64
300425.SZ	环能科技	10.27	中央国有企业	创业	32.62	31.49	65
603809.SH	豪能股份	9.99	民营企业	沪A	24.41	40.92	66
000510.SZ	新金路	9.77	民营企业	深A	14.84	65.83	67
300471.SZ	厚普股份	9.36	民营企业	创业	20.41	45.85	68
000593.SZ	大通燃气	9.17	民营企业	深A	16.34	56.11	69
002259.SZ	*ST升达	9.16	民营企业	中小	30.70	29.82	70
000810.SZ	创维数字	8.70	公众企业	深A	83.49	10.41	71
603027.SH	千禾味业	7.73	民营企业	沪A	19.31	40.01	72
000710.SZ	贝瑞基因	7.44	民营企业	深A	21.78	34.18	73
002253.SZ	川大智胜	7.11	民营企业	中小	16.04	44.32	74
603333.SH	尚纬股份	6.96	民营企业	沪A	22.46	30.97	75
300249.SZ	依米康	6.77	民营企业	创业	29.46	22.97	76
300733.SZ	西菱动力	6.64	民营企业	创业	14.41	46.12	77
000757.SZ	浩物股份	6.10	地方国有企业	深A	12.35	49.36	78
600779.SH	水井坊	6.09	外资企业	沪A	31.98	19.04	79
300467.SZ	迅游科技	5.94	民营企业	创业	27.83	21.33	80
000801.SZ	四川九洲	5.51	地方国有企业	深A	54.12	10.18	81
300019.SZ	硅宝科技	4.76	公众企业	创业	10.17	46.83	82
002272.SZ	川润股份	4.49	民营企业	中小	17.86	25.11	83
300366.SZ	创意信息	4.37	民营企业	创业	35.58	12.27	84
600139.SH	西部资源	4.36	民营企业	沪A	34.98	12.46	85
000835.SZ	长城动漫	4.28	民营企业	深A	8.50	50.31	86
600093.SH	易见股份	4.26	地方国有企业	沪A	151.65	2.81	87
002951.SZ	金时科技	4.13	民营企业	中小	10.52	39.28	88
000803.SZ	金宇车城	4.11	地方国有企业	深A	13.16	31.25	89
603477.SH	振静股份	4.08	民营企业	沪A	14.02	29.11	90

附表6.1(续)

证券代码	证券简称	总投资/亿元	属性	上市板块	资产总计/亿元	投资占比/%	排名
300502. SZ	新易盛	3. 90	民营企业	创业	13. 80	28. 25	91
300470. SZ	日机密封	3. 70	集体企业	创业	15. 28	24. 21	92
600353. SH	旭光股份	3. 62	民营企业	沪 A	16. 93	21. 39	93
600678. SH	四川金顶	3. 55	民营企业	沪 A	4. 77	74. 51	94
300535. SZ	达威股份	3. 35	民营企业	创业	7. 80	42. 97	95
002628. SZ	成都路桥	3. 30	民营企业	中小	59. 37	5. 55	96
300101. SZ	振芯科技	2. 88	民营企业	创业	15. 46	18. 65	97
000628. SZ	高新发展	2. 80	地方国有企业	深 A	35. 23	7. 95	98
002749. SZ	国光股份	2. 74	民营企业	中小	11. 25	24. 39	99
002777. SZ	久远银海	2. 65	其他企业	中小	19. 57	13. 54	100
002651. SZ	利君股份	2. 64	民营企业	中小	25. 11	10. 50	101
300547. SZ	川环科技	2. 47	民营企业	创业	9. 71	25. 44	102
000790. SZ	泰合健康	2. 46	民营企业	深 A	10. 84	22. 72	103
300696. SZ	爱乐达	2. 38	民营企业	创业	8. 27	28. 83	104
300022. SZ	吉峰科技	2. 19	民营企业	创业	18. 96	11. 54	105
300092. SZ	科新机电	2. 12	民营企业	创业	8. 21	25. 79	106
300127. SZ	银河磁体	1. 91	公众企业	创业	13. 04	14. 68	107
300504. SZ	天邑股份	1. 88	民营企业	创业	29. 50	6. 37	108
300028. SZ	金亚科技	1. 78	民营企业	创业	2. 19	81. 42	109
300440. SZ	运达科技	1. 72	民营企业	创业	18. 72	9. 20	110
300559. SZ	佳发教育	1. 68	民营企业	创业	9. 97	16. 80	111
002143. SZ	*ST 印纪	1. 35	民营企业	中小	28. 18	4. 78	112
300678. SZ	中科信息	1. 29	中央国有企业	创业	7. 31	17. 60	113
600137. SH	浪莎股份	1. 22	民营企业	沪 A	6. 97	17. 51	114
603679. SH	华体科技	0. 99	民营企业	沪 A	8. 51	11. 66	115
300414. SZ	中光防雷	0. 96	民营企业	创业	9. 88	9. 70	116
000586. SZ	汇源通信	0. 79	公众企业	深 A	5. 99	13. 12	117
300492. SZ	山鼎设计	0. 68	民营企业	创业	4. 04	16. 87	118
300540. SZ	深冷股份	0. 62	民营企业	创业	10. 36	5. 95	119
002935. SZ	天奥电子	0. 58	中央国有企业	中小	14. 76	3. 90	120
000509. SZ	华塑控股	0. 52	民营企业	深 A	2. 07	25. 12	121

附表 6.2 四川省上市公司内部投资排名

单位：亿元

证券代码	证券简称	固定资产	在建工程	无形资产	内部投资	排名
600039. SH	四川路桥	23. 24	0. 12	278. 32	301. 68	1
600438. SH	通威股份	167. 54	82. 47	13. 94	263. 95	2
601107. SH	四川成渝	4. 93	0. 31	249. 38	254. 62	3
000598. SZ	兴蓉环境	80. 16	34. 08	41. 56	155. 80	4
002422. SZ	科伦药业	112. 60	8. 20	9. 21	130. 01	5
600804. SH	鹏博士	101. 19	23. 96	3. 31	128. 45	6
000876. SZ	新希望	87. 15	25. 61	13. 91	126. 66	7
600839. SH	四川长虹	71. 95	8. 34	41. 46	121. 74	8
002466. SZ	天齐锂业	16. 80	46. 99	30. 54	94. 33	9
002386. SZ	天原集团	51. 75	21. 56	6. 62	79. 94	10
600875. SH	东方电气	59. 02	1. 87	16. 81	77. 71	11
603077. SH	和邦生物	45. 23	17. 89	10. 80	73. 92	12
600828. SH	茂业商业	46. 92	0. 57	19. 32	66. 81	13
000858. SZ	五粮液	52. 61	3. 50	4. 13	60. 24	14
600979. SH	广安爱众	52. 05	3. 74	2. 50	58. 29	15
002539. SZ	云图控股	38. 09	5. 54	10. 08	53. 70	16
000629. SZ	攀钢钒钛	44. 75	0. 74	3. 19	48. 68	17
000912. SZ	泸天化	44. 54	0. 11	2. 02	46. 68	18
002630. SZ	华西能源	8. 24	31. 93	4. 37	44. 54	19
002190. SZ	* ST 集成	29. 46	10. 33	2. 84	42. 62	20
000568. SZ	泸州老窖	10. 29	30. 00	2. 32	42. 61	21
600378. SH	昊华科技	26. 85	3. 13	8. 01	37. 99	22
002258. SZ	利尔化学	24. 70	9. 74	3. 23	37. 68	23
000155. SZ	川能动力	30. 70	1. 20	0. 74	32. 64	24
600466. SH	蓝光发展	16. 26	10. 84	5. 09	32. 19	25
600674. SH	川投能源	30. 97	—	0. 31	31. 28	26
002023. SZ	海特高新	23. 35	2. 73	3. 29	29. 37	27
000731. SZ	四川美丰	23. 65	0. 04	2. 96	26. 65	28
002366. SZ	台海核电	22. 65	1. 71	1. 82	26. 17	29
600321. SH	ST 正源	21. 37	0. 07	2. 07	23. 51	30
600793. SH	宜宾纸业	18. 83	3. 75	0. 82	23. 40	31
600505. SH	西昌电力	16. 29	6. 51	0. 47	23. 26	32
600644. SH	乐山电力	17. 10	4. 20	1. 67	22. 97	33
601811. SH	新华文轩	12. 84	6. 71	3. 35	22. 91	34

附表6.2(续)

证券代码	证券简称	固定资产	在建工程	无形资产	内部投资	排名
002946. SZ	新乳业	19. 91	0. 66	2. 24	22. 81	35
600101. SH	明星电力	19. 24	1. 29	1. 66	22. 19	36
002798. SZ	帝欧家居	12. 40	1. 38	7. 30	21. 08	37
600391. SH	航发科技	17. 84	1. 60	0. 96	20. 40	38
002480. SZ	新筑股份	14. 41	2. 00	2. 59	19. 00	39
601208. SH	东材科技	14. 08	1. 61	1. 65	17. 34	40
002818. SZ	富森美	3. 02	0. 10	14. 09	17. 21	41
000935. SZ	四川双马	15. 30	0. 29	1. 47	17. 07	42
002497. SZ	雅化集团	9. 83	0. 81	5. 89	16. 53	43
600131. SH	岷江水电	13. 33	2. 87	0. 22	16. 42	44
000888. SZ	峨眉山 A	13. 82	0. 83	1. 64	16. 29	45
002268. SZ	卫士通	2. 63	11. 74	0. 99	15. 36	46
600331. SH	宏达股份	12. 83	0. 49	1. 23	14. 55	47
002697. SZ	红旗连锁	11. 03	0. 26	3. 08	14. 38	48
600558. SH	大西洋	11. 54	0. 20	2. 60	14. 34	49
300463. SZ	迈克生物	11. 17	1. 87	0. 74	13. 77	50
002246. SZ	北化股份	9. 29	0. 26	3. 38	12. 93	51
300362. SZ	天翔环境	5. 96	2. 07	3. 84	11. 87	52
002773. SZ	康弘药业	4. 42	3. 98	2. 75	11. 14	53
601838. SH	成都银行	10. 26	—	0. 43	10. 69	54
600392. SH	盛和资源	5. 79	0. 32	3. 82	9. 94	55
002357. SZ	富临运业	6. 55	—	3. 37	9. 92	56
603809. SH	豪能股份	8. 97	0. 48	0. 39	9. 83	57
000510. SZ	新金路	8. 57	0. 31	0. 64	9. 52	58
300425. SZ	环能科技	3. 31	0. 68	5. 35	9. 35	59
300471. SZ	厚普股份	7. 65	1. 23	0. 33	9. 21	60
002259. SZ	*ST 升达	7. 93	0. 27	0. 69	8. 89	61
600702. SH	舍得酒业	6. 19	1. 12	1. 40	8. 71	62
000810. SZ	创维数字	6. 77	0. 04	1. 76	8. 57	63
300432. SZ	富临精工	6. 84	0. 35	1. 10	8. 29	64
300434. SZ	金石东方	5. 21	0. 02	2. 81	8. 04	65
603027. SH	千禾味业	4. 14	3. 06	0. 53	7. 73	66
300733. SZ	西菱动力	3. 88	2. 20	0. 56	6. 64	67
000593. SZ	大通燃气	5. 09	1. 10	0. 43	6. 62	68
000710. SZ	贝瑞基因	5. 25	0. 61	0. 74	6. 60	69

附表6.2(续)

证券代码	证券简称	固定资产	在建工程	无形资产	内部投资	排名
002926. SZ	华西证券	6. 09	—	0. 49	6. 58	70
603333. SH	尚纬股份	5. 19	0. 69	0. 63	6. 51	71
002253. SZ	川大智胜	4. 62	0. 24	1. 50	6. 36	72
600779. SH	水井坊	5. 22	0. 12	0. 65	5. 99	73
000757. SZ	浩物股份	3. 90	1. 52	0. 06	5. 49	74
300019. SZ	硅宝科技	3. 74	0. 37	0. 54	4. 64	75
002272. SZ	川润股份	3. 91	0. 00	0. 47	4. 38	76
000835. SZ	长城动漫	1. 57	0. 12	2. 58	4. 28	77
300249. SZ	依米康	2. 19	0. 39	1. 67	4. 25	78
002951. SZ	金时科技	3. 79	0. 05	0. 30	4. 13	79
603477. SH	振静股份	2. 05	1. 59	0. 44	4. 08	80
300366. SZ	创意信息	0. 88	1. 77	1. 20	3. 85	81
000801. SZ	四川九洲	3. 45	—	0. 36	3. 80	82
600139. SH	西部资源	0. 21	—	3. 57	3. 79	83
300470. SZ	日机密封	1. 95	0. 43	1. 30	3. 68	84
600353. SH	旭光股份	3. 18	0. 02	0. 31	3. 51	85
300502. SZ	新易盛	3. 08	—	0. 07	3. 16	86
300535. SZ	达威股份	1. 53	1. 23	0. 36	3. 11	87
600603. SH	广汇物流	0. 46	2. 12	0. 48	3. 07	88
600678. SH	四川金顶	1. 67	0. 33	0. 85	2. 84	89
600880. SH	博瑞传播	2. 49	0. 00	0. 16	2. 66	90
300101. SZ	振芯科技	0. 74	0. 02	1. 79	2. 56	91
300547. SZ	川环科技	1. 74	0. 47	0. 11	2. 32	92
002749. SZ	国光股份	0. 21	1. 65	0. 31	2. 17	93
002777. SZ	久远银海	0. 95	—	1. 21	2. 15	94
300022. SZ	吉峰科技	1. 50	0. 08	0. 55	2. 14	95
300092. SZ	科新机电	1. 96	—	0. 16	2. 12	96
300696. SZ	爱乐达	1. 54	0. 37	0. 19	2. 10	97
002651. SZ	利君股份	1. 70	0. 02	0. 38	2. 10	98
000790. SZ	泰合健康	1. 87	0. 00	0. 19	2. 06	99
002312. SZ	三泰控股	1. 84	—	0. 12	1. 96	100
300127. SZ	银河磁体	1. 70	0. 02	0. 19	1. 91	101
300504. SZ	天邑股份	1. 67	—	0. 21	1. 88	102
000628. SZ	高新发展	1. 27	—	0. 48	1. 75	103
300440. SZ	运达科技	1. 43	—	0. 29	1. 71	104

附表6.2(续)

证券代码	证券简称	固定资产	在建工程	无形资产	内部投资	排名
000803. SZ	金宇车城	0. 78	0. 23	0. 61	1. 62	105
300559. SZ	佳发教育	1. 39	—	0. 22	1. 61	106
300028. SZ	金亚科技	1. 09	0. 24	0. 19	1. 52	107
600109. SH	国金证券	0. 60	—	0. 65	1. 25	108
600137. SH	浪莎股份	0. 79	—	0. 40	1. 19	109
300467. SZ	迅游科技	0. 21	—	0. 82	1. 03	110
603679. SH	华体科技	0. 63	0. 17	0. 20	0. 99	111
300414. SZ	中光防雷	0. 75	0. 01	0. 14	0. 89	112
000586. SZ	汇源通信	0. 45	0. 02	0. 22	0. 69	113
002935. SZ	天奥电子	0. 26	0. 24	0. 08	0. 58	114
300492. SZ	山鼎设计	0. 50	0. 02	0. 02	0. 54	115
002628. SZ	成都路桥	0. 50	—	0. 02	0. 52	116
300540. SZ	深冷股份	0. 14	0. 24	0. 10	0. 48	117
300678. SZ	中科信息	0. 20	—	0. 08	0. 28	118
000509. SZ	华塑控股	0. 11	—	—	0. 11	119
600093. SH	易见股份	0. 03	—	0. 03	0. 06	120
002143. SZ	*ST 印纪	0. 02	0. 00	0. 03	0. 05	121

附表 6.3　四川省上市公司外部投资排名　　单位：亿元

证券代码	证券简称	长期股权投资	投资性房地产	可供出售金融资产	外部投资	排名
601838. SH	成都银行	7. 46	0. 00	585. 54	593. 00	1
002466. SZ	天齐锂业	304. 08	0. 00	0. 00	304. 08	2
600674. SH	川投能源	263. 28	0. 00	12. 47	275. 75	3
000876. SZ	新希望	187. 28	0. 00	3. 19	190. 48	4
600466. SH	蓝光发展	48. 99	45. 84	4. 71	99. 54	5
600828. SH	茂业商业	2. 28	61. 60	7. 30	71. 18	6
600039. SH	四川路桥	12. 25	0. 23	53. 84	66. 32	7
002926. SZ	华西证券	0. 20	0. 00	65. 85	66. 05	8
600875. SH	东方电气	64. 39	1. 54	0. 00	65. 93	9
600109. SH	国金证券	6. 64	0. 00	56. 23	62. 87	10
600603. SH	广汇物流	1. 32	53. 58	0. 00	54. 90	11
600839. SH	四川长虹	26. 25	2. 35	2. 57	31. 17	12
000568. SZ	泸州老窖	20. 91	0. 00	2. 76	23. 67	13
002422. SZ	科伦药业	23. 06	0. 00	0. 00	23. 06	14

表6.3(续)

证券代码	证券简称	长期股权投资	投资性房地产	可供出售金融资产	外部投资	排名
600331. SH	宏达股份	20. 84	1. 24	0. 06	22. 14	15
002818. SZ	富森美	0. 00	21. 49	0. 00	21. 49	16
600804. SH	鹏博士	10. 17	0. 00	11. 06	21. 23	17
002630. SZ	华西能源	8. 83	3. 41	3. 04	15. 28	18
601107. SH	四川成渝	10. 01	0. 37	0. 00	10. 38	19
002312. SZ	三泰控股	6. 53	1. 40	2. 12	10. 05	20
002357. SZ	富临运业	9. 17	0. 76	0. 10	10. 03	21
600880. SH	博瑞传播	3. 80	5. 36	0. 36	9. 52	22
000858. SZ	五粮液	9. 19	0. 00	0. 01	9. 21	23
000935. SZ	四川双马	8. 76	0. 00	0. 00	8. 76	24
000629. SZ	攀钢钒钛	0. 00	1. 92	5. 86	7. 78	25
002023. SZ	海特高新	0. 60	3. 08	4. 09	7. 76	26
002497. SZ	雅化集团	5. 70	0. 34	1. 42	7. 45	27
300434. SZ	金石东方	0. 00	6. 84	0. 00	6. 84	28
300432. SZ	富临精工	0. 00	0. 20	5. 58	5. 78	29
600438. SH	通威股份	2. 82	0. 95	1. 47	5. 23	30
603077. SH	和邦生物	1. 56	0. 00	3. 41	4. 97	31
300467. SZ	迅游科技	4. 67	0. 08	0. 15	4. 90	32
600131. SH	岷江水电	4. 65	0. 00	0. 23	4. 88	33
600979. SH	广安爱众	2. 63	0. 00	2. 24	4. 87	34
002697. SZ	红旗连锁	4. 76	0. 00	0. 00	4. 76	35
601811. SH	新华文轩	3. 74	0. 54	0. 00	4. 28	36
002386. SZ	天原集团	3. 56	0. 19	0. 49	4. 24	37
600093. SH	易见股份	3. 51	0. 69	0. 00	4. 20	38
002946. SZ	新乳业	3. 86	0. 15	0. 00	4. 01	39
600321. SH	ST 正源	2. 82	0. 00	1. 17	3. 99	40
600392. SH	盛和资源	1. 29	0. 00	1. 58	2. 87	41
002628. SZ	成都路桥	2. 77	0. 00	0. 00	2. 77	42
000593. SZ	大通燃气	0. 86	1. 43	0. 26	2. 54	43
300249. SZ	依米康	0. 00	2. 30	0. 22	2. 52	44
000803. SZ	金宇车城	0. 03	2. 46	0. 00	2. 49	45
600644. SH	乐山电力	1. 64	0. 03	0. 62	2. 30	46
600702. SH	舍得酒业	1. 16	1. 13	0. 00	2. 29	47
600101. SH	明星电力	2. 05	0. 08	0. 00	2. 13	48
600378. SH	昊华科技	1. 48	0. 44	0. 09	2. 01	49
601208. SH	东材科技	1. 75	0. 00	0. 00	1. 75	50

表6.3(续)

证券代码	证券简称	长期股权投资	投资性房地产	可供出售金融资产	外部投资	排名
000801.SZ	四川九洲	0.10	1.56	0.04	1.71	51
000155.SZ	川能动力	1.70	0.00	0.00	1.70	52
002190.SZ	*ST 集成	0.88	0.41	0.10	1.40	53
002143.SZ	*ST 印纪	1.17	0.00	0.12	1.29	54
000912.SZ	泸天化	1.06	0.05	0.06	1.16	55
300362.SZ	天翔环境	0.72	0.00	0.36	1.08	56
000628.SZ	高新发展	0.00	0.87	0.18	1.05	57
002480.SZ	新筑股份	0.45	0.49	0.07	1.02	58
300678.SZ	中科信息	1.01	0.00	0.00	1.01	59
300425.SZ	环能科技	0.66	0.00	0.26	0.92	60
000710.SZ	贝瑞基因	0.78	0.00	0.07	0.85	61
002539.SZ	云图控股	0.04	0.00	0.80	0.84	62
600558.SH	大西洋	0.66	0.00	0.11	0.76	63
002253.SZ	川大智胜	0.58	0.00	0.17	0.75	64
300502.SZ	新易盛	0.44	0.00	0.30	0.74	65
600678.SH	四川金顶	0.27	0.03	0.41	0.71	66
000757.SZ	浩物股份	0.61	0.00	0.00	0.61	67
002749.SZ	国光股份	0.25	0.00	0.33	0.58	68
600139.SH	西部资源	0.00	0.57	0.00	0.57	69
000888.SZ	峨眉山 A	0.39	0.02	0.16	0.57	70
002651.SZ	利君股份	0.00	0.54	0.00	0.54	71
300366.SZ	创意信息	0.16	0.00	0.36	0.52	72
000731.SZ	四川美丰	0.39	0.05	0.06	0.50	73
002777.SZ	久远银海	0.00	0.48	0.02	0.50	74
600505.SH	西昌电力	0.15	0.07	0.25	0.48	75
603333.SH	尚纬股份	0.12	0.12	0.21	0.45	76
000509.SZ	华塑控股	0.00	0.36	0.05	0.41	77
000790.SZ	泰合健康	0.05	0.35	0.00	0.40	78
002268.SZ	卫士通	0.31	0.00	0.02	0.33	79
300101.SZ	振芯科技	0.32	0.00	0.00	0.33	80
300463.SZ	迈克生物	0.00	0.00	0.30	0.30	81
300696.SZ	爱乐达	0.29	0.00	0.00	0.29	82
002259.SZ	*ST 升达	0.07	0.05	0.15	0.27	83
300028.SZ	金亚科技	0.27	0.00	0.00	0.27	84
000510.SZ	新金路	0.19	0.00	0.06	0.25	85
300535.SZ	达威股份	0.24	0.00	0.00	0.24	86

表6.3(续)

证券代码	证券简称	长期股权投资	投资性房地产	可供出售金融资产	外部投资	排名
603809.SH	豪能股份	0.14	0.01	0.00	0.16	87
300471.SZ	厚普股份	0.05	0.10	0.00	0.15	88
002246.SZ	北化股份	0.14	0.00	0.01	0.15	89
300547.SZ	川环科技	0.00	0.00	0.15	0.15	90
600793.SH	宜宾纸业	0.13	0.00	0.02	0.15	91
300492.SZ	山鼎设计	0.00	0.14	0.00	0.15	92
300540.SZ	深冷股份	0.00	0.00	0.13	0.13	93
000810.SZ	创维数字	0.13	0.00	0.00	0.13	94
300019.SZ	硅宝科技	0.12	0.00	0.00	0.12	95
600353.SH	旭光股份	0.00	0.00	0.11	0.11	96
002272.SZ	川润股份	0.00	0.00	0.10	0.10	97
600779.SH	水井坊	0.00	0.10	0.00	0.10	98
000586.SZ	汇源通信	0.10	0.00	0.00	0.10	99
002773.SZ	康弘药业	0.09	0.00	0.00	0.09	100
300559.SZ	佳发教育	0.07	0.00	0.00	0.07	101
300414.SZ	中光防雷	0.00	0.00	0.06	0.06	102
002798.SZ	帝欧家居	0.00	0.02	0.03	0.05	103
300022.SZ	吉峰科技	0.00	0.00	0.04	0.05	104
600137.SH	浪莎股份	0.00	0.02	0.01	0.03	105
002366.SZ	台海核电	0.00	0.00	0.03	0.03	106
300470.SZ	日机密封	0.00	0.00	0.02	0.02	107
300440.SZ	运达科技	0.01	0.00	0.00	0.01	108
002258.SZ	利尔化学	0.00	0.00	0.00	0.00	109
000598.SZ	兴蓉环境	0.00	0.00	0.00	0.00	110
000835.SZ	长城动漫	0.00	0.00	0.00	0.00	111
002935.SZ	天奥电子	0.00	0.00	0.00	0.00	112
002951.SZ	金时科技	0.00	0.00	0.00	0.00	113
300092.SZ	科新机电	0.00	0.00	0.00	0.00	114
300127.SZ	银河磁体	0.00	0.00	0.00	0.00	115
300504.SZ	天邑股份	0.00	0.00	0.00	0.00	116
300733.SZ	西菱动力	0.00	0.00	0.00	0.00	117
600391.SH	航发科技	0.00	0.00	0.00	0.00	118
603027.SH	千禾味业	0.00	0.00	0.00	0.00	119
603477.SH	振静股份	0.00	0.00	0.00	0.00	120
603679.SH	华体科技	0.00	0.00	0.00	0.00	121

附表 6.4　四川省上市公司对子公司投资排名

证券代码	证券简称	对子公司投资额/亿元	在母公司资产中的占比/%	公司属性	排名
600875. SH	东方电气	275. 29	59. 70	中央国有企业	1
600466. SH	蓝光发展	272	62. 00	民营企业	2
000858. SZ	五粮液	209. 76	48. 10	地方国有企业	3
600438. SH	通威股份	191. 36	79. 40	民营企业	4
002422. SZ	科伦药业	145. 22	59. 40	民营企业	5
000876. SZ	新希望	135. 07	47. 90	民营企业	6
600839. SH	四川长虹	117. 42	40. 30	地方国有企业	7
002386. SZ	天原集团	81. 04	66. 30	地方国有企业	8
000568. SZ	泸州老窖	78. 95	43. 50	地方国有企业	9
600093. SH	易见股份	76. 44	94. 90	地方国有企业	10
600039. SH	四川路桥	73. 39	62. 00	地方国有企业	11
000598. SZ	兴蓉环境	73. 31	67. 20	地方国有企业	12
600804. SH	鹏博士	63. 11	50. 50	民营企业	13
601107. SH	四川成渝	62. 67	26. 50	地方国有企业	14
002143. SZ	*ST 印纪	62. 29	91. 40	民营企业	15
600392. SH	盛和资源	58. 99	92. 60	中央国有企业	16
002539. SZ	云图控股	57. 15	75. 10	民营企业	17
600603. SH	广汇物流	53. 37	77. 70	民营企业	18
600828. SH	茂业商业	48. 72	62. 90	外资企业	19
600378. SH	昊华科技	45. 12	78. 70	中央国有企业	20
000710. SZ	贝瑞基因	44. 73	94. 50	民营企业	21
002023. SZ	海特高新	41. 12	84. 80	民营企业	22
000810. SZ	创维数字	41. 07	97. 80	公众企业	23
002366. SZ	台海核电	40. 64	97. 00	民营企业	24
603077. SH	和邦生物	39. 07	35. 00	民营企业	25
000629. SZ	攀钢钒钛	37. 11	34. 20	中央国有企业	26
601811. SH	新华文轩	35. 14	27. 80	地方国有企业	27
002268. SZ	卫士通	33. 47	74. 60	中央国有企业	28
000912. SZ	泸天化	33. 09	60. 00	地方国有企业	29
600979. SH	广安爱众	29	47. 40	地方国有企业	30
300467. SZ	迅游科技	28. 1	81. 60	民营企业	31
002798. SZ	帝欧家居	25. 88	86. 30	民营企业	32
600321. SH	ST 正源	23. 13	64. 60	民营企业	33

附表6.4(续)

证券代码	证券简称	对子公司投资额/亿元	在母公司资产中的占比/%	公司属性	排名
300434. SZ	金石东方	22. 88	92. 60	民营企业	34
002497. SZ	雅化集团	22. 44	67. 60	民营企业	35
002926. SZ	华西证券	21. 14	4. 70	地方国有企业	36
000731. SZ	四川美丰	20. 14	55. 70	中央国有企业	37
300366. SZ	创意信息	19. 83	64. 60	民营企业	38
002628. SZ	成都路桥	19. 67	30. 00	民营企业	39
002630. SZ	华西能源	18. 95	19. 00	民营企业	40
000801. SZ	四川九洲	17. 63	88. 90	地方国有企业	41
002258. SZ	利尔化学	16. 77	35. 70	其他企业	42
002818. SZ	富森美	16. 67	36. 20	民营企业	43
600880. SH	博瑞传播	16. 59	57. 30	地方国有企业	44
002773. SZ	康弘药业	15. 73	47. 90	民营企业	45
002190. SZ	*ST 集成	14. 59	56. 90	中央国有企业	46
002946. SZ	新乳业	14. 56	45. 70	民营企业	47
600109. SH	国金证券	14. 51	3. 30	民营企业	48
601208. SH	东材科技	13. 65	51. 60	民营企业	49
300362. SZ	天翔环境	12. 85	25. 30	民营企业	50
600674. SH	川投能源	12. 64	4. 40	地方国有企业	51
300463. SZ	迈克生物	12. 57	38. 10	民营企业	52
300425. SZ	环能科技	12. 49	51. 70	中央国有企业	53
002357. SZ	富临运业	12. 37	53. 60	民营企业	54
600139. SH	西部资源	12. 34	89. 20	民营企业	55
000593. SZ	大通燃气	12. 1	85. 30	民营企业	56
002272. SZ	川润股份	11. 42	83. 10	民营企业	57
002651. SZ	利君股份	11. 05	49. 90	民营企业	58
002246. SZ	北化股份	10. 83	45. 80	中央国有企业	59
002697. SZ	红旗连锁	10. 78	25. 50	民营企业	60
300471. SZ	厚普股份	9. 81	46. 70	民营企业	61
600331. SH	宏达股份	9. 53	18. 80	民营企业	62
002466. SZ	天齐锂业	9. 44	10. 20	民营企业	63
000155. SZ	川能动力	8. 93	24. 10	地方国有企业	64
000510. SZ	新金路	8. 45	82. 10	民营企业	65
002480. SZ	新筑股份	8. 39	16. 30	地方国有企业	66
300022. SZ	吉峰科技	8. 39	64. 50	民营企业	67
600644. SH	乐山电力	7. 89	34. 90	公众企业	68

附表6.4(续)

证券代码	证券简称	对子公司投资额/亿元	在母公司资产中的占比/%	公司属性	排名
000835. SZ	长城动漫	7. 87	95. 10	民营企业	69
002259. SZ	* ST 升达	7. 61	31. 40	民营企业	70
300470. SZ	日机密封	5. 73	40. 90	集体企业	71
000628. SZ	高新发展	5. 36	45. 90	地方国有企业	72
600131. SH	岷江水电	5. 34	23. 30	中央国有企业	73
000803. SZ	金宇车城	5. 28	53. 80	地方国有企业	74
300249. SZ	依米康	5. 27	39. 20	民营企业	75
600505. SH	西昌电力	4. 91	24. 40	中央国有企业	76
300502. SZ	新易盛	4. 52	32. 00	民营企业	77
600137. SH	浪莎股份	4. 45	94. 40	民营企业	78
600558. SH	大西洋	4. 42	20. 20	地方国有企业	79
600702. SH	舍得酒业	4. 41	10. 60	民营企业	80
300733. SZ	西菱动力	3. 63	28. 50	民营企业	81
600391. SH	航发科技	3. 59	7. 50	中央国有企业	82
000790. SZ	泰合健康	3. 5	33. 90	民营企业	83
603809. SH	豪能股份	3. 37	28. 30	民营企业	84
300440. SZ	运达科技	3. 27	19. 30	民营企业	85
000888. SZ	峨眉山 A	3. 22	11. 10	地方国有企业	86
300019. SZ	硅宝科技	3. 18	41. 50	公众企业	87
000757. SZ	浩物股份	3. 16	66. 70	地方国有企业	88
603333. SH	尚纬股份	2. 95	14. 30	民营企业	89
002777. SZ	久远银海	2. 77	15. 90	其他企业	90
300101. SZ	振芯科技	2. 64	26. 50	民营企业	91
000935. SZ	四川双马	2. 42	8. 10	民营企业	92
600101. SH	明星电力	1. 98	7. 00	中央国有企业	93
300414. SZ	中光防雷	1. 74	18. 40	民营企业	94
000509. SZ	华塑控股	1. 72	64. 80	民营企业	95
300535. SZ	达威股份	1. 61	23. 50	民营企业	96
300028. SZ	金亚科技	1. 6	68. 80	民营企业	97
300432. SZ	富临精工	1. 42	5. 10	民营企业	98
000586. SZ	汇源通信	1. 35	63. 00	公众企业	99
300559. SZ	佳发教育	1. 3	14. 10	民营企业	100
600779. SH	水井坊	1. 24	5. 50	外资企业	101
601838. SH	成都银行	0. 93	0. 00	公众企业	102
002951. SZ	金时科技	0. 91	13. 00	民营企业	103

附表6.4(续)

证券代码	证券简称	对子公司投资额/亿元	在母公司资产中的占比/%	公司属性	排名
603027. SH	千禾味业	0. 88	4. 80	民营企业	104
300504. SZ	天邑股份	0. 84	2. 90	民营企业	105
603679. SH	华体科技	0. 79	11. 50	民营企业	106
002749. SZ	国光股份	0. 71	7. 70	民营企业	107
300127. SZ	银河磁体	0. 7	5. 40	公众企业	108
600678. SH	四川金顶	0. 66	13. 80	民营企业	109
603477. SH	振静股份	0. 6	4. 40	民营企业	110
002253. SZ	川大智胜	0. 54	3. 60	民营企业	111
600793. SH	宜宾纸业	0. 4	1. 10	地方国有企业	112
300547. SZ	川环科技	0. 37	3. 90	民营企业	113
600353. SH	旭光股份	0. 31	2. 50	民营企业	114
300092. SZ	科新机电	0. 3	3. 60	民营企业	115
300678. SZ	中科信息	0. 29	4. 10	中央国有企业	116
002312. SZ	三泰控股	0. 25	0. 70	民营企业	117
300492. SZ	山鼎设计	0. 13	3. 30	民营企业	118
300540. SZ	深冷股份	0. 03	0. 30	民营企业	119

附表 6.5 四川省上市公司融资额排名

单位：亿元

证券简称	经营性负债	银行借款	增发配股	利润留存	债券融资	总融资额	排名
蓝光发展	209. 72	146. 41	—	16. 43	69. 4	441. 97	1
天齐锂业	3. 34	254. 26	—	19. 72	3	280. 32	2
成都银行	0. 00	—	—	28. 29	112	140. 29	3
四川路桥	66. 93	31. 79	—	9. 91	0	108. 64	4
通威股份	59. 14	22. 30	—	13. 84	10	105. 28	5
五粮液	18. 60	—	—	83. 38	0	101. 98	6
新希望	10. 91	51. 68	—	7. 09		69. 68	7
豪能股份	0. 11	0. 86	67. 93	0. 54		69. 44	8
川环科技	-0. 17	—	59. 83	0. 75		60. 41	9
四川长虹	35. 77	12. 10	—	4. 51	0	52. 38	10
川投能源	0. 04	22. 90	—	23. 59		46. 53	11
科伦药业	1. 87	2. 26	—	9. 12	27	40. 25	12
国金证券	0. 00	0. 44	—	6. 70	30	37. 14	13
广汇物流	15. 76	10. 49	—	5. 51		31. 76	14
兴蓉环境	8. 26	8. 99	—	7. 55	5	29. 80	15

附表6.5(续)

证券简称	经营性负债	银行借款	增发配股	利润留存	债券融资	总融资额	排名
昊华科技	5.16	5.98	—	17.92		29.06	16
帝欧家居	13.31	6.99	—	3.54		23.84	17
泸州老窖	1.98	—	—	16.55		18.53	18
天原集团	6.90	6.99	—	1.55	2.8	18.25	19
利尔化学	2.43	0.13	—	5.78	8.52	16.85	20
华西证券	0.00	—	—	5.86	10	15.86	21
*ST升达	-1.28	-0.62	18.53	-1.78		14.84	22
四川成渝	-2.22	11.50	—	5.43		14.72	23
新筑股份	6.92	7.67	—	0.00		14.59	24
攀钢钒钛	-16.28	-1.38	—	30.90		13.23	25
云图控股	3.84	6.76	—	0.34		10.94	26
盛和资源	3.29	4.47	—	2.46		10.22	27
迈克生物	1.00	5.24	—	3.70		9.94	28
浩物股份	0.38	0.74	6.90	0.79		8.82	29
鹏博士	-14.16	11.01	—	1.44	10	8.29	30
新华文轩	1.66	—	—	6.62		8.28	31
和邦生物	0.29	6.10	—	1.86		8.26	32
茂业商业	6.37	-1.04	—	2.71		8.04	33
川能动力	0.00	4.17	—	3.01		7.18	34
千禾味业	0.48	1.00	—	1.97	3.56	7.00	35
创维数字	5.73	-2.32	—	3.04		6.45	36
西昌电力	0.63	4.89	—	0.50		6.02	37
依米康	3.78	1.70	—	0.27		5.75	38
环能科技	1.68	3.53	—	0.51		5.72	39
ST正源	0.92	-0.28	4.48	0.35		5.47	40
康弘药业	-0.16	—	—	5.07		4.91	41
高新发展	1.61	2.59	—	0.54		4.73	42
卫士通	1.27	2.50	—	0.78		4.55	43
尚纬股份	1.13	2.75	—	0.53		4.41	44
雅化集团	0.26	2.32	—	1.51		4.09	45
四川九洲	1.92	1.31	—	0.68		3.91	46
舍得酒业	0.36	0.20	—	3.27		3.83	47
红旗连锁	0.83	0.01	—	2.94		3.78	48
乐山电力	0.21	2.64	—	0.81		3.66	49
广安爱众	0.38	-0.82	—	2.04	2	3.60	50

附表6.5(续)

证券简称	经营性负债	银行借款	增发配股	利润留存	债券融资	总融资额	排名
日机密封	0.63	1.49	—	1.44		3.56	51
华西能源	2.36	2.54	—	-1.64		3.25	52
西菱动力	-0.17	-1.38	4.00	0.43		2.88	53
水井坊	-0.25	—	—	2.77		2.52	54
贝瑞基因	0.03	-0.29	—	2.68		2.42	55
成都路桥	2.88	-0.86	—	0.21		2.23	56
天邑股份	1.00	-0.35	—	1.12		1.77	57
佳发教育	0.59	—	—	1.09		1.68	58
川润股份	1.38	-0.19	—	0.44		1.63	59
运达科技	0.21	0.13	—	1.17		1.51	60
北化股份	0.60	-0.11	—	1.02		1.51	61
峨眉山A	-0.01	-0.15	—	1.57		1.40	62
东材科技	0.06	1.30	—	0.01		1.37	63
科新机电	1.21	-0.01	—	0.04		1.25	64
金宇车城	1.41	-0.33	—	0.08		1.17	65
明星电力	0.26	—	—	0.86		1.12	66
久远银海	0.31	—	—	0.76		1.06	67
金时科技	0.01	-0.14	—	1.15		1.02	68
华体科技	0.17	0.13	—	0.61		0.91	69
利君股份	0.29	—	—	0.59		0.88	70
金石东方	0.10	-0.48	—	1.25		0.87	71
国光股份	0.01	0.01	—	0.85		0.86	72
创意信息	3.07	1.87	—	-4.18		0.77	73
振芯科技	0.27	0.29	—	0.16		0.71	74
大西洋	0.11	0.04	—	0.44		0.59	75
硅宝科技	0.15	0.10	—	0.32		0.57	76
天奥电子	-0.03	-0.40	—	0.97		0.55	77
爱乐达	0.02	—	—	0.48		0.50	78
浪莎股份	0.20	—	—	0.23		0.44	79
川大智胜	0.09	0.06	—	0.28		0.43	80
汇源通信	0.36	0.08	—	-0.03		0.41	81
中科信息	-0.03	—	—	0.42		0.39	82
达威股份	0.06	—	—	0.30		0.36	83
振静股份	0.83	-0.83	—	0.35		0.35	84
深冷股份	0.94	0.61	—	-1.21		0.34	85
旭光股份	-0.17	—	—	0.48		0.31	86
四川金顶	-0.81	0.78	—	0.32		0.29	87

附表6.5（续）

证券简称	经营性负债	银行借款	增发配股	利润留存	债券融资	总融资额	排名
海特高新	-0.02	-0.42	—	0.64		0.21	88
中光防雷	-0.20	—	—	0.40		0.20	89
银河磁体	0.06	—	—	0.11		0.17	90
山鼎设计	0.04	-0.13	—	0.12		0.03	91
台海核电	-3.59	1.23	—	2.34		-0.01	92
岷江水电	0.49	-1.31	—	0.78		-0.04	93
新金路	0.74	-1.57	—	0.76		-0.07	94
新易盛	-0.21	-0.21	—	0.03		-0.39	95
新乳业	0.00	-2.84	—	2.43		-0.41	96
富临运业	0.13	-0.73	—	0.06		-0.54	97
大通燃气	0.46	0.57	—	-1.86		-0.83	98
金亚科技	-0.60	—	—	-0.23		-0.83	99
富森美	-3.40	—	—	2.49		-0.91	100
华塑控股	-0.56	—	—	-0.54		-1.10	101
航发科技	1.40	-0.04	—	-3.13		-1.77	102
吉峰科技	-2.45	0.09	—	0.10		-2.25	103
四川美丰	-0.64	-3.44	—	1.75		-2.33	104
三泰控股	-0.15	-0.00	—	-2.19		-2.34	105
泰合健康	0.22	-1.30	—	-1.33		-2.41	106
易见股份	7.96	-14.87	—	3.29		-3.63	107
天翔环境	2.73	10.55	—	-17.53		-4.25	108
迅游科技	0.62	1.15	—	-7.98		-6.21	109
长城动漫	-3.09	0.42	—	-4.49		-7.16	110
厚普股份	-2.75	-0.33	—	-4.86		-7.95	111
*ST集成	-0.49	-5.42	—	-2.05		-7.96	112
四川双马	-4.03	-10.13	—	5.62		-8.54	113
博瑞传播	-0.80	-0.01	—	-8.53		-9.34	114
宜宾纸业	-0.90	-10.85	—	1.74		-10.00	115
西部资源	-2.70	-9.38	—	0.03		-12.05	116
*ST印纪	-0.19	-0.25	—	-17.35		-17.79	117
富临精工	-2.57	2.89	4.19	-24.23		-19.72	118
宏达股份	-4.84	-15.49	17.45	-26.72		-29.60	119
泸天化	-8.02	-37.49	—	3.52		-41.99	120
东方电气	-341.87	-0.47	—	35.60		-306.75	121

第七章　营运能力发展报告

营运能力是衡量企业经营能力的重要指标，直接反映企业营运资产周转收益的能力。营运能力的高低，同样体现了企业的经营管理水平。上市公司作为企业中的领头羊，营运能力通常高于一般企业，往往代表了一个区域或行业内企业经营管理的先进水平。因此，四川上市公司的营运能力水平究竟如何，值得深入分析研究。本章分别用总资产周转率、流动资产周转率、应收账款周转率、存货周转率、营业周期这五个指标，在总体描述四川省上市公司近几年营运能力的总体趋势的基础上，分行业对 121 家上市公司营运能力进行分析。最后通过熵值赋权法对上市公司的综合营运能力进行了评价分析，从而得出各企业各指标之间的差异性。

第一节　营运能力评价概述

明确营运能力的概念、研究四川省上市公司营运能力的意义、如何展开分析上市公司营运能力，是分析四川省上市公司营运能力的基础。为了对上述问题做出清晰的解释，以下将对上市公司营运能力的基本内涵及指标选择进行阐述，这既是建立科学的指标评价体系的完整过程，也有利于读者直观理解营运能力这一概念。

一、营运能力的基本内涵

在广义上，营运能力是指企业的经营运行能力，即通过配置、组合与相互作用包括人力资源、财力资源、物力资源、技术信息资源和管理资源等在内的企业各项经济资源所生成的推动企业运行的物质能量。在狭义上，营运能力是指企业资产的利用效率。企业营运资产的主体是流动资产和固定资产。虽然无形资产也是企业资产的重要组成部分，并随着知识经济的发展在企业资产中的占比和对提高企业经济效益的作用愈发增长，但是无形资产的作用必须通过或依附有形资产才能发挥出来。从这个意义上来说，企业营运资产的利用及其能力如何，从根本上决定了企业的经营状况和经济效益[35]。

上市公司营运能力主要是指狭义上的营运能力，即企业资产营运的效率和效益，反映了企业的资产管理水平和资产周转情况。企业资产营运的效率主要是指资产的周转率或周转天数。企业资产营运的效益主要是指企业的产出额与资产占用额之间的比例。资产运用的效率高、循环快，企业就可以以较少的投入获得较多的收益。

二、指标选择及测算方法

营运能力的分析，主要是对反映企业资产营运效率与效益的指标进行计算和分析，从而评价企业资产的营运状况，为企业提高经济效益指明方向。营运能力分析的内容主要包括流动资产营运能力分析、固定资产营运能力分析和总资产营运能力分析，而应收账款和存货作为资产科目中和公司经营联系最大的两项需要拿出来重点分析[36]。我们依据经典的财务分析理论，选取了总资产周转率来评价公司对总资产的周转效率、使用流动资产周转率来评价公司对流动资产的运用效率、使用应收账款周转率及存货周转率来考察公司在经营活动中对资金的周转能力，并结合应收账款周转率和存货周转率情况使用营业周期辅助分析公司的经营活动效率，对四川省上市公司的总体营运能力进行分析和评价[37]。各指标测算方法如下：

1. 总资产周转率

总资产周转率体现了企业经营期间全部资产从投入到产出的流转速度，反映了企业全部资产的利用效率。其计算公式如下：

总资产周转率=销售收入/资产平均总值

资产平均总值=（期初资产总额+期末资产总额）/2

本报告的销售收入采用公司年报中的营业收入科目进行计量。总资产周转率反映了总资产在一年时间内的平均周转次数。该比率数值越大，总资产周转次数越多，单位总资产所获得的销售收入越多。因此总资产周转率越高，企业对总资产的利用效率越高，企业的营运能力越强；反之则越弱。

2. 流动资产周转率

流动资产周转率反映了企业对流动资产的利用效率情况。其计算公式如下：

流动资产周转率=销售收入/流动资产平均余额

流动资产平均余额=（流动资产期初余额+流动资产期末余额）/2

流动资产周转率反映了一个会计年度内企业流动资产周转的次数，反映了流动资产重新变成现金的速度。该指标越高，说明企业流动资产的利用效率越高，企业的周转能力越强。

3. 应收账款周转率

应收账款周转率是衡量企业应收账款周转速度及管理效率的指标。其计算公式如下：

应收账款周转率=销售收入/应收账款平均余额

应收账款平均余额=（期初应收账款余额+期末应收账款余额）/2

公司的应收账款在流动资产中具有举足轻重的地位，应收账款如能及时收回，公司的资金使用效率便能大幅提高。应收账款周转率反映公司应收账款平均周转速度，它说明一定期间内公司应收账款转为现金的平均次数。应收账款周转率越高，说明应收账款变成现金的速度越快。反之，说明营运资本过多呆滞在应收账款上，会影响正常资金周转及偿债能力。

在此假定，企业不使用或较少使用现金结算的销售，因此营业收入可代表赊销收入；期初和期末的应收账款余额能真实地反映公司平均应收账款数。

4. 存货周转率

存货周转率是对流动资产周转率的补充说明，是衡量企业销售能力及存货管理水平的综合性指标。其计算公式如下：

存货周转率=销售成本/平均存货

平均存货=（期初存货余额+期末存货余额）/2

存货周转率越高，存货周转速度越快，存货的流动性较好及存货资金占用量较低，企业的销售能力越强。存货周转率过低，可能是因为企业没有足够的市场竞争力，导致销售不顺，存货积压，公司面临较大的销售问题。

5. 营业周期

营业周期是指从外购承担付款义务，到收回因销售商品或提供劳务而产生的应收账款的这段时间。其计算公式如下：

营业周期=存货周转天数+应收账款周转天数

存货周转天数=360/存货周转率

应收账款周转天数=360/应收账款周转率

周期越短，表明企业对应收账款和存货的管理越有效。存货周转率和应收账款周转率通常会出现此消彼长。这取决于公司的销售战略，若公司采取信用扩张的销售策略，则应收账款周转率较低，存货周转率较高。营业周期将两项指标结合起来考察企业的运营效率，避免了因企业销售策略不同而导致分析出现错误结论的情况。

由于指标适用性的问题，本报告剔除了三家金融业企业：成都银行、国金证券、华西证券。三泰控股、山鼎设计、西部资源数据缺失，也不在本报告选取的公司之中。

第二节　营运能力分析

本节对四川省上市公司的各项营运能力做整体趋势分析，并对各上市公司进行排名分析。其中，整体趋势分析取2013—2018年各年均值作为分析对象；各上市公司排名分析取各上市公司2018年各指标结果作为分析对象，从不同行业进行排名分析。个别指标中个别上市公司由于不具有相应资产不参与排名结果。考虑到金融类行业资产结构的特殊性，金融类上市公司不参与营运能力分析。

一、总体情况评述

（一）存货周转率情况

图7.1展示了2018年四川所有上市公司存货周转率情况的频数分布。从115个样本数据来看，在分布的最左端出现了几项极端异常值：迅游科技4 951.4、岷江水电1 182.3、富临运业556.7、易见股份231.7、博瑞传播123.4，主要是因为公司销售的产

品不以存货的形式储存，导致报表中存货项较低。为使算数平均值更充分地反映大多数企业的情况，本报告在剔除这些异常值后得到各公司的存货周转率的算术平均数为 7. 13。从分布图中可知，众数为 4 左右，大部分公司都集中在 0. 2 到 6. 2 区间内。从离散程度上来看，标准差为 12. 09，整体分布较为离散，公司间的存货周转率程度相差较大，偏度为 3. 69，明显正偏。

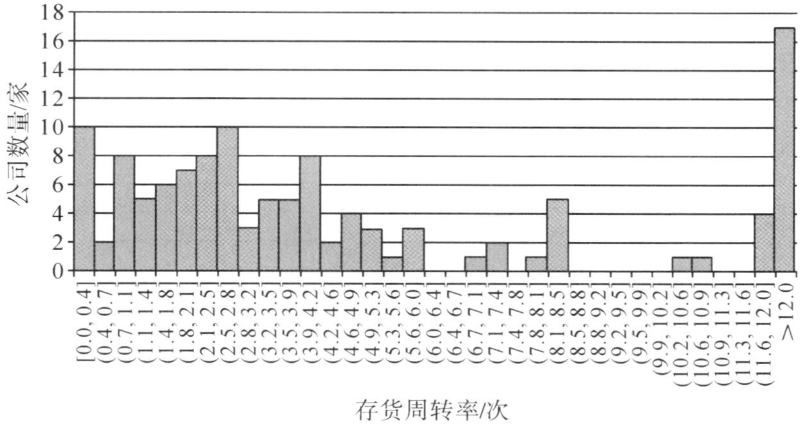

图 7. 1　2018 年四川省各上市公司存货周转率情况

（二）应收账款周转率情况

图 7. 2 展示了 2018 年四川所有上市公司应收账款周转率情况的频数分布。从所获得的 115 个样本数据来看，分布的右端出现了较为明显的极端异常值：泸州老窖 1 423. 5，主要是因为泸州老窖采取较多的现金结算方式，导致报表中应收账款项较低，应收账款周转率不适用于该企业的营运能力评判。在剔除异常值后，整体的算数平均值为 32. 74。从离散程度上来看，标准差为 83. 54，整体分布较为离散，企业间差距较大，偏度为 3. 77，正偏明显。

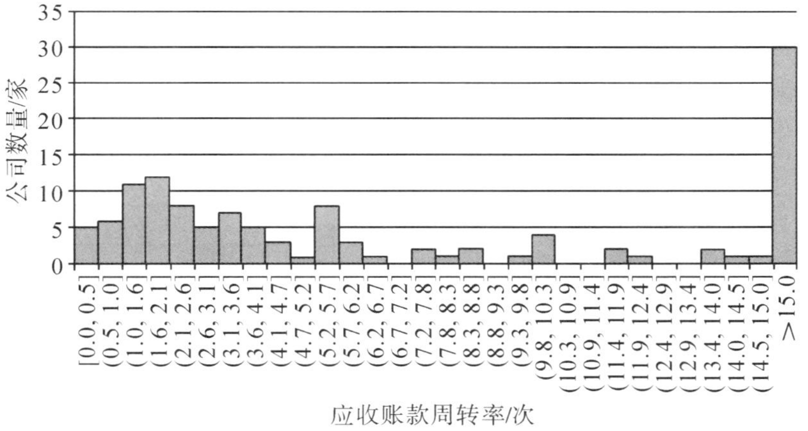

图 7. 2　2018 年四川省上市公司应收账款周转率情况

（三）流动资产周转率情况

图 7.3 展示了 2018 年四川所有上市公司流动资产周转率情况的频数分布。从 115 个样本数据来看，各公司的流动资产周转率最大的为华塑控股（6.34），最小的为 * ST 印纪 0.11。大多数公司的流动资产周转率都集中在 0 到 2.1 之间，样本的算数平均值为 1.32，众数为 0.7 左右。标准差为 1.22，整体分布较为集中，但出现了正偏的情况，个别公司的流动资产周转情况明显强于其他企业。

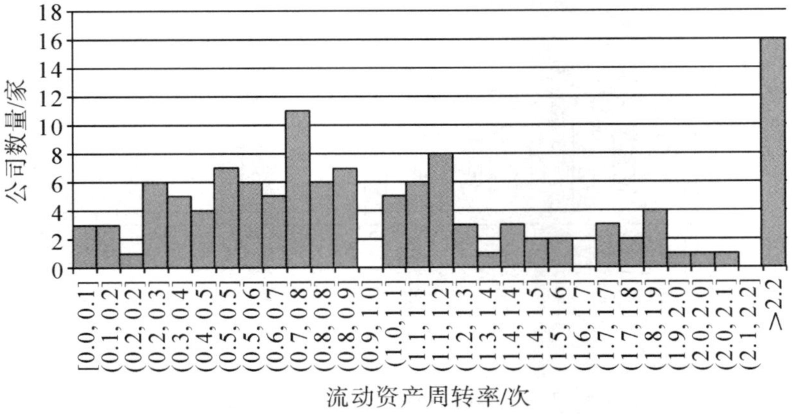

图 7.3　2018 年四川省上市公司流动资产周转率情况

（四）总资产周转率情况

图 7.4 展示了 2018 年四川所有上市公司总资产周转率情况的频数分布。总资产周转率的分布情况较前面三项明显较为集中，在 115 家公司中总资产周转率的最大值为华塑控股 4.73，除这家公司外其余公司都分布在 0 到 1.6 之间。整体的算数平均值为 0.57。从离散程度上来看，标准差为 0.50，数据的整体分布较为集中，偏度为 4.86，明显正偏。

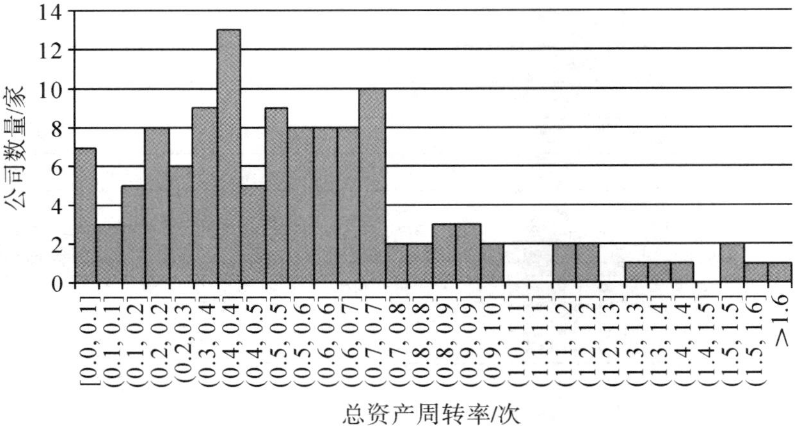

图 7.4　2018 年四川省上市公司总资产周转率情况

（五）营业周期情况

图 7.5 展示了 2018 年四川所有上市公司营业周期情况的频数分布。营业周期分布较为分散，营业周期大于 450 天的企业有 17 家。在 115 家公司中营业周期的最大值为 ＊ST 印纪 2 202，整体的算数平均值为 304。从离散程度上来看，标准差为 345.39，数据的整体分布较为分散，偏度为 2.91，明显正偏。

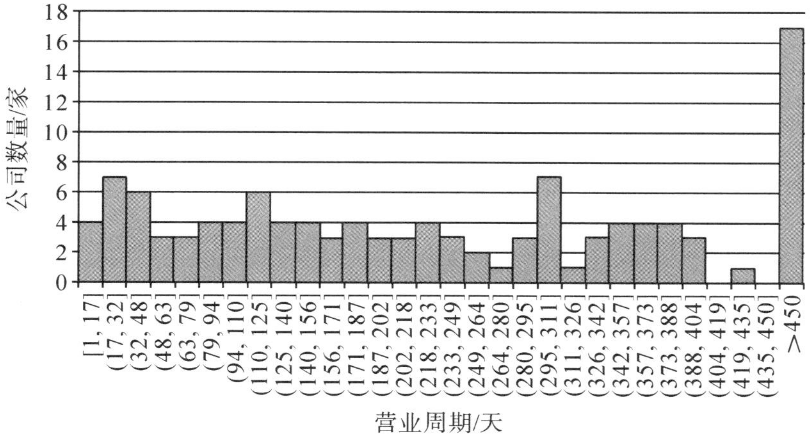

图 7.5　2018 年四川省上市公司营业周期情况

注：在处理平均值计算时，采用了直接平均法，可能会与后文加权平均法计算出来的数值存在一定的差距，但不影响总体结果。

二、各年发展情况

本部分分析上市公司各项指标在各年间的变化及趋势，选取四川省的 115 家上市公司 2013 年到 2018 年 6 年间的各项指标数据。数据均来自公开信息，在数据的处理上，为使各年数据更加贴合市场真实情况，采用了加权平均的办法，权数采取的是 2019 年 7 月 19 日收盘后各公司的市值比率。

（一）应收账款周转率情况

图 7.6 展示了 2013 年到 2018 年四川省上市公司整体应收账款周转率的变动情况。

从整体趋势来看，四川省上市公司总体平均应收账款周转率在 2013 年至 2015 年间呈现递减趋势，增长率基本稳定在-2%的负增长速度。在 2016 年触底小幅上升至 2013 年水平，紧接着 2017 年迅速下降至历史最低位 30.72，下降速度达-10.43%。2018 年大幅回升至与 2014 年相近的水平，达到 33.49，增速 9.01%为历史最高。

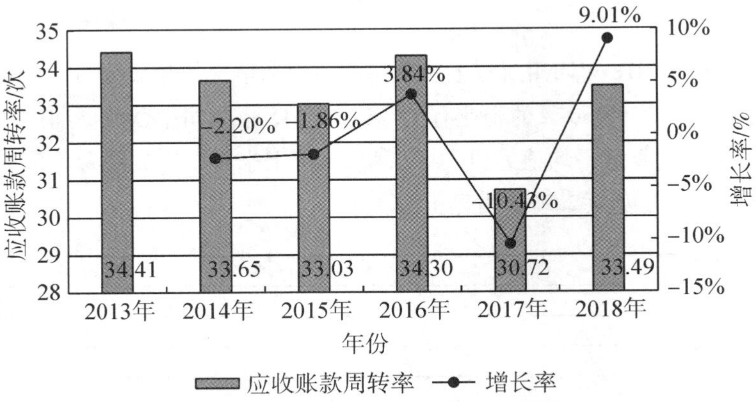

图 7.6　2013 年到 2018 年四川省上市公司应收账款周转率及其增长率变化情况

（二）流动资产周转率情况

2013 年到 2018 年四川省上市公司整体流动资产周转率变动情况如图 7.7 所示。从整体趋势来看，四川省上市公司总体平均流动资产周转率，在 2013 年至 2018 年间除 2016 年出现小幅增长外，基本上呈下降趋势。2015 年下降速度为历史最大值 8.36%，但基本稳定在 1.7 左右；2016 年周转率小幅上升至正的 1.76，增速为 2.62%；2016—2018 年流动资产周转率逐年下降；2018 年达到历史最低值，并且下降速度还有所加快。

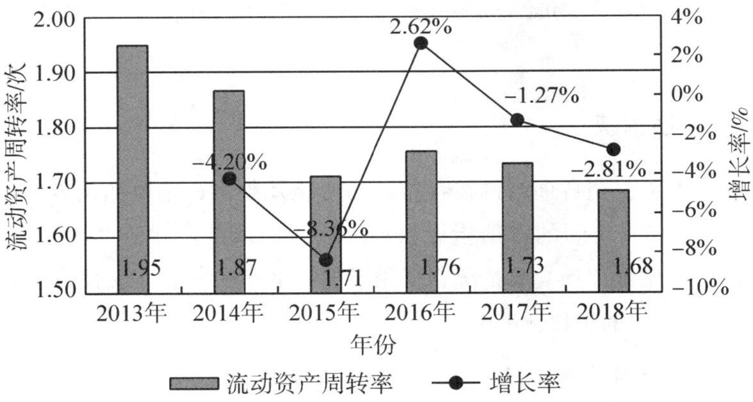

图 7.7　2013 年到 2018 年四川省上市公司流动资产周转率及其增长率变化情况

（三）存货周转率情况

图 7.8 展示了 2013 年到 2018 年四川省上市公司整体存货周转率的变动情况。从整体趋势上来看，四川省上市公司整体存货周转率及其增长率均呈现出由增到减然后又由减到增的持续波动。四川省上市公司整体存货周转率从总体上来看是在波动中上升的，在 2013 年至 2018 年间，2013 年是存货周转率的最低点，为 11.18，2018 年是存货周转率的最高点为 19.91。而增长率的最大值出现在 2014 年，高达 44.12%，2015 年增长率下降至近六年的最小值，为-18.92%。

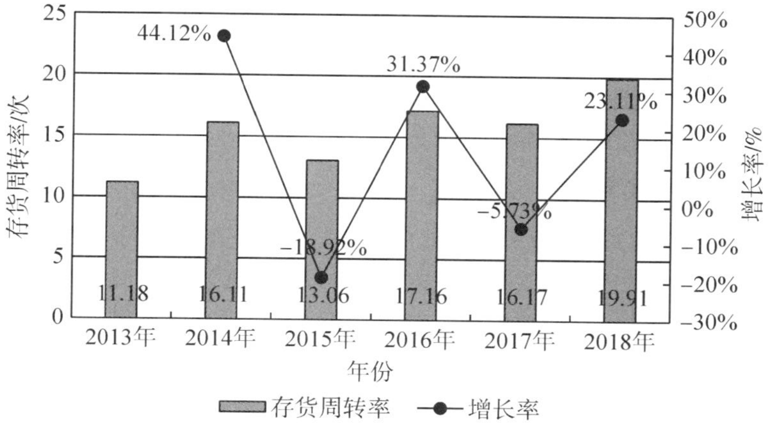

图 7.8　2013 年到 2018 年四川省上市公司存货周转率及其增长率变化情况

（四）总资产周转率情况

图 7.9 展示了 2013 年到 2018 年四川省上市公司整体总资产周转率的变动情况。从整体趋势上来看，四川省上市公司整体平均总资产周转率在 2013 年至 2016 年之间逐年递减，从 2013 年的 0.84 下降至 2016 年的 0.64；2016 年到 2018 年总资产周转率逐渐趋于稳定，稳定在 0.645 左右。而从增长率来看，2013 年到 2018 年总资产周转率的增长率呈现出先减后增再减的变化趋势，在 2015 年达到最小值-13.31%，在 2017 年达到最大值 2.66%。

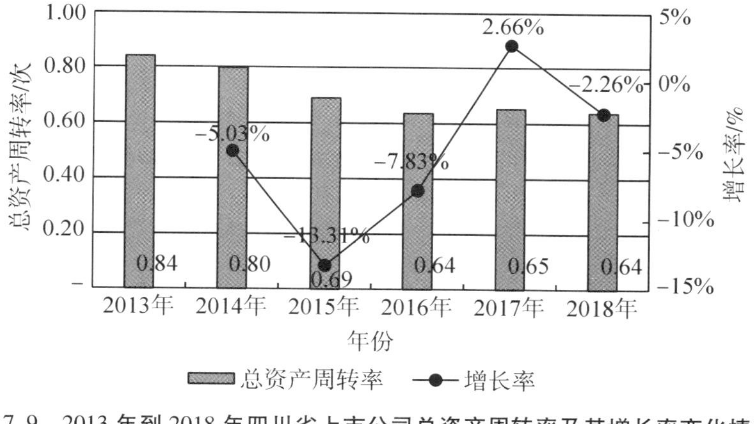

图 7.9　2013 年到 2018 年四川省上市公司总资产周转率及其增长率变化情况

三、各行业发展情况

四川省上市公司截至本报告截稿日期共有 115 家，涉及 13 个门类，包括采矿业、制造业、房地产业等。包含 38 个子行业（证监会 2018 年行业分类标准，下同），其中同门类中公司数大于 4 家的门类有：电力、热力、燃气及水的生产和供应业，信息传输、软件和信息技术服务业，制造业；公司数为 3 家的有：建筑业、批发和零售业、租赁和商务服务业，后文将重点对这几个门类进行介绍。其中制造业公司数量较多，后文也将会对此门类分行业重点分析。四川省上市公司各行业营运能力各指标平均水平及标准差见本章末附表 7.1，制造业内部各行业各指标平均水平及标准差见本章末附表 7.2，各行业间各指标的相关系数矩阵见本章末附表 7.3。

（一）应收账款周转率

从图 7.10、图 7.11 中可以看出，就应收账款周转率而言，行业间差距很大。其中制造业和批发零售业的应收账款周转率达到 100 以上，远高于电热业、建筑业、信息传输业、租赁和商务服务业以及总体水平。在均值水平上也有所体现：批发零售业近 6 年的应收账款周转率均值为 326.17，其次是制造业 210.94，分别高于总体应收账款周转率（33.27）880.37、534.02 个百分点。二者从趋势上来看：制造业的应收账款周转率在 2013 年至 2017 年先上升，而后在 2017 年至 2018 年较为平稳略有下降；批发和零售业与之相反，在 2014 年后出现大幅下滑，累计降低了 60%以上。

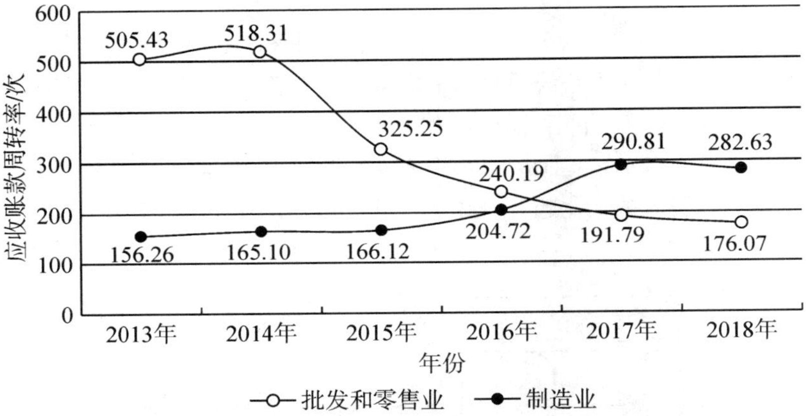

图 7.10　2013—2018 年四川省上市公司批发和零售业、制造业的应收账款周转率

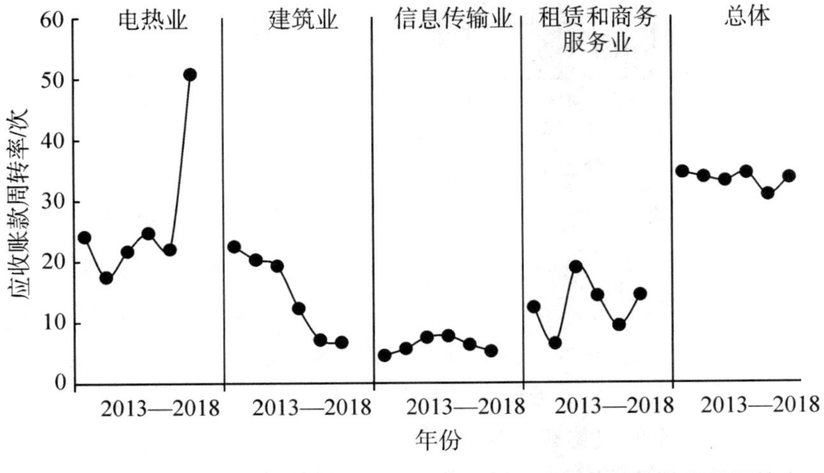

图 7.11　2013—2018 年四川省上市公司部分行业及总体的应收账款周转率

其余行业的应收账款周转率都在100以下：应收账款周转率均值水平最低的行业是信息业（6.11）和租赁业（12.56），分别低于总体水平81.64、62.25个百分点。总体的周转率水平由于受批发零售业和制造业的影响，处于一个相对较高的水平。

从趋势上来看，总体趋势较为稳定，在2017后出现了小幅波动。电热业的波动最剧烈，在2018年出现了剧增；建筑业整体呈下降趋势，和近年来房地产业景气度下降有较大联系；租赁和商务服务业呈现出围绕15的上下来回波动。从标准差情况来看：批发零售业标准差最大，为139.66，其次是制造业（55.77），最稳定的行业是信息业，标准差为1.16。

从相关性来看，由相关系数矩阵可知：制造业和总体情况显著负相关（-0.64），其次建筑业也和总体情况显著相关（0.54），信息业和总体情况显著相关（0.49）。除此之外，各行业间还存在建筑业与制造业显著负相关（-0.97）、建筑业与零售业显著相关（0.92）。

（二）流动资产周转率

图7.12展示了2013—2018年前文所述门类及总体的流动资产周转率的波动情况。就流动资产周转率而言，行业间差距相对较小，其中除了批发零售业的流动资产周转率相对较高以外，其他行业以及总体情况都处于相近的水平。

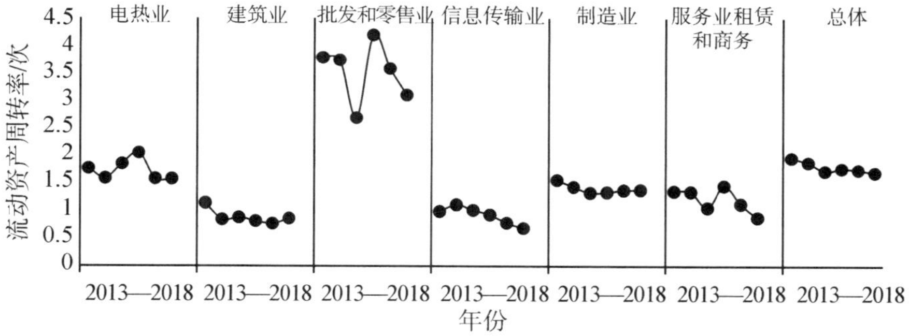

图7.12 2013—2018年四川省上市公司部分行业及总体的流动资产周转率

从趋势上来看，总体趋势为逐年下降。电热业先上升后下降；建筑业整体较为平稳略有下降；批发和零售业波动较大，呈现出先下降后上升然后下降的变化趋势；信息业先上升后下降；制造业在2013年至2014年先下降，而后在2015年至2018年较为平稳略有上升；租赁和商务服务业与批发零售业类似，呈现出上下波动并趋于下降的变化趋势。

从均值上来看，各行业水平最高的是批发零售业（3.51），高于总体水平（1.78）97.19个百分点。水平最低行业是建筑业（0.89）和信息业（0.92），分别低于总体水平50.11、48.28个百分点。

从波动率（使用6年数据的标准差来衡量）来看，由附表7.1可知：波动率最大的三个行业为零售业（标准差为0.49）、租赁业标（准差为0.19）和电热业（标准差为

0.17)，最稳定的行业是制造业（标准差为0.08）。

从相关性来看，由相关系数矩阵可知，制造业和总体情况显著相关（0.90），其次建筑业也和总体情况显著相关（0.73），租赁业和总体情况显著相关（0.68）。除此之外，各行业间还存在建筑业与制造业显著相关（0.84）、零售业与租赁业显著相关（0.84），最高的是批发零售业（3.51），高于总体（1.78）97.19个百分点。

（三）存货周转率

图7.13、图7.14展示了2013—2018年前文所述门类和总体的存货周转率的波动情况。

就存货周转率而言，行业间差距很大，其中电热业和租赁业的存货周转率远高于零售业、建筑业、信息传输业、制造业以及总体水平。

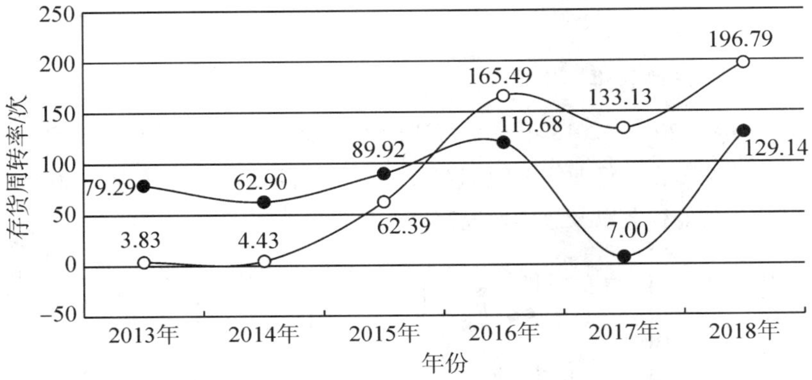

图7.13　2013—2018年四川省上市公司部分行业的存货周转率

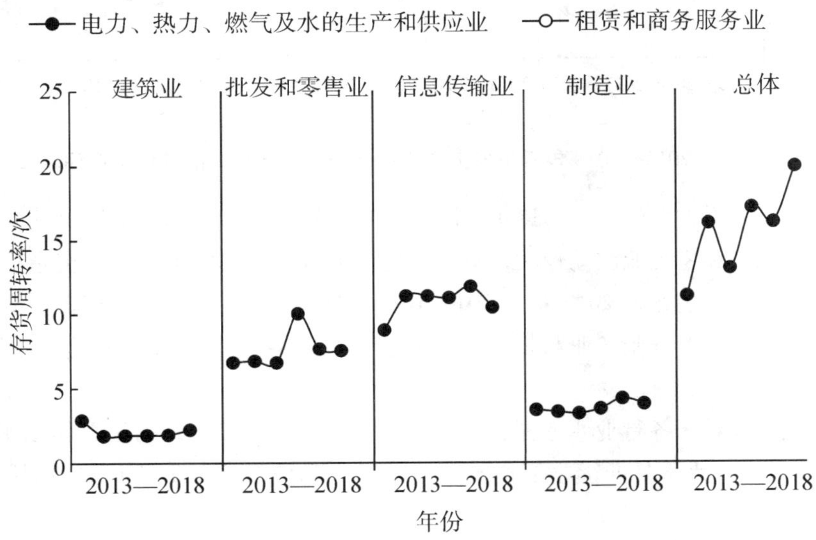

图7.14　2013—2018年四川省上市公司部分行业及总体的存货周转率

从趋势上来看，总体的趋势是在波动中上升。电热业和租赁业的变动趋势与之类似，在 2014 年至 2016 年间均为上升趋势，同时在 2017 年迅速下降，在 2018 年出现回升；建筑业基本平稳，有着先下降后上升的细微变化趋势；批发和零售业先上升后下降；信息传输业上升下降来回波动，整体看来有所上升；制造业比较平稳，与建筑业相反，有着先上升后下降的细微变化趋势。

从均值上来看，各行业水平最高的是租赁业（94.34），其次是电热业（81.32），分别高于总体（15.60）504.74、421.28 个百分点。水平最低的行业是建筑业（2.10）和制造业（3.66），分别低于总体水平 86.54、76.54 个百分点。

从波动率（使用 6 年数据的标准差来衡量）来看，由附表 7.1 可知：波动率最大的三个行业为租赁业（标准差为 75.67）、电热业（标准差为 40.21）和零售业（标准差为 1.16），最稳定的行业是制造业（标准差为 0.34）。

从相关性来看，由相关系数矩阵可知：租赁业和总体情况显著相关（0.79），其次制造业也和总体情况显著相关（0.49），零售业和总体情况显著相关（0.47）。除此之外，各行业间还存在建筑业与信息业显著负相关（-0.95）、零售业与租赁业显著相关（0.65）。

（四）总资产周转率

图 7.15 展示了 2013—2018 年前文所述门类和总体总资产周转率的波动情况。

就总资产周转率而言，行业间差距相对较小，其中除了批发零售业、租赁业的总资产周转率相对较高以外，其他行业以及总体情况都处于相近的水平。

从趋势上来看，总体趋势为逐渐下降。电热业基本平稳；建筑业在波动中下降；批发和零售业波动较大，呈现出先下降后上升然后下降的变化趋势；信息业在 2013 年到 2014 年先上升之后几年持续下降；制造业在 2013 年至 2015 年先下降，而后在 2016 年至 2018 年较为平稳略有上升；租赁和商务服务业与批发零售业类似，呈现出先下降后上升然后下降的变化趋势。

从均值上来看，各行业水平最高的是批发零售业（1.26），其次是租赁业（0.95），分别高于总体（0.71）77.46、33.8 个百分点。水平最低的行业是电热业（0.19）和建筑业（0.49），分别低于总体水平 73.24、30.99 个百分点。

从波动率（使用 6 年数据的标准差来衡量）来看，由附表 7.1 可知：波动率最大的三个行业为租赁业（标准差为 0.24）、信息业（标准差为 0.11）和建筑业（标准差为 0.08），最稳定的行业是电热业（标准差为 0.01）。

从相关性来看，由相关系数矩阵可知：制造业和总体情况显著相关（0.94），其次信息业也和总体情况显著相关（0.90），建筑业和总体情况显著相关（0.83）。除此之外，各行业间还存在建筑业与制造业显著相关（0.91）、制造业与租赁业显著负相关（-0.74）。

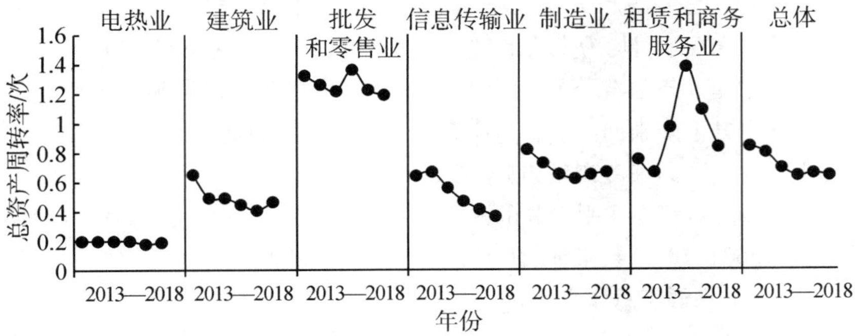

图 7.15　2013—2018 年四川省上市公司部分行业及总体的总资产周转率

（五）营业周期

图 7.16 展示了 2013—2018 年前文所述门类和总体营业周期的波动情况。

就营业周期而言，行业间差距相对较小。

从趋势上来看，总体趋势为先上升后下降。电热业基本平稳，有着略微上升的变动趋势；建筑业先上升后下降；批发和零售业基本平稳，有着略微下降的变动趋势；信息业在波动中上升；制造业在 2013 年至 2014 年先上升，而后在 2015 年至 2018 年间逐年下降；租赁和商务服务业呈现出先下降后上升的变化趋势。

从均值上来看，各行业水平最高的是制造业（328.61），高于总体（310.23）5.93 个百分点。水平最低，行业是零售业（62.66）和电热业（115.10），分别低于总体水平 79.80、62.90 个百分点。

从波动率（使用 6 年数据的标准差来衡量）来看，由附表 7.1 可知：波动率最大的三个行业为租赁业（标准差为 98.73）、建筑业（标准差为 43.01）和信息业（标准差为 21.31），最稳定的行业是零售业（标准差为 3.07）。

从相关性来看，由相关系数矩阵可知：制造业和总体情况显著相关（0.87），其次建筑业也和总体情况显著相关（0.74）。除此之外，各行业间还存在信息业与租赁业显著相关（0.74）、电热业与建筑业显著相关（0.72）。

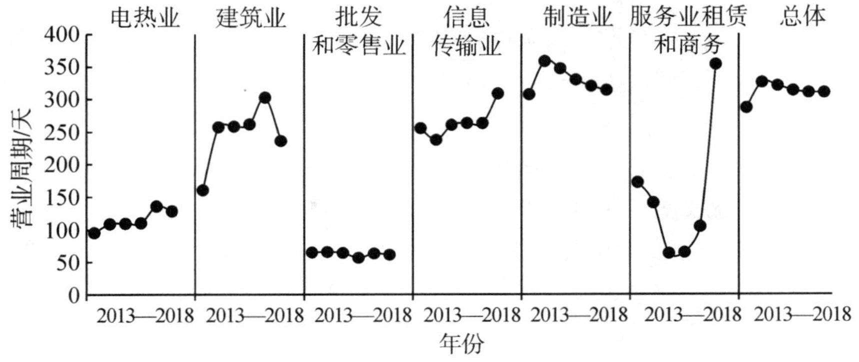

图 7.16　2013—2018 年四川省上市公司部分行业及总体的营业周期

四、制造业内部发展情况

在选取的 115 家公司中，制造业公司总共有 78 家。为更好地了解制造业的发展情况，我们选取四川省上市公司在二级行业中有 4 家以上的上市公司，它们分别是化学原料及化学制品制造业（下文简称“化工业”）15 家，计算机、通信和其他电子设备制造业（下文简称“计算机业”）12 家，酒、饮料和精制茶制造业（下文简称“制酒业”）4 家，汽车制造业 3 家，通用设备制造业（通用制造业）8 家，医药制造业（制药业）5 家，有色金属冶炼及压延加工业（金属加工业）4 家，专用设备制造业（专用制造业）6 家。

（一）应收账款周转率

图 7.17、图 7.18、图 7.19 显示了四川省制造业下主要二级行业上市公司应收账款周转率的波动情况。制造业下细分的不同行业间应收账款周转率情况存在着很大的差异，其中制酒业的应收账款周转率高达 300 以上；其次是金属加工业和化工业的应收账款周转率基本在 30 以上；而其他行业如计算机业、专用制造业、通用制造业、制药业、汽车制造业则比较低，基本在 10 以下。

（1）制酒业，制酒业的 4 家公司分别为五粮液、泸州老窖、水井坊、舍得酒业。其中五粮液、泸州老窖占据绝大部分市值，在 2013 年至 2015 年，其应收账款周转率基本稳定在 300，2016 年到 2017 年迅速增加，在 2017 年达到了近六年来的最大值 534.99，在 2018 年应收账款周转率数值稍有回落，但仍然高达 535。

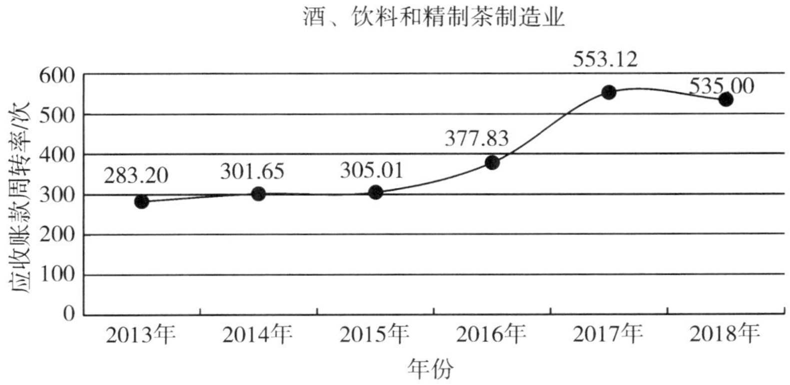

图 7.17　2013—2018 年四川省上市公司制酒业应收账款周转率

（2）化工业，化工业共有 15 家公司，在制造业的子行业中占比最大。2013 年到 2015 年化工业的应收账款周转率持续下降，从 2013 年的 37.48 下降至 2015 年的 18.11，2015 年至 2018 年迅速上升，2018 年达到 66.14。

（3）金属加工业，金属加工业共有 4 家公司，2013 年到 2018 年间的应收账款周转率呈现出和化工业类似的先减后增的变化趋势，在 2014 年达到最小值 21.31，在 2018 年达到最大值 40.82。

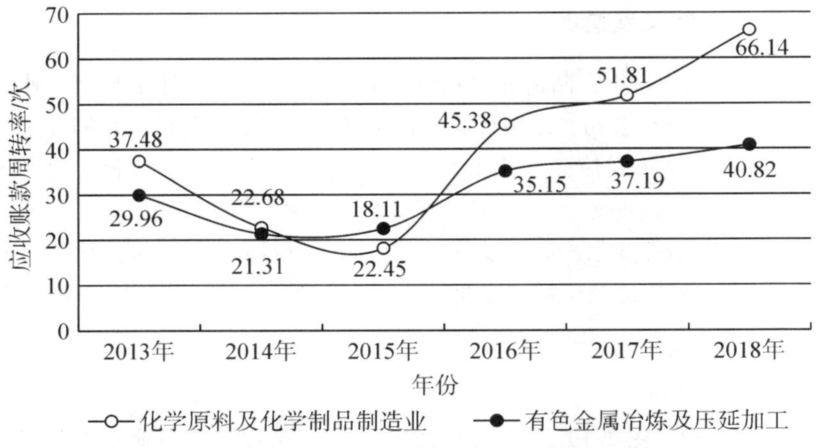

图 7.18　2013—2018 年四川省上市公司化工业和金属加工业应收账款周转率

（4）计算机业，计算机行业的公司数目总共有 12 家，2013 年到 2018 年间应收账款周转率呈现出下降趋势，其中 2013 年到 2014 年下降情况最为显著，从 6.038 下降至 4.25，之后几年均稳定在 4.4 左右。

（5）专用制造业，该行业一共有 6 家公司，除了 2015 年至 2016 年应收账款周转率基本稳定在 2.5 左右，其余年份均呈下降趋势，从 2013 年的 3.87 下降到 2018 年的 1.75。

（6）通用制造业，该行业共有 8 家公司，应收账款周转率呈现出先下降然后上升的变化趋势，在 2016 年达到最小值 2.18，整体而言比较稳定，应收账款周转率的变化幅度不大。

（7）制药业，制药业共有 5 家公司，2013 年到 2018 年间应收账款周转率呈现出先减后增再减的变动趋势，变化幅度较大。2015 年到 2016 年迅速上升，在 2016 年达到近六年间的最大值 12.08，2016 年到 2018 年持续下降，在 2018 年降至近六年间的最小值 6.89。

（8）汽车制造业，汽车制造业共有 3 家公司，应收账款周转率呈现出先增后减的变化趋势，2013 年到 2015 年间平稳上升，在 2015 年达到最大值 4.63，2015 年之后的三年间逐年下降，下降幅度较为显著，2018 年时已降至 2.85。

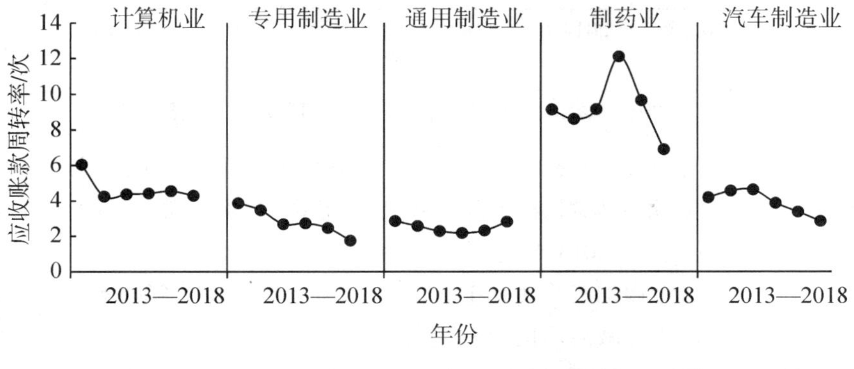

图 7.19　2013—2018 年四川省上市公司部分制造业细分行业应收账款周转率

（二）流动资产周转率

图 7.20 显示了 2013—2018 年四川省制造业下主要二级行业上市公司流动资产周转率的波动情况。

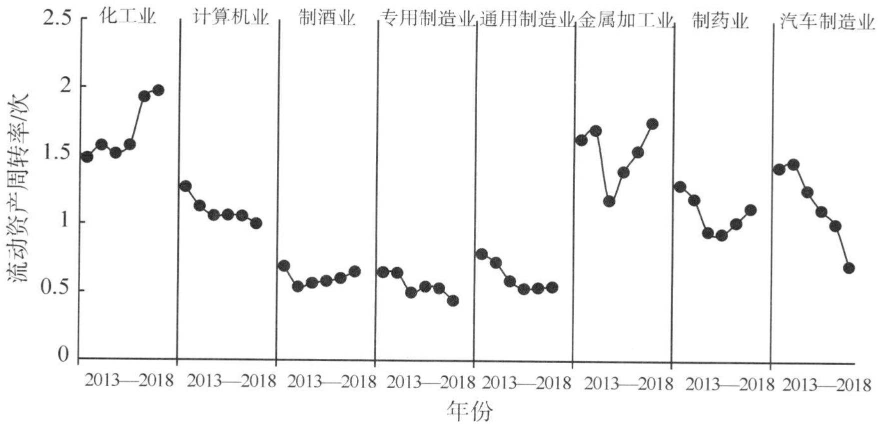

图 7.20　2013—2018 年四川省上市公司部分制造业细分行业流动资产周转率

整体而言，行业间流动资产周转率的差距没有应收账款周转率那么大，化工业和金属加工业的资金周转率相对较高；接着是计算机业、制药业和汽车制造业；而制酒业、通用制造业、专用制造业的流动资产周转率与制造业中的其他行业相比处于相对较低的水平。

（1）化工业，除了 2014 年到 2015 年间流动资产周转率略有下降外，其余年份整体上呈现出逐步上升的变动趋势，并在 2018 年达到近六年来的最大值 1.97。

（2）计算机业，其流动资产周转率呈现略有下降的趋势，整体变动幅度不大。

（3）制酒业，其流动资产周转率整体变动幅度不大，呈现出先下降后上升的变动趋势，在 2014 年时达到最小值 0.54。

（4）专用制造业，其流动资产周转率呈现出在波动中逐渐下降的变化趋势，2018 年下降至近六年来的最小值 0.44。

（5）通用制造业，在 2013 年至 2016 年间，通用制造业的流动资产周转率持续下降，由 2013 年的 0.786 下降至 2016 年的 0.533，之后的 2017 年到 2018 年基本保持稳定，稳定在 0.54 左右。

（6）金属加工业，2013 年到 2014 年其流动资产周转率略有上升，紧接着在 2015 年迅速下降，下降至近六年间的最小值 1.18，2016 年到 2018 年间逐渐回升至与 2014 年相近的水平，达到 1.75。

（7）制药业，其流动资产周转率整体呈现出先降低后上升的变化趋势，2013 年到 2016 年间逐渐下降，在 2016 年达到最小值 0.936，在 2017 年至 2018 年间逐步回升，2018 年达到 1.12。

（8）汽车制造业，2013 年到 2018 年间其流动资产周转率在波动中下降，在 2018 年下降至近六年来的最小值 0.705。

（三）存货周转率

图 7.21 显示了 2013—2018 年四川省制造业下主要二级行业上市公司存货周转率的波动情况。整体而言，行业间存货周转率的差距没有应收账款周转率那么大，化工业的资金周转率相对较高；接着是计算机业、金属加工业和汽车制造业；而制酒业、专用制造业、通用制造业以及制药业与制造业中的其他行业相比处于相对较低的水平。

（1）化工业，2013 年到 2016 年间其存货周转率先略有下降接着平稳上升，波动幅度较小，2017 年到 2018 年明显上升，并在 2018 年达到近六年来的最大值 11.12。数据处理过程中剔除了 2017 年川能动力的存货周转率 187.7 的异常值。

（2）计算机业，其存货周转率整体上呈现出先上升后下降的趋势，2013 年到 2014 年明显上升，上升至近六年来的最大值 4.70，2014 年到 2015 年存货周转率又明显下降，2015 年至 2018 年间保持基本稳定，稳定在 3.5 左右。

（3）制酒业，其存货周转率整体变动幅度不大，呈现出先下降后上升的变动趋势，在 2014 年时达到最小值 0.80。

（4）专用制造业，其存货周转率呈现出在波动中逐渐下降的变化趋势，在 2014 年达到近六年间的最大值 2.57，在 2015 年达到近六年间的最小值 1.46。

（5）通用制造业，在 2013 年至 2018 年间，其存货周转率整体变动幅度不大，呈现出先下降后上升的变动趋势，在 2015 年时达到最小值 0.54。

（6）金属加工业，其存货周转率整体呈现出先下降后上升的变化趋势，在 2015 年达到最小值 3.82，在 2018 年达到最大值 6.00。

（7）制药业，其存货周转率整体呈现出在波动中下降的变化趋势，在 2018 年下降至近六年来的最小值 1.97。

（8）汽车制造业，2013 年到 2018 年间其存货周转率在波动中下降，在 2018 年下降至近六年来的最小值 2.80。

其中剔除了 2017 年川能动力的存货周转率 187.7 的异常值。

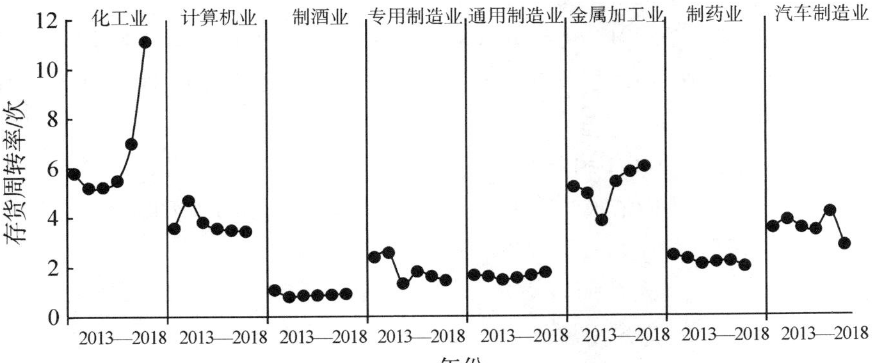

图 7.21　2013—2018 年四川省上市公司部分制造业细分行业存货周转率

（四）总资产周转率

图 7. 22 显示了 2013—2018 年四川省制造业下主要二级行业上市公司总资产周转率的波动情况。整体而言，行业间总资产周转率并无较大差异，基本上都集中在 0. 4 到 0. 9 之间。

（1）化工业，2013 年到 2018 年间其总资产周转率先下降后上升，在 2015 年达到近六年间的最小值 0. 53，在 2018 年达到近六年间的最大值 0. 73。

（2）计算机业，其总资产周转率整体上呈现出先上升后下降的趋势，2013 年到 2014 年明显上升，上升至近六年间的最大值 0. 91，2015 年到 2018 年间波动下降，在 2018 年下降至近六年间的最小值 0. 80。

（3）制酒业，其总资产周转率呈现出先下降后上升的变动趋势，在 2014 年时达到最小值 0. 44，在 2018 年回升到与 2014 年相近的水平，达到 0. 55 左右。

（4）专用制造业，其总资产周转率呈现出在波动中逐渐下降的变化趋势，在 2018 年达到近六年间的最小值 0. 25。

（5）通用制造业，在 2013 年至 2016 年间其总资产周转率呈现出明显的下降趋势，2017 年到 2018 年基本保持平稳，稳定在 0. 38 左右的水平。

（6）金属加工业，其总资产周转率整体呈现出先下降后上升的变化趋势，在 2016 年达到最小值 0. 32，在 2018 年达到近六年间的最大值 0. 73，明显高于 2013 年的 0. 53。

（7）制药业，其总资产周转率整体呈现先减后增的变化趋势，在 2016 年达到最小值 0. 54，2017 年到 2018 年逐步回升，2018 年回升至 0. 58。

（8）汽车制造业，2013 年到 2018 年间其总资产周转率在波动中下降，在 2018 年下降至近六年来的最小值 0. 38。

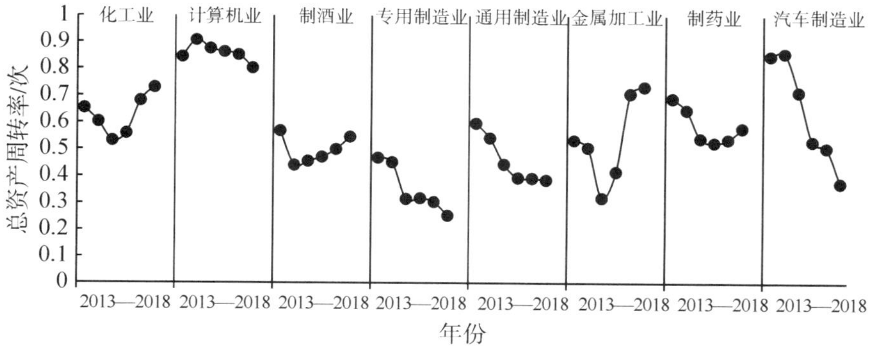

图 7. 22　2013—2018 年四川省上市公司部分制造业细分行业总资产周转率

（五）营业周期

图 7. 23 显示了 2013—2018 年四川省制造业下主要二级行业上市公司营业周期的波动情况。整体而言，行业间营业周期存在着较大的差异，制酒业、专用制造业以及通用制造业相较于制造业的其他细分行业而言，营业周期较长。

（1）化工业，其营业周期先上升后下降，在 2015 年达到近六年间的最大值 148.19。

（2）计算机业，其营业周期整体上呈现持续上升的趋势，在 2018 年上升至近六年间的最大值 266.82。

（3）制酒业，其营业周期呈现出先上升后下降的变动趋势，在 2014 年时达到最大值 526.89，在 2018 年下降至近六年间的最小值 413.15。

（4）专用制造业，其营业周期呈现出在波动中上升的变化趋势，在 2018 年达到近六年间的最大值 805.38。

（5）通用制造业，在 2013 年至 2018 年间其营业周期先上升后下降，在 2013 年到 2015 年间先上升，在 2015 年达到最大值 479.98，在 2016 年起开始回落，在 2018 年下降至和 2013 年相近的水平，在 400 左右。

（6）金属加工业，其营业周期基本保持平稳，呈现略有下降的趋势。

（7）制药业，其营业周期呈现出在波动中上升的变动趋势，在 2018 年达到近六年间的最大值 304.41。

（8）汽车制造业，其营业周期的波动情况和制药业类似，2014 年到 2017 年间基本保持平稳，有在波动中上升的趋势。

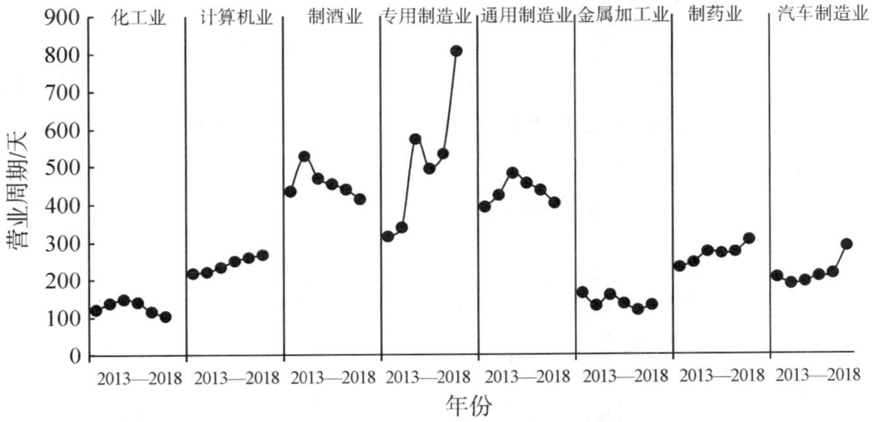

图 7.23　2013—2018 年四川省上市公司部分制造业细分行业营业周期

第三节　综合营运能力评价

综合营运能力可以反映企业的整体营运状况，是企业全面判定自身营运能力水平的重要依据。第二章中已经确立了企业营运能力的指标评价体系，因此本章将结合第二章各营运能力指标对四川省各上市公司 2018 年综合营运能力进行分析与评价。

一、综合指标构建

为消除各上市公司间行业、经营模式的差距，让评价体系更加客观，本报告使用熵值赋权法建立出一个综合指标。根据熵值赋权法可以计算出各个指标的权重，各项指标权重分别如表 7.1 所示。

表 7.1 各项指标权重

单位:%

指标	存货周转率	应收账款周转率	流动资产周转率	总资产周转率
权重	16.54	20.55	31.02	31.89

二、分析结果

需要指出的是，本书在进行四川省上市公司营运能力综合排名时剔除了以下 7 家上市公司：成都银行、国金证券、华西证券（存在数据缺失，且金融业企业指标不适用），三泰控股、山鼎设计、西部资源（存在数据缺失），迅游科技（2018 年存货周转率为 4 951.47，数据异常）。参与营运能力综合排名的共有 114 家上市公司。

在所有上市公司中位列前十的分别是岷江水电、泸州老窖、富临运业、华塑控股、新金路、泸天化、新希望、红旗连锁、天原集团、四川金顶。

排名倒数十名的是：广汇物流、利君股份、台海核电、厚普股份、爱乐达、金亚科技、海特高新、长城动漫、＊ST 印纪、天翔环境。四川省上市公司营运能力综合排名见本章末附表 7.4。

三、相关因素分析

（一）企业性质

因为在参与排名的上市公司中公众企业共有 5 家、外资企业共有 2 家，集体企业共有 1 家、其他性质企业共有 2 家，数量均较少。故将企业分为地方国有企业、中央国有企业、民营企业三种性质，对其排名进行平均，得到下列各性质企业的平均位次如表 7.2 所示。

表 7.2 各属性上市公司的平均位次

企业属性	地方国有企业	中央国有企业	民营企业
平均位次	49.36	54.87	62.60

通过平均位次可以看出，地方国有企业上市公司的平均排名领先于中央国有企业和民营企业，其中地方国有企业的平均位次先于中央国有企业 5.51 个名次，地方国有企业的平均位次先于民营企业 13.24 个名次。总体来说，地方国有企业和中央国有企业上市公司的营运能力要强于民营企业。

（二）上市年限

为找到四川省上市公司营运能力与上市年限长短的关系，本报告使用上市公司上市年份的数据，结合得到的营运能力排序，使用斯皮尔曼等级相关系数得到二者相关系数为0.31（p值为0.54），无显著的相关关系。这表明，四川省上市公司上市年限的长短与上市公司的营运能力略有正相关关系，但是影响并不显著。二者散点图如图7.24所示。

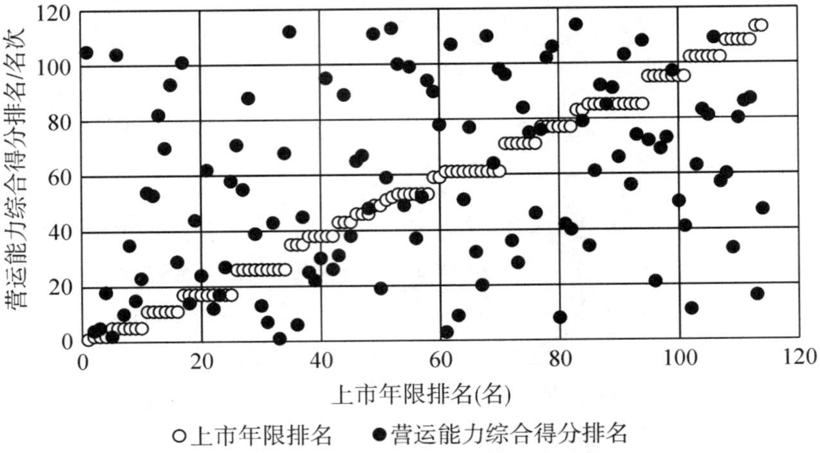

图7.24　上市公司上市年限排名与营运能力综合得分排名散点图

附表7.1　四川省上市公司各行业营运能力各指标平均水平及标准差

附表7.1.1　各行业应收账款周转率平均水平及标准差　　单位：次

门类	2013年	2014年	2015年	2016年	2017年	2018年	均值	标准差
电热业	24.16	17.48	21.71	24.73	22.02	50.78	26.81	10.97
建筑业	22.47	20.26	19.23	12.27	7.09	6.68	14.67	6.32
零售业	505.43	518.31	325.25	240.19	191.79	176.07	326.17	139.66
信息业	4.50	5.62	7.46	7.68	6.25	5.14	6.11	1.16
制造业	156.26	165.10	166.12	204.72	290.81	282.63	210.94	55.77
租赁业	12.33	6.38	18.83	14.22	9.30	14.33	12.56	3.96
总体	34.41	33.65	33.03	34.30	30.72	33.49	33.27	1.23

附表7.1.2　各行业流动资产周转率平均水平及标准差　　单位：次

门类	2013年	2014年	2015年	2016年	2017年	2018年	均值	标准差
电热业	1.75	1.57	1.84	2.04	1.57	1.57	1.72	0.17
建筑业	1.14	0.85	0.88	0.82	0.78	0.87	0.89	0.12
零售业	3.78	3.73	2.68	4.20	3.57	3.09	3.51	0.49
信息业	0.99	1.11	1.01	0.93	0.79	0.69	0.92	0.14
制造业	1.55	1.43	1.32	1.33	1.37	1.37	1.39	0.08
租赁业	1.35	1.34	1.06	1.44	1.13	0.88	1.20	0.19
总体	1.95	1.87	1.71	1.76	1.73	1.68	1.78	0.09

附表 7.1.3　各行业存货周转率平均水平及标准差　　单位：次

门类	2013 年	2014 年	2015 年	2016 年	2017 年	2018 年	均值	标准差
电热业	79.29	62.90	89.92	119.68	7.00	129.14	81.32	40.21
建筑业	2.89	1.84	1.87	1.88	1.90	2.24	2.10	0.38
零售业	6.74	6.84	6.73	10.03	7.65	7.54	7.59	1.16
信息业	8.91	11.20	11.20	11.08	11.84	10.43	10.78	0.93
制造业	3.52	3.38	3.28	3.59	4.26	3.91	3.66	0.34
租赁业	3.83	4.43	62.39	165.49	133.13	196.79	94.34	75.67
总体	11.18	16.11	13.06	17.16	16.17	19.91	15.60	2.82

附表 7.1.4　各行业总资产周转率平均水平及标准差　　单位：次

门类	2013 年	2014 年	2015 年	2016 年	2017 年	2018 年	均值	标准差
电热业	0.20	0.20	0.20	0.20	0.18	0.19	0.19	0.01
建筑业	0.65	0.49	0.49	0.45	0.41	0.46	0.49	0.08
零售业	1.32	1.26	1.22	1.36	1.22	1.19	1.26	0.06
信息业	0.64	0.67	0.56	0.47	0.41	0.36	0.52	0.11
制造业	0.82	0.73	0.65	0.62	0.65	0.66	0.69	0.07
租赁业	0.75	0.66	0.97	1.38	1.09	0.83	0.95	0.24
总体	0.84	0.80	0.69	0.64	0.65	0.64	0.71	0.08

附表 7.1.5　各行业营业周期平均水平及标准差　　单位：天

门类	2013 年	2014 年	2015 年	2016 年	2017 年	2018 年	均值	标准差
电热业	95.81	109.31	110.01	110.75	136.01	128.68	115.10	13.36
建筑业	160.46	257.35	258.36	261.71	302.18	236.10	246.03	43.01
零售业	64.99	65.72	64.13	56.56	63.28	61.28	62.66	3.07
信息业	255.50	237.40	260.38	263.22	263.11	307.95	264.59	21.31
制造业	306.44	357.68	346.41	329.08	319.15	312.90	328.61	18.21
租赁业	171.73	140.79	63.30	64.79	104.89	352.75	149.71	98.72
总体	286.10	324.88	319.78	312.33	309.21	309.08	310.23	12.21

附表 7.2　四川省上市公司制造业内部各行业营运能力各指标平均水平及标准差

附表 7.2.1　制造业内部各行业应收账款周转率平均水平及标准差　　单位：次

行业	2013 年	2014 年	2015 年	2016 年	2017 年	2018 年	均值	标准差
化工业	37.48	22.68	18.11	45.38	51.81	66.14	40.27	18.09
计算机业	6.04	4.25	4.37	4.42	4.55	4.29	4.65	0.69
制酒业	283.20	301.65	305.01	377.83	553.12	535.00	392.63	121.80
专用制造业	3.87	3.48	2.68	2.73	2.46	1.75	2.83	0.75

附表7.2.1(续)

行业	2013 年	2014 年	2015 年	2016 年	2017 年	2018 年	均值	标准差
通用制造业	2.86	2.58	2.29	2.18	2.32	2.82	2.51	0.29
金属加工业	29.96	21.31	22.45	35.15	37.19	40.82	31.15	8.00
制药业	9.14	8.60	9.15	12.08	9.65	6.89	9.25	1.69
汽车制造业	4.19	4.56	4.63	3.88	3.38	2.85	3.91	0.69

附表 7.2.2 制造业内部各行业流动资产周转率平均水平及标准差 单位：次

行业	2013 年	2014 年	2015 年	2016 年	2017 年	2018 年	均值	标准差
化工业	1.48	1.57	1.51	1.57	1.93	1.97	1.67	0.22
计算机业	1.27	1.13	1.06	1.06	1.06	1.00	1.10	0.09
制酒业	0.69	0.54	0.57	0.58	0.60	0.65	0.61	0.06
专用制造业	0.65	0.65	0.50	0.55	0.53	0.44	0.55	0.08
通用制造业	0.79	0.72	0.59	0.53	0.54	0.55	0.62	0.11
金属加工业	1.63	1.70	1.18	1.39	1.54	1.75	1.53	0.21
制药业	1.29	1.19	0.95	0.94	1.02	1.12	1.09	0.14
汽车制造业	1.42	1.46	1.26	1.11	1.01	0.71	1.16	0.28

附表 7.2.3 制造业内部各行业存货周转率平均水平及标准差 单位：次

行业	2013 年	2014 年	2015 年	2016 年	2017 年	2018 年	均值	标准差
化工业	5.80	5.21	5.23	5.50	7.00	11.12	6.64	2.29
计算机业	3.57	4.70	3.81	3.55	3.48	3.44	3.76	0.48
制酒业	1.07	0.80	0.85	0.86	0.88	0.92	0.90	0.09
专用制造业	2.39	2.57	1.32	1.81	1.61	1.45	1.86	0.51
通用制造业	1.66	1.60	1.46	1.54	1.65	1.76	1.61	0.10
金属加工业	5.19	4.92	3.82	5.39	5.80	6.00	5.19	0.78
制药业	2.43	2.29	2.08	2.16	2.19	1.97	2.19	0.16
汽车制造业	3.51	3.83	3.51	3.41	4.14	2.80	3.53	0.45

附表 7.2.4 制造业内部各行业总资产周转率平均水平及标准差 单位：次

行业	2013 年	2014 年	2015 年	2016 年	2017 年	2018 年	均值	标准差
化工业	0.65	0.60	0.53	0.56	0.68	0.73	0.63	0.08
计算机业	0.84	0.91	0.87	0.86	0.85	0.80	0.86	0.04
制酒业	0.57	0.44	0.46	0.47	0.50	0.55	0.50	0.05
专用制造业	0.47	0.45	0.32	0.32	0.30	0.25	0.35	0.09
通用制造业	0.60	0.54	0.44	0.39	0.39	0.39	0.46	0.09
金属加工业	0.53	0.51	0.32	0.42	0.71	0.73	0.54	0.16
制药业	0.69	0.65	0.54	0.53	0.54	0.58	0.59	0.07
汽车制造业	0.85	0.86	0.71	0.53	0.51	0.38	0.64	0.20

附表 7.2.5　制造业内部各行业营业周期平均水平及标准差　　单位：天

行业	2013 年	2014 年	2015 年	2016 年	2017 年	2018 年	均值	标准差
化工业	121.38	137.94	148.19	140.59	115.65	103.67	127.90	17.05
计算机业	216.88	220.25	233.12	249.98	259.42	266.82	241.08	20.79
制酒业	434.20	526.89	467.62	452.95	438.81	413.15	455.60	39.44
专用制造业	315.47	338.97	572.63	492.25	532.08	805.38	509.46	178.36
通用制造业	392.29	422.99	479.98	454.04	435.67	401.70	431.11	32.78
金属加工业	163.39	129.97	157.69	134.88	117.99	130.88	139.13	17.61
制药业	230.74	243.48	272.67	268.23	272.21	304.41	265.29	25.73
汽车制造业	203.66	186.37	192.20	206.25	213.16	287.15	214.80	36.75

附表 7.3　四川省上市公司各行业间营运能力各指标的相关系数矩阵

附表 7.3.1　各行业间应收账款周转率的相关系数矩阵

	电热业	建筑业	零售业	信息业	制造业	租赁业	总体
电热业	1.00						
建筑业	−0.59	1.00					
零售业	−0.55	0.92	1.00				
信息业	−0.33	−0.14	−0.40	1.00			
制造业	0.59	−0.97	−0.85	−0.05	1.00		
租赁业	0.31	−0.01	−0.36	0.45	−0.10	1.00	
总体	0.12	0.54	0.49	−0.15	−0.64	0.21	1.00

附表 7.3.2　各行业间流动资产周转率的相关系数矩阵

	电热业	建筑业	零售业	信息业	制造业	租赁业	总体
电热业	1.00						
建筑业	0.10	1.00					
零售业	0.29	0.05	1.00				
信息业	0.31	0.29	0.19	1.00			
制造业	−0.26	0.84	0.32	0.28	1.00		
租赁业	0.52	0.22	0.84	0.66	0.35	1.00	
总体	−0.01	0.73	0.51	0.63	0.90	0.68	1.00

附表 7.3.3　各行业间存货周转率的相关系数矩阵

	电热业	建筑业	零售业	信息业	制造业	租赁业	总体
电热业	1.00						
建筑业	0.15	1.00					
零售业	0.34	−0.32	1.00				

附表7.3.3（续）

	电热业	建筑业	零售业	信息业	制造业	租赁业	总体
信息业	-0.38	-0.95	0.27	1.00			
制造业	-0.41	-0.03	0.22	0.28	1.00		
租赁业	0.35	-0.29	0.65	0.34	0.62	1.00	
总体	0.30	-0.46	0.47	0.44	0.49	0.79	1.00

附表 7.3.4　各行业间总资产周转率的相关系数矩阵

	电热业	建筑业	零售业	信息业	制造业	租赁业	总体
电热业	1.00						
建筑业	0.53	1.00					
零售业	0.54	0.36	1.00				
信息业	0.66	0.67	0.37	1.00			
制造业	0.29	0.91	0.24	0.70	1.00		
租赁业	-0.11	-0.54	0.39	-0.53	-0.74	1.00	
总体	0.44	0.83	0.29	0.90	0.94	-0.72	1.00

附表 7.3.5　各行业间营业周期的相关系数矩阵

	电热业	建筑业	零售业	信息业	制造业	租赁业	总体
电热业	1.00						
建筑业	0.72	1.00					
零售业	-0.20	-0.25	1.00				
信息业	0.54	-0.02	-0.42	1.00			
制造业	-0.17	0.44	0.23	-0.57	1.00		
租赁业	0.28	-0.35	0.06	0.74	-0.47	1.00	
总体	0.29	0.74	-0.04	-0.17	0.87	-0.26	1.00

附表 7.4　四川省上市公司营运能力综合排名

总排名	证券简称	营运能力综合得分	分行业排名		分板块排名		分属性排名	
1	岷江水电	0.098 9	电力、热力生产和供应业	1	主板	1	中央国企	1
2	泸州老窖	0.060 6	酒、饮料和精制茶制造业	1	主板	2	地方国企	1
3	富临运业	0.041 7	道路运输业	1	中小板	1	民营企业	1
4	华塑控股	0.039 8	橡胶和塑料制品业	1	主板	3	民营企业	2
5	新金路	0.030 1	化学原料及化学制品制造业	1	主板	4	民营企业	3
6	泸天化	0.025 6	化学原料及化学制品制造业	2	主板	5	地方国企	2
7	新希望	0.025 2	农副食品加工业	1	主板	6	民营企业	4

附表7.4(续)

总排名	证券简称	营运能力综合得分	分行业排名		分板块排名		分属性排名	
8	红旗连锁	0.024 2	零售业	1	中小板	2	民营企业	5
9	天原集团	0.022 2	化学原料及化学制品制造业	3	中小板	3	地方国企	3
10	四川金顶	0.021 9	非金属矿物制品业	1	主板	7	民营企业	6
11	富森美	0.021 4	商务服务业	1	中小板	4	民营企业	7
12	易见股份	0.020 7	商务服务业	2	主板	8	地方国企	4
13	五粮液	0.016 7	酒、饮料和精制茶制造业	2	主板	9	地方国企	5
14	攀钢钒钛	0.016 6	有色金属冶炼及压延加工	1	主板	10	中央国企	2
15	茂业商业	0.016 4	零售业	2	主板	11	外资企业	1
16	新乳业	0.016 2	食品制造业	1	中小板	5	民营企业	8
17	明星电力	0.014 9	电力、热力生产和供应业	2	主板	12	中央国企	3
18	乐山电力	0.014 8	电力、热力生产和供应业	3	主板	13	公众企业	1
19	通威股份	0.013 3	农副食品加工业	2	主板	14	民营企业	9
20	吉峰科技	0.011 7	零售业	3	创业板	1	民营企业	10
21	帝欧家居	0.010 9	家具制造业	1	中小板	6	民营企业	11
22	ST 正源	0.010 4	木材加工及木、竹、藤、棕、草制品业	1	主板	15	民营企业	12
23	四川长虹	0.010 1	计算机、通信和其他电子设备制造业	1	主板	16	地方国企	6
24	四川美丰	0.009 6	化学原料及化学制品制造业	4	主板	17	中央国企	4
25	川能动力	0.009 4	化学原料及化学制品制造业	5	主板	18	地方国企	7
26	大西洋	0.009 2	金属制品业	1	主板	19	地方国企	8
27	水井坊	0.009 0	酒、饮料和精制茶制造业	3	主板	20	外资企业	2
28	云图控股	0.008 9	化学原料及化学制品制造业	6	中小板	7	民营企业	13
29	博瑞传播	0.008 8	新闻和出版业	1	主板	21	地方国企	9
30	昊华科技	0.008 6	化学原料及化学制品制造业	7	主板	22	中央国企	5
31	宏达股份	0.008 6	有色金属冶炼及压延加工	2	主板	23	民营企业	14
32	硅宝科技	0.008 5	化学原料及化学制品制造业	8	创业板	2	公众企业	2
33	天邑股份	0.008 3	计算机、通信和其他电子设备制造业	2	创业板	3	民营企业	15
34	国光股份	0.008 0	化学原料及化学制品制造业	9	中小板	8	民营企业	16
35	鹏博士	0.007 8	互联网和相关服务	1	主板	24	民营企业	17
36	雅化集团	0.007 7	化学原料及化学制品制造业	10	中小板	9	民营企业	18
37	利尔化学	0.007 7	化学原料及化学制品制造业	11	中小板	10	其他企业	1
38	西昌电力	0.007 4	电力、热力生产和供应业	4	主板	25	中央国企	6
39	创维数字	0.007 4	计算机、通信和其他电子设备制造业	3	主板	26	公众企业	3
40	尚纬股份	0.006 7	电气机械及器材制造业	1	主板	27	民营企业	19
41	千禾味业	0.006 4	食品制造业	2	主板	28	民营企业	20
42	和邦生物	0.006 3	化学原料及化学制品制造业	12	主板	29	民营企业	21
43	峨眉山 A	0.006 2	公共设施管理业	1	主板	30	地方国企	10

附表7.4(续)

总排名	证券简称	营运能力综合得分	分行业排名		分板块排名		分属性排名	
44	贝瑞基因	0.006 1	专业技术服务业	1	主板	31	民营企业	22
45	四川双马	0.006 0	非金属矿物制品业	2	主板	32	民营企业	23
46	东材科技	0.005 9	化学原料及化学制品制造业	13	主板	33	民营企业	24
47	金时科技	0.005 8	印刷和记录媒介复制业	1	中小板	11	民营企业	25
48	盛和资源	0.005 8	有色金属冶炼及压延加工	3	主板	34	中央国企	7
49	北化股份	0.005 7	化学原料及化学制品制造业	14	中小板	12	中央国企	8
50	新华文轩	0.005 7	新闻和出版业	2	主板	35	地方国企	11
51	科伦药业	0.005 7	医药制造业	1	中小板	13	民营企业	26
52	*ST 升达	0.005 6	燃气生产和供应业	1	中小板	14	民营企业	27
53	大通燃气	0.005 5	燃气生产和供应业	2	主板	36	民营企业	28
54	汇源通信	0.005 5	计算机、通信和其他电子设备制造业	4	主板	37	公众企业	4
55	四川九洲	0.005 4	计算机、通信和其他电子设备制造业	5	主板	38	地方国企	12
56	迈克生物	0.005 3	医药制造业	2	创业板	4	民营企业	29
57	华体科技	0.005 2	电气机械及器材制造业	2	主板	39	民营企业	30
58	宜宾纸业	0.005 2	造纸及纸制品业	1	主板	40	地方国企	13
59	广安爱众	0.005 1	电力、热力生产和供应业	5	主板	41	地方国企	14
60	天奥电子	0.005 1	计算机、通信和其他电子设备制造业	6	中小板	15	中央国企	9
61	康弘药业	0.005 0	医药制造业	3	中小板	16	民营企业	31
62	浩物股份	0.005 0	通用设备制造业	1	主板	42	地方国企	15
63	川环科技	0.005 0	橡胶和塑料制品业	2	创业板	5	民营企业	32
64	科新机电	0.004 9	专用设备制造业	1	创业板	6	民营企业	33
65	四川路桥	0.004 9	土木工程建筑业	1	主板	43	地方国企	16
66	金石东方	0.004 8	医药制造业	4	创业板	7	民营企业	34
67	旭光股份	0.004 8	计算机、通信和其他电子设备制造业	7	主板	44	民营企业	35
68	浪莎股份	0.004 5	纺织服装、服饰业	1	主板	45	民营企业	36
69	新易盛	0.004 3	计算机、通信和其他电子设备制造业	8	创业板	8	民营企业	37
70	舍得酒业	0.004 2	酒、饮料和精制茶制造业	4	主板	46	民营企业	38
71	泰合健康	0.004 0	医药制造业	5	主板	47	民营企业	39
72	久远银海	0.003 9	软件和信息技术服务业	1	中小板	17	其他企业	2
73	达威股份	0.003 9	化学原料及化学制品制造业	15	创业板	9	民营企业	40
74	日机密封	0.003 9	通用设备制造业	2	创业板	10	集体企业	1
75	依米康	0.003 9	软件和信息技术服务业	2	创业板	11	民营企业	41
76	成都路桥	0.003 8	土木工程建筑业	2	中小板	18	民营企业	42
77	天齐锂业	0.003 7	有色金属冶炼及压延加工	4	中小板	19	民营企业	43
78	四川成渝	0.003 7	道路运输业	2	主板	48	地方国企	17
79	创意信息	0.003 7	软件和信息技术服务业	3	创业板	12	民营企业	44

附表7.4(续)

总排名	证券简称	营运能力综合得分	分行业排名		分板块排名		分属性排名	
80	西菱动力	0.003 7	汽车制造业	1	创业板	13	民营企业	45
81	中科信息	0.003 6	软件和信息技术服务业	4	创业板	14	中央国企	10
82	兴蓉环境	0.003 6	水的生产和供应业	1	主板	49	地方国企	18
83	佳发教育	0.003 5	软件和信息技术服务业	5	创业板	15	民营企业	46
84	银河磁体	0.003 4	计算机、通信和其他电子设备制造业	9	创业板	16	公众企业	5
85	环能科技	0.003 4	专用设备制造业	2	创业板	17	中央国企	11
86	振静股份	0.003 4	皮革、毛皮、羽毛及其制品和制鞋业	1	主板	50	民营企业	47
87	豪能股份	0.003 4	汽车制造业	2	主板	51	民营企业	48
88	金宇车城	0.003 4	电气机械及器材制造业	3	主板	52	地方国企	19
89	航发科技	0.003 2	铁路、船舶、航空航天和其他运输设备制造业	1	主板	53	中央国企	12
90	川润股份	0.003 0	通用设备制造业	3	中小板	20	民营企业	49
91	富临精工	0.003 0	汽车制造业	3	创业板	18	民营企业	50
92	中光防雷	0.002 8	计算机、通信和其他电子设备制造业	10	创业板	19	民营企业	51
93	东方电气	0.002 6	通用设备制造业	4	主板	54	中央国企	13
94	卫士通	0.002 5	软件和信息技术服务业	6	中小板	21	中央国企	14
95	蓝光发展	0.002 5	房地产业	1	主板	55	民营企业	52
96	新筑股份	0.002 5	通用设备制造业	5	中小板	22	地方国企	20
97	深冷股份	0.002 4	通用设备制造业	6	创业板	20	民营企业	53
98	振芯科技	0.002 2	计算机、通信和其他电子设备制造业	11	创业板	21	民营企业	54
99	川大智胜	0.002 1	软件和信息技术服务业	7	中小板	23	民营企业	55
100	*ST 集成	0.002 0	专用设备制造业	3	中小板	24	中央国企	15
101	高新发展	0.002 0	房屋建筑业	1	主板	56	地方国企	21
102	华西能源	0.001 8	通用设备制造业	7	中小板	25	民营企业	56
103	运达科技	0.001 8	软件和信息技术服务业	8	创业板	22	民营企业	57
104	川投能源	0.001 7	电力、热力生产和供应业	6	主板	57	地方国企	22
105	广汇物流	0.001 5	综合	1	主板	58	民营企业	58
106	利君股份	0.001 5	专用设备制造业	4	中小板	26	民营企业	59
107	台海核电	0.001 4	专用设备制造业	5	中小板	27	民营企业	60
108	厚普股份	0.001 1	专用设备制造业	6	创业板	23	民营企业	61
109	爱乐达	0.001 0	铁路、船舶、航空航天和其他运输设备制造业	2	创业板	24	民营企业	62
110	金亚科技	0.000 9	计算机、通信和其他电子设备制造业	12	创业板	25	民营企业	63
111	海特高新	0.000 7	铁路、船舶、航空航天和其他运输设备制造业	3	中小板	28	民营企业	64
112	长城动漫	0.000 7	互联网和相关服务	2	主板	59	民营企业	65
113	*ST 印纪	0.000 4	商务服务业	3	中小板	29	民营企业	66
114	天翔环境	0.000 3	通用设备制造业	8	创业板	26	民营企业	67

第八章　薪酬分配发展报告

以四川省121家上市公司在2016年到2018年的数据为样本，从行业、所有制、资产规模三个维度对四川省上市公司员工和高管薪酬现状进行了统计描述，通过工资合理性相对系数、横向薪酬差距（省内——省外）和纵向薪酬差距（高管——员工）对薪酬分配进行了系统分析[40]，力争为合理制订薪酬分配机制以及推动国资国企改革提供一定的理论支持和经验参考。

第一节　职工薪酬分配现状

本部分从四川省的全体职工、高管和高管前三人平均薪酬三个方面对薪酬分配现状进行了分析。

一、员工薪酬总体评价

以2018年度沪深A股归属地为四川的四川省上市公司为样本，共119家公司，剔除的公司如表8.1所示。

表8.1　剔除的公司

证券代码	300780. SZ	603317. SH	603327. SH	002951. SZ	600603. SH
公司名称	德恩精工	天味食品	福蓉科技	金时科技	广汇物流

（一）数据说明

员工人数的数据来源于上市公司公开披露的年报，职工总薪酬通过使用上市公司年报现金流量表的支付给职工以及为职工支付的现金和本期应付职工薪酬增加额之和计算，人均工资=职工总薪酬/员工人数。

（二）总体情况概述

2018年四川省119家上市公司的职工总数为49.80万人，上市公司支付的薪酬总额为596.83亿元，平均职工薪酬为11.99万元/人；相较于2017年的数据，总薪酬增加了

12.48%，总人数增加了0.98%，而人均工资提升了11.39%。

人均薪酬排名前五位的分别是西部资源、国金证券、华塑控股、＊ST印纪、成都银行；排名最后五位的是振静股份、三泰控股、浪莎股份、红旗连锁、汇源通信，具体数据如表8.2所示。

表8.2 人均薪酬排名前五位、后五位

人均薪酬排名前五位				
代码	名称	人均薪酬/万元	员工人数/人	总薪酬/万元
600139.SH	西部资源	60.48	83	5 020.13
600109.SH	国金证券	51.14	3155	161 349.50
000509.SZ	华塑控股	43.67	64	2 794.64
002143.SZ	＊ST印纪	37.90	171	6 481.75
601838.SH	成都银行	36.11	5529	199 678.40
人均薪酬排名后五位				
代码	名称	人均薪酬/万元	员工人数/人	总薪酬/万元
603477.SH	振静股份	6.24	1 333	8 314.53
002312.SZ	三泰控股	5.72	10 877	62 219.16
600137.SH	浪莎股份	5.57	369	2 056.99
002697.SZ	红旗连锁	5.23	15 202	79 457.88
000586.SZ	汇源通信	4.99	983	4 905.13

二、分行业情况

将这119家上市公司按照2018年证监会行业划分，选取了其中7个门类，由于制造业公司数量较多，在制造业中选取了八个二级行业，共14个项目进行分析。

图8.1展示了2016—2018年四川省上市公司总体及分行业职工平均薪酬情况。从行业间来看，金融业的平均薪酬水平最高，达到了每人每年38.46万元，远远高于总体水平的12.96万元，但是从趋势上来看，近三年来有所下滑；除此之外，电力、热力、燃气及水的生产和供应业，建筑业，租赁和商务服务业，通用设备制造业，酒、饮料和精制茶制造业略微高于平均水平。而从增长速率来看酒、饮料和精制茶制造业增长最快，三年累计增长了6.60万元，薪酬水平最低的行业是批发和零售业，其薪酬水平只有总体的49%，其次是信息传输、软件和信息技术服务业，只有9.60万元。

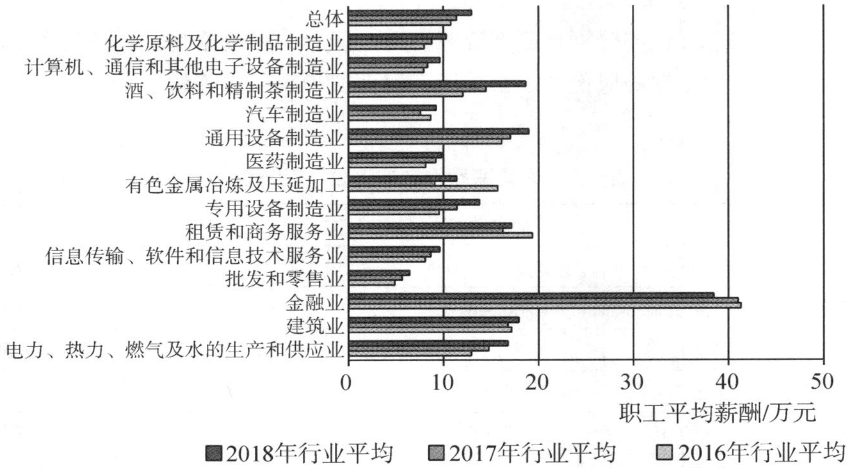

图 8.1　2016—2018 年四川省上市公司总体及各行业职工平均薪酬情况

从各行业内部来看，内部极差最大的行业是汽车制造业，平均薪酬最高的企业西部资源比薪酬最低的企业西菱动力高出 53.49 万元，这是由于西部资源出现了严重的经营问题，大量员工离职，导致其人均薪酬较高。其次，租赁业和金融业极差也相对较大。批发和零售业与专用设备制造业行业内部公司间极差较小。

表 8.3　各行业上市公司人均薪酬的最大值、最小值和极差

行业名称	数量/家	行业最大值公司名称	行业最大值/万元	行业最小值公司名称	行业最小值/万元	极差/万元
电力、热力、燃气及水的生产和供应业	9	川投能源	29.72	*ST 升达	6.99	22.73
建筑业	3	高新发展	35.90	四川路桥	16.46	19.44
金融业	3	国金证券	51.14	华西证券	29.90	21.24
批发和零售业	3	茂业商业	11.81	红旗连锁	5.23	6.58
信息传输、软件和信息技术服务业	11	迅游科技	20.72	鹏博士	7.97	12.75
租赁和商务服务业	3	*ST 印纪	37.90	富森美	11.25	26.65
专用设备制造业	6	厚普股份	17.13	台海核电	11.05	6.08
有色金属冶炼及压延加工	4	天齐锂业	19.78	宏达股份	6.52	13.26
医药制造业	5	康弘药业	17.55	科伦药业	7.75	9.8
通用设备制造业	8	东方电气	21.82	浩物股份	9.94	11.88
汽车制造业	4	西部资源	60.48	西菱动力	6.99	53.49
酒、饮料和精制茶制造业	4	水井坊	26.00	舍得酒业	10.73	15.27
计算机、通信和其他电子设备制造业	13	天奥电子	20.85	汇源通信	4.99	15.86
化学原料及化学制品制造业	15	川能动力	22.35	和邦生物	6.86	15.49

三、分属性情况

在选取的119家公司中国有控股企业共有38家（其中中央有15家，地方有23家），非国有控股企业共有81家，占比达68.1%，在非国有控股企业中有70家民营企业、6家公众企业、2家外资企业、1家集体企业和2家其他企业。

总体来看，国有控股企业的平均薪酬不论是从均值还是从中位数来看均远高于非国有控股企业水平，大约为其1.45倍。对国有控股企业进行内部比较可以发现：地方国有企业的薪资水平略微低于中央国有企业，而将两者的中位数和平均值比较可知，平均值均略微大于中位数，表明其工资分布略微正偏。在非国有控股企业中，集体企业薪资水平最高，但公司只有1家不具有代表性，在其余几种类型里，民营企业表现相对较差。

从极差情况来看，非国有控股企业极差明显较大，可能是因为其内部包含公司较多，差别较大。而国有控股公司资金实力雄厚，在竞争中处于相对优势地位，并且国有企业涉及的行业较为集中，所以国企内部的差距可能会相对较小。

表8.4　各属性上市公司人均薪酬的最大值、最小值、平均值和中位数

公司属性	数量/家	最大值/万元	最小值/万元	平均值/万元	中位数/万元
国有控股	38	35.90	7.43	14.81	14.47
地方国有企业	23	35.90	7.43	14.04	13.63
中央国有企业	15	22.22	11.23	16.89	15.31
非国有控股	81	60.48	4.99	10.19	10.73
民营企业	70	60.48	5.23	9.42	10.27
公众企业	6	36.11	4.99	20.27	12.14
其他企业	2	11.16	10.63	10.83	10.89
集体企业	1	15.28	15.28	15.28	15.28
外资企业	2	26.00	11.81	16.36	18.90

图8.2展示了2016—2018年四川省上市公司职工平均薪酬的变化情况。从图8.2中可以看出，外资企业的薪酬水平逐年增加，三年累计增加83.9%，地方国有企业和公众企业也有较为明显的增长趋势，民营企业在薪酬增加上并不明显。

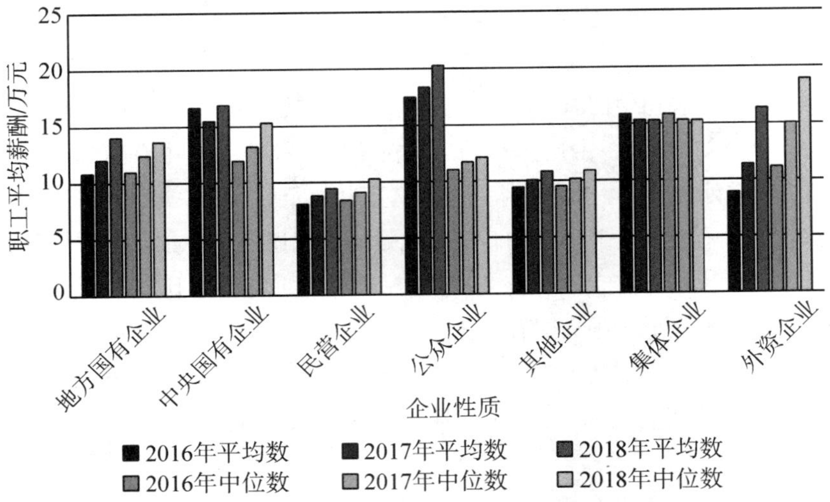

图 8.2　2016—2018 年四川省上市公司职工平均薪酬的变化情况

四、各行业的分属性情况

从国有企业占比来看，在选取的行业里，电热业和建筑业国企占比较高，这表明个别行业受到了行政垄断或者政府管制；而批发零售业、医药制造业、汽车制造业均无国有企业，在信息业、计算机业这种科技依赖型企业中国有控股占比相对较少。可能是由于在这种产品更新快的行业里，需要企业有更高的灵活性去应对，而民企就更加适合这个特点。

从平均薪酬来看，在金融行业中，非国有控股企业比国有控股企业高出 11.68 万元，除此之外，其余行业均出现国有控股企业高于非国有控股企业的现象，尤其是信息传输、软件和信息技术服务业，租赁和商务服务业，通用设备制造业，酒、饮料和精制茶制造业这几个行业，分别高出 8.73 万元、6.38 万元、6.79 万元、5.56 万元。

表 8.5　各行业的分所有制平均薪酬情况

行业名称	非国有控股企业数量/家	国有控股企业数量/家	非国有控股平均薪酬/万元	国有控股平均薪酬/万元
电力、热力、燃气及水的生产和供应业	3	6	14.71	17.67
建筑业	1	2	17.54	17.93
金融业	2	1	41.57	29.90
批发和零售业	3	0	6.40	
信息传输、软件和信息技术服务业	9	2	8.93	17.66
租赁和商务服务业	2	1	16.16	22.54
专用设备制造业	4	2	13.02	14.38
有色金属冶炼及压延加工	2	2	10.84	11.91
医药制造业	5	0	9.80	

表8.5(续)

行业名称	非国有控股企业数量/家	国有控股企业数量/家	非国有控股平均薪酬/万元	国有控股平均薪酬/万元
通用设备制造业	5	3	13.50	20.29
汽车制造业	4	0	9.23	
酒、饮料和精制茶制造业	2	2	14.07	19.63
计算机、通信和其他电子设备制造业	10	3	8.36	10.19
化学原料及化学制品制造业	9	6	8.73	12.46

五、分资产规模情况

上市公司总资产规模为 17 780.65 亿元，平均资产规模为 149.42 亿元，所有公司的资产规模标准差为 491.16，分布较为离散，资产规模分段统计如表 8.6 所示。

表 8.6　资产规模分段统计

资产规模范围/亿元	>500	(200,500]	(100,200]	(50,100]	(20,50]	(10,20]	≤10
公司数量/家	6	11	8	19	38	22	15

图 8.3 展示了 2018 年四川省上市公司资产规模分布情况，由下列分布图可知大部分企业的资产都小于 70 亿元。

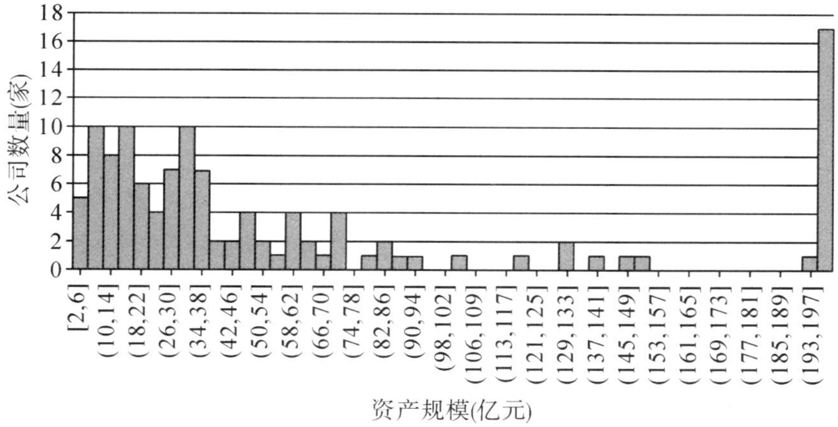

图 8.3　2018 年四川省上市公司资产规模情况

(一) 资产排名前五的公司

四川省上市公司资产排名前五的公司如表 8.7 所示。其中成都银行、蓝光发展资产均超过千亿元，这五家公司资产总计 9 066.77 亿元，占所有 119 家公司的 51%，平均每家公司资产为 1 813.35 亿元，是 119 家公司平均值 149.42 亿元的 12.13 倍。由此可见上市公司资产差异巨大，在资产排名前五位的公司中，成都银行平均薪酬最高，为 36.11 万元。这五家公司总体的平均薪酬为 19.90 万元，是全部 119 家公司平均薪酬 11.99 万元的 1.66 倍，初步表明资产规模与薪酬水平呈现正相关关系。从员工总数来看，除金融业外其他四家都属于劳动密集型产业，员工人数众多，这一点也反映出行业差距对平均薪酬水平影响较大。

表 8.7 资产排名前五的公司

证券代码	证券简称	资产总计/亿元	行业	员工数/人	平均薪酬/万元
601838.SH	成都银行	4 922.85	货币金融服务	5 529	36.11
600466.SH	蓝光发展	1 508.81	房地产业	18 261	16.33
600875.SH	东方电气	913.23	通用设备制造业	17 608	21.82
000858.SZ	五粮液	860.94	酒、饮料和精制茶制造业	26 291	19.12
600039.SH	四川路桥	860.94	土木工程建筑业	10 930	16.46

（二）分行业看平均资产、平均薪酬差异

由前面的分析可知：不同行业公司的平均资产规模、平均薪酬差异巨大。2018 年在本报告研究的 14 个行业里，平均资产规模最高的是金融业，为 1 952.44 亿元；其次是建筑业，为 318.51 亿元；平均资产规模最低的是汽车制造业，为 26.60 亿元，只有最高行业的 1.36%，行业差距巨大。

分行业看，极差情况最大的计算机、通信和其他电子设备制造业，为 712.86 亿元，是平均值的 9.18 倍；其次是通用设备制造业，为 902.87 亿元，是平均值的 5.84 倍；差距最小的是汽车制造业，极差除以平均值为 0.77，波动率最小。

表 8.8 各行业上市公司平均资产与平均薪酬情况

行业	平均资产/亿元	最大资产/亿元	最小资产/亿元	平均员工/人	平均薪酬/万元
租赁和商务服务业	79.21	151.65	28.18	367	17.17
专用设备制造业	41.79	93.03	8.21	1 434	13.78
有色金属冶炼及压延加工	175.24	446.34	48.04	2 597	11.40
医药制造业	86.77	293.61	10.84	5 789	9.80
信息传输、软件和信息技术服务业	42.18	228.85	7.31	3 010	9.60
建筑业	318.51	860.94	35.23	4 151	17.91
通用设备制造业	154.72	913.23	10.36	3 248	18.97
汽车制造业	26.60	34.98	14.41	1 325	9.23
批发和零售业	87.17	194.62	18.96	6 437	6.40
酒、饮料和精制茶制造业	291.85	860.94	31.98	8 823	18.67
金融业	1 952.44	4 922.85	466.67	3 949	38.46
计算机、通信和其他电子设备制造业	77.67	715.05	2.19	6 735	9.62
化学原料及化学制品制造业	57.90	139.80	7.80	3 305	10.30
电力、热力、燃气及水的生产和供应业	86.18	320.44	16.34	1 650	16.76

（三）上市公司规模和平均薪酬情况

选用人均资产和人均薪酬指标进行比较，二者的趋势图如图 8.4 所示。

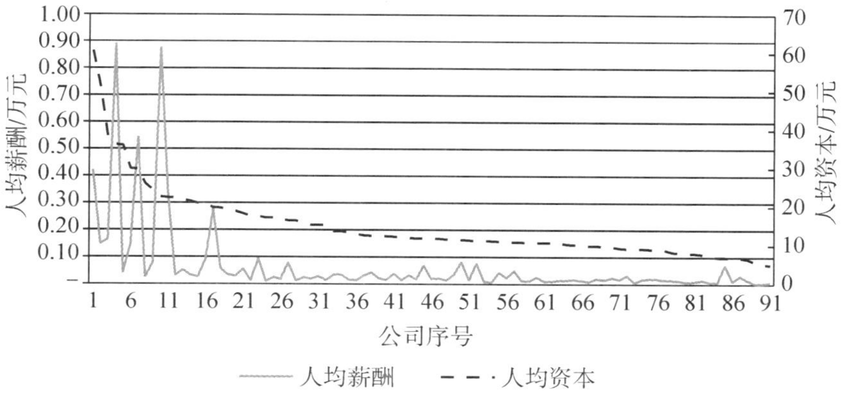

图 8.4　四川省上市公司人均薪酬与人均资本的趋势图

二者的相关系数为 0.547 1，有较为明显的正相关性，表明人均资产越高人均薪酬也越高。

分属性来看（见表 8.9），国有控股公司的平均资产大于非国有控股公司。在两者内部，地方国有企业资产远高于中央国有企业，大约是其两倍，民营企业的平均资产只有 82.41 亿元，远低于国有控股企业。从公司员工数上来看，国有控股企业平均人员为 5 083 人，而非国有控股企业只有 3 763 人，明显低于国有控股。在其内部，地方国有企业平均人员有 6 124 人，是中央国有企业人员的 1.76 倍，民营企业平均人员为 3 923 人，高于中央国有企业。从人均资产来看，非国有控股企业要高于国有控股企业。在其内部较为突出的是公众企业，人均资产达到了 2 897.59 万元，除开公众企业，民营企业的人均资产只有 210.06 万元，是国有控股企业的 61.3%。表明民营企业的资本实力相对还是较为薄弱，地方国有企业人均资产略微高于中央国有企业。从人均薪酬/人均资产 这一指标来看，国有控股企业为 4.32%，明显高于非国有控股企业的 2.78%，并且中央国有控股企业要高于地方国有企业，民营企业略高于地方国有企业，低于中央国有企业。

表 8.9　各属性上市公司人均薪酬和人均资产

上市公司属性	平均资产/亿元	平均人数/人	人均薪酬/万元	人均资产/万元	公司数量/家
国有控股	174.11	5 082.68	14.81	342.55	38
地方国有企业	216.57	6 124.48	14.04	353.62	23
中央国有企业	108.99	3 485.27	16.89	312.72	15
非国有控股	137.83	3 763.32	10.19	366.26	81
民营企业	82.41	3 922.86	9.42	210.06	70
公众企业	844.84	2 915.67	20.27	2 897.59	6
其他企业	42.65	3 748.00	10.83	113.79	2
集体企业	15.28	1 061.00	15.28	144.03	1
外资企业	113.30	2 089.00	16.36	542.37	2

第二节　高管薪酬情况

一、整体情况

2018 年所有 119 家上市公司全部高管共有 2 198 人，平均每家公司有 18 位高管。其中 373 人领薪酬，占比为 17.0%，领薪酬高管共有 1 825 人。全体高管薪酬总和为 8.098 亿元，约为所有员工年薪的 1.36%，高管平均年薪为 44.37 万元，是全体员工总年薪的 3.7 倍[41]。

高管平均薪酬排名前五的企业如表 8.10 所示，高管人均年薪最高的企业是国金证券，其高管人均年薪是 317 万元，其次是蓝光发展（161 万元），只有国金证券的 51%。从这五家公司的行业来看，五家中有两家金融业、两家制造业、一家房地产业。

表 8.10　高管平均薪酬排名前五的企业

公司名称	公司属性	资产/亿元	高管总薪酬/万元	领薪高管数/人	人均年薪/万元
国金证券	民营企业	467	5 710	18	317
蓝光发展	民营企业	1 509	2 900	18	161
水井坊	外资企业	32	1 396	9	155
华西证券	地方国企	468	2 959	20	148
通威股份	民营企业	385	2 415	20	121

二、分行业情况

高管平均年薪最高的行业是金融业，达到 154.89 万元，是全体高管平均年薪的 3.49 倍；其次是制酒业，其高管平均年薪为 80.13 万元，将近平均值的两倍。高管年薪最低的行业是零售业，仅仅只有 13.30 万元，其次是电气机械及器材制造业，只有 23.09 万元。

将行业内部的公司比较来看：极差最大的行业是金融业，达到了 269.42 万元，其次是制酒业，从极差/平均年薪这一数据来看，行业内差距最大的行业是计算机、通信和其他电子设备制造业，极差是平均年薪的 2.59 倍，行业内差距最小的是电气机械及器材制造业，仅为 0.29 倍。

表 8.11　各行业高管平均薪酬

行业	高管人数/人	高管平均薪酬/万元	最小年薪/万元	最大年薪/万元	员工平均薪酬/万元
租赁和商务服务业	35	67.19	47.99	83.46	17.17
专用设备制造业	84	44.56	13.83	84.46	13.78
有色金属冶炼及压延加工	52	47.53	34.75	64.33	11.40

表8.11(续)

行业	高管人数/人	高管平均薪酬/万元	最小年薪/万元	最大年薪/万元	员工平均薪酬/万元
医药制造业	84	55.71	19.20	100.68	9.80
通用设备制造业	118	36.47	22.31	67.60	18.97
汽车制造业	51	35.76	25.32	52.65	9.23
酒、饮料和精制茶制造业	60	80.13	34.89	155.09	18.67
计算机、通信和其他电子设备制造业	191	34.78	11.94	102.13	9.62
化学原料及化学制品制造业	240	34.03	20.02	65.76	10.30
电气机械及器材制造业	47	23.09	20.67	27.31	9.27
信息传输、软件和信息技术服务业	183	32.47	3.90	66.42	9.60
批发和零售业	48	13.30	9.63	20.13	6.40
金融业	64	154.89	47.83	317.25	38.46
电力、热力、燃气及水的生产和供应业	145	30.58	20.25	38.57	16.76

三、分属性情况

分属性来看，总体情况为国有控股企业（40.92）小于非国有控股企业（45.96）。在企业内部，地方国有企业略微大于中央国有企业，外资企业的平均高管薪酬要明显大于非外资企业的薪酬。从行业内的差距来看，非国有控股中民营企业的薪酬的标准差最大，其极差也相对较大，其次是国有企业的标准差，也比较大，在其内部，地方国有企业内部的差距明显大于中央国有企业。

表 8.12　各属性高管平均薪酬

公司属性	公司数/家	高管总数/人	平均年薪/万元	最大年薪/万元	最小年薪/万元	年薪标准差/万元
国有控股	38	576	40.92	147.94	11.94	18.02
地方国有企业	23	358	41.35	147.94	11.94	19.92
中央国有企业	15	218	40.21	84.46	21.65	14.63
非国有控股	81	1 249	45.96	317.25	3.90	36.81
民营企业	70	1 072	45.43	317.25	3.90	39.37
公众企业	6	104	48.41	102.13	24.77	11.49
其他企业	2	33	45.44	66.42	29.98	6.63
集体企业	1	12	44.50	44.50	44.50	4.06
外资企业	2	28	58.55	155.09	12.82	14.20

四、高管股权激励情况

2018 年四川省上市公司总共实施了 26 次股权激励计划，相较于 2017 年的 15 次增加了73.3%。参与公司数达22家，占2018年总上市公司数的18.49%，其中股权激励23次，股票期权激励3次，总计金额达10.36亿元，相较于去年的8.52亿元增长了21.6%。分行业来看，在三年的所有股权激励的实施里，通用设备制造业9次次数为最多，其次计算机、通信和其他电子设备制造业与软件和信息技术服务业都是6次，如表8.13所示。

表8.13 股权激励计划

年份	股票/次	期权/次	总数/次	金额/亿元
2016年	10	0	10	6.25
2017年	15	0	15	8.52
2018年	23	3	26	10.36

五、上市公司主要负责人薪酬情况

这里我们选取董事长、总经理、财务总监、董事会秘书作为公司的主要负责人。从总体来看，2018年这119家上市公司的主要负责人薪酬总计2.72亿元，相较于2017年增加了8.52%，增速也提高了4.25个百分点，人均薪酬为228.84万元/人，是高管平均薪酬的5.16倍。

2018年主要负责人薪酬排名前十的公司如表8.14所示。

排名第一的公司是国金证券，主要负责人薪酬和为1 472.55万元，占全部高管薪酬的25.79%；其次是蓝光发展，主要负责人薪酬和为1 134.50万元，占比为39.12%。

表8.14 主要负责人薪酬排名前十的公司

证券代码	证券简称	主要负责人薪酬和/万元	占全部高管薪酬/%
600109.SH	国金证券	1 472.55	25.79
600466.SH	蓝光发展	1 134.50	39.12
600779.SH	水井坊	1 067.60	76.49
000876.SZ	新希望	999.50	42.23
000810.SZ	创维数字	912.07	44.65
002926.SZ	华西证券	881.66	29.80
000935.SZ	四川双马	721.49	56.38
002818.SZ	富森美	698.35	52.30
600702.SH	舍得酒业	623.80	42.51
300425.SZ	环能科技	595.75	44.08

分行业来看，各行业内公司平均值如图8.5所示。由图8.5可知，金融业的主要负责人平均薪酬最高，其次制酒业也相对较高，最低的是批发零售业。从趋势上来看，金融业的主要负责人平均薪酬在逐年降低，相较于2016年，三年时间已经累计减少30.4%，制酒业和租赁业的平均水平在逐年增加，其余行业无明显波动。

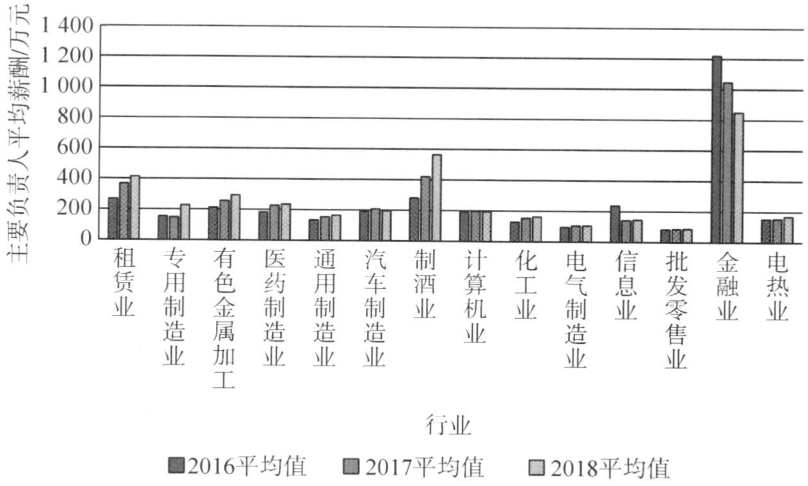

图 8.5　2016—2018 年四川省各行业上市公司主要负责人平均薪酬情况

2018 年各行业的内部情况如图 8.6 所示：极差最大的行业是金融业，达到了 1 278.92 万元，其次是制酒业，为 899.6 万元，差距最小的行业是汽车制造业和电气制造业。

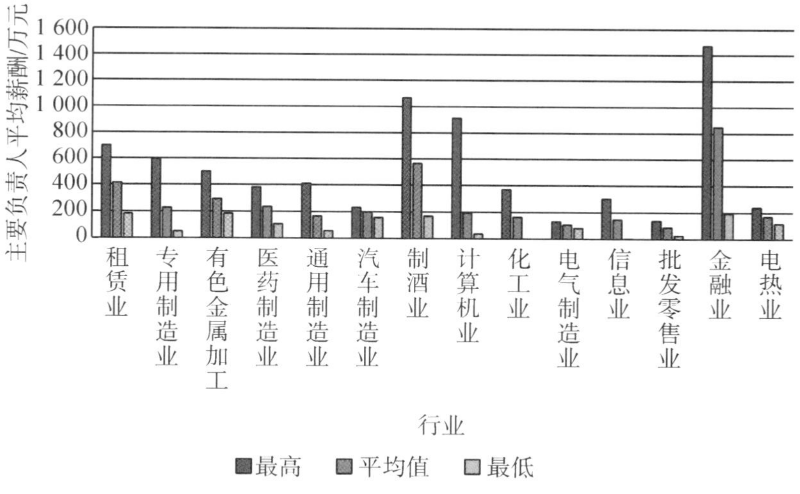

图 8.6　2018 年四川省上市公司主要负责人平均薪酬各行业的内部情况

第三节　薪酬分配差距

为分析四川省上市公司薪酬分配差距问题，将从上市公司薪酬分配的合理性、纵向薪酬差距和横向薪酬差距三个角度进行分析[42]。

一、合理性分析

（一）指标选择

1. 工资利润率

工资利润率=利润总额/工资总额

工资利润率代表的是投入的人力资本产生利润的能力，一般来说，工资利润率越高表明相同的工资投入可以产生更高的利润。

2. 工资合理性相对系数

R=行业平均工资水平/行业工资利润率水平

行业平均工资水平=某行业职工的平均工资/总体平均工资

行业工资利润率水平=某行业工资利润率水平/总体工资利润率水平

工资合理性相对系数是指行业工资水平相对于劳动生产率而言的高低情况，一般来说：若相对系数R小于0.8，则工资水平较低；若R处于0.8至1.5之间，则工资水平相对较为合理；若R大于1.5，则工资水平相对较高，需要加以控制[39]。

改进：四川省很多企业净利润为负，但是支付的薪酬不为负，导致工资利润率为负数，在逻辑上出现错误。改进的办法：用营业收入代替利润，工资利润率变为工资收入率，其含义为单位工资水平产生的销售收入情况。改进的工资收入率的计算办法为：

工资收入率=营业收入总额/工资总额

改进的工资合理性相对系数的计算办法为：

R=行业平均工资水平/行业工资收入率水平

行业平均工资水平=某行业职工的平均工资/总体平均工资

行业工资收入率水平=某行业工资收入率水平/总体工资收入率水平

3. 平均薪酬水平和行业工资收入率相关性研究

平均薪酬水平和行业工资收入率的相关系数为0.076 4，无明显的相关关系，散点图如图8.7所示。

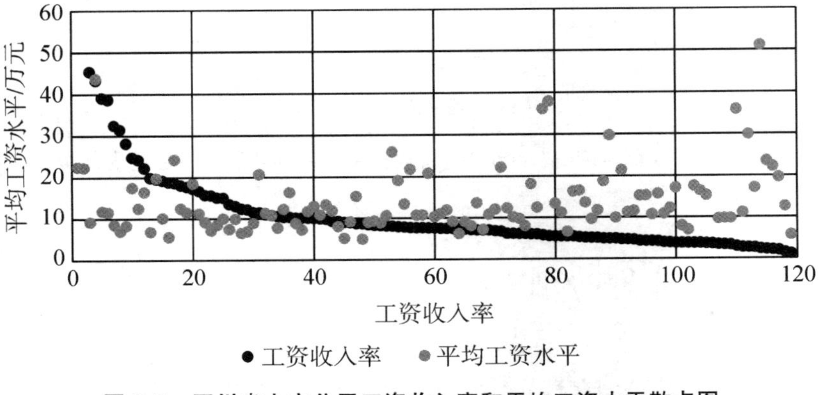

图8.7　四川省上市公司工资收入率和平均工资水平散点图

分行业来看，行业平均工资收入率最高的是租赁业，其次是有色金属冶炼及压延加工业，最低的是金融业。具体见表 8. 15。

表 8. 15　各行业的平均工资收入率　　单位：万元

行业	人均薪酬	平均工资收入率	最大值	最小值
电力、热力、燃气及水的生产和供应业	16. 76	5. 87	31. 45	3. 83
建筑业	17. 91	19. 59	24. 83	2. 96
金融业	38. 46	3. 93	5. 80	2. 33
批发和零售业	6. 40	18. 86	39. 09	9. 09
信息传输、软件和信息技术服务业	9. 60	4. 73	11. 49	2. 72
化学原料及化学制品制造业	10. 30	12. 29	90. 15	3. 77
计算机、通信和其他电子设备制造业	9. 38	12. 44	15. 06	1. 15
酒、饮料和精制茶制造业	18. 67	8. 82	18. 66	4. 31
汽车制造业	9. 23	6. 36	8. 30	3. 64
通用设备制造业	18. 97	7. 71	17. 71	2. 00
医药制造业	9. 80	8. 31	10. 56	3. 79
有色金属冶炼及压延加工	11. 40	25. 60	38. 68	12. 40
专用设备制造业	13. 78	5. 12	7. 51	2. 63
租赁和商务服务业	17. 17	81. 20	347. 51	5. 59

4. 工资合理性相对系数研究

各行业的工资合理性水平如下表所示，各行业 R 以公司数为加权的平均数为 1. 50，在所有行业中 R 最高的行业为金融业（8. 59），其次是科学研究和技术服务业（3. 40），都属于第三产业。最低的是纺织服装、服饰业和木材加工及木、竹、藤、棕、草制品业和批发零售业，这三者都是劳动密集型产业，每单位工资创造的营业收入都相对较低，需要对整个行业做出产业升级。

表 8. 16　各行业的工资合理性水平

行业	行业平均薪酬/万元	行业平均工资收入率	R
化学原料及化学制品制造业	10. 30	12. 29	0. 74
计算机、通信和其他电子设备制造业	9. 62	12. 23	0. 69
信息传输、软件和信息技术服务业	9. 60	4. 73	1. 78
电力、热力、燃气及水的生产和供应业	16. 76	5. 87	2. 50
通用设备制造业	18. 97	7. 71	2. 16
专用设备制造业	13. 78	5. 12	2. 36
医药制造业	9. 80	8. 31	1. 04
酒、饮料和精制茶制造业	18. 67	8. 82	1. 86

表8.16(续)

行业	行业平均薪酬/万元	行业平均工资收入率	R
汽车制造业	9.23	6.36	1.27
有色金属冶炼及压延加工	11.40	25.60	0.39
金融业	38.46	3.93	8.59
铁路、船舶、航空航天和其他运输设备制造业	11.55	3.81	2.66
建筑业	17.91	19.59	0.80
电气机械及器材制造业	9.27	13.10	0.62
批发和零售业	6.40	18.86	0.30
租赁和商务服务业	17.17	81.20	0.19
科学研究和技术服务业	17.62	4.55	3.40
文化、体育和娱乐业	14.65	6.80	1.89
交通运输、仓储和邮政业	13.11	7.21	1.60
食品制造业	8.52	7.99	0.94
非金属矿物制品业	17.08	17.41	0.86
橡胶和塑料制品业	8.00	13.07	0.54
农副食品加工业	7.48	15.48	0.42
水利、环境和公共设施管理业	11.28	4.72	2.10
房地产业	16.33	10.33	1.39
金属制品业	13.33	9.83	1.19
家具制造业	8.06	9.33	0.76
皮革、毛皮、羽毛及其制品和制鞋业	6.24	7.44	0.74
造纸及纸制品业	7.43	13.51	0.48
纺织服装、服饰业	5.57	18.84	0.26
木材加工及木、竹、藤、棕、草制品业	8.57	32.47	0.23
全体	11.99	10.52	1.00

分所有制来看：地方国有企业和民营企业的 R 都在相对较为合理的范围内，中央国有企业 R 相对较高。具体见表 8.17。

表 8.17　各属性上市公司工资合理性相对系数

公司属性	公司数/家	行业平均薪酬/万元	行业平均工资收入率	R
地方国有企业	23	14.04	12.84	0.96
中央国有企业	15	16.89	8.25	1.80
民营企业	70	9.42	9.89	0.84
公众企业	6	20.27	6.61	2.69
其他企业	2	10.83	6.02	1.58
集体企业	1	15.28	4.35	3.08
外资企业	2	16.36	23.30	0.62

二、纵向和横向薪酬差距分析

纵向差距是指高管与普通员工间的薪酬差距，横向差距是指普通员工平均薪酬同其他地区平均薪酬的比较[38]。

（一）指标选择

1. 纵向薪酬差距

高管与员工间的薪酬绝对差距=领薪高管平均薪酬-（员工总工资-高管总工资）/（员工总人数-高管人数）

高管与员工间的薪酬相对差距=领薪高管平均薪酬/［（员工总工资-高管总工资）/（员工总人数-高管人数）］

2. 横向薪酬差距

地区平均工资=上市公司工资总额/上市公司总员工数

高管股权激励强度系数=近三年已实施的高管股权激励次数/三年间平均上市公司数

三年平均上市公司数=（2015 年年末上市公司数+2×2016 年年末上市公司数+2×2017 年年末上市公司数+2018 年年末上市公司数）/6

（二）纵向薪酬差距分析

1. 绝对差距与相对差距分布情况

绝对差距：2018 年高管薪酬和普通员工薪酬的绝对差距均值为 28.79，中位数为 18.79。由图 8.8 可知，分布的众数为 12.25，右边尾部偏大，绝对差距大于 80 万元的公司共有 9 家，差距小于 0，即普通员工平均薪酬高于高管平均薪酬的公司共 7 家。绝对差距最大和最低的前五名如表 8.18 所示：绝对差距排名第一的是国金证券，绝对差距达 267.57，是平均绝对差距的 9.29 倍；其次是蓝光发展，绝对差距为 144.94，排名前五的公司里有两家金融业企业。绝对差距后五的公司都为负数，高管薪酬小于普通员工薪酬，大部分公司都是经营不善的公司。

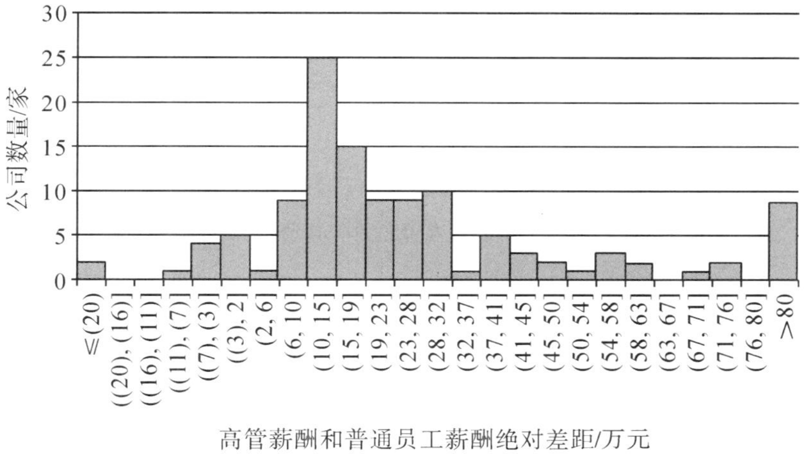

图 8.8　2018 年四川省上市公司高管薪酬和普通员工薪酬绝对差距情况

表 8.18　绝对差距前五位、后五位　　单位：万元

名称	行业	人均年薪	高管平均薪酬	普通员工平均薪酬	绝对差距
绝对差距前五位					
国金证券	金融业	51.14	317.25	49.68	267.57
蓝光发展	房地产业	16.33	161.13	16.19	144.94
水井坊	酒、饮料和精制茶制造业	26.00	155.09	25.22	129.87
华西证券	金融业	29.90	147.94	29.17	118.77
通威股份	农副食品加工业	8.48	120.73	8.38	112.35
绝对差距后五位					
西部资源	汽车制造业	60.48	25.32	65.30	-39.98
华塑控股	橡胶和塑料制品业	43.67	20.56	49.00	-28.44
长城动漫	信息传输、软件和信息技术服务业	10.89	3.90	12.20	-8.30
高新发展	建筑业	35.90	31.75	36.14	-4.39
博瑞传播	文化、体育和娱乐业	23.53	19.35	23.71	-4.36

相对差距：由图 8.9 可知，相对差距众数为 2.5，大部分都集中在 4.4 以下，大于 10 的企业一共有两家，占比较小，相对差距大于 5.2 的共有 16 家，占比为 13.45%。

相对差距排名前五位和后五位的公司如表 8.19 所示。在前五名中公司属性都为民营企业；从行业分布来看，农副食品加工业的两家公司分别位居第一和第二，二者的相对差距均高于 14.41。在后五名的数据中，有两家国企、三家民企。上述结果表明：民营企业内部的收入分配差距相对较大。

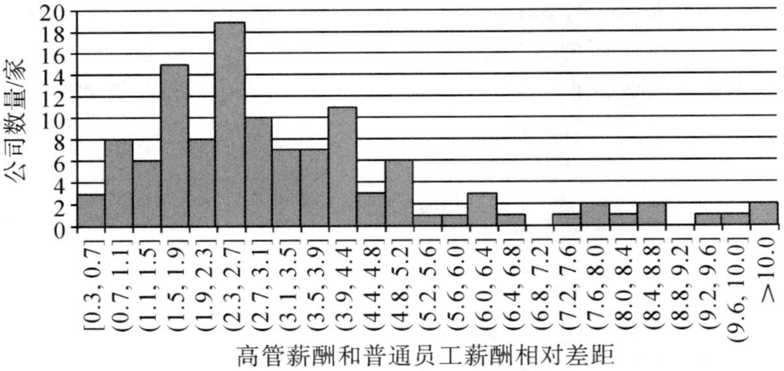

图 8.9　2018 年四川省上市公司高管薪酬和普通员工薪酬相对差距情况

表 8.19　相对差距前五位、后五位

名称	公司属性	员工总数/人	行业	相对差距/万元
相对差距前五位				
新希望	民营企业	61 918	农副食品加工业	15.89
通威股份	民营企业	21 513	农副食品加工业	14.41
蓝光发展	民营企业	18 261	房地产业	9.95

表8.19(续)

名称	公司属性	员工总数/人	行业	相对差距/万元
舍得酒业	民营企业	4 781	酒、饮料和精制茶制造业	9.35
富森美	民营企业	756	租赁和商务服务业	8.61
相对差距后五位				
名称	公司属性	员工总数/人	行业	相对差距/万元
长城动漫	民营企业	173	信息传输、软件和信息技术服务业	0.32
西部资源	民营企业	83	汽车制造业	0.39
华塑控股	民营企业	64	橡胶和塑料制品业	0.42
博瑞传播	地方国有企业	1 043	文化、体育和娱乐业	0.82
川能动力	地方国有企业	212	化学原料及化学制品制造业	0.87

2. 分行业情况

每个行业都有不同的特性，所以要分行业来看差距。行业绝对差距最大的是房地产行业，达到了144.94万元；其次是金融业，为117.01万元，绝对差距大于60万元的行业共有4个，绝对差距大于均值的行业有19个，占比为61.29%。

从相对差距来看：相对差距最大的行业为农副食品加工业，第二才是房地产行业，两者相对差距分别为15.71和9.95，然后是医药制造业。金属制品业和电力、热力、燃气及水的生产和供应业是相对差距最小的两个行业。

表8.20 各行业上市公司高管薪酬与普通员工薪酬差距 单位：万元

行业	高管平均薪酬	普通员工平均薪酬	绝对差距	相对差距
房地产业	161.13	16.19	144.94	9.95
金融业	154.89	37.87	117.02	4.09
农副食品加工业	116.62	7.42	109.20	15.71
酒、饮料和精制茶制造业	80.13	18.57	61.56	4.32
租赁和商务服务业	67.19	15.65	51.54	4.29
医药制造业	55.71	9.67	46.04	5.76
非金属矿物制品业	52.40	15.84	36.56	3.31
有色金属冶炼及压延加工	47.53	11.24	36.29	4.23
食品制造业	40.72	8.43	32.29	4.83
专用设备制造业	44.56	13.51	31.05	3.30
水利、环境和公共设施管理业	41.33	10.87	30.46	3.80
建筑业	47.00	17.82	29.18	2.64
汽车制造业	35.76	8.98	26.78	3.98
计算机、通信和其他电子设备制造业	34.78	9.57	25.21	3.63
化学原料及化学制品制造业	34.03	10.19	23.84	3.34
文化、体育和娱乐业	38.19	14.59	23.60	2.62

表8.20(续)

行业	高管平均薪酬	普通员工平均薪酬	绝对差距	相对差距
信息传输、软件和信息技术服务业	32.47	9.48	22.99	3.42
科学研究和技术服务业	38.44	17.44	21.00	2.20
木材加工及木、竹、藤、棕、草制品业	27.22	8.43	18.79	3.23
铁路、船舶、航空航天和其他运输设备制造业	29.31	11.44	17.87	2.56
通用设备制造业	36.47	18.91	17.56	1.93
交通运输、仓储和邮政业	28.45	13.08	15.37	2.18
电气机械及器材制造业	23.09	8.98	14.11	2.57
电力、热力、燃气及水的生产和供应业	30.58	16.68	13.90	1.83
家具制造业	21.62	8.02	13.60	2.69
皮革、毛皮、羽毛及其制品和制鞋业	17.16	6.17	10.99	2.78
橡胶和塑料制品业	18.79	7.87	10.92	2.39
造纸及纸制品业	17.28	7.36	9.92	2.35
纺织服装、服饰业	14.43	5.28	9.15	2.73
批发和零售业	13.30	6.38	6.92	2.08
金属制品业	19.65	13.29	6.36	1.48

3. 分所有制情况

分所有制来看，国有控股企业绝对差距为26.17万元，略微小于均值；从国有企业内部来看，中央国有企业绝对差距较小，地方国有企业绝对差距较大但还是小于均值水平。非国有控股公司的绝对差距为35.91万元，远高于均值水平。在非国有控股企业内部，民营企业绝对差距为36.15万元，高于非国有控股的总体水平，公众企业的绝对差距相对较小。

从相对差距来看，二者差距更加明显，非国有控股企业的相对差距是国有控股企业的1.65倍，民营企业的相对差距是中央国有控股企业的2.05倍。

表8.21 各属性上市公司高管薪酬与普通员工薪酬差距

公司属性	公司数/家	高管平均薪酬/万元	普通员工平均工资/万元	绝对差距/万元	相对差距/万元
国有控股	38	40.92	14.75	26.17	2.77
地方国有企业	23	41.35	13.98	27.37	2.96
中央国有企业	15	40.21	16.82	23.39	2.39
非国有控股	81	45.96	10.05	35.91	4.57
民营企业	70	45.43	9.28	36.15	4.89
公众企业	6	48.41	20.13	28.27	2.40
其他企业	2	45.44	10.69	34.75	4.25
集体企业	1	44.50	15.01	29.49	2.96
外资企业	2	58.55	16.09	42.46	3.64

（三）横向薪酬差距分析

1. 平均工资和全国对比

总体情况：截至 2018 年 12 月 31 日，A 股上市公司共有 3 562 家，总职工数达 2 321.5 万人，相比去年同期增长了 4.08%，增速同比下降 29.7%。本年度总计支付职工薪酬达 3.98 万亿元，同比增长 13.19%，人均薪酬为 17.17 万元，同比增长 8.75%。

分省份来看：图 8.10 展示了 2016—2018 年全国前 21 个省份平均工资情况。在 31 个省份中，职工薪酬排名最高的是北京市，平均薪酬达 23.23 万元，其次是天津市，人均薪酬为 22.71 万元，上海市以 21.47 万元位列第三，这三个地区分别比平均值高出 35.3%、32.3%、25.0%。四川省 2018 年为 12.03 万元，只有全国平均值的 70.0%（该数据与前文略有差异，原因是在数据处理上剔除公司不同），排名第 21 位，较 2017 年上升 2 个位次，三年间累计增加 19.27%增长明显。

分地区来看：根据地域划分，将我国全部 31 个省级行政区划分为东、中、西部。其中东部地区包括：北京、天津、河北、辽宁、上海、江苏、浙江、福建、山东、广东和海南，共计 11 个省级行政区。中部地区包括：山西、吉林、黑龙江、安徽、江西、河南、湖北和湖南，共计 8 个省级行政区。西部地区包括：四川、重庆、贵州、云南、西藏、陕西、甘肃、青海、宁夏、新疆、广西和内蒙古，共计 12 个省级行政区。2018 年，东部地区人均薪酬水平最高，达 18.49 万元。其次是西部地区，人均薪酬为 13.49 万元，中部地区最低，为 11.89 万元，远低于全国平均水平。四川省的平均薪酬水平略低于西部地区，高于中部地区，在西部地区里位列第 8，人均薪酬水平偏低。

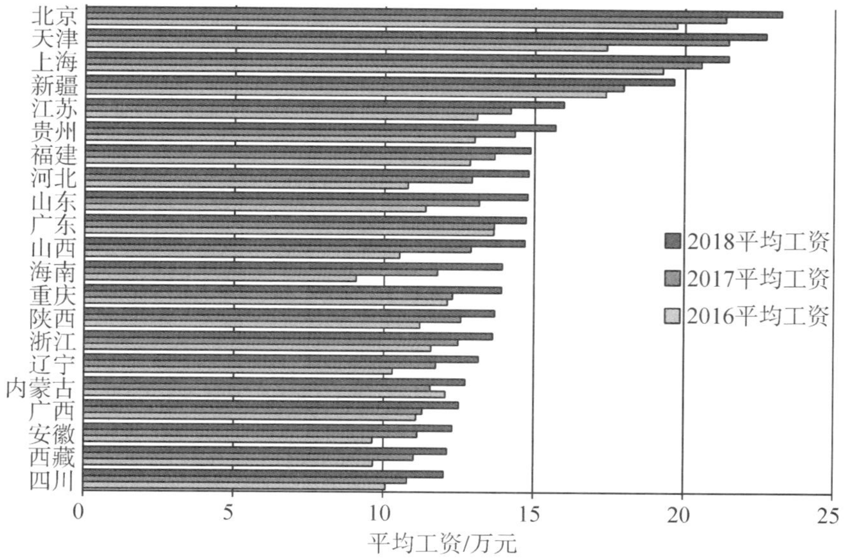

图 8.10　2016—2018 年全国前 21 个省（自治区、直辖市）平均工资情况

2. 股权激励强度系数全国研究

2016 年到 2018 年三年间 A 股所有上市公司共实施高管股权激励 1 346 次，全国股权激励系数为0.418 3，排名前三的是江西（0.66）、广东（0.64）、北京（0.59），四川省排名第6，为0.46，略高于全国平均值。

表8.22 股权激励强度系数全国研究

省（自治区、直辖市）	激励次数/次	平均公司数/家	股权激励强度系数
江西省	26	39.17	0.66
广东省	328	511.83	0.64
北京	174	294.83	0.59
福建省	58	118.50	0.49
浙江省	181	370.50	0.49
四川省	51	110.83	0.46
江苏省	155	340.00	0.46
上海	103	253.50	0.41
内蒙古自治区	9	25.00	0.36
湖南省	31	91.50	0.34
安徽省	30	94.17	0.32
河南省	24	77.00	0.31
重庆	13	45.83	0.28
辽宁省	19	70.83	0.27
山东省	47	177.67	0.26
河北省	13	52.17	0.25
贵州省	6	24.83	0.24
宁夏回族自治区	3	12.50	0.24
湖北省	22	94.33	0.23
西藏自治区	3	14.33	0.21
陕西省	9	46.67	0.19
山西省	6	37.00	0.16
天津	7	47.17	0.15
海南省	4	29.83	0.13
云南省	4	31.67	0.13
新疆维吾尔自治区	6	50.33	0.12
广西壮族自治区	4	36.00	0.11
黑龙江省	4	36.50	0.11
吉林省	4	40.17	0.10
甘肃省	2	31.17	0.06
青海省	0	11.83	—

第九章　社会贡献发展报告

企业作为社会经济活动的主体和基本单元，为社会创造价值，对社会做出应有的贡献。本章对企业社会贡献进行界定和概述，运用定量分析方法，对四川省上市公司社会贡献做了分指标分析，且进行了综合评价。

第一节　社会贡献评价概述

本节先对社会贡献的基本内涵进行简单介绍，并说明社会贡献测量指标的选择和测算方法。我们选取能够反映企业社会贡献的一系列指标，形成了四川省上市公司社会贡献发展指数评价指标体系。

一、社会贡献的基本内涵

企业的社会贡献，主要是指企业在一定期间内通过生产经营活动，为社会和国家创造的价值，反映企业对社会或国家的贡献水平。主要包括对员工、政府、投资者等方面做出的贡献，在本报告中，投资者是指包括股东和债权人在内的广义投资者。企业根据自身发展的实际情况，合法合规经营、依法履行纳税义务、积极吸纳社会劳动力并保证员工权益、对资本所有者的回馈、主动帮助社会困难群体等行为，都是企业对社会所做的贡献。企业对社会做贡献，从表面看是付出了成本，但是从长期来看，实际是改善企业外部环境的一种方式，有利于企业价值的提高[43]。

二、指标选择及测算方法

本报告选取的衡量社会贡献的指标主要包括：社会贡献率、社会积累率和每股社会贡献值[44]。

1. 社会贡献率

社会贡献率是指企业对社会贡献总额与资产平均总额的比率。用以衡量企业运用全部资产为国家或社会创造或支付的价值的能力，也是衡量企业经济效益的一项评价指标[45]。

其计算公式为：

社会贡献总额=政府所得贡献总额+投资者所得贡献总额+职工所得贡献总额

政府所得贡献总额=上市公司所支付的各项税费-收到的税费返还

投资者所得贡献总额=支付给投资者的股利与现金+利息支出

职工所得贡献总额=支付给职工以及为职工支付的现金

$$公司平均资产总额 = \frac{期初资产 + 期末资产}{2}$$

$$社会贡献率 = \frac{公司社会贡献总额}{公司平均资产总额} \times 100\%$$

2. 社会积累率

社会积累率用于衡量企业社会贡献总额中有多少用于上交国家财政和支持社会公益事业，从而直接或间接反映企业的社会责任。

其计算公式为：

公司上交的税费总额=税金及附加+所得税+应交或已交增值税

社会贡献总额=政府所得贡献总额+投资者所得贡献总额+职工所得贡献总额

$$社会积累率 = \frac{公司上缴财政的税费总额}{公司社会贡献总额} \times 100\%$$

3. 每股社会贡献值

每股社会贡献值，即在公司为股东创造的每股收益基础上，增加公司年内为其他利益相关者创造的价值额（为国家创造的税收、向员工支付的工资、向银行等债权人给付的借款利息、公司对外捐赠额等），并扣除公司因环境污染等造成的其他社会成本，计算形成的公司为社会创造的每股增值额。

社会贡献总额=政府所得贡献总额+投资者所得贡献总额+职工所得贡献总额

$$每股社会贡献值 = \frac{公司社会贡献总额}{公司期末总股本}$$

第二节　社会贡献分析

以下将从社会贡献总额、社会贡献率、社会积累率和每股社会贡献值四个方面对社会贡献进行研究，并分行业、分板块、分属性对四川省上市公司进行具体分析。然后采用熵值赋权法，对四川省上市公司的社会贡献进行综合评价。所采用的数据皆为定量数据，以实现四川省上市公司社会贡献评价结果的客观性和科学性。

一、总体情况

（一）社会贡献总额情况

图 9.1 展示了 2018 年四川省上市公司的社会贡献总额情况。

就 2018 年的社会贡献总额而言，整体的算术平均值为 11.10 亿元，中位数为 3.39

亿元。从离散程度上来看，标准差为 27.89 亿元，整体分布较为离散；偏度为 6.66，明显正偏。其中 2018 年的社会贡献总额排名前十的公司是：五粮液（261.36 亿元）、蓝光发展（113.96 亿元）、四川长虹（71.54 亿元）、泸州老窖（68.77 亿元）、新希望（61.70 亿元）、四川路桥（48.87 亿元）、东方电气（43.72 亿元）、成都银行（43.68 亿元）、通威股份（34.36 亿元）、科伦药业（30.43 亿元）。

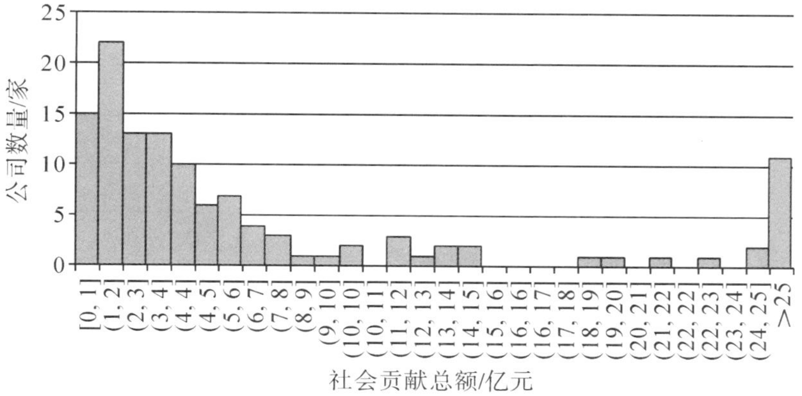

图 9.1　2018 年四川省上市公司社会贡献总额情况

（二）社会贡献率情况

图 9.2 展示了 2018 年四川省上市公司的社会贡献率情况，整体的算术平均值为 11.72%，中位数为 10.48%。从离散程度上来看，标准差为 6.97%，整体分布较为集中；偏度为 1.70，略微正偏。其中 2018 年的社会贡献率排名前五的公司是：水井坊（45.80%）、五粮液（33.29%）、泸州老窖（32.47%）、山鼎设计（28.26%）、国光股份（26.98%）。

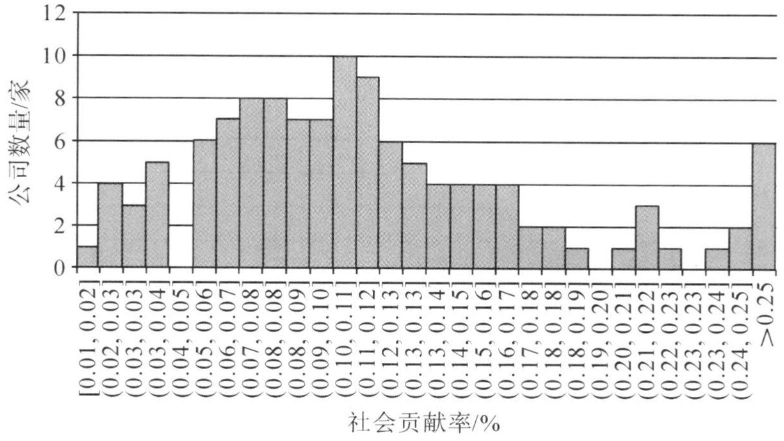

图 9.2　2018 年四川省上市公司社会贡献率情况

（三）社会积累率情况

图 9.3 为 2018 年四川省上市公司的社会积累率情况，整体的算术平均值为 24.14%，中位数为 28.61%。从离散程度上来看，标准差为 13.37%，整体分布较为集中；偏度为 0.31，略微正偏，整体的对称性较好。其中 2018 年的社会积累率排名前五的公司是：广汇物流（79.39%）、金宇车城（73.82%）、天齐锂业（66.84%）、泸州老窖（64.01%）、五粮液（59.52%）。

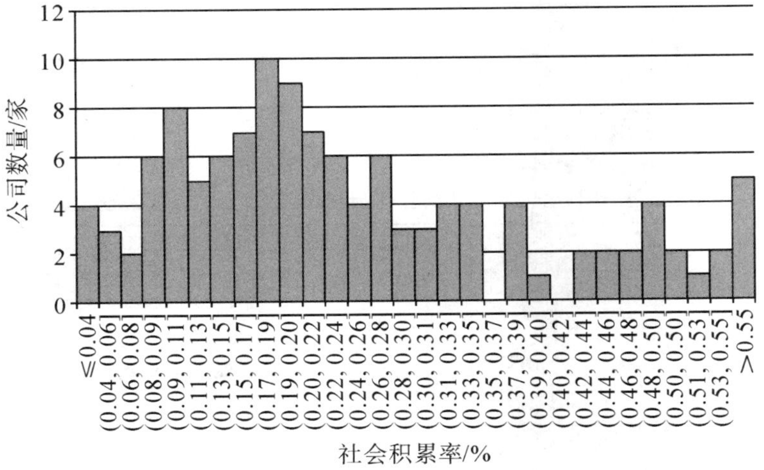

图 9.3　2018 年四川省上市公司社会积累率情况

（四）每股社会贡献值情况

图 9.4 为 2018 年四川省上市公司的每股社会贡献值情况，整体的算术平均值为 0.96 亿元/万股，中位数为 0.71 亿元/万股。从离散程度上来看，标准差为 0.92 亿元/万股，整体分布比较集中；偏度为 3.11，明显正偏。其中 2018 年每股社会贡献值排名前五的公司是：五粮液（6.73 亿元/万股）、泸州老窖（4.70 亿元/万股）、蓝光发展（3.82 亿元/万股）、舍得酒业（3.51 亿元/万股）和水井坊（2.81 亿元/万股）。

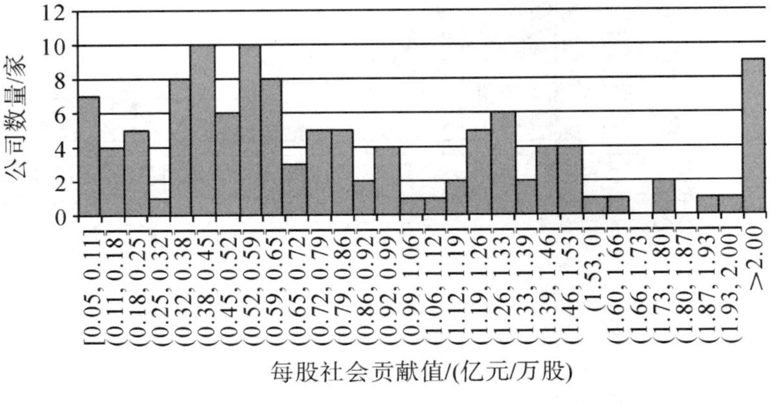

图 9.4　2018 年四川省上市公司每股社会贡献值情况

二、各年发展趋势分析

（一）社会贡献总额

图 9.5 展示了 2014—2018 年四川省上市公司整体社会贡献总额的变动情况。从图中可以看出，社会贡献总额呈现出逐年增长的趋势，在 2018 年达到近五年间的最大值 1 167.54 亿元，相当于 2014 年的社会贡献总额（378.02 亿元）的 3 倍左右，说明四川省上市公司的社会贡献总额处于持续增长的过程中。而从增长率来看，增长率在 2015 年至 2017 年间先增加后下降，2016 年增长率达到最大值 112.90%，2017 年到 2018 年增长率略有上升，从 9.96%上升到 13.88%。

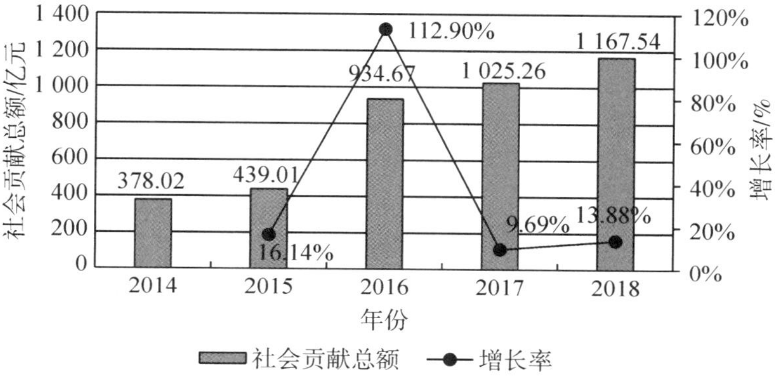

图 9.5　2014—2018 年四川省上市公司整体社会贡献总额情况

（二）社会贡献率

图 9.6 展现了 2014—2018 年四川省上市公司整体社会贡献率的变动情况。社会贡献率的变动情况为：在 2014 年到 2016 年期间先上升后下降，从 2016 年开始逐年上升，2018 年达到近五年来的最大值 8.10%。说明自 2016 年以来，四川省上市公司整体社会贡献率处于增长阶段。而从增长率来看，增长率呈现出先下降后上升再下降的变化趋势，2016 年的增长率为最小值-1.35%，2017 年的增长率为最大值 1.59%。

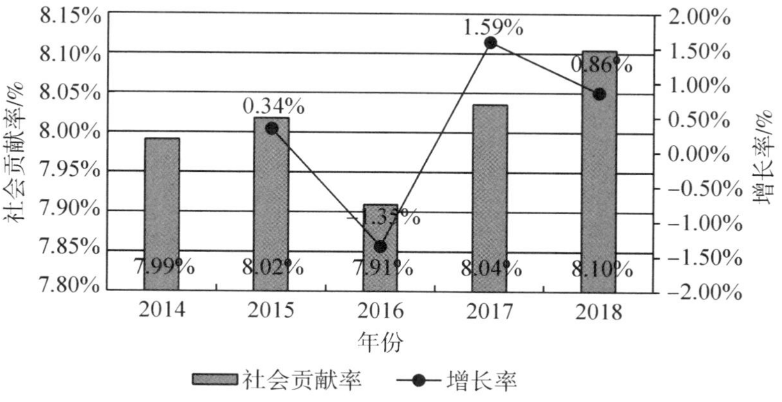

图 9.6　2014—2018 年四川省上市公司整体社会贡献率情况

（三）社会积累率

图 9.7 展现了 2014—2018 年四川省上市公司整体社会积累率的变动情况，社会积累率基本保持平稳，略有在波动中上升的变动趋势。而从增长率来看，社会积累率的增长率的变化情况和社会贡献率的变化情况一致，2015 年和 2017 年的增长率相等均为 17.39%，2016 年的增长率为最小值-5.93%。

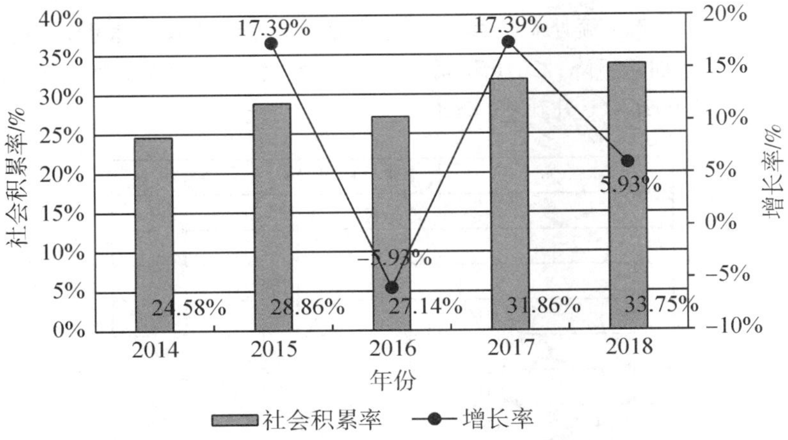

图 9.7　2014—2018 年四川省上市公司整体社会积累率情况

三、分行业分析

这里我们选取上市公司数量大于等于 3 家的行业作为分析对象，包含的行业有：电热业、建筑业、金融业、零售业、信息业、制造业和租赁业，其中由于制造业的公司数量较多。同时将制造业的二级细分行业挑选出来，具体选择出来的制造业二级细分行业有：化工业、计算机业、制酒业、汽车制造业、通用制造业、制药业、金属加工业、专用制造业。具体行业及其相应的数量如下表所示。

（一）社会贡献率

从 2018 年平均社会贡献率来看，各行业中最高的是制酒业，为 33.10%，其次是零售业，为 14.69%，制药业，为 12.68%；排在最后的是金融业，为 1.65%，通用制造业，为 5.48%。

表 9.1　2014 年到 2018 年各行业平均社会贡献率

行业	数量/家	2014 年	2015 年	2016 年	2017 年	2018 年
电热业	9	7.08%	8.11%	8.22%	7.93%	7.68%
建筑业	3	8.69%	8.07%	6.83%	6.08%	6.08%
金融业	3	2.19%	2.67%	2.33%	1.92%	1.65%
零售业	3	14.41%	14.13%	15.96%	13.73%	14.69%

表9.1(续)

行业	数量/家	2014 年	2015 年	2016 年	2017 年	2018 年
信息业	11	16.79%	15.22%	13.86%	11.54%	9.74%
化工业	15	8.63%	8.93%	8.71%	9.09%	10.16%
计算机业	13	8.33%	9.44%	10.50%	10.63%	10.53%
制酒业	4	22.28%	20.00%	21.15%	26.06%	33.10%
汽车制造业	4	11.35%	9.55%	8.81%	7.72%	10.50%
通用制造业	8	5.90%	5.73%	5.51%	5.10%	5.48%
制药业	5	13.19%	11.78%	12.23%	13.17%	12.68%
金属加工业	4	8.89%	8.03%	11.19%	11.39%	6.54%
专用制造业	6	11.75%	10.18%	8.49%	8.91%	8.03%
租赁业	3	13.36%	10.77%	8.79%	9.37%	9.72%

图 9.8 展示了 2014—2018 年四川省上市公司部分行业平均社会贡献率情况。

从各个行业 2014 年到 2018 年的平均社会贡献率的变动趋势来看，电热业和金融业的社会贡献率均为先上升后下降；建筑业的社会贡献率在 2014 年到 2017 年间持续下降，之后保持相对平稳；零售业的社会贡献率逐年上下波动，2018 年的平均社会贡献率（14.69%）达到比 2014 年（14.41%）相对略高的水平；信息业在近五年间的社会贡献率持续下降，从 2014 年的 16.79%下降至 2018 年的 9.74%；租赁业的社会贡献率先下降后上升，在 2016 年时社会贡献率取得近五年间的最小值 8.79%。

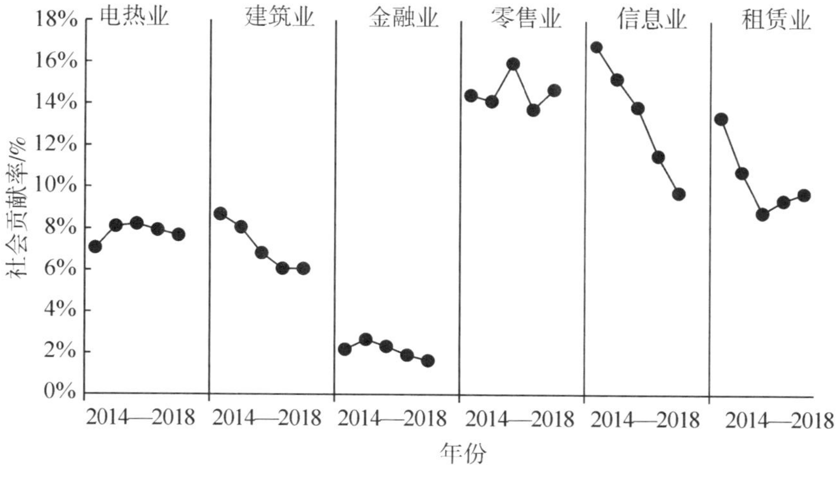

图 9.8　2014—2018 年四川省上市公司部分行业平均社会贡献率情况

图 9.9 展示了 2014—2018 年四川省上市公司制造业部分细分行业平均社会贡献率情况。

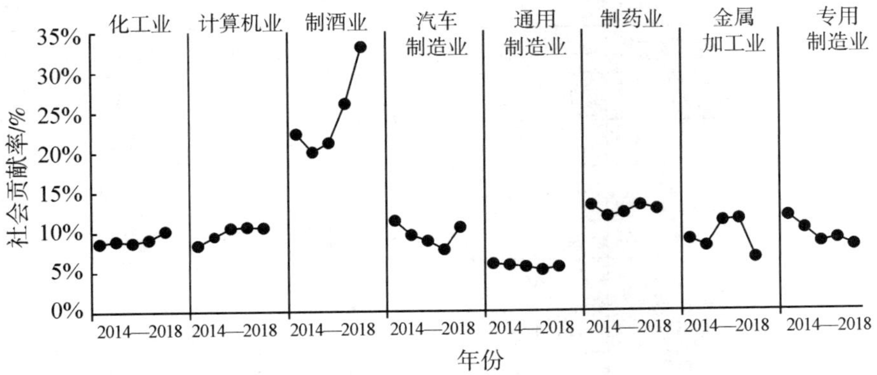

图 9.9　2014—2018 年四川省上市公司制造业部分细分行业平均社会贡献率情况

就制造业细分下的二级行业而言，化工业、计算机业、通用设备制造业以及制药业的社会贡献率的变动程度相对较小，其中化工业的社会贡献率有着逐年上升的变动趋势；计算机业的社会贡献率先上升然后保持基本平稳，稳定在 10.55%左右；通用制造业 2014 年到 2017 年之间的社会贡献率逐年小幅小降，2017 年下降至 5.10%，2018 年略有上升，整体无明显波动；制药业的社会贡献率上下波动，但基本维持在 12%至 13%之间。制酒业、汽车制造业、金属加工业、专用制造业的社会贡献率的波动情况相对较大，其中制酒业的社会贡献率在 2016 年略有下降，之后连续上升，在 2018 年达到 33.10%；汽车制造业的社会贡献率先下降后上升；金属加工业的社会贡献率在波动中下降；专用制造业的社会贡献率整体上呈现出下降趋势。

（二）社会积累率

从 2018 年平均社会积累率来看，行业中最高的是制酒业（59.80%），其次是金属加工业（49.31%）、租赁业（47.89%）；排在最后的是信息业（14.07%）。

表 9.2　2014 年到 2018 年各行业平均社会积累率

行业	数量/家	2014 年	2015 年	2016 年	2017 年	2018 年
电热业	9	16.21%	18.42%	16.86%	17.14%	18.03%
建筑业	3	32.76%	33.28%	23.61%	19.62%	19.82%
金融业	3	47.18%	48.98%	24.94%	24.37%	24.84%
零售业	3	23.14%	19.68%	38.19%	35.91%	38.20%
信息业	11	17.17%	13.63%	13.65%	18.56%	14.07%
化工业	15	10.17%	13.53%	16.70%	20.35%	16.99%
计算机业	13	13.11%	18.38%	19.03%	17.60%	15.62%
制酒业	4	39.13%	45.81%	46.96%	57.67%	59.80%
汽车制造业	4	31.53%	18.55%	22.21%	26.57%	17.96%
通用制造业	8	8.65%	19.05%	18.90%	13.52%	19.33%

表9.2(续)

行业	数量/家	2014 年	2015 年	2016 年	2017 年	2018 年
制药业	5	23.10%	18.78%	19.97%	30.89%	20.51%
金属加工业	4	24.23%	18.00%	20.69%	50.03%	49.31%
专用制造业	6	18.08%	20.02%	26.95%	31.94%	20.34%
租赁业	3	63.21%	56.21%	72.44%	57.79%	47.89%

图 9.10 展示了 2014—2018 年四川省上市公司部分行业平均社会积累率情况。

从各个行业 2014 年到 2018 年的平均社会积累率的变动趋势来看，其中建筑业、金融业、零售业、租赁业的变动幅度相对较大。建筑业、金融业和租赁业的平均社会积累率都有着明显的下降趋势，而零售业整体呈现出上升的变化趋势。相较而言，电热业和信息业的社会积累率的变动幅度较小，电热业的社会积累率基本稳定在 17%左右，信息业的社会积累率大致呈现出在 14%到 18%之间来回波动的变动趋势。

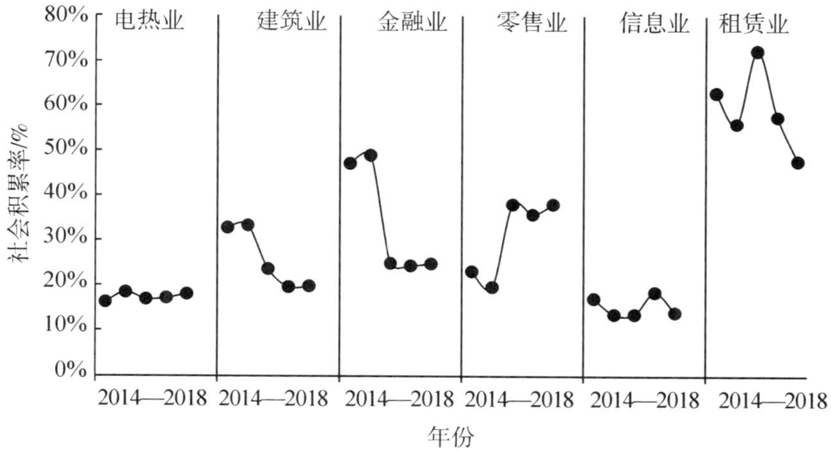

图 9.10　2014—2018 年四川省上市公司部分行业平均社会积累率

图 9.11 展示了 2014—2018 年四川省上市公司制造业部分细分行业平均社会积累率情况。

就制造业细分下的二级行业而言，制酒业和金属加工业的平均社会积累率呈现出明显的增长趋势且变化幅度很大。化工业、计算机业、专用制造业均表现出先增加后下降的变化趋势。化工业的平均社会积累率在 2017 年达到近五年间的最大值 20.35%，计算机业的平均社会积累率在 2016 年达到近五年间的最大值 19.03%，专用制造业的平均社会积累率在 2017 年达到近五年间的最大值 31.94%，这三个行业近五年间的平均社会积累率的最小值均出现在 2014 年。汽车制造业和制药业的变动趋势类似，均为先下降后上升再下降；通用制造业正好相反，先上升后下降再上升。

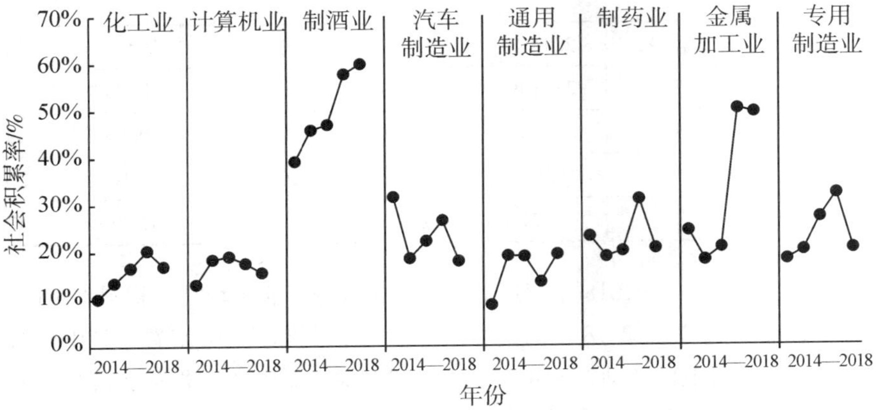

图 9.11　2014—2018 年四川省上市公司制造业部分细分行业平均社会积累率

四、分板块分析

（一）社会贡献率

图 9.12 展示了 2018 年四川省上市公司社会贡献率分板块情况。结合板块来看，创业板的社会贡献率（10.62%）明显高于中小企业板（8.53%）和主板（7.93%）；而主板和中小企业板之间的社会贡献率差别不大，各板块都仍有进一步上升的空间。

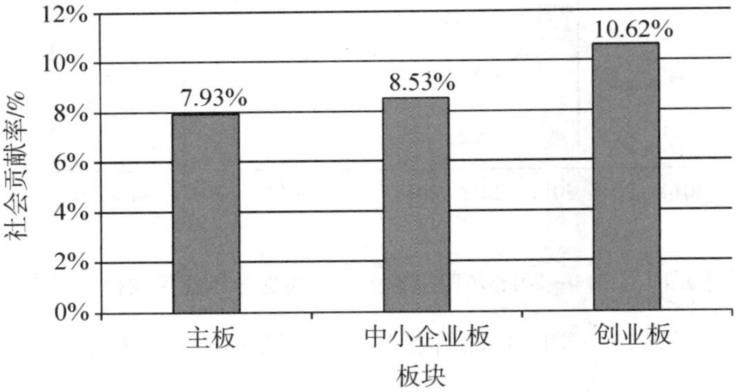

图 9.12　2018 年四川省上市公司社会贡献率分板块情况

（二）社会积累率

图 9.13 展示了 2018 年四川省上市公司社会积累率分板块情况。结合板块来看，社会积累率的主板值（36.30%）明显高于中小企业板（23.32%）和创业板（23.76%）；中小企业板和创业板的社会积累率差别不大，均明显低于板块平均值 27.79%。

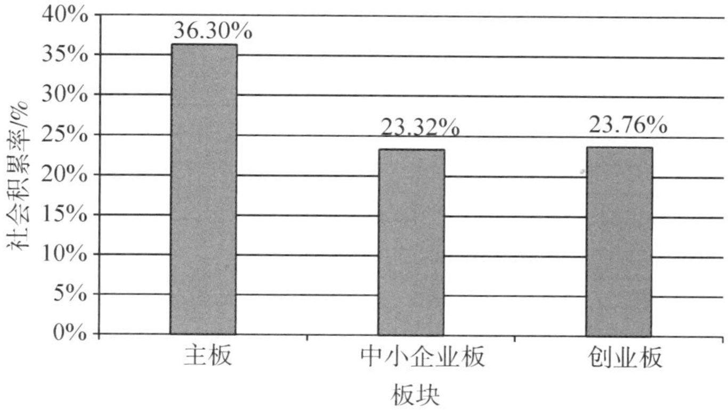

图 9.13　2018 年四川省上市公司社会积累率分板块情况

（三）每股社会贡献值

图 9.14 展示了 2018 年四川省上市公司每股社会贡献值分板块情况。结合板块来看，每股社会贡献值的主板值（1.14 亿元/万股）高于中小企业板（0.89 亿元/万股）和创业板（0.65 亿元/万股），创业板表现较低，远低于板块平均值 0.89 亿元/万股。

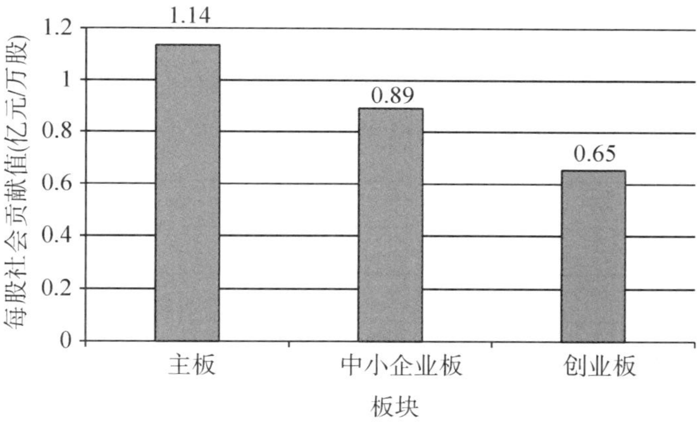

图 9.14　2018 年四川省上市公司每股社会贡献值分板块情况

五、分属性分析

（一）社会贡献率

图 9.15 展示了 2018 年四川省上市公司社会贡献率分属性情况。从企业属性上来看，不同属性的企业的社会贡献率差别很大，外资企业（17.86%）和集体企业（17.82%）的社会贡献率明显高于其他属性的企业；而民营企业、中央国有企业、公众企业的社会贡献率均低于属性平均值 11.27%，其中公众企业的社会贡献率表现最低，仅为 1.25%。

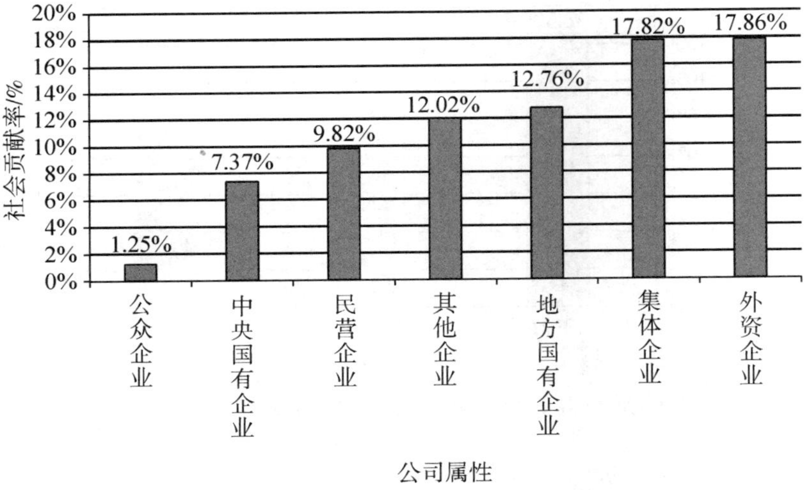

图 9.15　2018 年四川省上市公司社会贡献率分属性情况

（二）社会积累率

图 9.16 展示了 2018 年四川省上市公司社会积累率分属性情况。从企业属性来看，外资企业（49.60%）和地方国有企业（41.66%）的社会积累率高于其他属性企业的社会积累率。排在最后的是中央国有企业（18.67%）和集体企业（20.23%），两者的社会积累率差别不大，明显低于属性平均值 29.70%。

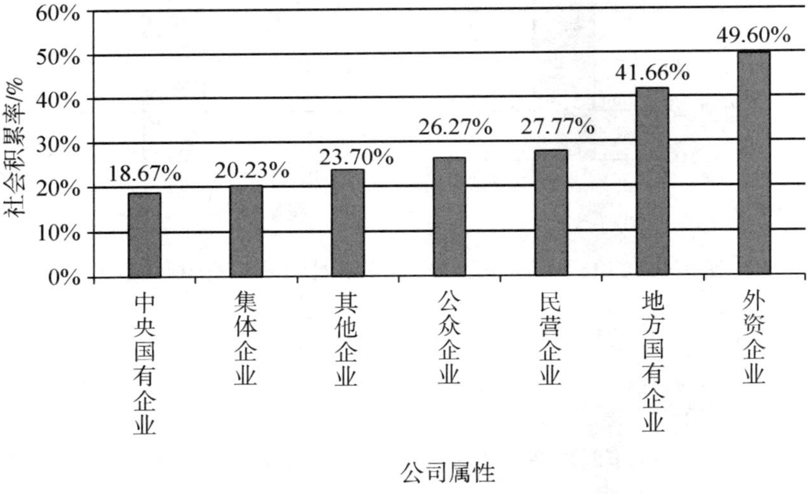

图 9.16　2018 年四川省上市公司社会积累率分属性情况

（三）每股社会贡献值

图 9.17 展示了 2018 年四川省上市公司每股社会贡献值分属性情况。从企业属性来看，外资企业（1.74 亿元/万股）和地方国有企业（1.56 亿元/万股）的每股社会贡献

值高于其他属性企业的每股社会贡献值，排在最后的是中央国有企业（0.58亿元/万股），明显低于属性平均值1.17亿元/万股。

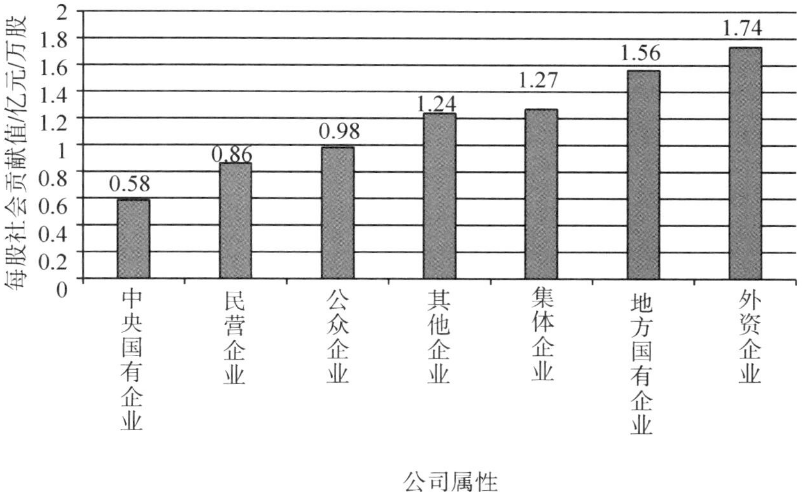

图9.17　2018年四川省上市公司每股社会贡献值分属性情况

第三节　社会贡献综合评价

一、综合指标构建

为消除各上市公司间行业、经营模式的差距，让评价体系更加客观，本报告使用熵值赋权法建立出一个综合指标。根据熵值赋权法可以计算出各个指标的权重，各项指标权重如表9.3所示。

表9.3　各项指标权重　　单位:%

指标	社会贡献率	社会积累率	每股社会贡献值
权重	33.44	34.56	32.00

二、分析结果

四川省上市公司社会贡献综合排名见本章末附表9.1，四川省上市公司社会贡献在细分二级行业内的排名见本章末附表9.2。由于金时科技和新乳业2018年期末总股本数据缺失，未将这两家上市公司纳入排名范围。

在参与排名的119家上市公司中位列前十的分别是：五粮液、泸州老窖、水井坊、舍得酒业、蓝光发展、久远银海、康弘药业、富森美、昊华科技、山鼎设计。前四名企业均为酒水企业，“高税率”是促使酒水企业社会贡献综合得分较高的原因，并不能代表制酒业相对于其他行业的企业对社会的贡献就更大。排名后十的是：*ST 印纪、和邦生物、创维数字、华西能源、成都路桥、海特高新、攀钢钒钛、宏达股份、川能动力、深冷股份。

从行业来看，2018 年行业综合得分平均值为 0.33，其中房地产业、科学研究和技术服务业、批发和零售业、综合、制造业、租赁和商务服务业 6 个行业得分高于平均值。排在最后的是金融业，综合得分为 0.12。四川省上市公司社会贡献综合得分分行业排名见本章末附表 9.3。

从板块来看，2018 年板块综合得分平均值为 0.37，其中主板得分明显高于创业板和中小企业板。四川省上市公司社会贡献综合得分分板块排名见本章末附表 9.4。

从属性来看，2018 年属性综合得分平均值为 0.50，不同属性的上市公司之间有着较为明显的差异，其中外资企业、地方国有企业、集体企业的综合得分高于平均值。四川省上市公司社会贡献综合得分分属性排名见本章末附表 9.5。

附表 9.1 四川省上市公司社会贡献综合排名

代码	名称	行业	综合得分	排名
000858. SZ	五粮液	酒、饮料和精制茶制造业	0. 032 56	1
000568. SZ	泸州老窖	酒、饮料和精制茶制造业	0. 026 59	2
600779. SH	水井坊	酒、饮料和精制茶制造业	0. 024 01	3
600702. SH	舍得酒业	酒、饮料和精制茶制造业	0. 020 46	4
600466. SH	蓝光发展	房地产业	0. 017 13	5
002777. SZ	久远银海	软件和信息技术服务业	0. 014 69	6
002773. SZ	康弘药业	医药制造业	0. 013 90	7
002818. SZ	富森美	商务服务业	0. 013 44	8
600378. SH	昊华科技	化学原料及化学制品制造业	0. 013 19	9
300492. SZ	山鼎设计	专业技术服务业	0. 013 18	10
002749. SZ	国光股份	化学原料及化学制品制造业	0. 012 81	11
300547. SZ	川环科技	橡胶和塑料制品业	0. 012 43	12
000803. SZ	金宇车城	电气机械及器材制造业	0. 012 09	13
600793. SH	宜宾纸业	造纸及纸制品业	0. 011 95	14
002466. SZ	天齐锂业	有色金属冶炼及压延加工	0. 011 80	15
600644. SH	乐山电力	电力、热力生产和供应业	0. 011 79	16
600828. SH	茂业商业	零售业	0. 011 31	17
002798. SZ	帝欧家居	家具制造业	0. 011 17	18
603809. SH	豪能股份	汽车制造业	0. 011 06	19
002422. SZ	科伦药业	医药制造业	0. 011 05	20
603679. SH	华体科技	电气机械及器材制造业	0. 010 92	21
300504. SZ	天邑股份	计算机、通信和其他电子设备制造业	0. 010 77	22
300470. SZ	日机密封	通用设备制造业	0. 010 68	23
600391. SH	航发科技	铁路、船舶、航空航天和其他运输设备制造业	0. 010 56	24
300127. SZ	银河磁体	计算机、通信和其他电子设备制造业	0. 009 99	25
002697. SZ	红旗连锁	零售业	0. 009 85	26
600093. SH	易见股份	商务服务业	0. 009 79	27
300463. SZ	迈克生物	医药制造业	0. 009 74	28
000710. SZ	贝瑞基因	专业技术服务业	0. 009 73	29
002357. SZ	富临运业	道路运输业	0. 009 71	30
002935. SZ	天奥电子	计算机、通信和其他电子设备制造业	0. 009 71	31
000876. SZ	新希望	农副食品加工业	0. 009 64	32
600804. SH	鹏博士	互联网和相关服务	0. 009 53	33
600839. SH	四川长虹	计算机、通信和其他电子设备制造业	0. 009 44	34
603027. SH	千禾味业	食品制造业	0. 009 38	35
300733. SZ	西菱动力	汽车制造业	0. 009 14	36
000510. SZ	新金路	化学原料及化学制品制造业	0. 009 08	37
600101. SH	明星电力	电力、热力生产和供应业	0. 009 01	38
600603. SH	广汇物流	综合	0. 008 76	39
300535. SZ	达威股份	化学原料及化学制品制造业	0. 008 75	40

附表9.1(续)

代码	名称	行业	综合得分	排名
002539.SZ	云图控股	化学原料及化学制品制造业	0.008 59	41
000790.SZ	泰合健康	医药制造业	0.008 48	42
002246.SZ	北化股份	化学原料及化学制品制造业	0.008 47	43
002497.SZ	雅化集团	化学原料及化学制品制造业	0.008 39	44
300678.SZ	中科信息	软件和信息技术服务业	0.008 19	45
002386.SZ	天原集团	化学原料及化学制品制造业	0.008 17	46
002366.SZ	台海核电	专用设备制造业	0.008 09	47
601811.SH	新华文轩	新闻和出版业	0.008 07	48
600039.SH	四川路桥	土木工程建筑业	0.007 88	49
300432.SZ	富临精工	汽车制造业	0.007 85	50
600875.SH	东方电气	通用设备制造业	0.007 82	51
600438.SH	通威股份	农副食品加工业	0.007 77	52
002272.SZ	川润股份	通用设备制造业	0.007 76	53
002258.SZ	利尔化学	化学原料及化学制品制造业	0.007 76	54
300434.SZ	金石东方	医药制造业	0.007 75	55
000628.SZ	高新发展	房屋建筑业	0.007 57	56
300696.SZ	爱乐达	铁路、船舶、航空航天和其他运输设备制造业	0.007 56	57
000509.SZ	华塑控股	橡胶和塑料制品业	0.007 53	58
000731.SZ	四川美丰	化学原料及化学制品制造业	0.007 46	59
300559.SZ	佳发教育	软件和信息技术服务业	0.007 35	60
000888.SZ	峨眉山 A	公共设施管理业	0.007 35	61
300425.SZ	环能科技	专用设备制造业	0.007 25	62
300022.SZ	吉峰科技	零售业	0.007 24	63
600505.SH	西昌电力	电力、热力生产和供应业	0.007 16	64
000757.SZ	浩物股份	通用设备制造业	0.007 09	65
300019.SZ	硅宝科技	化学原料及化学制品制造业	0.007 07	66
600392.SH	盛和资源	有色金属冶炼及压延加工	0.006 98	67
300414.SZ	中光防雷	计算机、通信和其他电子设备制造业	0.006 95	68
600109.SH	国金证券	资本市场服务	0.006 85	69
000935.SZ	四川双马	非金属矿物制品业	0.006 78	70
600678.SH	四川金顶	非金属矿物制品业	0.006 70	71
300366.SZ	创意信息	软件和信息技术服务业	0.006 62	72
601838.SH	成都银行	货币金融服务	0.006 56	73
002268.SZ	卫士通	软件和信息技术服务业	0.006 50	74
002190.SZ	*ST 集成	专用设备制造业	0.006 47	75
002312.SZ	三泰控股	计算机、通信和其他电子设备制造业	0.006 46	76
600353.SH	旭光股份	计算机、通信和其他电子设备制造业	0.006 44	77
000586.SZ	汇源通信	计算机、通信和其他电子设备制造业	0.006 43	78
600131.SH	岷江水电	电力、热力生产和供应业	0.006 31	79
000801.SZ	四川九洲	计算机、通信和其他电子设备制造业	0.006 29	80
300440.SZ	运达科技	软件和信息技术服务业	0.006 27	81

附表9.1(续)

代码	名称	行业	综合得分	排名
300467.SZ	迅游科技	互联网和相关服务	0.006 22	82
600880.SH	博瑞传播	新闻和出版业	0.006 21	83
600979.SH	广安爱众	电力、热力生产和供应业	0.006 18	84
300028.SZ	金亚科技	计算机、通信和其他电子设备制造业	0.006 11	85
300502.SZ	新易盛	计算机、通信和其他电子设备制造业	0.006 09	86
601107.SH	四川成渝	道路运输业	0.006 05	87
603477.SH	振静股份	皮革、毛皮、羽毛及其制品和制鞋业	0.006 02	88
000598.SZ	兴蓉环境	水的生产和供应业	0.005 99	89
600558.SH	大西洋	金属制品业	0.005 85	90
300362.SZ	天翔环境	通用设备制造业	0.005 78	91
600139.SH	西部资源	汽车制造业	0.005 75	92
000593.SZ	大通燃气	燃气生产和供应业	0.005 74	93
300092.SZ	科新机电	专用设备制造业	0.005 71	94
600137.SH	浪莎股份	纺织服装、服饰业	0.005 63	95
300471.SZ	厚普股份	专用设备制造业	0.005 54	96
300249.SZ	依米康	软件和信息技术服务业	0.005 54	97
601208.SH	东材科技	化学原料及化学制品制造业	0.005 54	98
002926.SZ	华西证券	资本市场服务	0.005 46	99
002480.SZ	新筑股份	通用设备制造业	0.005 34	100
002651.SZ	利君股份	专用设备制造业	0.005 23	101
000835.SZ	长城动漫	互联网和相关服务	0.004 92	102
000912.SZ	泸天化	化学原料及化学制品制造业	0.004 89	103
603333.SH	尚纬股份	电气机械及器材制造业	0.004 86	104
300101.SZ	振芯科技	计算机、通信和其他电子设备制造业	0.004 82	105
002253.SZ	川大智胜	软件和信息技术服务业	0.004 79	106
600321.SH	ST 正源	木材加工及木、竹、藤、棕、草制品业	0.004 67	107
002259.SZ	*ST 升达	燃气生产和供应业	0.004 66	108
600674.SH	川投能源	电力、热力生产和供应业	0.004 51	109
002143.SZ	*ST 印纪	商务服务业	0.004 50	110
603077.SH	和邦生物	化学原料及化学制品制造业	0.004 45	111
000810.SZ	创维数字	计算机、通信和其他电子设备制造业	0.004 29	112
002630.SZ	华西能源	通用设备制造业	0.004 12	113
002628.SZ	成都路桥	土木工程建筑业	0.004 04	114
002023.SZ	海特高新	铁路、船舶、航空航天和其他运输设备制造业	0.003 76	115
000629.SZ	攀钢钒钛	有色金属冶炼及压延加工	0.003 70	116
600331.SH	宏达股份	有色金属冶炼及压延加工	0.003 12	117
000155.SZ	川能动力	化学原料及化学制品制造业	0.001 24	118
300540.SZ	深冷股份	通用设备制造业	0.000 88	119

附表 9.2 四川省上市公司社会贡献在细分二级行业内的排名

行业	行业排名	代码	名称	综合得分
道路运输业	1	002357. SZ	富临运业	0.009 71
	2	601107. SH	四川成渝	0.006 05
电力、热力生产和供应业	1	600644. SH	乐山电力	0.011 79
	2	600101. SH	明星电力	0.009 01
	3	600505. SH	西昌电力	0.007 16
	4	600131. SH	岷江水电	0.006 31
	5	600979. SH	广安爱众	0.006 18
	6	600674. SH	川投能源	0.004 51
电气机械及器材制造业	1	000803. SZ	金宇车城	0.012 09
	2	603679. SH	华体科技	0.010 92
	3	603333. SH	尚纬股份	0.004 86
房地产业	1	600466. SH	蓝光发展	0.017 13
房屋建筑业	1	000628. SZ	高新发展	0.007 57
纺织服装、服饰业	1	600137. SH	浪莎股份	0.005 63
非金属矿物制品业	1	000935. SZ	四川双马	0.006 78
	2	600678. SH	四川金顶	0.006 70
公共设施管理业	1	000888. SZ	峨眉山 A	0.007 35
互联网和相关服务	1	600804. SH	鹏博士	0.009 53
	2	300467. SZ	迅游科技	0.006 22
	3	000835. SZ	长城动漫	0.004 92
化学原料及化学制品制造业	1	600378. SH	昊华科技	0.013 19
	2	002749. SZ	国光股份	0.012 81
	3	000510. SZ	新金路	0.009 08
	4	300535. SZ	达威股份	0.008 75
	5	002539. SZ	云图控股	0.008 59
	6	002246. SZ	北化股份	0.008 47
	7	002497. SZ	雅化集团	0.008 39
	8	002386. SZ	天原集团	0.008 17
	9	002258. SZ	利尔化学	0.007 76
	10	000731. SZ	四川美丰	0.007 46
	11	300019. SZ	硅宝科技	0.007 07
	12	601208. SH	东材科技	0.005 54
	13	000912. SZ	泸天化	0.004 89
	14	603077. SH	和邦生物	0.004 45
	15	000155. SZ	川能动力	0.001 24
货币金融服务	1	601838. SH	成都银行	0.006 56
计算机、通信和其他电子设备制造业	1	300504. SZ	天邑股份	0.010 77
	2	300127. SZ	银河磁体	0.009 99
	3	002935. SZ	天奥电子	0.009 71
	4	600839. SH	四川长虹	0.009 44

附表9.2(续)

行业	行业排名	代码	名称	综合得分
计算机、通信和其他电子设备制造业	5	300414.SZ	中光防雷	0.006 95
	6	002312.SZ	三泰控股	0.006 46
	7	600353.SH	旭光股份	0.006 44
	8	000586.SZ	汇源通信	0.006 43
	9	000801.SZ	四川九洲	0.006 29
	10	300028.SZ	金亚科技	0.006 11
	11	300502.SZ	新易盛	0.006 09
	12	300101.SZ	振芯科技	0.004 82
	13	000810.SZ	创维数字	0.004 29
家具制造业	1	002798.SZ	帝欧家居	0.011 17
金属制品业	1	600558.SH	大西洋	0.005 85
酒、饮料和精制茶制造业	1	000858.SZ	五粮液	0.032 56
	2	000568.SZ	泸州老窖	0.026 59
	3	600779.SH	水井坊	0.024 01
	4	600702.SH	舍得酒业	0.020 46
零售业	1	600828.SH	茂业商业	0.011 31
	2	002697.SZ	红旗连锁	0.009 85
	3	300022.SZ	吉峰科技	0.007 24
木材加工及木、竹、藤、棕、草制品业	1	600321.SH	ST 正源	0.004 67
农副食品加工业	1	000876.SZ	新希望	0.009 64
	2	600438.SH	通威股份	0.007 77
皮革、毛皮、羽毛及其制品和制鞋业	1	603477.SH	振静股份	0.006 02
汽车制造业	1	603809.SH	豪能股份	0.011 06
	2	300733.SZ	西菱动力	0.009 14
	3	300432.SZ	富临精工	0.007 85
	4	600139.SH	西部资源	0.005 75
燃气生产和供应业	1	000593.SZ	大通燃气	0.005 74
	2	002259.SZ	*ST 升达	0.004 66
软件和信息技术服务业	1	002777.SZ	久远银海	0.014 69
	2	300678.SZ	中科信息	0.008 19
	3	300559.SZ	佳发教育	0.007 35
	4	300366.SZ	创意信息	0.006 62
	5	002268.SZ	卫士通	0.006 50
	6	300440.SZ	运达科技	0.006 27
	7	300249.SZ	依米康	0.005 54
	8	002253.SZ	川大智胜	0.004 79
商务服务业	1	002818.SZ	富森美	0.013 44
	2	600093.SH	易见股份	0.009 79
	3	002143.SZ	*ST 印纪	0.004 50
食品制造业	1	603027.SH	千禾味业	0.009 38
水的生产和供应业	1	000598.SZ	兴蓉环境	0.005 99

附表9.2(续)

行业	行业排名	代码	名称	综合得分
铁路、船舶、航空航天和其他运输设备制造业	1	600391. SH	航发科技	0. 010 56
	2	300696. SZ	爱乐达	0. 007 56
	3	002023. SZ	海特高新	0. 003 76
通用设备制造业	1	300470. SZ	日机密封	0. 010 68
	2	600875. SH	东方电气	0. 007 82
	3	002272. SZ	川润股份	0. 007 76
	4	000757. SZ	浩物股份	0. 007 09
	5	300362. SZ	天翔环境	0. 005 78
	6	002480. SZ	新筑股份	0. 005 34
	7	002630. SZ	华西能源	0. 004 12
	8	300540. SZ	深冷股份	0. 000 88
土木工程建筑业	1	600039. SH	四川路桥	0. 007 88
土木工程建筑业	2	002628. SZ	成都路桥	0. 004 04
橡胶和塑料制品业	1	300547. SZ	川环科技	0. 012 43
	2	000509. SZ	华塑控股	0. 007 53
新闻和出版业	1	601811. SH	新华文轩	0. 008 07
	2	600880. SH	博瑞传播	0. 006 21
医药制造业	1	002773. SZ	康弘药业	0. 013 90
	2	002422. SZ	科伦药业	0. 011 05
	3	300463. SZ	迈克生物	0. 009 74
	4	000790. SZ	泰合健康	0. 008 48
	5	300434. SZ	金石东方	0. 007 75
有色金属冶炼及压延加工	1	002466. SZ	天齐锂业	0. 011 80
	2	600392. SH	盛和资源	0. 006 98
	3	000629. SZ	攀钢钒钛	0. 003 70
	4	600331. SH	宏达股份	0. 003 12
造纸及纸制品业	1	600793. SH	宜宾纸业	0. 011 95
专业技术服务业	1	300492. SZ	山鼎设计	0. 013 18
	2	000710. SZ	贝瑞基因	0. 009 73
专用设备制造业	1	002366. SZ	台海核电	0. 008 09
	2	300425. SZ	环能科技	0. 007 25
	3	002190. SZ	*ST 集成	0. 006 47
	4	300092. SZ	科新机电	0. 005 71
	5	300471. SZ	厚普股份	0. 005 54
	6	002651. SZ	利君股份	0. 005 23
资本市场服务	1	600109. SH	国金证券	0. 006 85
	2	002926. SZ	华西证券	0. 005 46
综合	1	600603. SH	广汇物流	0. 008 76

附表 9.3 四川省上市公司社会贡献综合得分分行业排名

行业	数量/家	社会贡献率得分	社会积累率得分	每股社会贡献值得分	综合得分
房地产业	1	0.445 7	0.534 8	1.000 0	0.636 3
科学研究和技术服务业	2	1.000 0	0.196 3	0.154 4	0.483 0
批发和零售业	3	0.763 7	0.422 4	0.167 1	0.475 4
综合	1	0.313 0	1.000 0	0.036 5	0.465 7
制造业	78	0.671 1	0.397 3	0.169 8	0.433 2
租赁和商务服务业	3	0.472 4	0.558 3	0.059 5	0.382 0
水利、环境和公共设施管理业	1	0.625 1	0.145 4	0.042 8	0.294 1
信息传输、软件和信息技术服务业	11	0.473 9	0.083 9	0.121 3	0.239 7
文化、体育和娱乐业	2	0.568 7	0.000 0	0.089 4	0.237 3
建筑业	3	0.259 3	0.164 6	0.195 1	0.208 6
交通运输、仓储和邮政业	2	0.315 5	0.128 5	0.085 0	0.185 4
电力、热力、燃气及水的生产和供应业	9	0.353 2	0.139 5	0.000 0	0.178 6
金融业	3	0.000 0	0.235 0	0.146 2	0.121 9
平均值		0.481 7	0.308 2	0.174 4	0.333 9

附表 9.4 四川省上市公司社会贡献综合得分分板块排名

板块	数量/家	社会贡献率得分	社会积累率得分	每股社会贡献值得分	综合得分
主板	62	0.000 0	1.000 0	1.000 0	0.694 7
创业板	28	1.000 0	0.001 6	0.000 0	0.306 1
中小企业板	29	0.145 0	0.000 0	0.407 8	0.116 7
平均值		0.381 7	0.333 9	0.469 3	0.372 5

附表 9.5 四川省上市公司社会贡献综合得分分属性排名

公司属性	数量/家	社会贡献率得分	社会积累率得分	每股社会贡献值得分	综合得分
外资企业	2	1.000 0	1.000 0	1.000 0	1.000 0
地方国有企业	23	0.692 9	0.743 5	0.848 8	0.762 0
集体企业	1	0.997 8	0.050 6	0.594 6	0.586 9
其他企业	2	0.648 7	0.162 8	0.565 7	0.481 4
民营企业	70	0.511 1	0.302 1	0.228 4	0.352 5
公众企业	6	0.000 0	0.245 7	0.344 6	0.190 7
中央国有企业	15	0.368 8	0.000 0	0.000 0	0.134 6
平均值		0.602 7	0.357 8	0.511 7	0.501 1

第十章　四川省上市公司综合评价

前面章节为四川省企业价值评估构建了六因素层次分析模型，并对六大因素进行了分解（如图 10.1 所示）。同时给出了深入细致的评估分析，并分别列出了各企业在各个指标下的排名。本章主要将分解的各因素合并，并利用六因素层次分析模型给出川内各产业、行业、企业的综合国内排名和川内排名。

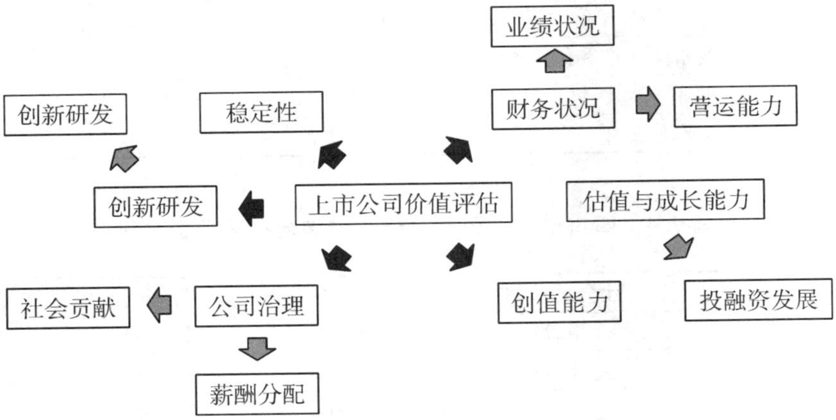

图 10.1　上市公司价值评估体系

第一节　各产业综合排名

截至 2018 年 12 月 31 日，四川省共有 A 股上市公司 119 家，涉及 38 个证监会行业与六大产业。本节中我们计算全国各省各产业中综合评分前三名的企业的均值作为该省该产业的综合评分（若省内某产业的企业数量小于 3，则计算该产业所有企业的评分均值，若某产业的企业数量为 0，则计为“无”），并给出全国各产业综合评分的省份排名，以及川内各产业综合排名。金融、消费、成长、周期等产业综合评分的全国各省（自治区、直辖市）排名分别见表 10.1 至表 10.6。全国各省（自治区、直辖市）六大产业综合评分见表 10.7。

表 10.1 全国各省（自治区、直辖市）金融产业综合评分

排名	省（自治区、直辖市）	金融产业评分	排名	省（自治区、直辖市）	金融产业评分
1	北京	0.545 4	17	福建	−0.040 1
2	广东	0.532 3	18	云南	−0.043 1
3	江苏	0.495 2	19	广西	−0.054 3
4	浙江	0.338 0	20	甘肃	−0.066 3
5	上海	0.326 3	21	辽宁	−0.081 8
6	湖北	0.226 5	22	陕西	−0.087 8
7	吉林	0.150 8	23	贵州	−0.107 8
8	天津	0.127 6	24	河南	−0.131 4
9	安徽	0.093 8	25	湖南	−0.151 7
10	江西	0.087 2	26	河北	−0.167 9
11	山西	0.078 8	27	新疆	−0.399 1
12	四川	0.049 6	28	黑龙江	−0.551 0
13	重庆	0.024 0	29	内蒙古	−0.813 1
14	山东	0.020 8	30	青海	无
15	西藏	−0.007 0	31	宁夏	无
16	海南	−0.008 4			

表 10.2 全国各省（自治区、直辖市）消费产业综合评分

排名	省（自治区、直辖市）	消费产业评分	排名	省（自治区、直辖市）	消费产业评分
1	浙江	1.325 1	17	福建	0.323 0
2	广东	1.239 4	18	辽宁	0.309 5
3	北京	0.735 1	19	广西	0.300 9
4	新疆	0.659 0	20	安徽	0.279 3
5	上海	0.584 5	21	江西	0.261 7
6	湖北	0.559 7	22	山东	0.246 4
7	海南	0.551 1	23	重庆	0.241 6
8	天津	0.485 8	24	黑龙江	0.205 6
9	吉林	0.484 8	25	甘肃	0.172 4
10	贵州	0.464 8	26	河北	0.159 7
11	江苏	0.454 5	27	陕西	0.149 1
12	西藏	0.452 0	28	内蒙古	0.099 2
13	云南	0.410 4	29	山西	0.094 2
14	四川	0.406 1	30	青海	−0.018 8
15	河南	0.373 8	31	宁夏	−0.067 6
16	湖南	0.372 6			

表 10.3　全国各省（自治区、直辖市）成长产业综合评分

排名	省(自治区、直辖市)	成长产业评分	排名	省(自治区、直辖市)	成长产业评分
1	广东	1.652 7	17	河北	0.159 9
2	江苏	0.763 4	18	广西	0.108 3
3	四川	0.561 4	19	吉林	0.107 9
4	福建	0.473 0	20	天津	0.103 3
5	浙江	0.460 9	21	贵州	0.092 5
6	湖南	0.438 6	22	重庆	0.080 2
7	山东	0.411 3	23	黑龙江	0.060 3
8	北京	0.351 3	24	江西	0.055 0
9	上海	0.261 4	25	云南	0.019 9
10	山西	0.256 0	26	甘肃	0.014 3
11	湖北	0.223 4	27	海南	-0.026 6
12	西藏	0.206 5	28	青海	-0.032 3
13	河南	0.192 1	29	新疆	-0.042 3
14	陕西	0.187 2	30	内蒙古	无
15	辽宁	0.172 4	31	宁夏	无
16	安徽	0.166 5			

表 10.4　全国各省（自治区、直辖市）周期上游产业综合评分

排名	省(自治区、直辖市)	周期上游产业评分	排名	省(自治区、直辖市)	周期上游产业评分
1	北京	0.913 5	17	甘肃	0.007 1
2	重庆	0.874 5	18	海南	0.000 3
3	山东	0.730 4	19	云南	-0.009 5
4	西藏	0.362 5	20	福建	-0.009 9
5	内蒙古	0.293 5	21	河南	-0.011 6
6	陕西	0.217 4	22	河北	-0.026 0
7	江苏	0.195 3	23	贵州	-0.030 9
8	四川	0.125 4	24	新疆	-0.063 6
9	湖南	0.107 9	25	宁夏	-0.073 3
10	青海	0.101 3	26	江西	-0.116 8
11	安徽	0.097 9	27	黑龙江	-0.221 3
12	浙江	0.092 0	28	天津	-0.330 0
13	广东	0.059 1	29	吉林	-0.476 9
14	上海	0.019 0	30	湖北	无
15	山西	0.018 8	31	广西	无
16	辽宁	0.011 3			

表 10.5　全国各省（自治区、直辖市）周期中游产业综合评分

排名	省（自治区、直辖市）	周期中游产业评分	排名	省（自治区、直辖市）	周期中游产业评分
1	河北	1.211 9	17	安徽	0.277 4
2	西藏	1.051 0	18	天津	0.271 9
3	江苏	0.914 3	19	宁夏	0.231 4
4	广东	0.722 3	20	陕西	0.181 5
5	上海	0.607 7	21	重庆	0.176 4
6	浙江	0.589 2	22	云南	0.174 9
7	湖北	0.511 7	23	海南	0.173 6
8	辽宁	0.502 5	24	贵州	0.168 8
9	湖南	0.482 8	25	黑龙江	0.153 4
10	北京	0.468 7	26	河南	0.149 2
11	山东	0.468 4	27	甘肃	0.128 9
12	四川	0.390 2	28	广西	0.122 5
13	福建	0.388 4	29	吉林	0.086 7
14	新疆	0.370 3	30	内蒙古	−0.003 3
15	山西	0.329 1	31	青海	−0.229 4
16	江西	0.300 0			

表 10.6　全国各省（自治区、直辖市）周期下游产业综合评分

排名	省（自治区、直辖市）	周期下游产业评分	排名	省（自治区、直辖市）	周期下游产业评分
1	浙江	0.968 6	17	河北	0.210 7
2	北京	0.930 4	18	重庆	0.208 3
3	云南	0.775 7	19	湖北	0.167 6
4	广东	0.714 9	20	江西	0.139 5
5	江苏	0.695 5	21	天津	0.071 8
6	福建	0.596 0	22	内蒙古	0.039 1
7	上海	0.534 1	23	新疆	0.004 6
8	四川	0.514 7	24	西藏	−0.012 3
9	安徽	0.502 4	25	贵州	−0.028 5
10	山东	0.489 4	26	广西	−0.060 1
11	甘肃	0.410 5	27	海南	−0.066 0
12	湖南	0.377 6	28	陕西	−0.071 9
13	辽宁	0.353 0	29	宁夏	−0.073 4
14	河南	0.348 6	30	青海	−0.076 7
15	山西	0.241 8	31	黑龙江	−0.078 5
16	吉林	0.240 5			

表 10.7　全国各省（自治区、直辖市）各产业综合评分总和

排名	省（自治区、直辖市）	各产业评分总和	排名	省（自治区、直辖市）	各产业评分总和
1	广东	4.920 7	17	山西	1.018 6
2	北京	3.944 5	18	河南	0.920 6
3	浙江	3.773 7	19	天津	0.730 3
4	江苏	3.518 2	20	江西	0.726 7
5	山东	2.366 6	21	甘肃	0.666 9
6	上海	2.333 0	22	海南	0.623 9
7	西藏	2.052 8	23	吉林	0.593 9
8	四川	2.047 3	24	陕西	0.575 4
9	福建	1.730 4	25	贵州	0.558 9
10	湖北	1.688 8	26	新疆	0.529 0
11	湖南	1.627 8	27	广西	0.417 3
12	重庆	1.604 9	28	宁夏	0.017 2
13	河北	1.548 4	29	青海	-0.255 9
14	安徽	1.417 3	30	内蒙古	-0.384 6
15	云南	1.328 3	31	黑龙江	-0.431 5
16	辽宁	1.266 9			

从表 10.1 至表 10.6 中可知，四川省六大产业的综合排名均在全国前 50%内，六大产业综合评分的总和在国内排名第 8，其中成长产业综合表现最好，排名国内第 3、川内第 1，如表 10.8 所示。

表 10.8　四川省内各产业排名

省内排名	全国排名	产业
1	3	成长
2	8	周期上游
3	8	周期下游
4	12	金融
5	12	周期中游
6	14	消费

基于此结论，我们着重考察全国与四川省成长产业的企业分布（见表 10.9）。从表 10.9 中可见，全国与四川省成长性企业在所有 A 股中的排名序列皆正偏，这说明 2018 年我国成长性企业多数在全部 A 股中排名靠后。但是值得注意的是，四川省成长产业的企业的偏度却远远小于全国成长产业的企业的总体水平，这说明四川省成长性产业的企业的排名的后尾程度远远小于全国总体水平，这从统计的角度解释了川内成长产业的企业表现优良的原因。

表 10.9 全国与四川省成长产业企业排名偏度

全国成长产业企业排名偏度	四川成长产业企业排名偏度
0. 196 4	0. 012 8

以下从企业数量的角度来解释川内成长产业企业综合表现优异的逻辑。由聚类结果可知，成长产业的行业包括：计算机、通信和其他电子设备制造业，商务服务业，电气机械和器材制造业，广播、电视、电影和影视录音制作业，软件和信息技术服务业，互联网和相关服务业，教育，新闻和出版业，文化艺术业，电信、广播电视和卫星传输服务业等 10 个行业。我们分别计算全国各省中所属上述行业的企业数量并将数量按递减的次序排名，如：广东省计算机、通信和其他电子设备制造业的企业在全国各省中最多，故广东省在计算机、通信和其他电子设备制造业企业数量中排名第一，以此类推，如表 10. 10 所示。

表 10. 10 成长产业在全国的企业数排名分布

	计算机、通信和其他电子设备制造业	商务服务业	电气机械和器材制造业	广播、电视、电影和影视录音制作业	软件和信息技术服务业	互联网和相关服务	教育	新闻和出版业	文化艺术业	电信、广播电视和卫星传输服务业	合计
北京	3	2	6	1	1	1	1	1	7	1	24
广东	1	1	1	5	2	4	7	6	7	1	35
浙江	4	3	2	1	4	2	7	6	1	10	40
上海	7	4	4	3	3	4	2	6	3	5	41
江苏	2	6	2	3	6	3	7	6	3	5	43
湖南	10	9	9	7	12	10	2	3	2	5	69
山东	9	9	5	10	8	7	7	1	7	10	73
福建	6	7	7	10	5	6	2	17	3	10	73
四川	7	5	13	10	7	7	7	3	7	10	76
安徽	13	9	7	10	8	10	2	3	7	10	79
湖北	5	9	13	5	13	10	7	6	7	10	85
辽宁	19	9	21	7	8	9	2	6	7	10	98
河南	13	9	11	10	18	10	7	6	7	10	101
天津	11	9	11	10	22	18	7	6	7	10	111
陕西	12	7	10	10	22	18	7	17	7	5	115
广西	24	9	21	10	8	10	7	17	7	5	118
江西	13	9	17	10	22	18	7	6	7	10	119
河北	16	9	13	10	13	18	7	17	7	10	120
吉林	19	9	17	10	13	18	7	17	7	3	120
黑龙江	17	9	13	10	13	18	7	17	7	10	121

表10.10（续）

	计算机、通信和其他电子设备制造业	商务服务业	电气机械和器材制造业	广播、电视、电影和影视录音制作业	软件和信息技术服务业	互联网和相关服务	教育	新闻和出版业	文化艺术业	电信、广播电视和卫星传输服务业	合计
海南	24	9	21	10	22	10	7	6	7	10	126
贵州	17	9	17	10	22	18	7	17	7	3	127
新疆	19	9	17	10	13	18	7	17	7	10	127
甘肃	19	9	21	10	22	18	7	6	7	10	129
重庆	24	9	21	7	18	10	7	17	7	10	130
青海	24	9	21	10	22	10	7	17	7	10	137
山西	19	9	27	10	22	18	7	17	3	10	142
云南	24	9	27	10	18	18	7	17	7	10	147
西藏	24	9	27	10	18	18	7	17	7	10	147
内蒙古	24	9	27	10	22	18	7	17	7	10	151
宁夏	24	9	27	10	22	18	7	17	7	10	151

由表10.10得出合计（表10.10最右侧列）数据后，我们按照合计数目递增的顺序进行排名，如北京排名第一、广东排名第二等，计此排名为“各省成长产业企业数量名次”。最后我们对“各省成长产业企业数量名次”序列与“各省成长产业名次”序列（见表10.3）进行回归，得出以下回归分析结果：

由表10.11与图10.2可知，各省成长产业企业数量与成长产业名次具有显著的高度正相关性，可能是因为作为智力密集型产业的成长产业具有区域协同作用，以及不同区域的高校与高人力资本劳动力数量不均匀，从而导致成长产业的企业数量与质量成正相关关系。而四川省成长产业的各个行业的排名均处前列，说明四川省成长产业企业的数目很多，这解释了四川省成长产业表现良好的逻辑原因。

表10.11　成长产业得分与企业数的回归分析结果

回归统计	
Multiple R	0.806 048
R Square	0.649 714
Adjusted R Square	0.637 635
标准误差	5.473 161
观测值	31

方差分析

	df	SS	MS	F	Significance F
回归分析	1	1611.290 726	1611.290 726	53.789 493	4.44E-08
残差	29	868.709 274	29.955 492		
总计	30	2 480			

	Coefficients	标准误差	t Stat	P-value	Lower 95%	Upper 95%
Intercept	3.103 226	2.014 568	1.540 392	1.34E-01	-1.017 029	7.22 3481
X Variable	0.806 048	0.109 904	7.334 132	4.44E-08	0.581 270	1.03 0827

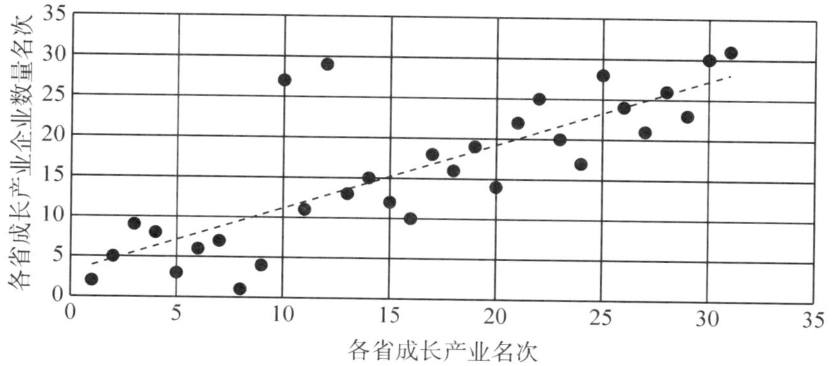

图 10.2　各省成长企业数量名次与成长产业名次的散点图

第二节　各行业综合排名

在上一节中我们详细给出了不同产业的省份排名与四川省各产业的国内、省内排名，并基于排名结果给出了细致的分析。本节中我们将给出四川省各行业的国内排名与川内排名。我们计算全国各省各行业中综合评分前三名的企业的均值作为该省该行业的综合评分（若省内某行业的企业数量小于3，则计算该产业所有企业的评分均值，若某产业的企业数量为0，则计为“无”），并给出全国各行业综合评分排名前5的省份（见表10.12），以及川内各行业综合排名（见表10.13）。

表 10.12　全国各行业综合评分排名前 5 的省份

所属证监会行业（新）	第 1 名	第 2 名	第 3 名	第 4 名	第 5 名	四川全国排位
公共设施管理业	四川	云南	江苏	安徽	辽宁	1
水的生产和供应业	重庆	四川	江苏	广西	天津	2
专业技术服务业	辽宁	四川	北京	河南	广东	2
计算机、通信和其他电子设备制造业	广东	山西	四川	江苏	福建	3
有色金属冶炼和压延加工业	北京	江苏	四川	浙江	辽宁	3
铁路、船舶、航空航天和其他运输设备制造业	河南	北京	浙江	四川	山西	4
非金属矿物制品业	云南	广东	甘肃	四川	山西	4
资本市场服务	广东	上海	北京	四川	吉林	4
通用设备制造业	浙江	广东	江苏	四川	辽宁	4
酒、饮料和精制茶制造业	贵州	福建	北京	四川	湖南	4
货币金融服务	北京	江苏	浙江	贵州	四川	5
造纸及纸制品业	广东	浙江	上海	山东	四川	5
纺织服装、服饰业	广东	上海	浙江	福建	四川	5
商务服务业	广东	北京	江苏	上海	浙江	6
软件和信息技术服务业	广东	江苏	西藏	上海	北京	6
家具制造业	浙江	广东	安徽	江苏	福建	6

表10.12(续)

所属证监会行业（新）	第1名	第2名	第3名	第4名	第5名	四川全国排位
木材加工及木、竹、藤、棕、草制品业	广西	上海	江苏	山东	广东	7
电力、热力生产和供应业	广东	湖南	宁夏	北京	云南	8
汽车制造业	浙江	上海	广东	重庆	江苏	8
化学原料及化学制品制造业	河北	西藏	江苏	浙江	广东	8
燃气生产和供应业	新疆	湖北	安徽	广东	重庆	8
皮革、毛皮、羽毛及其制品和制鞋业	福建	山东	江苏	广东	浙江	8
土木工程建筑业	吉林	北京	湖北	上海	浙江	9
零售业	上海	湖南	广东	浙江	贵州	11
金属制品业	浙江	广东	湖南	江苏	上海	12
橡胶和塑料制品业	江苏	浙江	广东	上海	福建	12
新闻和出版业	天津	山东	甘肃	江西	湖南	12
电气机械和器材制造业	广东	山东	江苏	上海	浙江	13
专用设备制造业	江苏	广东	山东	安徽	吉林	13
互联网和相关服务	湖南	江苏	重庆	安徽	浙江	13
农副食品加工业	湖北	河南	广东	江苏	山东	16
食品制造业	天津	辽宁	重庆	广东	浙江	16
医药制造业	浙江	北京	湖北	上海	吉林	17
道路运输业	安徽	吉林	广东	天津	江苏	17
房地产业	江苏	广东	北京	上海	浙江	21
生态保护和环境治理业	天津	陕西	浙江	湖南	广东	—
建筑装饰和其他建筑业	海南	广东	北京	上海	浙江	—
批发业	广东	上海	吉林	福建	北京	—
石油加工、炼焦及核燃料加工业	湖南	山东	上海	广东	河北	—
航空运输业	福建	上海	广东	贵州	北京	—
卫生	湖南	浙江	江苏	广东	新疆	—
广播、电视、电影和影视录音制作业	湖北	重庆	湖南	上海	浙江	—
化学纤维制造业	江苏	浙江	山东	广东	安徽	—
租赁业	浙江	新疆	—	—	—	—
其他金融业	山东	安徽	江西	浙江	海南	—
有色金属矿采选业	重庆	山东	西藏	内蒙古	陕西	—
住宿业	海南	北京	江苏	上海	广东	—
水上运输业	海南	湖北	广东	山东	浙江	—
教育	辽宁	安徽	湖南	北京	福建	—
煤炭开采和洗选业	陕西	青海	北京	内蒙古	安徽	—
铁路运输业	山西	宁夏	辽宁	广东	—	—
其他制造业	江西	江苏	广东	浙江	上海	—
林业	福建	云南	—	—	—	—
纺织业	江苏	广东	浙江	山东	上海	—
保险业	上海	湖北	广东	北京	内蒙古	—
黑色金属矿采选业	西藏	山东	河北	海南	上海	—
文化艺术业	湖南	福建	浙江	江苏	上海	—
印刷和记录媒介复制业	贵州	广东	山东	天津	福建	—

表10.12(续)

所属证监会行业（新）	第1名	第2名	第3名	第4名	第5名	四川全国排位
黑色金属冶炼和压延加工业	福建	江西	湖南	北京	广东	—
餐饮业	北京	陕西	—	—	—	—
畜牧业	山东	河北	海南	福建	湖南	—
渔业	上海	湖南	北京	广东	广西	—
废弃资源综合利用业	陕西	广东	上海	江西	—	—
电信、广播电视和卫星传输服务	陕西	吉林	贵州	广东	广西	—
石油和天然气开采业	海南	山西	上海	新疆	北京	—
农业	海南	新疆	黑龙江	安徽	甘肃	—
仪器仪表制造业	北京	广东	浙江	湖南	江苏	—
开采辅助活动	北京	甘肃	陕西	上海	广东	—
装卸搬运和运输代理业	北京	上海	江苏	黑龙江	—	—
文教、工美、体育和娱乐用品制造业	广东	上海	江苏	浙江	山东	—
仓储业	广东	天津	江苏	—	—	—
研究和试验发展	北京	广东	天津	新疆	江苏	—

表10.13　川内各行业综合排名

所属证监会行业（新）	四川综合得分	国内排名	川内排名	备注
公共设施管理业	0.62	1	1	0
计算机、通信和其他电子设备制造业	0.56	3	2	-1
专业技术服务业	0.43	2	3	1
化学原料及化学制品制造业	0.36	8	4	-4
非金属矿物制品业	0.36	4	5	1
水的生产和供应业	0.26	2	6	4
医药制造业	0.20	17	7	-10
酒、饮料和精制茶制造业	0.20	4	8	4
软件和信息技术服务业	0.16	6	9	3
通用设备制造业	0.14	4	10	6
铁路、船舶、航空航天和其他运输设备制造业	0.14	4	11	7
电力、热力生产和供应业	0.13	8	12	4
有色金属冶炼和压延加工业	0.13	3	13	10
资本市场服务	0.10	4	14	10
专用设备制造业	0.05	13	15	2
食品制造业	0.04	16	16	0
纺织服装、服饰业	0.03	5	17	12
汽车制造业	0.03	8	18	10
电气机械和器材制造业	0.02	13	19	6
造纸及纸制品业	0.01	5	20	15

表10.13（续）

所属证监会行业（新）	四川综合得分	国内排名	川内排名	备注
商务服务业	0.00	6	21	15
零售业	-0.01	11	22	11
农副食品加工业	-0.01	16	23	7
互联网和相关服务	-0.03	13	24	11
橡胶和塑料制品业	-0.04	12	25	13
木材加工及木、竹、藤、棕、草制品业	-0.05	7	26	19
货币金融服务	-0.05	5	27	22
家具制造业	-0.06	6	28	22
道路运输业	-0.06	17	29	12
燃气生产和供应业	-0.06	8	30	22
新闻和出版业	-0.08	12	31	19
金属制品业	-0.09	12	32	20
土木工程建筑业	-0.10	9	33	24
房地产业	-0.18	21	34	13
皮革、毛皮、羽毛及其制品和制鞋业	-0.41	8	35	27

从表10.13中可以看出，截至2018年12月31日，四川省上市公司共涉及35个证监会行业。我们用各省各行业中综合评分前三位的企业评分均值，来计算各省各行业综合评分。发现四川省共有13个行业位列全国前5名，其中四川省的公共设施管理业（消费产业）在全国31个省份的公共设施管理业中位列第1，水的生产和供应业（周期中游产业）、专业技术服务业（周期下游产业）位列第2，计算机、通信和其他电子设备制造业（成长产业），有色金属冶炼和压延加工业（周期上游产业）位列第3。排名全国前五的13个行业中有4个行业属于消费产业，而且川内的公共设施管理业的综合评分在全国两千多个省份的行业样本中排名第17。但是在本章第一节中四川省消费产业综合表现并不突出，其可能的原因是川内消费产业的企业综合评分分布离散程度大，这导致排名前三位的企业综合评分平均后得出的产业评分并不突出（如表10.14所示）。

表10.14　川内消费产业综合评分前三名

证券代码	证券名称	产业	所属证监会行业（新）	省份	总得分	排名
000888.SZ	峨眉山A	消费	公共设施管理业	四川	0.62	76
002773.SZ	康弘药业	消费	医药制造业	四川	0.34	210
000568.SZ	泸州老窖	消费	酒、饮料和精制茶制造业	四川	0.26	315

表10.13列出了四川省35个证监会行业的省内排名与全国排名。需要注意的是：省内排名是指四川省的某行业与川内其他行业综合评分相互比较而得出的排名；全国排名是指四川省的某行业与全国其他省份的该行业的综合评分相互比较而得出的排名。

表10.13中的备注列为某行业的川内排名与全国排名之差，在研究过程中我们发现这个差值是一个十分重要的概念。若四川省的某行业与川内其他行业综合评分的排名大于四川省的该行业与全国其他省份的该行业综合评分的排名，则说明从综合评分的角度来看该行业整体的综合评价相对较低；若某行业的川内排名与全国排名的差值越大，则说明川内有越多的行业综合评分高于各省行业中综合评分低于川内该行业综合评分的省份的该行业的综合评分，即该行业的整体综合评价就越低，排名越靠后（越大），为了方便理解，这里以数学模型的方式解释上述文字：

设矩阵 $A_{m\times n}$ 为各省各行业的综合评分矩阵，m 与 n 分别表示省、行业数量，共 $m\times n$ 个样本数据，A_{ij} 为 i 省中 j 行业的综合评分，该评分由 i 省中 j 行业里排名前三的企业的综合评分平均求得。

计：$Rank\{A_{ij},\ A_{i*}\}$ 为 i 省中 j 行业的综合评分在 i 省中所有行业综合评分中的减序排名。

计：$Rank\{A_{ij},\ A_{*j}\}$ 为 i 省中 j 行业的综合评分在全国所有省份的 j 行业的综合评分中的减序排名。

计：$Rank\{A_{ij},\ A_{**}\}$ 为 i 省中 j 行业的综合评分在全国所有省份所有行业的综合评分中的减序排名。

其中：$0<Rank\{A_{ij},A_{i*}\}<n$；$0<Rank\{A_{ij},A_{*j}\}<m$；$0<Rank\{A_{ij},A_{**}\}<m\times n$

且：　$Rank\{A_{ij},\ A_{i*}\}$，$Rank\{A_{ij},\ A_{*j}\}$，$Rank\{A_{ij},\ A_{**}\}\in Z^{+}$。

设：　$Rank\{A_{i_0j_0},\ A_{i_0*}\}=a$，$Rank\{A_{i_0j_0},\ A_{*j_0}\}=b$。

则说明在 i_0 省中有 $a-1$ 个行业的综合评分大于 $A_{i_0j_0}$，在全国中有 $b-1$ 个省份的 j_0 行业的综合评分大于 $A_{i_0j_0}$

这里设：i_0 省中有 $a-1$ 个行业分别为 i_1，i_2，…，i_{a-1}，全国中有 $b-1$ 个省份分别为 j_1，j_2，…，j_{b-1}

则：

$$\sum_{i=1}^{m} Rank\{A_{ij},\ A_{**}\}\geqslant(b-1)\times Rank\{A_{i_0j_0},\ A_{**}\}+\sum_{s=1}^{n-b+1} Rank\{A_{i_sj_0},\ A_{**}\} \quad (1)$$

由于 $Rank\{A_{i_0j_0},\ A_{**}\}\geqslant\sum_{t=1}^{a-1} Rank\{A_{i_0j_t},\ A_{*j_t}\}$ (2)

故 $\sum_{i=1}^{m} Rank\{A_{ij},\ A_{**}\}\geqslant(b-1)\times\sum_{t=1}^{a-1} Rank\{A_{i_0j_t},\ A_{*j_t}\}+\sum_{s=1}^{n-b+1} Rank\{A_{i_sj_0},\ A_{**}\}$ (3)

又 $\forall t\in\{1,\ 2,\ \cdots,\ a-1\}$，$\forall s\in\{1,\ 2,\ \cdots,\ n-b+1\}$：$A_{i_0j_t}\geqslant A_{i_sj_0}$

从而 $Rank\{A_{i_0j_t},\ A_{**}\}\leqslant Rank\{A_{i_sj_0},\ A_{**}\}$ (4)

$Rank\{A_{i_0j_t},\ A_{*j_t}\}\leqslant Rank\{A_{i_0j_t},\ A_{**}\}$ (5)

所以 $Rank\{A_{i_0j_t},\ A_{*j_t}\}\leqslant Rank\{A_{i_sj_0},\ A_{**}\}$ (6)

①若 $a-1 \leqslant n-b+1$

$$\sum_{i=1}^{m} Rank\{A_{ij}, A_{**}\} \geqslant (b-1) \times \sum_{t=1}^{a-1} Rank\{A_{i_0 j_t}, A_{*j_t}\} + \sum_{s=1}^{n-b+1} Rank\{A_{i_s j_0}, A_{**}\} \tag{7}$$

$$\geqslant (b-1) \cdot \sum_{t=1}^{a-1} Rank\{A_{i_0 j_t}, A_{*j_t}\} + \sum_{s=1}^{a-1} Rank\{A_{i_s j_s}, A_{*j_s}\} \tag{8}$$

$$= b \cdot \sum_{t=1}^{a-1} Rank\{A_{i_0 j_t}, A_{*j_t}\} \tag{9}$$

设：$Rank\{A_{i_0 j_t}, A_{*j_t}\}$ 最小值为 δ

则：

$$\sum_{i=1}^{m} Rank\{A_{ij}, A_{**}\} \geqslant \delta b(a-1) \tag{10}$$

②若 $a-1 > n-b+1$

$$\sum_{i=1}^{m} Rank\{A_{ij}, A_{**}\} \geqslant (b-1) \cdot \sum_{t=1}^{a-1} Rank\{A_{i_0 j_t}, A_{*j_t}\} + \sum_{s=1}^{n-b+1} Rank\{A_{i_s j_0}, A_{**}\} \tag{11}$$

更多的：

$$\sum_{i=1}^{m} Rank\{A_{ij}, A_{**}\} \geqslant (b-1) \cdot \sum_{t=1}^{n-b+1} Rank\{A_{i_0 j_t}, A_{*j_t}\} + \sum_{s=1}^{n-b+1} Rank\{A_{i_s j_s}, A_{*j_s}\} \tag{12}$$

$$\sum_{i=1}^{m} Rank\{A_{ij}, A_{**}\} \geqslant b \cdot \sum_{t=1}^{n-b+1} Rank\{A_{i_0 j_t}, A_{*j_t}\} \tag{13}$$

$$\sum_{i=1}^{m} Rank\{A_{ij}, A_{**}\} \geqslant -\delta b[b-(n+1)] \tag{14}$$

因为 $0<b<m$，本报告中共统计了 31 个省份的数据，故 $0<b<31$；因为本报告中共统计了 72 个证监会行业，故 $n=72$，因此

$$0 < b < 31 < \frac{(n+1)}{2} = 36.5$$

故当 b 增加时 $-\delta b[b-(n+1)]$ 随之增加。

由公式（10）、（11）、（14）可以得知，当 i_0 省中 j_0 行业的综合评分在 i_0 省中所有行业综合评分中的减序排名 a，或 i_0 省中 j_0 行业的综合评分在全国所有省份的 j_0 行业的综合评分中的减序排名 b 增加时，各省份 j_0 行业在所有 $m \times n$ 个省份行业样本中的排名之和的下限随之增加，即解释了上文中为何 j_0 行业的整体综合评价就越低，排名越靠后（越大）。

如图 10.3 所示，从趋势上来看：四川省各行业在全国的排名 b 整体上处于平稳的趋势（线性（b）），而四川省各行业在川内的排名 a 则处于上升的趋势（这里的上升是指排名数值的上升，即排名靠后）。因此我们认为 a-b 差值的增加主要是由 a 的上升所致，在此基础上我们可以看出行业排名也随着 a-b 差值的增加处于上升趋势（如图 10.4 所示），表 10.15 为实证检验。

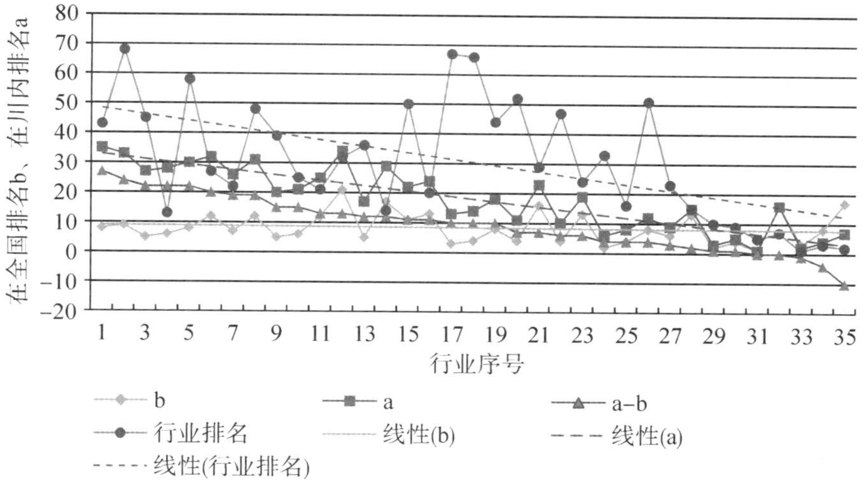

图 10.3　四川省各行业在全国排名 b 及在川内排名 a 的变化趋势

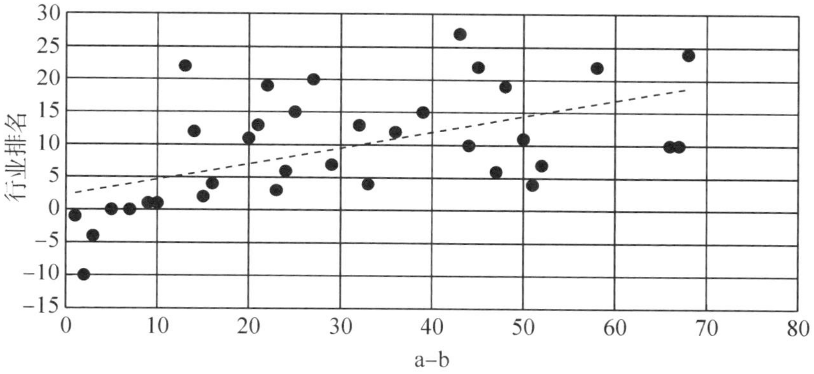

图 10.4　行业排名与省内排名和国内排名之差（a-b）散点图

表 10.15　省综合评分排名与 a-b 的回归分析结果

回归统计	
Multiple R	0.550 196
R Square	0.302 715
Adjusted R Square	0.281 585
标准误差	16.71 625
观测值	35

方差分析

	df	SS	MS	F	Significance F
回归分析	1	4 003.249	4 003.279	14.32 643	6.17×10^{-4}
残差	33	9 221.293	2 79.4331		
总计	34	1 3224.57			

	Coefficients	标准误差	t Stat	P-value	Lower 95%	Upper 95%
Intercept	18.48 589	4.23 549	4.36 452	1.18E-04	9.868 725	27.10 306
X Variable	1.24 034	0.32 770	3.78 503	6.17E-04	0.573 635	1.90 704

上述分析给出了各省（自治区、直辖市）的行业在省内排名 a 和全国排名 b，及排名与行业的整体评价间的关系，基于此发现如下规律：行业省内排名 a 大于全国排名 b 的行业数合计 c［各省（自治区、直辖市）内 a>b 的行业数］与省综合评分排名存在显著的高度负相关关系（见表 10.16、表 10.17、图 10.5）。

表 10.16　各省（自治区、直辖市）各行业省内排名大于全国排名行业数合计 c 与该省综合评分排名

省（自治区、直辖市）	c	省综合评分排名	省（自治区、直辖市）	c	省综合评分排名
广东	57	1	新疆	14	26
上海	52	6	海南	13	22
江苏	50	4	广西	12	27
北京	49	2	天津	11	19
浙江	45	3	江西	10	20
湖南	40	11	贵州	10	25
山东	39	5	山西	9	17
福建	39	9	甘肃	9	21
安徽	34	14	吉林	9	23
四川	30	8	黑龙江	8	31
湖北	26	10	云南	5	15
河南	24	18	西藏	3	7
辽宁	20	16	内蒙古	2	30
陕西	20	24	宁夏	1	28
重庆	16	12	青海	0	29
河北	14	13			

表 10.17　各省（自治区、直辖市）综合评分排名与 c 的回归分析结果

回归统计	
Multiple R	0. 550 196
R Square	0. 302 715
Adjusted R Square	0. 281 585
标准误差	16. 71 625
观测值	35

方差分析

	df	SS	MS	F	Significance F
回归分析	1	4 003. 249	4 003. 279	14. 32 643	6.17×10^{-4}
残差	33	9 221. 293	279. 4 331		
总计	34	13 224. 57			

	Coefficients	标准误差	t Stat	P-value	Lower 95%	Upper 95%
Intercept	18. 48 589	4. 23 549	4. 36 452	1. 18E-04	9. 86 873	27. 10 306
X Variable	1. 24 034	0. 32 770	3. 78 503	6. 17E-04	0. 57 364	1. 90 704

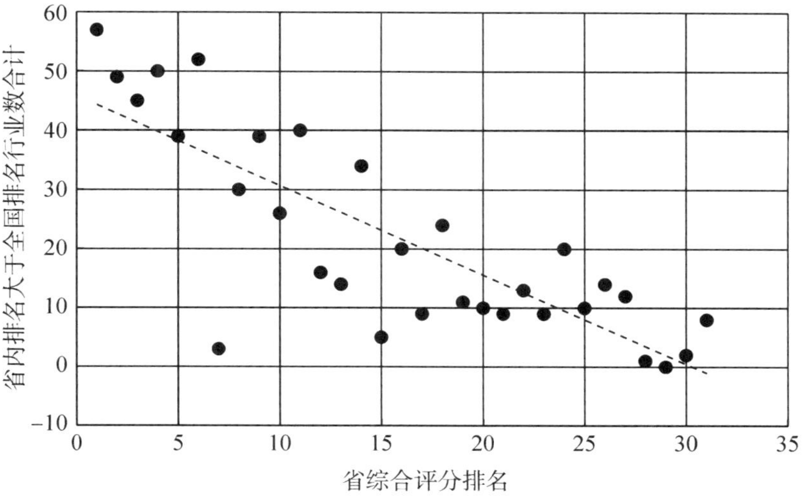

图 10.5　省综合评分排名与 c 的散点图

从表 10.16、图 10.5 中可以看出，c 越多的省份往往在综合评价中表现越好，上文中提到各行业省内排名 a 大于全国排名 b 将造成该行业整体的综合评价受损，而拥有越多这样的行业的省份却在综合表现中越好，这似乎是一个违反常识的结论，对此现象我们的解释是：因为经济发达地区经济的整体表现高于整个市场的平均值，所以表现不良的行业在经济发达的地区中劣势被放大；由于经济地域的协同作用，这些发达地区的表现不良行业也能获得相较于全国其他省份的同行业的超额收益。由于以上两点作用，这些行业很容易出现在经济发达的省份表现得不如在全国各省份同行业好的现象。

第三节　企业综合排名

四川省企业综合排名如表 10.18 所示。

表 10.18　四川省企业综合排名

证券代码	证券名称	总得分	四川省排名	全国排名	产业	所属证监会行业（新）
000586. SZ	汇源通信	1. 17	1	12	成长	计算机、通信和其他电子设备制造业
002749. SZ	国光股份	0. 65	2	68	周期中游	化学原料及化学制品制造业
000888. SZ	峨眉山 A	0. 62	3	76	消费	公共设施管理业
300492. SZ	山鼎设计	0. 53	4	101	周期下游	专业技术服务业
300696. SZ	爱乐达	0. 52	5	106	周期下游	铁路、船舶、航空航天和其他运输设备制造业
000935. SZ	四川双马	0. 49	6	120	周期下游	非金属矿物制品业
002466. SZ	天齐锂业	0. 45	7	137	周期上游	有色金属冶炼和压延加工业
603809. SH	豪能股份	0. 35	8	201	周期下游	汽车制造业

表10.18(续)

证券代码	证券名称	总得分	四川省排名	全国排名	产业	所属证监会行业（新）
002773. SZ	康弘药业	0. 34	9	210	消费	医药制造业
000710. SZ	贝瑞基因	0. 34	10	214	周期下游	专业技术服务业
600875. SH	东方电气	0. 30	11	253	周期下游	通用设备制造业
000801. SZ	四川九洲	0. 28	12	275	成长	计算机、通信和其他电子设备制造业
000731. SZ	四川美丰	0. 26	13	308	周期中游	化学原料及化学制品制造业
000598. SZ	兴蓉环境	0. 26	14	313	周期中游	水的生产和供应业
000568. SZ	泸州老窖	0. 26	15	315	消费	酒、饮料和精制茶制造业
300547. SZ	川环科技	0. 25	16	328	周期中游	橡胶和塑料制品业
300127. SZ	银河磁体	0. 23	17	347	成长	计算机、通信和其他电子设备制造业
600678. SH	四川金顶	0. 23	18	359	周期下游	非金属矿物制品业
000858. SZ	五粮液	0. 22	19	389	消费	酒、饮料和精制茶制造业
300467. SZ	迅游科技	0. 20	20	413	成长	互联网和相关服务
300101. SZ	振芯科技	0. 20	21	418	成长	计算机、通信和其他电子设备制造业
000790. SZ	泰合健康	0. 20	22	422	消费	医药制造业
300559. SZ	佳发教育	0. 19	23	450	成长	软件和信息技术服务业
000155. SZ	川能动力	0. 18	24	501	周期中游	化学原料及化学制品制造业
300502. SZ	新易盛	0. 17	25	509	成长	计算机、通信和其他电子设备制造业
300678. SZ	中科信息	0. 16	26	545	成长	软件和信息技术服务业
600674. SH	川投能源	0. 16	27	556	周期中游	电力、热力生产和供应业
600131. SH	岷江水电	0. 14	28	631	周期中游	电力、热力生产和供应业
002253. SZ	川大智胜	0. 13	29	678	成长	软件和信息技术服务业
600109. SH	国金证券	0. 12	30	699	金融	资本市场服务
300470. SZ	日机密封	0. 12	31	703	周期下游	通用设备制造业
002023. SZ	海特高新	0. 12	32	723	周期下游	铁路、船舶、航空航天和其他运输设备制造业
002651. SZ	利君股份	0. 11	33	757	周期下游	专用设备制造业
600779. SH	水井坊	0. 11	34	773	消费	酒、饮料和精制茶制造业
601208. SH	东材科技	0. 10	35	821	周期中游	化学原料及化学制品制造业
600505. SH	西昌电力	0. 09	36	852	周期中游	电力、热力生产和供应业
300019. SZ	硅宝科技	0. 09	37	916	周期中游	化学原料及化学制品制造业
002926. SZ	华西证券	0. 08	38	960	金融	资本市场服务
300425. SZ	环能科技	0. 08	39	973	周期下游	专用设备制造业
000803. SZ	金宇车城	0. 08	40	980	成长	电气机械和器材制造业
600093. SH	易见股份	0. 07	41	1 030	成长	商务服务业
002818. SZ	富森美	0. 07	42	1 032	成长	商务服务业
000629. SZ	攀钢钒钛	0. 07	43	1 037	周期上游	有色金属冶炼和压延加工业
600702. SH	舍得酒业	0. 07	44	1 043	消费	酒、饮料和精制茶制造业
600378. SH	昊华科技	0. 06	45	1 102	周期中游	化学原料及化学制品制造业
603333. SH	尚纬股份	0. 05	46	1 165	成长	电气机械和器材制造业

表10.18(续)

证券代码	证券名称	总得分	四川省排名	全国排名	产业	所属证监会行业（新）
002422. SZ	科伦药业	0. 05	47	1 189	消费	医药制造业
300463. SZ	迈克生物	0. 04	48	1 225	消费	医药制造业
000876. SZ	新希望	0. 04	49	1 230	消费	农副食品加工业
603027. SH	千禾味业	0. 04	50	1 233	消费	食品制造业
600137. SH	浪莎股份	0. 03	51	1 285	消费	纺织服装、服饰业
000510. SZ	新金路	0. 03	52	1 296	周期中游	化学原料及化学制品制造业
002777. SZ	久远银海	0. 03	53	1 374	成长	软件和信息技术服务业
600793. SH	宜宾纸业	0. 01	54	1 461	消费	造纸及纸制品业
000757. SZ	浩物股份	0. 01	55	1 492	周期下游	通用设备制造业
300249. SZ	依米康	0. 01	56	1 511	成长	软件和信息技术服务业
600353. SH	旭光股份	0. 00	57	1 585	成长	计算机、通信和其他电子设备制造业
300414. SZ	中光防雷	0. 00	58	1 635	成长	计算机、通信和其他电子设备制造业
600828. SH	茂业商业	0. 00	59	1 647	消费	零售业
601107. SH	四川成渝	0. 00	60	1 663	周期中游	道路运输业
603077. SH	和邦生物	0. 00	61	1 677	周期中游	化学原料及化学制品制造业
002697. SZ	红旗连锁	-0. 01	62	1 719	消费	零售业
600979. SH	广安爱众	-0. 01	63	1 721	周期中游	电力、热力生产和供应业
300022. SZ	吉峰科技	-0. 02	64	1 808	消费	零售业
002935. SZ	天奥电子	-0. 02	65	1 839	成长	计算机、通信和其他电子设备制造业
002628. SZ	成都路桥	-0. 02	66	1 851	周期下游	土木工程建筑业
002259. SZ	*ST 升达	-0. 02	67	1 860	周期中游	燃气生产和供应业
002246. SZ	北化股份	-0. 02	68	1 870	周期中游	化学原料及化学制品制造业
300440. SZ	运达科技	-0. 02	69	1 878	成长	软件和信息技术服务业
002268. SZ	卫士通	-0. 03	70	1 920	成长	软件和信息技术服务业
000810. SZ	创维数字	-0. 03	71	1 997	成长	计算机、通信和其他电子设备制造业
300535. SZ	达威股份	-0. 04	72	2 000	周期中游	化学原料及化学制品制造业
600101. SH	明星电力	-0. 04	73	2 014	周期中游	电力、热力生产和供应业
002366. SZ	台海核电	-0. 04	74	2 064	周期下游	专用设备制造业
002258. SZ	利尔化学	-0. 04	75	2 098	周期中游	化学原料及化学制品制造业
300504. SZ	天邑股份	-0. 05	76	2 114	成长	计算机、通信和其他电子设备制造业
600321. SH	ST 正源	-0. 05	77	2 121	消费	木材加工及木、竹、藤、棕、草制品业
002312. SZ	三泰控股	-0. 05	78	2 180	成长	计算机、通信和其他电子设备制造业
000912. SZ	泸天化	-0. 05	79	2 182	周期中游	化学原料及化学制品制造业
601838. SH	成都银行	-0. 05	80	2 196	金融	货币金融服务
600804. SH	鹏博士	-0. 05	81	2 199	成长	互联网和相关服务
603679. SH	华体科技	-0. 06	82	2 207	成长	电气机械和器材制造业
002798. SZ	帝欧家居	-0. 06	83	2 212	消费	家具制造业
600438. SH	通威股份	-0. 06	84	2 273	消费	农副食品加工业

表10.18(续)

证券代码	证券名称	总得分	四川省排名	全国排名	产业	所属证监会行业（新）
002497.SZ	雅化集团	-0.07	85	2 342	周期中游	化学原料及化学制品制造业
300092.SZ	科新机电	-0.07	86	2 356	周期下游	专用设备制造业
300434.SZ	金石东方	-0.07	87	2 377	消费	医药制造业
601811.SH	新华文轩	-0.07	88	2 381	成长	新闻和出版业
600644.SH	乐山电力	-0.08	89	2 391	周期中游	电力、热力生产和供应业
300028.SZ	金亚科技	-0.08	90	2 400	成长	计算机、通信和其他电子设备制造业
600880.SH	博瑞传播	-0.08	91	2 447	成长	新闻和出版业
600558.SH	大西洋	-0.09	92	2 491	周期下游	金属制品业
002480.SZ	新筑股份	-0.09	93	2 527	周期下游	通用设备制造业
000593.SZ	大通燃气	-0.10	94	2 638	周期中游	燃气生产和供应业
002357.SZ	富临运业	-0.11	95	2 683	周期中游	道路运输业
600139.SH	西部资源	-0.12	96	2 754	周期下游	汽车制造业
600839.SH	四川长虹	-0.12	97	2 780	成长	计算机、通信和其他电子设备制造业
300540.SZ	深冷股份	-0.13	98	2 832	周期下游	通用设备制造业
300366.SZ	创意信息	-0.14	99	2 863	成长	软件和信息技术服务业
300733.SZ	西菱动力	-0.14	100	2 868	周期下游	汽车制造业
600392.SH	盛和资源	-0.14	101	2 892	周期上游	有色金属冶炼和压延加工业
002143.SZ	*ST 印纪	-0.15	102	2 916	成长	商务服务业
002386.SZ	天原集团	-0.15	103	2 928	周期中游	化学原料及化学制品制造业
002630.SZ	华西能源	-0.15	104	2 942	周期下游	通用设备制造业
002539.SZ	云图控股	-0.16	105	2 990	周期中游	化学原料及化学制品制造业
600466.SH	蓝光发展	-0.18	106	3 056	金融	房地产业
600039.SH	四川路桥	-0.19	107	3 101	周期下游	土木工程建筑业
600391.SH	航发科技	-0.22	108	3 195	周期下游	铁路、船舶、航空航天和其他运输设备制造业
002272.SZ	川润股份	-0.23	109	3 242	周期下游	通用设备制造业
000835.SZ	长城动漫	-0.23	110	3 248	成长	互联网和相关服务
300432.SZ	富临精工	-0.27	111	3 328	周期下游	汽车制造业
300471.SZ	厚普股份	-0.32	112	3 380	周期下游	专用设备制造业
000509.SZ	华塑控股	-0.32	113	3 387	周期中游	橡胶和塑料制品业
002190.SZ	*ST 集成	-0.34	114	3 403	周期下游	专用设备制造业
603477.SH	振静股份	-0.41	115	3 450	消费	皮革、毛皮、羽毛及其制品和制鞋业
600331.SH	宏达股份	-0.49	116	3 472	周期上游	有色金属冶炼和压延加工业
300362.SZ	天翔环境	-0.61	117	3 490	周期下游	通用设备制造业

参考文献

[1] 宋承敏. 中国上市公司报告 [M]. 北京：经济管理出版社，2003.

[2] 何韧. 财务报表分析 [M]. 上海：上海财经大学出版社，2010：354.

[3] 江兵，刘宁，刘微. 中国上市公司发展的特征分析：基于13个季度的业绩评估 [J]. 中国管理科学，2013（S1）.

[4] 中国上市公司业绩评价课题组. 2018中国上市公司业绩评价报告 [M]. 北京：中国发展出版社，2018.

[5] 郑亚琳. 上市公司绩效评价指标体系探析 [J]. 市场研究，2018（5）：62-63.

[6] 薛誉华，吴永敏，贝政新 .2018苏州上市公司发展报告 [M]. 上海：复旦大学出版社，2018.

[7] 温素彬. 基于可持续发展的企业绩效评价理论与方法研究 [D]. 南京：南京理工大学，2005.

[8] 郭婷婷. 我国上市公司财务质量评价研究 [D]. 北京：华北电力大学，2014.

[9] 雷金桥，陆敬聪. 房地产上市公司财务状况分析 [J]. 财会学习，2018（19）：7-8.

[10] 吕长江，赵岩. 上市公司财务状况分类研究 [J]. 会计研究，2004（11）：53-61，97

[11] 顾露露. 上市公司投资分析报告案例 [M]. 武汉：武汉大学出版社，2017.

[12] 郭岚，张祥建. 上市公司的成长能力与投资行为研究 [J]. 软科学，2010，24（3）：96-102.

[13] 甘尖兵. 上市公司财务状况综合评价研究 [J]. 中国市场，2016（7）：85，87.

[14] 刘芍佳，刘乃全. 中国上市企业的创值能力分析 [J]. 财经研究，2002，28（6）：11-18.

[15] 严雪. 中国上市公司价值创造实证分析 [D]. 上海：上海交通大学，2008.

[16] 吕新军. 股权结构、高管激励与上市公司治理效率：基于异质性随机边界模型的研究 [J]. 管理评论，2015，27（6）：128-139.

[17] 吴景泰，陈文斌. 我国上市公司治理效率影响因素研究：基于公司治理结构激励—约束机制视角 [J]. 会计之友，2018（10）：37-42.

[18] 王苑琢，王竹泉，孙建强，等. 中国上市公司资本效率与财务风险调查：2017 [J]. 会计研究，2018，374（12）：62-69.

[19] 康微婧. 上市公司盈利能力探索与研究 [J]. 统计与管理，2017（3）：98-99.

[20] 贾丽丽，杨硕. 河北省上市公司经营业绩评价指标体系及评价方法 [J]. 企业改革与管理，2016（19）：27+26.

[21] 汪倜. 企业业绩评价指标体系构建与应用的研究 [D]. 济南：山东财经大学，2013.

[22] 胡梦琳. 基于 ROE 和 EVA 的上市公司经营业绩评价 [J]. 市场研究，2018，470（6）：50-51.

[23] 胡彦蓉，吴冲，刘洪久，等. 基于主成分集成方法的上市公司创新能力评价研究 [J]. 运筹与管理，2012（5）：208-216.

[24] 李丹. 上市公司持续创新能力评价研究 [D]. 合肥：安徽大学，2018.

[25] 李龙筠，谢艺. 中国创业板上市公司创新能力评估 [J]. 经济学家，2011（2）：93-102.

[26] 张治河，王艳伟，阎亮，等. 上市公司创新能力评价研究：来自陕西省 41 家上市公司的数据 [J]. 科研管理，2016，37（3）：81-92.

[27] 高丹丹. 中小板上市公司自主创新能力评价及提升研究 [D]. 济南：济南大学，2017.

[28] 荆新. 财务管理学 [M]. 北京：中国人民大学出版社，2012：220-223.

[29] 张新民. 企业财务报表分析 [M]. 北京：对外经济贸易大学出版社，2001：107-109.

[30] 毛红霞. 我国上市公司股权融资行为研究 [D]. 西安：西安理工大学，2003.

[31] 杜艳玲. 我国上市公司融资结构优化分析 [D]. 大连：东北财经大学，2005.

[32] 江苏省上市公司协会. 上市公司并购重组流程及案例解析 [M]. 江苏：江苏人民出版社，2015：19-20.

[33] 申林平. 上市公司并购重组解决之道：50 个实务要点深度释解 [M]. 北京：法律出版社，2016：18-21.

[34] 李耀鹏. 我国房地产上市公司并购重组的绩效研究 [D]. 北京：中国财政科学研究院，2018.

[35] 潘若超. 新疆上市公司营运能力财务分析与融资结构问题研究 [D]. 乌鲁木齐：新疆农业大学，2016.

[36] 王竹泉，刘文静，王兴河，等. 中国上市公司营运资金管理调查：2007—2008 [J]. 会计研究，2009（9）：51-57.

[37] 刘海云，付威. 河北省上市公司营运能力研究 2016 [M]. 北京：对外经济贸易大学出版社，2017.

[38] 吕荣杰，董婷婷，吴超. 两种薪酬差距对员工的影响研究：基于 31 省市薪酬差距的经验数据 [J]. 财会通讯，2017（10）：92-95.

［39］刘学民. 中国薪酬发展报告 2015 年［M］. 北京：中国劳动社会保障出版社，2015.

［40］柯希嘉. 盈利能力、利润分配与职工平均薪酬水平：基于中国上市公司数据的实证研究［J］. 会计之友，2015（15）：34-37.

［41］郑梅莲，万青，滕美凤. 上市公司高管薪酬、股利分配与公司业绩关系研究［J］. 浙江树人大学学报（人文社会科学版），2012，12（6）：55-61.

［42］冯术旸. 收入分配差距的微观机理［D］. 重庆：重庆理工大学，2011.

［43］安琪. 上市公司社会贡献计量与披露研究［D］. 青岛：中国海洋大学，2014.

［44］狄晨光. 创业投资企业社会贡献评价体系研究［D］. 上海：东华大学，2014.

［45］孙璐. 基于社会贡献值的公司绩效评价体系研究［D］. 太原：太原理工大学，2013.

附 录

附录展示了A股上市公司在创值能力、公司治理能力、创新能力、估值与成长能力、稳定性能力、财务质量这六个方面的具体得分情况，以及根据这六个因素计算出的A股上市公司综合得分和综合排名。

附录请找作者索要。作者邮箱为：yuxisheng@ swufe. edu. cn。